G. C. AETHELMAN

Atlántida
El Reino del Olvido

Segunda edición

ALMUZARA

© G. C. Aethelman, 2017
© Editorial Almuzara, s.l., 2017

Primera edición: junio de 2017
Primera reimpresión: diciembre de 2020

Reservados todos los derechos. «No está permitida la reproducción total o parcial de este libro, ni su tratamiento informático, ni la transmisión de ninguna forma o por cualquier medio, ya sea mecánico, electrónico, por fotocopia, por registro u otros métodos, sin el permiso previo y por escrito de los titulares del *copyright*.»

Editorial Almuzara • Colección: Historia
Serie: huellas del pasado

Director editorial: Antonio E. Cuesta López
Edición: Ana Cabello
www.editorialalmuzara.com
pedidos@almuzaralibros.com - info@almuzaralibros.com

Imprime: Black Print
I.S.B.N: 978-84-16776-40-5
Depósito Legal: CO-1041-2017
Hecho e impreso en España - *Made and printed in Spain*

*Dedicamos este libro
a nuestros antepasados.*

Índice

Nota preliminar 15

INTRODUCCIÓN: SITUACIÓN DEL PROBLEMA
Y CUESTIÓN DE LA HISTORICIDAD
   1. Planteamiento del tema.. 17

EL REINO DEL OLVIDO. FUNDAMENTOS QUE
SOSTIENEN LA EVIDENCIA DE LA ATLÁNTIDA

FUENTES ANTIGUAS DE LA ATLÁNTIDA 35
   2. Autores anteriores a Platón 35
   3. Desde el Imperio Fenicio a la épica micénica 70

LA DESTRUCCIÓN DEL MITO 115
   4. Aparición de los «falsos dioses» y las persecuciones.......................... 115
   5. La controversia del siglo IV a. C., crédulos y escépticos 169

INVESTIGADORES POSTERIORES 213
   6. Aportaciones del Evemerismo 213
   7. Romanización y condena del cristianismo 290

EPÍLOGO: RECONSTRUCCIÓN DEL MUNDO DE LA ATLÁNTIDA
   8. Pruebas arqueológicas sobre esta cultura 375

Bibliografía Básica 423
Créditos de Ilustraciones 427

Homero, el escritor más antiguo conservado (Fig. 1).

ἀλλά μοι ἀμφ' Ὀδυσῆι δαΐφρονι δαίεται ἦτορ,
δυσμόρῳ, ὃς δὴ δηθὰ φίλων ἄπο πήματα πάσχει
νήσῳ ἐν ἀμφιρύτῃ, ὅθι τ' ὀμφαλός ἐστι θαλάσσης.
νῆσος δενδρήεσσα, θεὰ δ' ἐν δώματα ναίει,
Ἄτλαντος θυγάτηρ ὀλοόφρονος, ὅς τε θαλάσσης
πάσης βένθεα οἶδεν, ἔχει δέ τε κίονας αὐτὸς
μακράς, αἳ γαῖάν τε καὶ οὐρανὸν ἀμφὶς ἔχουσιν.[1]

Homero, siglo IX a. C.
Odisea, inicio del canto primero, 50-55.

---

[1] «mas a mí por Odiseo se me parte el corazón, desdichado, hace tiempo dejado de todos los suyos, malandanzas padece en una isla de dobles riberas. En su tierra arbolada, un ombligo de mar, vive ahora una diosa que es hija de **Atlante**, el terrible, el que sabe cuáles son las honduras del ponto, y sostiene él tan solo las enormes columnas que el cielo y la tierra separan».

«Grandes Piedras» cubrían la morada de Estige (Fig. 2).

«... σχεδὸν ἀντιπέρας κλεινᾶς Ἐρυθείας Ταρτησσοῦ
ποταμοῦ παρὰ παγὰς ἀπείρονας ἀργυρορίζους ἐν
κευθμῶνι πέτρας».²

                        Stesichorus, siglo VIII a. C.
                        Geryoneida, estrofa del verso 15.

«ἔνθα δὲ ναιετάει στυγερὴ θεὸς ἀθανάτοισι,
δεινὴ Στύξ, θυγάτηρ ἀψορρόου Ὠκεανοῖο
πρεσβυτάτη· νόσφιν δὲ θεῶν κλυτὰ δώματα ναίει
μακρῆσιν πέτρῃσι κατηρεφέ'· ἀμφὶ δὲ πάντῃ
κίοσιν ἀργυρέοισι πρὸς οὐρανὸν ἐστήρικται».³

                        Hesíodo, siglo VIII a. C.
                        Teogonía, estrofa del verso 775.

«ἔργα δὲ Κυπρογενοῦς νῦν μοι φιλα καὶ Διονύσος
καὶ Μουσέων, ἃ τίθησ' ἀνδράσιν εὐφροσύνας.
πολλὰ ψεύδονται ἀοιδοί».⁴

                        Solón de Atenas, siglo VII a. C.
                        A Filocipro, Elegías, 20-21.

---

2 «... casi enfrente de la ilustre Eritia, más allá de las aguas inagotables, de raíces de plata, del río Tartessos, le dio a luz, bajo el resguardo de una roca».

3 «Allí habita una diosa odiosa para los inmortales, la terrible Estigia, hija mayor del Océano que fluye sobre sí mismo. Lejos de los dioses habita su famosa morada cubierta de **grandes piedras**, *que con columnas de plata por todas partes se extiende hasta el cielo*».

4 «Ahora me son gratas las obras de la nacida en Chipre y de Dioniso y de las Musas, que procuran placeres a los hombres. Mucho mienten los aedos».

Nota preliminar

Deseamos agradecer su labor a todas aquellas personas e instituciones que con su ayuda han posibilitado la aparición de este libro. Ante todo dejamos constancia de nuestro mayor respeto a la Universidad de Salamanca, una de las más antiguas del mundo, en la cual hicimos la carrera y donde al día de hoy seguimos investigando. Pero la historia de este libro arranca de los últimos años, con la publicación a partir de septiembre del 2012 de la revista *Atlántida los Orígenes de la Civilización*, una revista científica sobre la Edad del Bronce centrada en el Occidente. Este trabajo no hubiera sido posible sin la ayuda de nuestro buen amigo Gabriel Pérez González, y es el que nos hizo conocidos. A partir de ahí, uno de nuestros lectores fue Liana Romero Swirski, corresponsal y periodista, quien consiguió que Manuel Reyes, presidente del Ateneo de Sanlúcar, se interesase por nuestra investigación. Cuando finalizó el último número de la revista el señor Reyes preparó una serie de conferencias impartidas en el Palacio Ducal de Sanlúcar, donde tuvimos la ocasión de coincidir y de conocer a Manuel Pimentel, director de la Editorial Almuzara. Como ya se imaginarán, este último se interesó también, y la verdad es que la idea de escribir el presente libro es suya, el título prácticamente me lo dictó él, y lo que se nos ha pedido es una obra de divulgación, escrita con seriedad, sobre este tema de la Atlántida. Sus palabras textuales fueron: «*para que una persona que no conozca nada se centre*».

Vayamos pues, sin dilación a por ello, y que los dioses nos ayuden para que salga lo mejor posible.

Introducción

SITUACIÓN DEL PROBLEMA Y CUESTIÓN DE LA HISTORICIDAD

1. PLANTEAMIENTO DEL TEMA

El mundo académico de nuestros días, por los azares de su propia dinámica interna, ha llegado a la conclusión irrevocable del paradigma antropológico ilustrado. Tal circunstancia consiste —en lo concerniente a la Atlántida— en la negación sistemática de todos los mitos y leyendas. Lo cual, fue afirmado por Giambattista Vico, y reafirmado por Inmanuel Kant, hasta el punto de que, hoy en día, nadie discute esta posición salvo que seas un investigador trabajando en ello específicamente, y además por libre. Es decir, la posición oficial que se enseña en las universidades es la de los ilustrados del siglo XVIII, y los que no la aceptan son considerados como disidentes. Un ejemplo de ello fue el millonario Heinrich Schliemann, quien en 1870 excavó y descubrió Troya; pero él, financió sus búsquedas gracias a su propia fortuna. Los académicos universitarios no pueden hacer eso normalmente, y se ven abocados por lo general a tener que aceptar el dogma ilustrado.

No lo pueden discutir, puesto que para aprobar los doctorados, y para luego acceder a los seminarios y a las cátedras han de defenderlo siempre. Por este motivo el dogma impera en la universidad, y ni siquiera los hallazgos fabulosos de Troya, Micenas, Knossos, Karnak, etc (todo ello ciudades mitológicas que habían sido negadas), han servido para replantear el tema seriamente. Hasta que alguien no demuestra el hallazgo concreto de uno de estos lugares, éste, por sistema, va a seguir siendo negado a ciegas. Podemos asegurar que defender la historicidad de los mitos, y más aún los de la Atlántida, no es una posición fácil para nadie, habida cuenta las maneras coercitivas de perder el trabajo si eres un profesor. Además, como la Atlántida ha servido para fantasear sin descanso en los medios pseudocientíficos, y en la literatura de ficción, pues lo cierto es que dentro del academicismo se ha convertido en un tabú, un auténtico arcano prohibido.

Tan sólo con mencionar la Atlántida es suficiente para quebrantar el dogma, y te puedes ver en problemas. No obstante, esta situación prohibitiva a ciegas es intolerable para cualquier espíritu libre, y son muchas las personas e intelectuales que ya se están quejando de ello. A medida que transcurren los años se están acumulando más y más pruebas indicando que la Atlántida existió, y la tensión social en el momento actual es enorme.

Por ejemplo, a principios del siglo XX, Adolf Schulten, inspirándose en las hazañas realizadas por Schliemann en Grecia, quiso encontrar la mítica Tartessos de España. Se trataba asimismo de otra historicidad negada por el mundo académico. Y lo consiguió, no pudo hallar la ciudad en sí, pero sus excavaciones dieron a la luz una civilización muy avanzada entre los años 1000 y 500 a. C. En otras palabras, una cultura urbana que ya fue brillante antes de que apareciese la Grecia Clásica. Y esto fue una conmoción.

La «Description de l'Egypte» se publicó entre 1809 y 1822 (Fig. 3).

El motivo se debe a las presunciones académicas en torno a la fecha de 1900, ya que, por causa de las exitosas excavaciones en Egipto y Caldea a lo largo del siglo XIX, los académicos estaban completamente convencidos de que la civilización había comenzado en Oriente. Desde hacía varios siglos el mercado de antigüedades egipcias había ido en aumento, y la Campaña de Napoleón (1798-1801) fue el momento culminante del proceso, y no el inicio como suele pensarse a menudo. Le acompañaron 165 científicos, y cerca de 2000 artistas trabajarán para la *Description de l'Egypte*, primera enciclopedia de la egiptología. Excavaron y desenterraron muchísimos monumentos, la parte inferior en las Pirámides, las mastabas de Giza, templos como los de Dendera y Edfú, e incluso hallaron la ciudad sagrada de Karnak, en Tebas, que se creía fabulosa. Egipto se mostraba mucho más impresionante de lo que nadie había soñado, y ante tantos hallazgos extraordinarios los pocos partidarios del Occidente que aún quedaban tuvieron que callarse y guardar silencio. La Atlántida perdió a sus últimos defensores dentro del ámbito académico.

Aunque es importante no perder de vista el proceso histórico, a lo largo de toda la Edad Media esos defensores de la Atlántida existieron, y se entró en la modernidad todavía con este debate abierto; por ejemplo el arqueólogo alemán Athanasius Kircher, en el siglo XVII, dedicó obras muy eruditas a las dos civilizaciones arcanas, tanto a la de los atlantes como a la egipcia, porque ambas estaban muy desconocidas en ese momento. Trató de descifrar por ejemplo los jeroglíficos egipcios a través de la lengua copta, idea correcta, lo que pasa es que no lo consiguió —le faltaba material de trabajo adecuado—. Respecto a los atlantes publicó *Mundus subterraneus* (1665), donde recoge la mayor parte de las ideas de entonces, y se decanta por la teoría de Gamboa que situaba en mitad del Océano Atlántico el continente perdido, y hundido, del que hablaba Platón supuestamente. Sin embargo, esa suposición se debía a la mala lectura del original en griego, pues los eruditos de entonces tenían que aprender griego para leerlo y todavía se usaba el latín como lengua científica.

Por ese motivo, como muchos de ellos no eran filólogos experimentados en el idioma griego, pues leían lo que podían o les parecía, y cometían errores. Platón realmente en sus diálogos sólo afirma que la Atlántida era una isla cercana al continente, en la costa gaditana de España, por lo que dos cosas nos tienen que quedar muy claras si pretendemos acercarnos a este asunto con seriedad: 1º ese continente del que habla es Europa, y concretamente las costas españolas; 2º Platón nunca dijo que la Atlántida fuese un continente perdido, y menos aún que ese continente se hundiese. Todos estos errores entran dentro de la mitomanía de ficción que rodea a la Atlántida, y que mucho daño le está causando a su estudio académico.

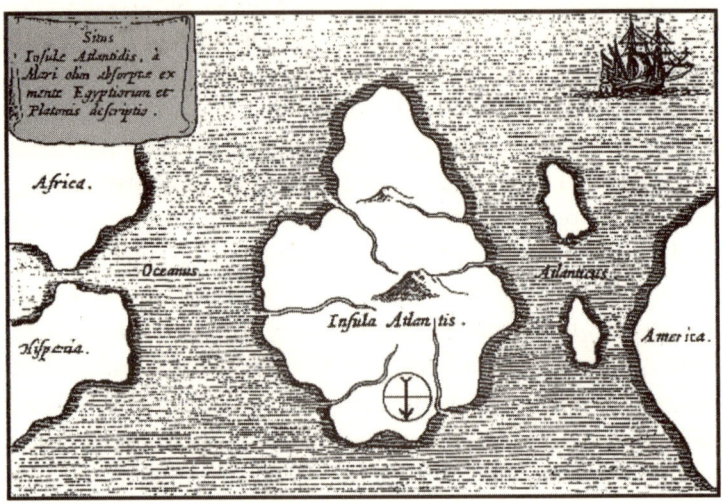

«Mundus subterraneus», publicado en 1665 (Fig. 4), fue una de las primeras obras hablando de la Atlántida que incorporaba ilustraciones. En la imagen que vemos, el norte está colocado en el lado inferior, por lo que Europa y África son lo que asoma en el lado de la izquierda; en especial nos está señalando España. Y América está a la derecha. Siguiendo las teorías del cosmógrafo español Gamboa, Kircher ubicaba el continente perdido de la Atlántida, la cuna de la civilización, en mitad del actual Océano Atlántico. Vemos también la colina central de la que hablaba Platón, lo que ocurre es que el filósofo griego nunca mencionó que la isla de la Atlántida fuese un continente, eso es un error.

La arqueología de los siglos XVI y XVII se centraba sobretodo en las ruinas romanas, cuya epigrafía se podía leer. Uno de los más importantes arqueólogos de esa época fue el español Rodrigo Caro, 1573-1647, porque estableció la metodología a seguir. Él fue el primero que empezó a excavar realmente para interpretar yacimientos (a la búsqueda de epigrafía en especial), y asimismo quien estableció una norma de seguridad obligatoria: No se puede aceptar ninguna realidad histórica sin pruebas.

Esto supuso un verdadero descalabro para la causa atlántica, pues las «pruebas» a las que se refería eran en especial las pruebas físicas. Si existió una civilización tienen que quedar restos de esa civilización. Y si no los encontramos significa que esa tal civilización no existió. Rodrigo Caro zanjaba drásticamente con esta normativa su desdén hacia las fantasías, y afectó mucho a la Atlántida, porque en su tiempo las teorías de Gamboa, Diego Álvarez, o del italiano Annio de Viterbo estaban en pleno, y muy acalorado, debate. Viterbo trabajaba bajo los auspicios de los Reyes Católicos, su obra *Antiquitatum Variarumö* (1498) describía linajes de dioses y reyes tartessos basándose en literatura anterior. Pero los eruditos del resto de Europa, en especial los italianos —defensores de la Roma civilizadora— no aceptaban esas ideas donde era España, y no Italia, el solar más primitivo de la civilización europea.

La pelea entre los eruditos españoles y los italianos venía siendo atroz desde el siglo XII, precisamente la fecha en que empezaron a aparecer los Salvajes (Atlantes) en las iglesias españolas. Siguiendo esta tradición medieval, los Reyes Católicos mandaron construir, en 1487, el colegio de San Gregorio en Valladolid; su famosa fachada labrada es del año 1488, y en ella se aprecian los Salvajes. En concreto aparecen Diez Reyes Salvajes, con sus coronas, sus escudos, armados con bastones como Heracles, etc. Todo el simbolismo se puede leer muy bien, y con seguridad lo que representan estas diez estatuas son los Diez Reyes Sagrados de la Atlántida, aquellos que según Platón y otros autores gobernaron el imperio occidental.

Naturalmente los Reyes Católicos incorporaron esta propaganda como apoyo a sus aspiraciones políticas, en especial de un gobierno hegemónico en Europa. Legitimaba la superioridad hispana sobre otras coronas europeas, y de hecho, incluso consiguieron que su hija Juana casase con el heredero del Imperio Occidental (romano), y que, tras la Caída de Constantinopla, el emperador exiliado, Andrés Paleólogo, les cediese al morir en 1502 sus derechos imperiales a ellos también. Si nos fijamos con atención, en esos momentos, los Reyes Católicos volvieron a reunir las dos coronas imperiales romanas, la de Roma y la de Bizancio, algo que no se había dado nunca desde tiempos de Teodosio el Grande, quien, para colmo de casualidades, también era español. Todo esto tuvo trascendencia.

Y sírvanos para entender porqué era tan ardua la discusión en torno a este tema de la Atlántida, ya que siempre implicó el asunto de la legitimidad y los derechos políticos. Éste es el planteamiento correcto a la hora de abordar el problema. Los académicos estaban presionados por sus distintas nacionalidades, y el enfrentamiento era hostil.

La mayor parte de los europeos atacaron diciendo que la Atlántida era una falacia y nunca había existido, y finalmente Rodrigo Caro en el siglo XVII tuvo que aceptar la posición epistemológica más radical: Sin pruebas físicas no se acepta la historicidad de nada.

Portada del Colegio de San Gregorio, Valladolid (Fig. 5), una obra de los Reyes Católicos, construida entre 1487 y 1496; en la imagen podemos ver tres de sus Reyes Atlantes, pero las jambas de la puerta albergan las estatuas de los Diez Reyes Sagrados. Según las leyendas gobernaban el imperio con justicia y sabiduría, por eso aparecen en la portada junto al Árbol de la Ciencia, que es el mismo que el del Edén. El cónclave de estos reyes, cada cuatro o seis años, era el acontecimiento más importante del imperio. Se juraban entonces las leyes, y se celebraban corridas de toros entre los festejos. En la ciudad de Atlantis.

Por lo tanto, como en España sólo había ruinas romanas, la Atlántida quedó desechada, ya que no se conocían restos de ella. Prevaleció la idea italiana que sublimaba Roma como civilizadora del mundo. Aún así Rodrigo Caro publicó su *Veterum Hispaniae Deorum sive Manes Reliquae* (Restos antiguos en España de Dioses o Manes), que estudia las antiguas divinidades, pero la derrota estaba clara. Su *Canción a las Ruinas de Itálica* es una obra muy famosa, la consideramos una expresión de esta situación, pues el interlocutor Fabio da altura moral al texto y siempre pregunta: *Ubi sunt?* (¿Dónde están?).

Monumentos como la *Fuente de los Cuatro Ríos,* 1648, obra de Bernini con un obelisco egipcio en lo alto, o poco después el curioso *Elefantino,* 1666, con otro obelisco, y la decoración copiando jeroglíficos —sin saber su significado— en algunos palacios de cardenales como Scipione Borghese, señalan ya el cambio de dirección. Athanasius Kircher publicó en ese mismo año (1666) su libro titulado *Obelisci Aegyptiaci, interpretatio hieroglyphica*, y no cuesta mucho relacionarlo con el Elefantino. Es que de hecho, ese año marca el cambio de dirección hacia Oriente. Después en 1676 volvió a publicar dos libros más sobre Egipto.

En el siglo XVIII los masones y los viajeros tenían ya centrada su atención en Egipto y Grecia, la investigación se trasladó por tanto hacia Oriente. Muchos artistas habían publicado grabados con monumentos egipcios durante el siglo ilustrado, y los académicos explicaron la falsedad de los mitos como mejor les pareció, ya hemos mencionado al respecto a Giambattista Vico y a Kant. El dogma ilustrado se estableció como criterio de verdad, y todavía en la actualidad sigue pesando. Cuando Napoleón llegó a Egipto con sus científicos (1798-1801) no fue para descubrir su importancia sino para topografiar el país entero, la cuna de la civilización ya se consideraba ubicada allí.

Por eso no fue el inicio, sino el punto culminante de esta apreciación de la Historia; Napoleón en persona patrocinó la creación del Instituto Egipcio nada más llegar en 1798, con Gaspar Monge y Joseph Fourier como jefes. La primera decisión de este grupo —1799— fue la elaboración de la *Description de l'Egypte*, y Fourier unos años después fue el tutor de Champollion. Porque el escollo principal seguía siendo no poder leer los jeroglíficos. Desde 1801 el joven Champollion creció bajo la tutela de Fourier, que lo escogió precisamente por sus habilidades lingüísticas. La elección fue buena, con 16 años el joven ya defendía la tesis de Kircher sobre la identidad entre el copto y el egipcio faraónico. En 1822 había descifrado la escritura jeroglífica con éxito, y seis años después, en 1828, visitaba personalmente Egipto con un grupo de amigos.

Le interesaban sobretodo los templos donde hubiese muchas inscripciones jeroglíficas; partiendo desde el Cairo, el primero que le impresionó hondamente fue el de Hathor en Dendera, ya en el Alto Egipto, y tenemos la suerte de conservar las anotaciones detalladas de su diario:

> «*No intentaré describir la impresión que las terrazas y sobretodo el pórtico nos causaron. Permanecimos extasiados durante dos horas...*».

Más adelante, continúa su exposición en el interior del templo, abrumado por la grandeza:

> «*Es la unión de la gracia y majestad más supremas. En Europa, somos sólo enanos*».

Se puede apreciar el grado de exaltación espiritual de aquellos románticos. La idea de que en Europa sólo habían sido enanos, que todo lo grande procedía de Oriente, se implantó para siempre en las mentes europeas a raíz de las apasionadas descripciones de los viajeros románticos, que como Champollion, se quedaban extasiados ante las proporciones de aquellos monumentos macizos. El mejor testimonio que hemos encontrado sigue siendo su diario:

> «*Ninguna nación, antigua o moderna, concibió la arquitectura con un estilo tan sublime, grandioso, e imponente, como la de los antiguos egipcios. Ordenaron todo con objeto de que fuera para gente de 30 metros de altura*».

En estas palabras hay mucho de verdad, nosotros también creemos que la arquitectura egipcia fue la más lograda de toda la Edad Arcana (3400-1200 a. C.), y en Egipto se desarrolló la mejor matemática y geometría. Pero lo sublime y lo grandioso es patrimonio de muchos otros pueblos, los templos clásicos como el Partenón disponen de esas cualidades, y las catedrales góticas del Medievo también. Es decir, las palabras de Champollion atribuyen demasiado a los egipcios, y ridiculizando a los europeos, los «enanos», se deja seducir por las masas de piedra. En consecuencia a ello, en Karnak lo ponderó aún más:

> «*Toda la magnificencia faraónica apareció ante mi. Lo que había visto en otros lugares me parecía miserable, comparado con la concepción colosal que me rodeaba*».

Sin embargo, ya en tiempos de la construcción de la gran sala hipóstila de Karnak, entre 1319 y 1213 a. C., había sociedades claramente más avanzadas que la egipcia, por ejemplo la fenicia o la griega. Y los atlantes occidentales, superaron a los egipcios en muchas facetas, tales como la astronomía, navegación, la metalurgia, el armamento, exploración, la medicina, el derecho, y muchas más. Por lo tanto, a la hora de valorar una civilización, no es solamente el colosalismo o los logros arquitectónicos lo importante, y debemos empezar a ser más justos; puede que los atlantes no nos dejasen monumentos en piedra, y no ser obstáculo para que ellos, y no otros, sean quienes nos hayan legado la cultura occidental. En Europa había mucha madera, su arquitectura podía ser de madera. Y como eso es una posibilidad, no podemos negarla a ciegas, por lo tanto, hay que tomar más en serio su demostración o su refutación. Podemos adelantar ahora, además, que los monumentos megalíticos, que se inician hacia el 5000 a. C. en España, son de origen atlante, por lo que al final sí que nos dejaron miles de monumentos, y no hay nada más absurdo en el mundo de la arqueología que negar su existencia.

Vista del monumento megalítico de Stonehenge (Fig. 6), según un grabado realizado por Thomas Salmon en 1743, denominado en aquel entonces el «Campo de Piedras de la llanura de Salisbury». El estudio científico del megalitismo comenzó también en el siglo XVIII, cuando todavía se consideraba que eran construcciones levantadas por los celtas. Sin embargo, a pesar de esos errores iniciales, el estudio de los monumentos de origen atlante dio comienzo con este acercamiento.

Sin embargo eso fue lo que se hizo, y todas sus leyendas y sus mitos fueron negados también. Iremos viéndolo, de momento dejar claro que la generación romántica (1800-1830) quedó entusiasmada con Egipto y que además Egipto no defraudó sino que superó sus expectativas. La Teoría Orientalista quedó «confirmada», la egiptología asentada, y el mundo académico enseñará desde entonces que la civilización procede de Oriente.

Esa teoría estándar indicaba que desde Egipto pasó a Grecia, y de Grecia a Roma. La antigüedad de estas últimas no iba más allá de las primeras Olimpiadas en el 776 a. C., y la fundación de Roma en el 753 a. C. Los académicos intentaron incluso ir más allá de Egipto y llevaron el origen de todo a Mesopotamia, tras el desciframiento del acadio en 1850. Los más osados, se quisieron ir hasta la India, pero ni en Persia ni en la India había nada tan antiguo. Y los primeros avisos en dirección opuesta comenzaron también entonces; por ejemplo, Georg Ramsuer excavó el yacimiento celta de Hallstatt (1850), descubrió que los megalitos eran anteriores a la llegada de los celtas, y que la mina de sal de esa localidad estaba siendo explotada por esas gentes anteriores desde el 5000 a. C. ¿Quiénes eran ésos?

Los descubrimientos de Troya y Micenas a partir de la década de 1870, y luego Creta (1905), mostraron que los mitos europeos eran históricos, y que esas civilizaciones europeas sí existieron durante la Edad del Bronce. También hubo en Italia con los etruscos, ¿por qué razón no iba a suceder algo similar en España? A pesar de esta pregunta la versión oficial no fue modificada, y por ese motivo fue tan grave, tan asombroso, que Adolf Schulten descubriese la civilización Tartésica a inicios del siglo XX. Y la pregunta que se originó era muy obvia: ¿de dónde había salido? En las excavaciones se estaban encontrando palacios, templos, y tesoros de oro. Pero se suponía demostrado desde el siglo XVII que España fue civilizada por los romanos, y ahora resulta que tenía una floreciente civilización que empezaba como mínimo en el año 1000 a. C. y era anterior a la Grecia Clásica. ¿Cómo explicarlo? Para ello recurrieron a otros civilizadores anteriores, en este caso los fenicios. Como Fenicia está más cerca de Egipto, pues se civilizaron antes, y por eso ellos fundaron Cartago en el 814 a. C.

Las dataciones de Schulten fueron rebajadas para que no sobrepasasen la fecha del 814 a. C.; y eso que Schulten ya las había rebajado para que no sobrepasasen la fecha límite del 1000 a. C. que por entonces se otorgaba a la civilización Etrusca. Es decir, las fechas occidentales jamás podían rebasar a las fechas orientales, eso estaba prohibido porque la Teoría Orientalista gobernaba su manera de pensar. Progresivamente se iban rebajando las fechas hacia Occidente. Mientras tanto, Luis Siret, a partir de 1881, estaba excavando los yacimientos del sudeste, a su muerte en 1934 la civilización Argárica, original y propia, desde el calcolítico, era un hecho incontestable.

De modo que, al final, en España no sólo había una sino dos civilizaciones de la Edad del Bronce, vecinas entre sí pero claramente distintas. Sus tumbas, su cerámica, sus tesoros, sus templos, todo era distinto pero perfectamente uniforme dentro de cada una. Es decir, se trata de Reinos, con total y absoluta seguridad eran Reinos. Y lo peculiar de la situación, es que los académicos no supieron verlo, lo llaman «culturas», y además trataron de reducir sus fechas otra vez. Por ejemplo los Tholos son un tipo de tumba muy abundante entre los argáricos; es una cámara coronada con cúpula a la que se accede por un pasillo. Pues bien, el yacimiento de Millares (*Los Millares*, en Almería) es esta misma cultura argárica aunque en sus momentos más antiguos, y como tiene casi noventa tholos junto a las murallas, llamaba mucho la atención por este detalle. Eran Tholos exactamente iguales que los de Grecia, los desenterrados por Schliemann en Micenas. Y eso planteaba preguntas: ¿qué relación había entre España y Grecia? ¿Por qué razón compartían su arquitectura?

Para explicarlo, el propio Luis Siret empezó a hablar de «colonias orientales», y se pensó por supuesto que las fechas españolas tenían que ser por debajo de las griegas. A pesar de que los ajuares eran calcolíticos. Y tuvo que llegar en los años 60 la prueba del Carbono-14 para indicar que en realidad los yacimientos españoles eran muchísimo más antiguos, remontando hasta el 3400 a. C. en los Tholos y otros restos de Millares. ¿3400 a. C.? Eso es mucho antes que las Pirámides egipcias, y también antes de que en el resto del Mediterráneo hubiese otras civilizaciones. Es anterior a los etruscos, a los micénicos, a los hititas, a los egipcios, más antiguo que cualquier otra civilización.

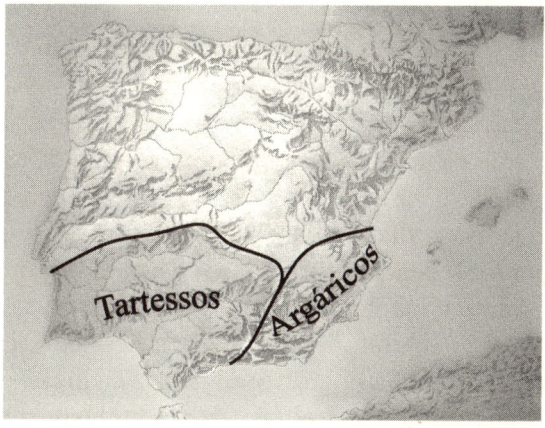

Localización arqueológica de las dos culturas (Fig. 7).

Valencina de la Concepción es un yacimiento tartésico cercano a Sevilla, se conoce desde fines del siglo XIX, y nosotros lo identificamos con la ciudad mítica de Tartessos. Pues bien, en él hay 2000 monumentos megalíticos, y una perfecta continuidad desde ese megalitismo más antiguo hasta los complejos palaciales que empezaron a aparecer a mediados de la Edad del Bronce. El origen autóctono está demostrado. Pero, ¿y cómo de desarrollados estaban? Si observamos el yacimiento argárico de La Almoloya (Fig. 8), lo que tenemos es un complejo palacial minoico, sus muros son de mampostería trabada con argamasa, fabricados con la misma técnica que en Creta. Esta técnica no la usaron jamás los egipcios ni otros pueblos orientales, es propia únicamente de españoles y minoicos. Otra vez España y Grecia. La disposición de las habitaciones es también muy parecida, no hay ningún palacio minoico que sea igual que los otros, pero éste, que vemos aquí, colocado en Creta no llamaría la atención. Las paredes están revestidas con capas de mortero, y el estuco está pintado, los tramos conservados muestran motivos geométricos y naturalistas. En este aspecto es también similar a los minoicos.

Vista del yacimiento palacial de La Almoloya (Fig. 8), en Murcia; en él un abigarrado conjunto de habitaciones y almacenes rodean algunas salas más importantes. Entre ellas una sala del trono, con pedestales para las columnas, banco corrido por las paredes, y un podio para el trono, el cual seguramente era de madera. Entre los ajuares de las tumbas, se han hallado joyas de oro y plata en abundancia, y coronas regias, como la que ponemos en la foto inferior. Es similar a otras cuatro que se desenterraron en El Argar, lo cual, confirma que se trataba de la misma monarquía.

De modo que tenían pinturas en las paredes, y la Sala del Trono tenía columnas, y un banco corrido por los muros para los asistentes, un hogar ceremonial en el centro, y un podio para el trono. Es prácticamente la misma disposición que la Sala del Trono de Knossos. Y los ajuares están llenos de piezas extraordinarias, puñales, pendientes, brazaletes, anillos, vasijas, etc. Casi todo de oro y plata. Este yacimiento fue descubierto en 1944, se halla en el municipio de Pliego, cerca de Murcia capital, los arqueólogos fechan su inicio hacia el 2200 a. C., por lo que es además estrictamente contemporáneo de los minoicos. En nuestra opinión, aunque empezase a construirse el complejo palacial de Almoloya en esa fecha, su uso principal y construcción debió ser a partir del 1600 a. C., es decir, cuando cayó en desuso la capital de El Argar.

En cualquier caso, está claro que eran muy ricos, su nivel tecnológico es el de los minoicos, si es que no se trata de la misma gente. Y no es el único yacimiento argárico con estas características, la Bastida es similar y además tiene fortificaciones. De modo que volvemos a la pregunta: ¿qué relación había entre España y Grecia? Preguntarnos porqué compartían su arquitectura es lo mismo que interrogarnos acerca de porqué compartían su cultura, ya que ningún pueblo extranjero copiaba en aquellos siglos de esa manera. Y nos obliga, como mínimo, a establecer navegaciones españolas por el Mediterráneo oriental en fechas tales como el 2200 a. C. del palacio de Almoloya, o incluso anteriores.

Tiene mucho sentido que estos occidentales (atlantes), tomasen el control de Creta, porque si eran navegantes aquella isla podía ser su base en el Oriente. La pregunta es si realmente lo hicieron, y si en verdad son éstos los atlantes de los que nos hablaban los mitos y Platón. Unos pueblos que según los diálogos escritos por este filósofo conquistaron casi todo el Mediterráneo. Si eso es así, es lógico que conquistasen las islas, y que la de Creta se convirtiese en su cuartel general en el Oriente.

Eso es lo que vamos a tratar de ver, está claro que en España hay antigüedad suficiente y riqueza suficiente como para que los pueblos hispanos sean los atlantes, la prueba material está ahí, y Platón además situaba en España a la Atlántida. Pero ahora tenemos que demostrarlo.

El propio Schulten ya lo hizo y estableció en su libro famoso de *Tartessos* (1922) nada menos que veinte pruebas que demostraban la identidad entre los atlantes de Platón y los tartessos que él estaba descubriendo. Así dice:

> «O todo nos engaña, o la hermosa ficción platónica de la isla Atlántida contiene una noticia obscura de Tartessos. Ello es posible, en efecto, porque el recuerdo de la tierra fabulosa del remoto Occidente debía estar aún vivo en tiempos de Platón, transcurridos sólo ciento cincuenta años. Además, una ficción poética puede tener raíces en la realidad. No olvidemos que la Troya de Homero ha resultado real, a pesar de todas las burlas con que los filólogos asaetaron a Schliemann. De hecho, las coincidencias entre Tartessos y la isla Atlántida son harto notables para ser casuales» (VII).

Los ciento cincuenta años que menciona son los años que pasaron desde la destrucción de Tartessos por los cartagineses, hacia el 500 a. C., y los tiempos de Platón. Sin embargo para él la Atlántida es ficticia, una versión poética y ampliada del Reino de Tartessos que él imaginó, entre el 1000 y 500 a. C. Se equivocó de lleno en este punto, y lo que la arqueología actual está demostrando es que el relato platónico es textualmente correcto, que hubo un imperio mucho más antiguo a lo largo del Mediterráneo, y eran los más avanzados a nivel social y tecnológico.

Nos corresponde averiguar hasta qué punto, verificar la propia existencia de ese imperio. En cualquier caso las pruebas de Schulten eran todas ellas buenas, y llama la atención el poquísimo caso que se le ha hecho a pesar de que son demostrativas. Investigadores de muchas naciones han seguido buscando la Atlántida en cualquier lugar del mundo, cuando ya Schulten dejó claro que era España.

No necesitaríamos nosotros mencionarlo sin no fuese por ese olvido. Los académicos además redujeron las fechas que él daba, y poco menos que destrozaron su trabajo. En su libro él mismo advierte sobre los malos académicos:

> «... Tartessos, según las referencias de Estrabón, poseía anales, cantos y leyes en forma métrica viejos de 6000 años. Esta es una de las más importantes noticias que tenemos, testimonio de la más antigua cultura espiritual europea. Y el hecho de que las palabras de Estrabón hayan pasado casi desapercibidas, demuestra una vez más que nuestros científicos y filólogos han desatendido continuamente el Occidente, en provecho de las culturas orientales» (cap. VIII).

Nos parece asombroso que a principios del siglo XX ya se estuvieran quejando los mejores científicos sobre este problema, y que un siglo después todavía estemos igual. A pesar de que la datación más antigua de la civilización se halle en el Occidente; y no porque lo diga Estrabón, sino porque los yacimientos lo demuestran (se corresponde a la cultura megalítica, coinciden las fechas). Pero la inmensa mayoría de los yacimientos están aún sin excavar, como por ejemplo las ciudades de Valencina y de Asta Regia; apenas se financia nada, mientras que las universidades europeas siguen gastándose el dinero en Egipto.

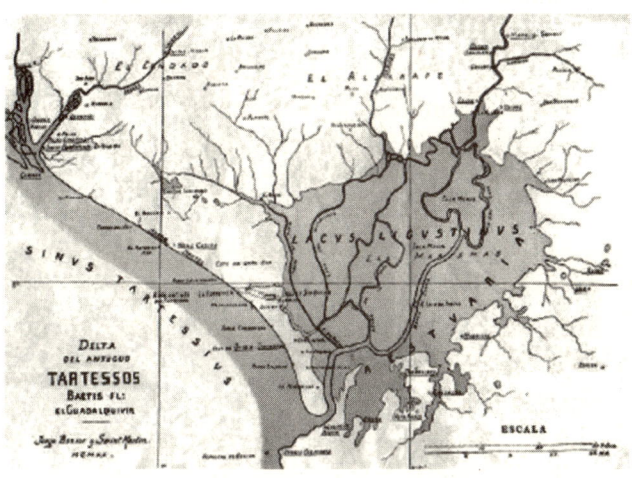

Mapa del Lago Ligustino de acuerdo a Jorge Bonsor (Fig. 9).

Es pura desatención. Lo que sí hemos notado es que en los últimos años, tras el descubrimiento de tablillas predinásticas con jeroglíficos, y de escrituras aún más antiguas en Europa como la danubiana (4700 a. C.), se vino abajo la supuesta importancia de Sumer y Acad. Las civilizaciones de Mesopotamia fueron tardías y sus imperios pequeños y efímeros (salvo los asirios). La principal razón de su importancia es la extraordinaria conservación de restos debido al desierto. Tema éste que es más crucial de lo que parece. Pero no ha sido suficiente todo esto para escuchar la llamada de la Atlántida, este propósito sigue siendo polémico, y ningún académico conocido lo estudia, al menos públicamente. En este asunto, los investigadores más cualificados suelen estar ocupados con sus respectivos trabajos, y aparecen por ello en conferencias muy a menudo. En cambio, sólo se pronuncian sobre la Atlántida —para negarla— los que no tienen vocación ni trabajos de valía. Es decir, los académicos negados son los que salen a negar la Atlántida, y lo hacen para poder hablar también ellos en público como sus colegas. Por supuesto esto no es una norma fija, pero en general puede decirse que mientras más inútil es el académico más niega la Atlántida.

Una de las pruebas más contundentes acerca de la identidad entre Tartessos y la Atlántida es la existencia del Lago Ligustino. Arqueólogos de talento como Jorge Bonsor excavaron también los yacimientos tartésicos a inicios del siglo XX, cooperando con Schulten. Entre los mapas que trazaron está el antiguo perfil del *Lacus Ligustinus* (Fig. 9) de los romanos; consistía en una enorme bahía marina a la que sólo se podía acceder por la desembocadura del Guadalquivir, el antiguo río *Baetis*. Hoy en día está desecada por la colmatación de limo del propio río, pero antaño podía navegarse por completo. Abarcaba esa bahía, todavía en tiempos romanos, las actuales marismas de Doñana y una llanura que hoy en día está ocupada por campos del cultivo. Pues bien, cuando Platón describe què la Atlántida estaba en España, pasadas las *Columnas de Heracles* (que es el Estrecho de Gibraltar), en la costa de la región llamada *Gadírica*, nos describe también esta bahía de mar, con su pequeña entrada debida al río.

La prueba es determinante, porque no existen más regiones —pasadas las Columnas de Heracles— con ese nombre específico de la Gadírica, ni más bahías de mar con estas dimensiones, y con un estrecho acceso sólo por la desembocadura de un río. No lo hay —ni lo hubo nunca— en Marruecos, ni en Francia, ni en ningún otro lugar, es ése sitio específico, y no debemos dudar de ello.

De modo que Platón no se inventó el relato, estaba diciendo información verdadera. Por lo menos la situación geográfica era correcta, pero... ¿qué más partes de las leyendas podríamos contrastar para comprobarlas? ¿Hasta qué punto es verdadero el mito de la Atlántida?

EL REINO DEL OLVIDO

Fundamentos que sostienen la evidencia de la Atlántida

FUENTES ANTIGUAS DE LA ATLÁNTIDA

2. AUTORES ANTERIORES A PLATÓN

La mayor parte de la gente, incluso en la actualidad, sigue pensando que toda la narración sobre la Atlántida es un invento del filósofo griego Platón. Esa es al menos la postura oficial y el pueblo es educado en esa creencia. Si eso es lo que me enseñan en la escuela... supongo que será verdad. Aunque nos guste creer que somos independientes lo cierto es que confiamos mucho en la escuela pública, esa misma que a menudo despreciamos. Pero luego, además, es que es bueno hacerlo, eso es lo más prudente. No obstante, a veces esa educación está equivocada y siempre hay que estar alertas. Tenemos que aprender a juzgar por nosotros mismos, el dogma ilustrado ha sido puesto en duda, ahora somos nosotros los jueces, y vamos a intentar aquí en las páginas que siguen dilucidar si creemos o no en la Atlántida.

¿Qué razones hay para negarla? No hace mucho vi a un académico en un programa, quien con muy buenas palabras afirmaba que el relato de la Atlántida de Platón era igual que *Alicia en el País de las Maravillas*. Con ello trataba de asociar la idea de «fantasía», la Atlántida es literatura de ficción y ya está. Pues bien, ¿hemos de escuchar a este académico? Ciertamente no justificó lo que decía, simplemente lo decía, lo enseñaba. Es por ello un ejemplo de irracionalidad, se trata de puro dogma cuando la educación no se justifica con razones. Y nos da pena, porque pensamos incluso que aquel hombre actuaba con buena intención (para ponérselo más fácil a la gente). Pero ahora, repetimos, nosotros somos los jueces independientes, desconocemos el asunto y hemos de decidir si nos creemos esa teoría de *Alicia en el País de la Maravillas*.

En 1º lugar la novela de Lewis Carroll, publicada en 1865, es claramente una obra infantil, se conoce su génesis, y su intención es sólo de entretenimiento. En cambio, los diálogos de Platón son tratados científicos, son obras muy serias; y todos los demás diálogos platónicos sólo mencionan personajes reales asociados correctamente a sus propias teorías reales. Nunca sale alguno con una teoría que no sea la suya, o una teoría falsa. Es decir, si aparece Parménides (un filósofo anterior a Platón) como personaje en uno de sus diálogos, al que además da título, se habla en el diálogo del problema del Ser y otros temas asociados a Parménides. Temas de los cuales realmente habló, y el personaje literario recreado por Platón cita incluso máximas del Parménides verdadero. Si en cambio el diálogo se llama *Protágoras* ocurre lo mismo, y así con el resto. Cada diálogo suele llevar el título del personaje real cuya doctrina se va a analizar. Pues ahora, pensemos a su vez en el *Timeo* y el *Critias*, los dos diálogos donde se habla de la Atlántida. ¿Qué hemos de imaginar? Pues lo mismo exactamente.

El filósofo Platón enseñando a sus discípulos (Fig. 10); lejos de lo que suele decirse, el fundador de la Academia no inventó jamás ningún elemento de su relato. La arqueología moderna está encontrando casi todos los elementos que él describió, no se los pudo por tanto inventar. La situación real en la Atenas de su tiempo era el debate sobre su existencia, muchos lo dudaban pero Platón fue uno de sus principales defensores. En la ilustración, una viñeta del cómic Orión, 1971.

En 2º lugar, *Alicia en el País de la Maravillas* es una novela que está llena de fantasías auténticas, el Gato Invisible que levita, la Reina de Corazones y su ejército de hombres—naipe, el espantapájaros parlanchín y el hombre de hojalata, etc. Todo eso no es real, son verdaderas fantasías. ¿Eso es equiparable a lo que describe Platón? En absoluto, porque sus diálogos sólo describen barcos, muelles, puertas, festejos con toros, etc. No sale ni un sólo elemento fantástico, y lo que es mejor, lo que describe es una civilización de la Edad del Bronce. Es decir, aparecen elementos arcanos como el ritual de sangre en el fuego que ya no existían en las civilizaciones clásicas. ¿Cómo lo pudo adivinar Platón? ¿O reinventarlo? Es absurdo, esas noticias le tuvieron que llegar obligatoriamente, él no se lo inventó; y podríamos argumentar que son noticias de los celtas occidentales, que hacían aún algo parecido en tiempos de la invasión romana, y que, con las corridas de toros pudo inspirarse en los hispanos, pero en cualquier caso ya no se trata de un relato inventado porque son noticias.

En 3º lugar, además de que no se trata de fantasías estúpidas y de que con seguridad son noticias verídicas de culturas propiamente arcanas, es que, Platón, habla sobre tres Anillos Concéntricos y otros símbolos de los atlantes, que solamente la arqueología moderna ha encontrado en todas partes dentro de la geografía española. En las estelas tartésicas y en las coronas argáricas (Fig.11) aparece el mismo símbolo imperial de los tres Anillos Concéntricos, y significa que ambos reinos eran atlantes, que a pesar de ser distintos compartían algo: su política. Como son restos desconocidos por Platón, y tampoco nadie los conocía en tiempos del filósofo, no puede tratarse ya de noticias recogidas de los celtas o de hispanos de su época, sino del pasado remoto. Porque esos restos que coinciden con su descripción son de la Edad del Bronce. Esto es una prueba fehaciente, es absolutamente seguro que Platón no se lo inventó, no pudo adivinar todo eso.

En 4º lugar, Platón se molesta en describirnos el camino azaroso por el que esas noticias han llegado hasta su oído. Es la primera vez en literatura que esto aparece, es tremendamente original si lo comparamos con las piezas literarias de su época, las cuales están en las antípodas de algo así; y por ello, consideremos que esta clase de cosas no suelen ser genialidades inventadas sino vicisitudes reales. Luego Platón va a ser copiado hasta la saciedad, pero atendamos al dato curioso, esta clase de copia sólo aparece a partir de Cervantes en el Quijote (el manuscrito árabe de Cide Hamete Benengeli, etc), y se generaliza en la literatura moderna. Pero nunca ocurrió antes, porque el valor literario no se entendía de esa manera. Es decir, no se entendía como una interacción con el lector. ¿Esto qué significa? Pues que a partir de Cervantes se trata de una estrategia literaria, pero antes de él siempre fue real.

Corona de oro de El Argar, y estelas tartésicas (Fig. 11); esas estelas se muestran en el museo arqueológico de Cáceres. Todas las piezas que vemos llevan como símbolo principal los tres Anillos Concéntricos de la Atlántida; a veces el del centro es solamente un punto. Por lo pronto, demuestra que tartésicos y argáricos eran atlantes, compartían su política, pero este símbolo lo veremos por toda la geografía española.

En 5º lugar el propio Platón, consciente de que el relato es a pesar de todo extraordinario, para él y para los ciudadanos de Atenas de su época, no deja de insistir en que es verdadero. Tengamos en cuenta que nadie había visto nunca una isla hundirse, ¿cómo puede ocurrir eso? Ni tampoco se conocían esa clase de terremotos y maremotos asociados que la leyenda describe. Por lo tanto, el relato sonaba fantástico, y era fácil que no lo creyeran. Platón nos avisa para que no lo despreciemos a lo tonto, que es curiosamente lo que ocurrió al final con los ilustrados; y entre los muchos avisos que da, citemos éstos:

«Escucha, entonces, Sócrates, un relato muy extraño, pero absolutamente verdadero, tal como en una ocasión lo relataba Solón, el más sabio de los siete» (Tímaios 20-d).

Poco después lo reafirma:

«... por cierto, ¿no explicaba Critias cuál era esta hazaña que, según la historia de Solón, no era mera fábula, sino que esta ciudad la realizó efectivamente en tiempos remotos?» (Tím 21-a).

O aquella otra que indica así:

«El que no sea una fábula ficticia, sino una historia verdadera, es algo muy importante, creo. Pues ¿cómo y de dónde podríamos descubrir otros ciudadanos, si abandonamos a éstos? Imposible (Tímaios 26-e).

Pensemos un poco en la gente actual: ¿cuántas veces nos tienen que decir lo mismo? La gente olvida fácilmente. La reafirmación a lo largo de los diálogos sobre la verdad del relato es constante, y se debe a que Platón desea vencer el escepticismo que un relato tan extraordinario provoca. ¿Qué otra razón si no? Y si ésa es la razón es porque él cree en esa historia, porque cuenta la verdad. En caso contrario estaría mintiéndonos miserablemente, y no es propio de Platón algo así, es harto improbable algo así.

En 6º lugar, si volvemos a las causas del escepticismo, lo cierto es que nos afectan incluso a nosotros: ¿una isla que se hunde? ¿Quién ha visto algo así? Cuesta entenderlo. Pero la descripción del terremoto con un maremoto asociado que llega con una ola gigante de mar poco tiempo después, eso... ¡en la actualidad sabemos que es cierto! Por la televisión lo hemos visto a menudo en los terremotos del Caribe o del Pacífico. Por lo tanto, si la fabulosa leyenda describe eso, es porque hubo testigos que lo vieron, es decir, es algo que tuvo que ocurrir verdaderamente. Nadie hubiera podido inventarse un fenómeno natural tan extravagante sin que se rieran de él a la cara nada más decirlo, y además, acertando con la naturaleza para colmo de casualidades. Ese no es el proceso en este tipo de noticias famosas. Para que tal leyenda se forme, y se propague de unas personas a otras, es necesario que ocurra el acontecimiento. Es forzoso que fuese real.

En 7º lugar, esa misma circunstancia ocurre en los ambientes científicos, si Platón se lo inventó y la gente a su alrededor lo sabía, entonces no hubiera trascendido. ¿Por qué razón se pondría Aristóteles a discutirlo? Es decir, en ese caso no tendríamos a cientos de escritores antiguos hablando de la Atlántida en los siglos posteriores a Platón. Unos para negarla, otros para aceptarla, algunos más para añadir otras noticias que no salen en los diálogos platónicos, etc. Los historiadores más prestigiosos de la Antigüedad, los más serios en cuanto a rigor, tales como Estrabón, Diodoro Sículo, Poseidonio, Apolodoro, Evémero, Teopompo, Plutarco, y muchos más, se dedicaron a hablar de los atlantes añadiendo muchas informaciones distintas a las que dijo Platón. ¿Se volvieron todos locos? ¿Se pusieron ellos a inventarse noticias nuevas? Eso es muy poco creíble, y los ejemplos que existen en la Historia de verdadera invención, como Tomás Moro cuando escribió su libro *Utopía*, no fueron seguidos en su fantasía por todos los escritores posteriores. Es que eso es ridículo.

En 8º lugar, más fuera de sitio quedará la situación si empezamos a encontrar autores anteriores a Platón que también están hablando de la Atlántida. Y resulta que hay muchos, por ejemplo Cebes, Herodoto, Íbico, Solón, etc. Incluso Homero habla de los atlantes. ¿Cómo vamos a seguir diciendo que Platón se lo inventó? Es absolutamente imposible, lo único que ocurre es que Platón nos dejó el texto más largo hablando de ese tema. De todas formas, podríamos pensar algo como que Platón le dio además el aspecto final a la leyenda, y que antes de él era más simple. Para comprobar esto será bueno que analicemos un poco a esos autores anteriores, queremos saber si decían lo mismo que Platón, es decir, si el desarrollo del mito ya existía.

Para empezar, primero recordemos que Platón vivió entre el 427 y 347 a. C., casi toda su vida es en el siglo IV a. C., y los diálogos del *Timeo* y *Critias* son de los últimos que escribió, la datación de ambos es a partir del año 360 a. C. Eso significa que podemos irnos por ejemplo hasta el famoso historiador Herodoto, 484-425 a. C., quien siendo aún joven, hacia el año 450 a. C., publicó un Mapamundi. Esa publicación, como podemos apreciar, es prácticamente un siglo anterior a que Platón escribiese sus diálogos.

En el mapa de Herodoto (Fig. 12), las orillas del mar Mediterráneo se muestran bien trazadas, todos los grupos existentes de islas se conocen, y también el contorno de las costas. De modo que si se nos ubica algo en este entorno sabemos que está bien situado, porque son tierras bien conocidas. Pues bueno, veamos, en el extremo Occidente aparecen los Atlantes, las montañas del Atlas, y el mar Atlántico. ¿De dónde ha salido todo eso?

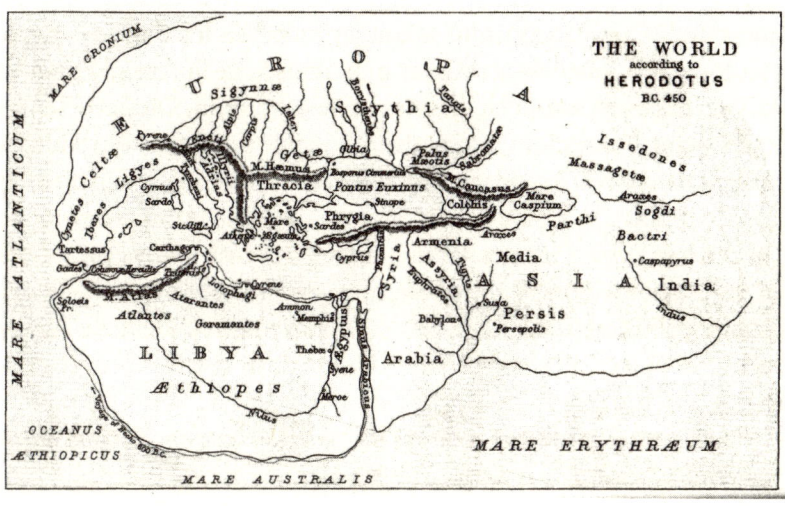

Mapamundi de Herodoto (Fig. 12); realizado hacia el 450 a. C., se basaba en otros mapas anteriores como los del marino Hecateo de Mileto, que trabajó para Anaximandro, hacia 580-560 a. C. Las orillas del mar Mediterráneo están ya bien conocidas, y aunque esta reconstrucción puede albergar errores —como situar el Lago Tritonis en Túnez—, aún así quedan los atlantes de todas maneras en el Occidente, a los pies de las montañas del Atlas en Marruecos. También se menciona a los tartessos, que ya habían desaparecido en el 450 a. C. Lo más importante de todo esto es que es anterior a Platón, y los Atlantes, el Atlas, y el Atlántico ya están ahí.

Está claro que si aparecen otros pueblos como los Celtas, los Ligures, los Ilirios, los Getas y Escitas, no vamos a estar pensando siempre que Herodoto se inventó esos nombres. Eso no es así, el historiador no se ha inventado nada y sabemos que eran sus verdaderos nombres. ¿Y qué diremos entonces a continuación con los Atlantes? Porque también aparecen ellos, y sería un poquito trágico pensar que precisamente ésos tienen que ser falsos. ¿Cuál sería la razón para pensarlo? Pues les ha caído la tragedia por culpa de tener mitos, y el dogma ilustrado dice que todo lo mítico es falso. Pero lo más probable es que ese dogma esté equivocado, porque de lo contrario las montañas del Atlas y el océano Atlántico no hubieran conservado esos nombres. Es decir, la existencia de esos pueblos es absolutamente necesaria para tener esos nombres en este mapa.

Y esto, desdice bastante a esa bonita frase petulante que los académicos malos suelen decir: «*los atlantes no son necesarios para explicar nada. La Atlántida no es necesaria en Historia*». Pero entonces, ¿cómo explicamos el océano Atlántico y las montañas del Atlas? Y recordemos que este mapa es anterior a Platón, ¿porqué se sitúan todos esos topónimos atlanteanos en el Occidente —donde dijo Platón— antes de que Platón se inventase la leyenda? No es posible explicarlo sin los atlantes, puesto que Herodoto se limitaba a recoger noticias y no se inventó nada. Tenía tan sólo 34 años cuando publicó el mapamundi. Además, faltan por resolver en la Edad del Bronce muchos enigmas, auténticos problemas que no están explicados, y con todo eso que falta, es realmente insensato descartar la posibilidad de los atlantes que describe Platón, y seguir diciendo como un idiota que «*no son necesarios en Historia*». ¿Y tú qué sabes si son necesarios? ¿Has demostrado que no? Por ejemplo tenemos el problema de los *Pueblos del Mar*, que invadieron todo el Mediterráneo, lo mismo que el mito de los atlantes, y su nombre —*Pueblos del Mar*— refiere al Océano.

Por lo pronto, nosotros necesitamos a los atlantes para explicar el mapa de Herodoto, y para explicar a los *Pueblos del Mar*. Enseguida lo veremos mejor. Ahora tan sólo fijarnos en que el mapa de Herodoto, del año 450 a. C., señala también a los Tartessos, los cuales ya habían desaparecido en esa fecha. Eso significa que el mapa es anterior, y es que ciertamente, Herodoto se basó en los trabajos previos de un marino milesio que topografió el Mediterráneo: Hecateo 1º de Mileto, hacia el 580-560 a. C. Refleja por lo tanto una situación y nombres un poquito más antigua. No es demasiado importante este detalle pero sí el hecho de que, sabiendo que los Tartessos y Argáricos eran atlantes, pues que también hallemos otros *Atlantes* en la zona de Marruecos. Esto significa que dominaban ambas orillas del estrecho, lo cual es muy lógico.

A su vez, la preocupación de dominar el Estrecho, nos indica que actuaban militarmente bloqueando su paso. Es decir, con seguridad eran una fuerza militar.

La razón de que los tartessos no aparezcan nombrados como *Atlantes* en el mapa, es porque ya habían entrado en guerra civil contra los argáricos y los fenicios, de modo que había que nombrarlos con su nombre particular para distinguirlos. Es cierta la noticia de que fue la guerra civil la que terminó con el fabuloso imperio. Y a su vez, sus enemigos, recibían la denominación de Λιβυφοινικων en las fuentes clásicas (*Libyphoenices*, Libiofenicios); de modo que, al ser un nombre compuesto, de *Libios* y *Fenicios*, significa que eran dos pueblos aliados contra Tartessos; y si esos «*Fenicios*» son los fenicios que todos conocemos, entonces, ¿quiénes eran los *Libios*? Teniendo en cuenta que ellos ocupaban el reino argárico no nos queda otra opción que pensar en los argáricos, es decir, el verdadero nombre de los argáricos es Libios, así se denominaban a sí mismos, y significa que adoraban al dios que se encarnaba en el Lobo (1º tetramorfo).

De aquí arranca el mito de los *Lobos de Mar*, los mejores navegantes del mundo; está claro que el control del Estrecho de Gibraltar no solamente indica fuerza militar sino fuerza naval. Y esta circunstancia es particularmente feliz, porque en las crónicas egipcias, por ejemplo las de Medinet Habu (Fig. 13), se habla de las invasiones navales efectuadas por los *Pueblos del Mar*, a los que especifican separándolos en dos grupos principales, donde uno es precisamente los Libios, y el otro los TRS (Tirsos).

Relieves del templo de Medinet Habu, en Tebas (Fig. 13); realizados entre 1170 y 1155 a. C., muestran el enfrentamiento egipcio con los «Pueblos del Mar», dividiéndose estos últimos en dos grupos principales, los del casco con cuernos (arriba) y los del casco con crines (abajo). Estos invasores llevan coraza, espadas rectas occidentales, y hoplons.

En los relieves, los primeros llevan el casco adornado con unas crines, y los segundos (TRS) llevan el casco con cuernos. De modo que los libios de España (argáricos), los famosos *Lobos de Mar* porque eran los mejores marinos, forman parte de los invasores occidentales que asolaron Egipto. Y sabemos que son occidentales porque entre los *Pueblos del Mar* se encuentran los Sardos y los Sículos, es decir, los habitantes de Cerdeña y Sicilia. Por lo que si entre ellos incluimos a los Libios de España no estaríamos diciendo ninguna extravagancia, es lo más probable.

Pero Egipto en esa época era un imperio poderosísimo, estamos hablando del Imperio Nuevo en su época de mayor esplendor. Ramsés el Grande, el gran constructor, acababa de morir en 1213 a. C. No puede tratarse por lo tanto de la invasión de un grupo de piratas, se trata de una guerra, y para invadir a uno de los imperios más poderosos de aquella época hace falta precisamente otro imperio más poderoso aún. Es el Imperio Atlante el que explica la decadencia del Imperio Egipcio. Los *Pueblos del Mar* eran ejércitos bien formados, sus tropas llevan armaduras y se distingue el uniforme de cada una. Eso no son piratas, eso son las mejores tropas de élite, y si nos fijamos en los relieves (Fig. 13) sus escudos son redondos y sus espadas rectas, exactamente las armas de las estelas tartésicas. Y también en las estelas tartésicas aparecen los cascos con cuernos, coincide todo. Por lo que, esos TRS (Tirsos) de las crónicas egipcias tienen que ser los Tirsenos de Huelva, un pueblo conocido también en las fuentes clásicas, y que aquí se usa para nombrar a los Tartessos en general.

De modo que el templo de Medinet Habu, en Tebas, hacia 1170-1155 a. C., levantado por Ramsés III después de vencer a los *Pueblos del Mar*, es una crónica en piedra, y nombra en los jeroglíficos de sus muros a los Tartessos junto a los Libios como grupos principales. Ambos pueblos son hispanos. Hasta ahora, estos misteriosos *Pueblos del Mar* no tenían una procedencia conocida, los historiadores pensaron primero en Oriente, en Siria; luego en Chipre, por las estatuillas con cuernos; luego en los Balcanes...; y finalmente, en Occidente, por los nombres de *Shardana* (Sardos) y *Shekelesh* (Sículos) que aparecen en los muros, así como porque también hay estatuillas de guerreros con cuernos en Cerdeña. Pero no tiene mucho sentido que dos islas del Mediterráneo —Cerdeña y Sicilia— puedan ellas solas enfrentarse al Imperio Egipcio, es necesaria la presencia de reinos más grandes y poblados.

«Pueblos del Mar» en jeroglífico (Fig. 14); procede de los relieves del faraón Merenptah, 1208 a. C,, Estela del Triunfo. En el idioma egipcio sonaba parecido a «Na hat-uo en pa yem», el primer egiptólogo que tuvo noticias de ellos fue el francés Emmanuel de Rougé hacia 1850, y esta clase de inscripciones contemporáneas a los sucesos fueron las primeras fuentes fidedignas, fuera de toda duda, sobre la existencia atlante.

Es necesaria precisamente la coalición de reinos. Los primeros ataques de *Pueblos del Mar* tienen lugar en el reinado de Merenptah, 1213-1203 a. C., y los describe como «*Alianza de Pueblos del Mar y Libios*», es decir, al principio los Libios no son *Pueblos del Mar*, lo cual tiene mucho sentido porque los Libios (Argáricos) no miran al Océano. Significa que la coalición es realmente muy occidental, de los pueblos que miran al Océano Atlántico. Pero luego la expresión se generalizó para todos, incluyendo los libios. Sin embargo eso no nos importa ahora, sino el hecho de que se los describe como una «Alianza» de pueblos. Y eso es lo que afirma también Platón sobre los atlantes:

«En dicha isla, Atlántida, había surgido una confederación de reyes grande y maravillosa que gobernaba sobre ella y muchas otras islas, así como partes de la tierra firme» (Tímaios 25-a, Gredos).

Si nos fijamos, estamos notando que es verdad, porque esas muchas otras islas son Cerdeña, Sicilia, Creta, etc, Es decir, lo que dijimos de que si eran navegantes debieron expandirse por las islas. Y aunque tuviesen reyes y reinos distintos, todos ellos estaban unidos en una confederación, la cual era «*grande y maravillosa*». Toda esta situación, tiene ya en su conjunto muy poco que ver con aquellos «enanos» de los que nos hablaba Champollion. Estamos ante algo grande, y que fue maravilloso, lo suficiente como para vencer a Egipto, y al poder absoluto de sus faraones. Porque a pesar de las derrotas iniciales frente a Merenptah y Ramsés III, estos pueblos acabaron conquistando Egipto. En el País del Nilo los recursos se gastaban en monumentos colosales en honor de sus reyes, a los cuales —lo mismo que al harén— nadie podía acceder. Pero los atlantes no hacían eso y funcionaban de otra manera. Las Salas de Trono tienen siempre un banco corrido para que se sienten en círculo a hablar todos los asistentes, pudiendo verse las caras. Es lo opuesto, y además el origen del Senado; la Justicia y el Derecho igualitario romanos son autóctonos de Occidente, desde luego no se gestaron en el Egipto de los faraones.

Es bueno, pues, aprender a relativizar los valores; el reino de los faraones albergó una civilización maravillosa, pero los atlantes fueron maravillosos en otras cosas. Ahora sigamos con su origen, porque la cita de Platón también dice que tenían conquistadas «*partes de la tierra firme*», y nos continúa el párrafo anterior así:

> «*En este continente (África), dominaban también los pueblos de Libia, hasta Egipto, y Europa hasta Tirrenia*» (Tímaios 25-a, según trad. Gredos).

Esto significa dos cosas importantes, por la parte de Europa llegan hasta Italia (Tirrenia, Τυρρηνίας), de modo que deben haber salido desde España para que Italia sea su meta y a la vez también se expandan por África. Se expandieron por las dos orillas del Mediterráneo, pero partiendo inicialmente desde España en el Occidente.

Y como ocuparon Italia, pues ése es el motivo de que los etruscos y los romanos hereden su sentido del Derecho y la Justicia. En cuanto al norte de África, llegan hasta Egipto dominando los «*pueblos de Libia*». En el diálogo el nombre de *Libia* ya se refiere al continente africano, de la misma forma que en el mapa de Herodoto, pero si tenemos en cuenta el hecho de que quienes se expanden por esa área son los argáricos (libios españoles), lo más probable es que sean ellos quienes le dieron ese nombre a África. Es decir, el Reino de Libia, ubicado en España (los argáricos del sudeste peninsular), se expandió por el norte de África tal como nos dice Platón en dirección hacia Egipto, de tal modo que también el norte de África era Libia. Todas las regiones que los libios dominaban eran Libia, así es como se utilizaban los nombres en la Edad Arcana.

Lo sabemos con seguridad porque la capital de esos libios era *Argar*, coincidencia feliz que se haya conservado el nombre en el yacimiento, pues se refiere al dios Argos —el Dragón Rojo—, y sus fundaciones por el norte de África llevan también ese nombre, por ejemplo la ciudad de *Argel* (el árabe Djezaïr, siglo X, es corrupción del antiguo *Argoir*, llamada por los romanos *Icosium*). Y regiones como *Malaca* (Málaga) tienen su equivalente en la región de

Mulucha, situada en Melilla y hacia el oriente de Melilla. Incluso la propia *Melilla* es un trasunto de *Almoloya*, que sin el artículo árabe queda *Moloya* (*Moloia*); significaba «regia» porque *Melo* significaba «rey». Y se han encontrado coronas de reyes atlantes ahí (Fig. 8). De modo que los nombres del Reino de Libia en España, RG, MLK, y ML, son los mismos que se expanden por África. Y por lo tanto, con seguridad estos libios son los que le dieron el nombre de *Libia* al norte de África, que con posterioridad, cuando aparecieron los geógrafos de Época Clásica, dejó de ser un nombre político y pasó a ser nada más un nombre geográfico.

Si en la isla de Chipre (Fig. 15) hay estatuillas de los *Pueblos del Mar*, con los cuernos y los escudos redondos de los tartessos, pues significa que dominaban esa isla; en especial debido a su importancia metalífera, pero también por su interés por dominar todas las islas del Mediterráneo. Por eso los atlantes monopolizaron el comercio de metales, ya que Chipre albergaba las minas de cobre más rentables de toda la cuenca mediterránea, después de las de Riotinto, que también custodiaban los tartessos.

Zonas dominadas por los atlantes (Fig. 15), tan sólo según lo que hasta ahora hemos visto. Tartessos y Libia eran los reinos principales y más ricos, pero si llegaron hasta Tirrenia entonces Iberia era atlante.

Y si dominaban Chipre, no cuesta tanto imaginar que dominasen Creta, pues allí también adoraban al Toro; el culto cretense al Toro es más que evidente, y eso son también los tartessos, los que iban con cuernos en los cascos. Si hemos encontrado además palacios minoicos en España, como el de Almoloya (véase Fig. 8), casi es forzoso aceptarlo. En cuanto a la Península de Morea (Peloponeso), tenemos constatadas allí esas criptas llamadas *Tholos*, que según vimos eran iguales que las de España, y sólo el yacimiento de Los

Millares tiene 90 tholos. Para mayor enjundia, esa palabra, *Tholos*, su lexema es TL, lo mismo que Atlas, el gigante que soportaba la bóveda celeste, y… ¿acaso las cúpulas de los tholos no parecen significar la bóveda celeste? Por supuesto que sí. La relación entre Grecia y España es que los atlantes llegaron a Grecia, y el nombre de *Morea*, con lexema MR, recuerda el de los Moros en Occidente, es otro nombre que procede de ellos.

En el caso de *Malta*, su lexema ML-T es la misma palabra que *Melilla* y *Moloia*, puesto que la -A del final se escribía -T en estas lenguas primitivas. De modo que MLA es MLT, y eso luego puede leerse Malta. Es también el mismo nombre que *Melita*, y significaba «regia» según dijimos hace un momento. El hecho en sí de que Malta albergue megalitismo, lo mismo que Argelia, es prueba de estas expansiones occidentales. Y Malta, al ser «regia» debía ser muy importante, por eso sus templos megalíticos son enormes. Y todo esto es en tiempos muy primitivos, antes de que se desarrollase el posterior estilo palacial.

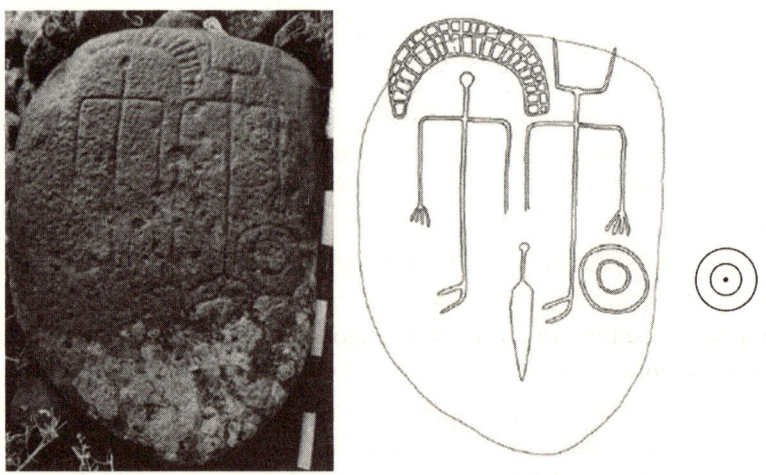

Estela de Almadén de la Plata, Sevilla (Fig. 16), hacia 1500 a. C.; los dos hombres son reyes, uno con el casco tartésico y el otro libio. El escudo lleva un punto en el centro aunque el calco no lo muestre, y representa Atlantis, que queda del lado del cornudo (el rey tartesso). El puñal vertical entre ambos reyes es el signo de la Pluma, significa la Justicia.

Por la parte de tierra firme, si llegaron hasta Tirrenia en Italia, indica que forzosamente el Reino de Iberia era también atlante, y ese reino era la cuenca del río Íber, el actual Ebro. Los íberos eran atlantes lo mismo que los libios y los tartessos; nos falta por averiguar qué ocurría con la parte noroccidental de la Península, esa misma que según las fuentes clásicas recibía el nombre de *Ophiussa*. En cualquier caso, estamos ante un imperio formidable, los «enanos» de *Alicia en el País de las Maravillas* eran no solamente muy reales, sino temibles y magníficos.

En una estela hallada en Almadén de la Plata (Fig. 16), población minera al norte de la provincia de Sevilla, se puede ver a dos reyes atlantes en igualdad de condiciones, y esto es el mito de la Doble Corona. ¿Qué es eso? Todos los reyes atlantes tenían su Gemelo, siempre se duplicaba su poder. Pero según Platón además cada uno tenía un reino distinto. Eso es lo que estamos viendo aquí, porque uno lleva el casco con cuernos de toro de los tartessos, y el otro el casco con las crines de... los libios. Es exactamente la misma pareja de cascos que en Medinet Habu (Fig. 13), y corresponde a los *Pueblos del Mar*. De modo que al final en España es donde encontramos el origen de estos invasores de Egipto, con los mismos cascos o tocados que sus soldados. Pero esto es una pareja de reyes, porque se está resaltando su carácter gemelo, son los «*Reyes Gemelos*» de la Atlántida. Platón nos lo cuenta así:

> «*hizo (Poseidón) surgir de la tierra alimentación variada y suficiente. Engendró y crió cinco generaciones de gemelos varones, y dividió toda la isla de Atlántida en diez partes*» (Krit 113-3).

Hagámonos a la idea de que los Diez Reinos Sagrados de la Atlántida eran cinco parejas de Reyes Gemelos, y aún nos falta por saber cuáles son. ¿El rey gemelo del tartesso era el rey libio? Exactamente así es, y como vemos, la Estela de Almadén lo refleja; lo que ocurre es que éste fue el simbolismo original, el de los primeros tiempos, y poco a poco, a medida que fueron incluyendo nuevos reinos dentro del imperio, los reinos gemelos no serán ésos sino «reinos hijos» de cada uno de los Cinco Reinos Originales.

No obstante tampoco se perdió el simbolismo original, porque esta estela es del 1500 a. C. y lo conserva. La palabra *Monarca* no viene del griego *Monarkhes* «soberano que gobierna un país», tal como se le buscó explicación; porque *Arkhes* (ἡ Ἀρχή) era «principio», «origen», más que «reino», debido al dios Argos —el dios del tiempo— que la causa. Además, ¿y porqué el monarca se va a titular a sí mismo como rey de un solo reino? ¿Eso no es un poco humillante frente a otros reyes con más número de reinos? ¿Acaso hubo *Diarkhes*? ¿Y *Triarkhes*? Eso fue muy posterior, en realidad esta palabra es de origen atlante, y combina a los dos reyes gemelos, uno es Minos (el Toro) y el otro es Argos (la Serpiente), por eso estos dos reyes eran el *Monarca*.

Nosotros, por puro convencionalismo, hablaremos en adelante de los Dos Monarcas, aún cuando la palabra *Monarkhes* ya se refería a ambos. Y con este título debemos entender siempre al rey de Tartessos y al de Libia, los dos que tenemos en esta estela de Almadén (Fig. 16).

Los demás reyes atlantes también van a ser gemelos, pero fijémonos en la palabra *Gemelo*, ¿no acabamos de decir que *Melo* era rey? Y el prefijo G con sonido jota (J) indica siempre «poder», o «poderoso», en el arcano idioma occidental de los atlantes; tal que, hay pueblos españoles que lo llevan, como por ejemplo Jubrique (en Málaga), diferenciado de Ubrique (en Cádiz). De modo que un *Gemelo* atlante era un «rey poderoso». Sin embargo en un diccionario de etimología actual nos dirán que proviene esa palabra del diminutivo latino —*ellus*, colocado sobre *Geminus* «doble». Nos dirán que su origen es el mismo que en *Géminis*, el signo del Zodíaco. Pero eso, de ser así, nos daría la palabra *Geminellus** «pequeño doble», la cual no existe. ¿Cuál es el recorrido real? Es el inverso, las palabras atlantes *Gemelo* «rey poderoso» y *Geminus* «Minos poderoso» se asocian a lo duplicado porque los reyes estaban emparejados, y Minos era el dios de la fecundidad, tal que cuando nacían dos niños a la vez era un momento de mayor poder con este dios, de ahí *Géminis*.

Los latinos heredaron estas palabras porque hemos visto que Tirrenia (Italia) fue territorio atlante. Pero los latinos pronunciaban *Gemellus*, y como eso significa «doble» por los reyes, pues aplicado a los bebés recién nacidos se asoció a lo pequeño. Porque exclamaban: «¡*Gemellus!*», al mirar las criaturas. Así fue como se formó el diminutivo, porque la terminación —*ellus* se asoció a lo «pequeño».

Es decir, también los diminutivos latinos tienen que tener un origen, y hay que explicarlos. En general, los libros de etimologías actuales nos explican solamente el vocabulario, eso no es suficiente, por lo que muchísimas veces están mal. Por ejemplo, por no tener ni idea, nos dicen que *Jubrique* es un topónimo árabe (desconocido), pero no es así, significa que la villa es «ibérica poderosa», y *Ubrique* significa simplemente «ibérica».

La Estela de Almadén (Fig. 16) nos sitúa los tres Anillos Concéntricos, el signo de Atlantis, junto al monarca de Tartessos, porque la ciudad estaba en su reino, pero es un emblema que significaba el imperio. Y entre los dos reyes —que son los reyes supremos de la Atlántida— aparece una espada vertical, signo de la Pluma, que significa «justicia». Ése es el valor último de la monarquía imperial, como encarnación de los dioses; en efecto, los reyes atlantes eran sagrados (dioses). Por lo demás, esta estela se encuentra en Almadén porque allí había minas de plata, es una zona de vulcanismo —las Rocas Frailescas— y eso es propicio para las menas de plata, debido a los sulfuros. Parece ser que todas las minas de metales eran propiedad del estado, al menos eso es lo único que explica esta estela allí colocada. Ocurrió lo mismo por ejemplo en el famoso y legendario Monte Argentario, ubicado en el nacimiento del río Guadalquivir. En la actualidad es el Pico Cabañas, de 2028 metros, aunque las minas no estaban justo en él, por lo que parece estaban a lo largo del tramo alto del río.

Como sea, el Monte Argentario era la frontera entre los reinos de Tartessos y Libia, lo cual no parece casual sino producto de una pelea encarnizada por poseer la cuenca metalífera. Para evitar más luchas, se solucionó haciendo que todas las minas de metales fuesen propiedad imperial, es decir, por igual de los Dos Monarcas.

Por eso tenemos la Estela de Almadén en plena zona tartésica, y sin embargo aparece el rey de Libia. Y lo mismo nos ocurre en el Monte Argentario (*Mons Argentarius*), su nombre combina ambos monarcas, el Árgona y el Tauro, y significa «Argonatauriano». Es decir, que ese monte es propiedad imperial y pertenece a las Dos Coronas. Desde el 2200 a. C. la cultura argárica usaba la plata en gran cantidad para sus joyas (el dinero de la época), el acuerdo político debió ser como mínimo en esa fecha. Luego, el latín heredó la palabra *Argentarius* «platero», «cambista», por su causa, y de ahí se redujo a *Argentum* «plata» porque en latín la R indicará persona; y Ἄργυρος «plata» en griego, que viene más bien de Argar (*Argoir*, RGR). Por eso en definitiva un mismo lexema RG va a significar «principio» y «origen» por el dios Argos, pero también «reino» por el rey libio, y finalmente «brillante» por la plata: Ἀργρός «brillante».

Todo tiene mucho sentido, la única duda que puede quedar es sobre el carácter indoeuropeo de la raíz, el cual debe ser descartado. Si lo encontramos en muchos pueblos indoeuropeos es porque los atlantes pasaron por allí. Y este mismo problema se apreciará en mucho vocabulario.

En definitiva, los mitos nos hablan de reyes gemelos y eso mismo es lo que encontramos en las estelas y en el idioma de los occidentales. Tuvo que ser real, y el hecho de que las minas fuesen propiedad de los Dos Monarcas, y que tengamos al rey Libio en una estela tartésica, es una demostración en sí de la existencia del imperio, pues sin los Reyes Gemelos no pinta nada allí —Sevilla— un rey libio.

Con una organización así puede entenderse mucho mejor que consiguiesen conquistar Egipto, pero no eran sólo los Sículos y los Sardos; encontraremos cascos con cuernos o de crines en todas partes por donde hubiese atlantes. Y el casco de crines (o plumas) es el mismo que luego llevaban los militares griegos y romanos, estamos realmente en la génesis del Occidente. Si miramos los textos clásicos, Éforo de Cime, 380-320 a. C., nos sitúa a esos Λιβυφοινικων (*Libyphoenices*, Libiofenicios) en España, y luego los Tirsenos (TRS) también estaban en España; al final, es que... los *Pueblos del Mar* eran hispanos.

El templo de Medinet Habu (Fig. 13) nos conecta por un lado con esta Estela de Almadén, y por otro con Solón, el más célebre de los Siete Sabios de Grecia. Porque este sabio, 638-558 a. C., es el que viajó a Egipto, y estuvo hablando con un sacerdote de Sais. Según Plutarco, en su libro *Misterios de Isis y Osiris*, este sacerdote egipcio se llamaba Sonjes (*Sonchis*), vivió hacia 665-590 a. C. Solón estuvo escuchando sus lecciones, pero lo más probable es que Sonjes hubiese visitado Tebas y conociera la historia de los *Pueblos del Mar*. Ningún egipcio que se preciase evitaba hacer la peregrinación de los 42 Nomos, es decir, las 42 provincias egipcias, cada una dedicada a un dios. El recorrido empezaba en Elefantina, en la 1º Catarata, y los peregrinos iban descendiendo con el río a lo largo de todo el país, sin dejar de detenerse en todos los santuarios.

Una persona importante como Sonjes, que era el sacerdote principal de Sais (un nomo del delta egipcio), es seguro que hizo la peregrinación. De hecho, la ciudad de Sais era capital de dos nomos, el de *Neith del Norte* y *Neith del Sur*, por lo que su sacerdote principal era casi la persona más importante del Bajo Egipto. Si estuvo en Tebas, y eso es algo seguro, debió visitar el templo de Medinet Habu, 1170-1155 a. C., y como era un sacerdote pudo entrar y leer todas las inscripciones. Sonjes conocería la historia por los murales de este templo y los archivos guardados en él (rollos de papiro hoy día desaparecidos).

El propio nombre de Sonjes (Sonchis), al escribirse en griego Σῶγχις ὁ Σαΐτης (Sugkhis el Saíta), se vuelve sospechoso porque recuerda al nombre español *Suge* «dragón», y sería un nombre libio Sug-k-es, «el del dragón», o si se prefiere: «Draconio». Y eso no es un nombre egipcio. Recordemos que los libios acabaron conquistando Egipto a partir de la dinastía tanita del delta, 1070 a. C. De modo que es lógico que un libioegipcio preste atención a las crónicas sobre este tema, y que incluso Sonjes se mandase hacer una copia de la batalla con los *Pueblos del Mar* cuya redacción se guardaba en los archivos del templo de Medinet Habu.

Vista de la colonia de Naucratis (Fig. 17), hacia 600 a. C.

Hacia el año 640 a. C. los griegos fundaron su primera colonia en Egipto, la ciudad de Naucratis (Fig. 17). Este emporio comercial, Ναύκρατις «la que gobierna barcos», era el lugar de desembarco obligado en el delta. Le concedió el título y licencia de colonia el faraón Psamético I, quien promovió además la escritura demótica («popular») para poder competir con la cursiva griega. Gobernaba Egipto desde la ciudad de Sais, que se encontraba muy cerca de Naucratis, a unos 20 km. De modo que si ésa era la capital, al ser Sonjes el sacerdote de allí, pues debía ser una de las personas más importantes después del faraón.

Los libios acababan de expulsar a los kushitas en el año 664 a. C., y habían recuperado el control de todo Egipto, volvieron a poner la capital en Sais con Psamético I. Su sucesor, el faraón Necao II, 610-

595 a. C., es el que ordenó la expedición que circunnavegó África. Y es verdad que se lo encargó a fenicios pero sabiendo que se trata de los libios, los *Lobos de Mar*, esto ya no es tan sorprendente.

Es decir, éstos no eran los egipcios autóctonos, y además están modernizando el país. Mientras tanto, en Atenas vivía Solón, a cuyas reformas asimismo debemos mucho del avance social que logró su ciudad. El arcontado de Solón fue en el año 594 a. C., y al terminar, habiendo establecido sus leyes, era muy envidiado, y decidió exiliarse de la ciudad durante 10 años. Plutarco en las *Vidas Paralelas* nos cuenta la siguiente información:

> «*Primero llegó a Egipto y se detuvo, como él mismo dice, en la desembocadura del Nilo, cerca del promontorio Canóbide. Además pasó algún tiempo filosofando con Psenopis de Heliópolis y Sonquis de Sais, que eran los sacerdotes más ilustrados. De su boca oyó la historia de la Atlántida, que se propuso transmitir a los griegos por medio de un poema, según cuenta Platón*» (Vidas, 26-1, Gredos).

Pero los fragmentos conservados de Platón no llegan a decir tanto. En cualquier caso, la Canóbide era la región de *Rosetta*, la «Roja», la actual ciudad árabe de Rashid —pero el nombre es libio—. Allí estaba el ramal navegable del Nilo más occidental, y por él se llega directamente a Naucratis. La ciudad ya tenía población griega de Mileto incluso antes de ser colonia, porque se usaban como mercenarios para controlar el país —a los egipcios autóctonos—, y cuando ya fue colonia (640 a. C.) se le concedió su control a los milesios, corintios y eginetas, tres antiguas ciudades atlantes. Y no es casualidad, es que los libios recordaban su pasado.

Las siguientes ciudades que incorporaron fueron Quíos (la de Homero), Tea, Focea, Rodas… y así hasta nueve, pero todas ellas serán las de origen atlante, recordemos estos nombres en adelante. Cada una levantó su templo, pero como ya formaban parte de la Anfictionía helena, levantaron un enorme templo común, el *Helenión*, que es la gigantesca mole que dominaba la ciudad (Fig. 17). El Helenión era fortaleza, almacén, ágora y santuario. Lo más lógico es pensar que Naucratis nació como simple factoría comercial, ya que la capital Sais se encuentra muy cerca. Y allí es adonde fue a parar Solón tras su exilio de Atenas, pudiendo conocer en Sais al viejo sacerdote Sonjes, que por entonces debía ser muy mayor (71 años). Solón fue presentado al faraón, y por la fecha, 594 a. C., tiene que ser Psamético II (595-589 a. C.), que lo acogió bien. Herodoto y Aristóteles cuentan que conoció a Amasis, pero debió ser sólo como príncipe pues no reinó hasta el 570 a. C. Más tarde lo llevarían a Heliópolis a conocer a Psenopis.

En fin, Solón fue muy bien recibido, y estas noticias, en especial los nombres de los sacerdotes que le narran lo sucedido con los atlantes, las recoge Plutarco de Hermipo, un poeta ateniense célebre del 450 a. C., y por lo tanto contemporáneo a Herodoto. ¿Cómo podrían ser todas estas cosas ficticias? ¿Cómo pudo Plutarco recoger en un autor anterior a Platón noticias sobre una historia que se supone que es una invención platónica? Esto significa con total seguridad que la historia de Solón y la Atlántida es anterior a Platón, el filósofo no pudo inventársela.

Muerte del rey Kodros a manos de los dorios (Fig. 18).

¿Se la inventó entonces Hermipo? ¿O se la inventó Herodoto? ¿Acaso fue Hecateo de Mileto, el verdadero autor del mapamundi? Hermipo es el poeta cómico que acusó a Aspasia de impiedad, la amante de Pericles. Escribió 40 comedias, pero sólo se conservan en la actualidad algunos títulos. En realidad se trata de una fuente independiente a Platón puesto que, lo mismo que Herodoto, también es anterior a él. ¿E iban a falsificar el nombre de Sonjes? ¿Cómo es posible que coincida con el ibérico *Suge* si no es auténtico el relato? Eso no se le ocurriría falsificarlo a nadie; luego en griego, las letras GJ (Σῶγχις) unidas suenan NJ, de donde la pronunciación de *Sugkes* puede pasar a *Sonjes*. Y la razón por la cual Solón estaba asimismo muy interesado en este tema de los atlantes (*Pueblos del Mar*), es porque él era descendiente de Kodros, el último rey de Atenas. Es decir, Solón era un Melántida, los descendientes de Kodros, el linaje de los últimos reyes atenienses.

Como estos reyes se enfrentaron a los atlantes, le ocurría en este tema a Solón lo mismo que al propio Sonjes; hemos visto que el sacerdote de Sais, al ser de linaje libio (atlante) prestaba atención a estos asuntos primitivos y estaba recopilando toda la información que podía. Por su parte, Solón vivía en la ciudad de los helenos, enemigos de los atlantes, por lo que estaba interesado en lo mismo.

En torno al año 594 a. C. en que los dos sabios se conocieron, apenas habían transcurrido cuatro o quizás cinco siglos desde los tiempos de los atlantes. No era tanto tiempo y se conocían los linajes. Lo cual era importante, un linaje de reyes te podía dar legitimidad al trono, al poder, a cargos políticos, etc. Si aquel asunto tenía que ver con su gloria familiar, o podía favorecer su gloria familiar, es lógico que Solón prestase toda su atención. Lo que el legislador ateniense sabía de la Atlántida por parte de su familia, incluso antes de llegar a Egipto, es lo que proviene de la leyenda de Kodros (o Codro). Este rey legendario fue muerto por dos soldados dorios con los que se peleó fuera de las murallas de Atenas, en tiempos de las Invasiones Dorias. El propio ejército dorio estaba acampado alrededor de la ciudad, asediándola. En este sentido, estas Invasiones Dorias, siglos XII y XI a. C., se asemejan mucho a las invasiones de los Pueblos del Mar (siglos XII y XI a. C.), y más bien pudieran ser las mismas solo que en Grecia. La cronología por lo menos coincide; además, es posible decir que parece que Solón y Sonjes de Sais lo sabían.

El parecido entre ambas invasiones es demasiado grande como para seguir dejándolo pasar desapercibido a la investigación académica. Los atlantes invadieron Egipto e invadieron Grecia al mismo tiempo, con ferocidad, y eso es exactamente lo que nos cuentan los mitos, y lo que el panorama arqueológico nos refleja si consideramos que los Pueblos del Mar y los Dorios son la misma gente. Creemos que por lo menos Solón y Sonjes así lo imaginaban y por eso tuvieron tanto de qué hablar. ¿Qué motivos tendríamos nosotros para negar esa teoría? Hemos visto ya que los Pueblos del Mar tenían un origen occidental, ahora se necesitaría poder demostrar eso mismo con los Dorios.

Para empezar, al día de hoy, el mundo académico todavía no conoce su origen, es una incógnita. Por lo tanto, mientras eso no esté aclarado, la posibilidad occidental no se puede descartar tampoco para los Dorios. Por otro lado, el mayor experto que ha estudiado las Invasiones Dóricas, llamado Paul Kretschmer, explicó que la Grecia primitiva estaba habitada por pueblos Pelasgos de lengua no-griega, y que las sucesivas oleadas de pueblos griegos llegaron siempre desde fuera. Que por lo tanto, hubo un hogar mítico del que procedían los griegos. Pues bien, resulta que ese origen desconocido se encontraba en el Occidente con los atlantes, la lengua griega procede de España.

¿Recordamos aquellos tholos que había en España y que luego vamos a tener en Grecia? Pues esa relación de dependencia también va a tener lugar con el idioma. Pero se trata de un protogriego, el abuelo del griego, en tanto que la lengua griega en sí es un cóctel que se fragua en Grecia. Es un poco complicado matizar hasta qué grado, lo importante es que, en efecto, se forma en Grecia, pero con estos invasores de España. Por el otro lado, a esa lengua occidental protogriega la llamamos como *Lengua de Agenor*, pues éste era el nombre propio del Rey Atlante.

Atlantis era la capital de un gran imperio (Fig. 19); se había construido en forma de anillos concéntricos, signo del Olimpo, y se decía que estaba habitada por los dioses. En la ilustración, una recreación de Séraﬁni, «Le Mystère de l'Atlantide», 1988, la cual, es aceptable salvo por las montañas de alrededor, es un error, había una bahía de agua.

Lo iremos viendo poco a poco, en cualquier caso, no toda España hablaba este idioma, cada reino tenía su propio idioma, incluso cada región se diferenciaba, y toda la zona noroccidental de Ophiussa (véase Fig. 15) hablaba todavía la lengua vascuence, o por mejor decir, varios idiomas antepasados del vasco. Este sustrato es el más antiguo, es anterior a la formación de la Atlántida, porque los tartessos llegaron con la invasión de las llamadas *Gentes Cardiales*, en pleno Neolítico, hacia el 6000 a. C. En este sentido, la civilización atlante comenzó con la llegada de estos extranjeros a la Península Ibérica. Una invasión que fue terrible y de la cual ya hablaremos. De momento aceptemos aunque sea provisionalmente las posibilidades que nos están emergiendo de este análisis, y continuemos a ver adónde nos llevan. Tengamos paciencia.

Solón y Sonjes creían que los Pueblos del Mar y los Dorios eran la misma gente. Y en España tenemos toponimia como el río *Duero* que se le parece mucho, es decir, los *Dorios* parecen los habitantes del río *Duero*. Aunque acabaremos viendo que el nombre DR hacía referencia a los Toros (TR), y por tanto a todas las tropas que dependiesen —en el mando— de los tartessos. Es decir, las gentes de la cuenca del Duero eran Dorios en efecto, pero sus tribus tenían otros nombres, y la tropa doria que procedía de estas regiones no hablaba la *Lengua de Agenor* sino distintos dialectos vascuences muy mezclados. Por ejemplo, la derivación THR dio lugar a *Zor* «obligación» en vasco, porque aquello era una llamada militar obligatoria; aunque también dio lugar a *Zorion* «felicidad». Demuestra que en Ophiussa asimismo eran atlantes, participaban. Y no olvidemos, que los celtas todavía no están, no han llegado, y no se ha indoeuropeizado el norte.

Lo que Sonjes le contó a Solón fue la descripción pormenorizada de cómo era la isla de Atlantis, con sus tres Anillos alternos de tierra y agua, el Gran Canal, etc. Y también cómo estaba organizado el imperio. En su conjunto es lo que aparece escrito en el diálogo del *Kritías*, en el cual los atlantes son nobles y virtuosos. La tradición de la propia familia de Sonjes, un linaje principesco de libios, podía saber perfectamente estas cosas y dar esa versión, puesto que eran los herederos.

Por su parte, las inscripciones de Merenptah, 1208 a. C., y los relieves de Medinet Habu, 1170-1155 a. C., ofrecían información desde el lado egipcio, que a buen seguro se completaba con manuscritos. Era una información que Sonjes se dedicó a recoger y clasificar. Esa parte es la correspondiente a las invasiones por el Mediterráneo, que luego aparece en el diálogo del *Tímaios*, y en él, los atlantes son tildados de insolentes, unos bárbaros que querían esclavizar todas las regiones libres. Se nota perfectamente el cambio de tono, y eso nos delata un autor distinto.

Por último, Solón podía aportar el punto de vista ateniense, desde el cual se ensalzaba de manera especial el Cataclismo (Fig. 20), porque coincidió con la muerte de su antepasado el rey Kodros y salvó a Atenas del asedio dorio; es comprensible que los atlantes detuviesen la invasión debido a que sus reyes murieron, y además, entraron en una crisis muy difícil que destruyó su imperio. Pocas veces en la Historia una catástrofe natural habrá cambiado tanto su curso. E incluso Solón sabía la fecha porque había estudiado a su linaje entero, desde Kodros hasta él.

Un Cataclismo destruyó la ciudad de Atlantis (Fig. 20); según la leyenda, tras un violento terremoto y un diluvio extraordinario, y la isla se hundió en el mar en el transcurso de una noche terrible.

Solón había nacido en el 638 a. C., era hijo de un noble ateniense llamado Execéstides, nacido a su vez hacia el año 670 a. C.; su hacienda era mediana, pero su linaje ilustre, por ser Códrida. También su madre y su primo Pisístrato lo eran, y todo el clan familiar lo tenía este asunto en gran estima, se jactaban incluso. Pero ellos eran Nélidas, descendían de Neleo el hijo menor de Kodros, el mayor era Medón y fue quien heredó el gobierno. Aunque como ahora ya no habrá reyes sino arcontes, el poder pasó en adelante a su familia solo de vez en cuando; el propio Solón en su arcontado es un ejemplo. Esos arcontes fueron elecciones vitalicias hasta el 753 a. C. en que pasaron a ser decenales, y en el 683 a. C. anuales. Se elegían en la *Colina de Ares*, el Areópago (Ἄρειος Πάγος), un consejo muy antiguo donde se reunían los nobles.

Fijémonos que la intención de todo este proceso, de eliminar los reyes y reducir cada vez más los años del arcontado, es para destruir el poder absoluto, para que quien gobierne tenga que rendir cuentas. Sin embargo, las familias nobles tenían en mucha estima sus orígenes divinos, pues… ¿cuál era para ellos la diferencia entre un rey y un arconte perpetuo? Fundamentalmente que el rey es una encarnación de los dioses, no lo eligen los hombres sino que es el linaje sagrado de algún dios.

Por eso era intocable su poder, no podías desobedecer a un rey sin ofender al dios, y es en este sentido que la evolución política desde inicios de la Edad Antigua fue una paulatina eliminación de los reyes. El Cataclismo de la Atlántida tuvo que ocurrir cuando cesaron las Invasiones Dorias (siglo XI a. C.), porque fue determinante para esto, pues aquello se entendió desde cualquier perspectiva como un castigo de los dioses, y que, por tanto, aquellos reyes ya no encarnaban a los dioses. Así empezaron a aparecer los arcontes, que ya no encarnan sino que representan a los dioses, y por lo tanto elegibles y sustituibles.

Solón es el responsable directo de que se estudiaran y archivaran las listas de los arcontes en Atenas, porque al final la elección siempre se hacía entre unas cuantas familias (precisamente las estirpes de linaje divino).

El Areópago (Ἄρειος Πάγος) era una colina mítica (Fig. 21); por lo visto el mismo dios Ares había sido juzgado allí por Poseidón. Este enorme monolito de mármol gris azulado está junto al ágora de Atenas, y se usó siempre como sede del consejo y tribunal; Solón reformó sus estatutos para que los eupátridas mantuviesen su poder sobre este organismo.

La comparación mitológica entre la Atenas primitiva y la Atlántida está presente incluso en los propios diálogos del *Tímaios* y *Kritías*. Solón, aunque él mismo era un eupátrida («los bien nacidos», la nobleza), había sido elegido para legislar la ciudad debido a su fama de moderado, en un momento en que ricos y pobres estaban matándose entre sí. Las reformas que introdujo favorecieron mucho a las capas pobres de la sociedad, pero a cambio tuvo que asegurar el poder político de los eupátridas. Como los arcontes se elegían sólo entre la nobleza, y además se elegían en el Consejo (Areópago), dispuso que los miembros del Areópago sólo pudiesen ser elegibles entre los arcontes que ya hubiesen abandonado su cargo. Era una forma de garantizarle el control de esta institución a los nobles.

Sin embargo antes no era así, y cuando los arcontados habían sido anuales (desde el 683 a. C.) se habían llegado a elegir areopagitas plebeyos. Por eso había tanta alarma, y tiene tanto sentido que Solón iniciase una investigación sobre los linajes y las familias que habían tenido arcontes. Remontando los arcontados hasta Medón el hijo de Kodros. Porque todo eso conllevaba derechos políticos.

Esta investigación se salvó gracias a un historiador posterior, Helánico de Militene, 490-405 a. C., que también fue logógrafo (recopilador de mitos). En su obra *Atthis* narra la historia del Ática desde precisamente el 683 a. C., pero incluye las listas de arcontes de Solón, gracias a eso, y a que esta obra se ha conservado, conocemos las fechas. Retrocediendo hacia atrás, y contando los años de cada uno, desde por ejemplo Megacles del año 922 a. C., pasando por Tersippus, Argippus, Acastus y finalmente Medón, este último comenzó su arcontado en el 1069 a. C., el año en que murió el rey Kodros (1090-1069 a. C.). Ésa es, sin duda, la fecha del Cataclismo de la Atlántida, cuando la ciudad sagrada de los dioses fue sepultada bajo el mar, en el transcurso de una noche terrible.

Por eso Solón lo sabía, conocía perfectamente que tenía que ver con los Dorios. Aún así, por otro lado, la leyenda del rey Kodros (Κόδρος) nos informa que era hijo de Melanto, de ahí que se llamasen todos Melántidas. Pero este nombre tiene origen atlante, *Melo* es «rey», con el nominativo dórico -N queda *Melán*, -NT como participio, sólo se le añade el genitivo neutro -Os, y de ahí: *Melanthos*. Esta palabra, Μελανθος, significaría «el del reinado», o «lo del rey». Pero ha trocado la T original por Theta (TH), quizás para indicar que ya no es un participio sino un nombre propio. Eso era muy común antes de que se normalizara el idioma griego. Normalmente Μελανθώ es nombre femenino. Ahora fijémonos, la leyenda de Kodros dice que es hijo del rey Melanto de Atenas, pero éste era descendiente de Neleo, y por tanto de la raza de Poseidón (véase el diccionario mitológico de Pierre Grimal). Es decir, es un linaje atlante, por eso tiene tantos nombres en -N, como Medón, Solón, Melán, etc, que llevan el nominativo dórico primitivo.

Se puede incluso añadir a Platón, porque descendía por parte de madre de Solón, así que, también era un Melántida, y Códrida. Aunque podríamos pensar que este otro personaje de nombre Neleo, anterior al hermano de Medón, quizá fuese el mismo, y el que de verdad da nombre a los Nélidas. Si es así, Solón y su familia descendían de Medón, y en este punto Plutarco se habría equivocado; pero se conoce que hubo dos Neleos.

Sigamos de todas formas con ese nominativo en -N, porque no se trata del dialecto dórico posterior en Grecia, sino de un idioma dórico primitivísimo, sería el dórico de Tartessos. En Grecia sólo aparece residualmente, como por ejemplo, cuando el pronombre personal Ἐγώ (*Egó* «yo») lo escriben en el dialecto dórico Ἐγών (*Egón* «yo»), a menudo por motivos poéticos. Eso nos evoca una literatura atlante que todavía influía en la rapsodia griega arcaica. Consideraremos ese nominativo -N como propio de la *Lengua de Agenor*, ya que sirvió para crear Atlán en vez de Atlas.

La historia de Neleo es la de un rey atlante en Pilos, al sur del Peloponeso en Grecia, donde reinaba con su esposa Cloris. Se dice que intentó recuperar los Bueyes de Gerión cuando Heracles regresaba de España, y aquí —antes de seguir— hemos de notar dos cosas: 1º Gerión el rey tartesso lleva también el nominativo dorio en -N, y asimismo lo van a llevar otros muchos reyes occidentales del Reino de Tartessos: Hispán, Argón, Therón, etc. Es propio en los españoles, y comparten este rasgo con los griegos mucho más que por ejemplo en Italia. En 2º lugar, nos informan que el rey Neleo intenta «*recuperar*» los Bueyes de Gerión, ¿eso qué significa? Un rey del sur de Grecia, un griego de la ciudad de Pilos, lucha… ¿contra otro griego (Heracles) para «*recuperar*» lo que Heracles ha robado en España? ¿Cómo va a recuperar lo que no es suyo? ¿Tienen esos mitos algún sentido? En realidad sí, tan sólo debemos darnos cuenta de que los gentilicios *Griego* y *Heleno* no eran lo mismo en aquel entonces. Toda la región del Egeo era un campo de batalla, y había dos bandos principales, uno el de los atlantes occidentales, y otro el de los helenos del norte. Estaban mezclados por la geografía a causa de la guerra, y cada ciudad se hallaba en posesión de unos u otros; a menudo incluso cambiaba de manos. En esa lucha, los *Griegos* eran los occidentales, y eran gentes que en su mayor parte procedían de España, por eso comparten con los tartessos el nominativo dorio primitivo (que era ya un fósil en la Grecia Clásica, y no se usaba).

Siempre que Heracles iba al Occidente acababa todo en una matanza, está claro que estaban en guerra. Eso es lo que explica las siguientes Invasiones Dorias, y también que un rey atlante que vive en Grecia, como Neleo, intente «*recuperar*» los bueyes del rey español. Pero por desgracia Neleo fue vencido por el semidiós, quien enfurecido lo mató a él, a su esposa Cloris, y a todos sus 11 hijos, entre ellos Tauro y Asterio; resaltamos estos nombres porque *Tauro* indica a los dorios (TR, los Toros), es una referencia a los tartessos anterior a las Invasiones Dorias. Es decir, importa porque indica que ya había dorios (TR) en Grecia antes de que acaeciesen esas dichas invasiones. Los dorios por lo tanto no llegaron a Grecia por primera vez con las invasiones del 1150 a. C. Y *Asterio* es como la diosa libia y fenicia Isthar (STR), pero también como Asturia en el norte de España, que era Oestrymnia, es otro nombre que no debemos olvidar; sus hermanos Alastor y Néstor lo llevaban también, quizás por la procedencia del linaje.

Lucha entre Heracles y el rey Gerión de España (Fig. 22); el héroe heleno acudió a Occidente a robar la famosa manada de bueyes del rey, y para ello mató primero a su perro Ortro, luego a su pastor Euritión —que también yace por el suelo— y finalmente acabó con Gerión, que aparece tricéfalo y alado. La mujer a espaldas de Heracles es Atenea. De toda la escena se trasluce una imagen de batalla, cruel, y sin cuartel.

Pero sólo se salvó de la carnicería que hizo Heracles en Pilos el viejo Néstor, nos referimos al famoso consejero de Agamenón en la Guerra de Troya. Algunos afirman que porque no estaba en la ciudad, pero lo cierto es que en aquél entonces era un bebé casi recién nacido; por eso lo perdonaron, y pudo ser criado por los micénicos como uno de ellos. ¿Acaso no es una hábil estrategia para anexionar un reino? Si tienes la suerte de atrapar un bebé que sea príncipe, y matas a todos los demás, luego ese bebé es el único con derechos legítimos al trono de esa ciudad, pero te va a ser leal a ti si tú lo has educado. Por eso Néstor fue el más eficaz de los que ayudaron a Agamenón. Y años después, Melanto era un descendiente de Néstor, quizá un bisnieto. Este rey Melanto abandonó Pilos en Mesenia con su gente durante las Invasiones Dóricas, huyó hacia el norte, lo cual indicaría que esas invasiones del 1150 a. C. más bien comenzaron desembarcando en la isla de Creta e iban de sur a norte (en vez de proceder de los Balcanes como se dice). El rey se instaló en Atenas, y allí, Timetes, último descendiente de Teseo, le traspasó la corona. Kodros heredó de su padre Melanto la corona ateniense, y por eso era un micénico heleno, pero de linaje Nélida.

Durante su reinado, los dorios del Peloponeso, los mismos que habían expulsado a su padre de Pilos, siguieron avanzando hacia el norte, y el Oráculo de Delfos les prometió la victoria a condición de que no matasen al rey de Atenas. ¿Que no matasen al Nélida? Tiene sentido que no quisiesen matarlo, sino «recuperarlo», pues el linaje de Neleo les había sido robado por los micénicos, pero era un atlante como ellos. En este detalle podemos darnos cuenta del valor que le daban a los linajes, hasta el punto de que incluso querían recuperarlos. Por eso toda su estructura política se basaba en linajes sagrados.

Éste era, precisamente, el ilustre linaje de Solón de Atenas, y la obsesión atlante por «recuperar» cosas, es un claro indicio de su celo por la Justicia; para ellos, era importante que se hiciesen las cosas bien, de acuerdo a los dioses. No era por lo tanto adecuado que acabasen ellos con un linaje ilustre de su propia estirpe, eso forjaría un pecado porque los linajes muertos eran una desgracia para todos los espíritus de ese linaje (los antepasados que viven en el Más Allá), y en este caso son atlantes. Sería traicionar a sus propias gentes, y los mancharía de pecado.

Por eso no querían matar al rey Nélida de Atenas. Pero un habitante de Delfos, un traidor llamado Cleomantis, informó de este vaticinio a los atenienses. Entonces Kodros resolvió sacrificar su vida por Atenas:

> «*Se vistió de mendigo y salió de la ciudad, simulando que iba a buscar leña. No tardó en encontrar a dos adversarios, con quienes entró en reyerta; dio muerte a uno de ellos, pero fue muerto por el otro. Entonces los atenienses reclamaron a los peloponesios su cadáver para enterrarlo. Éstos, comprendieron que habían perdido toda esperanza de vencer a Atenas y regresaron a su país*» (dic. mit. Grimal, 1951).

Hasta aquí la leyenda, pero lo que ocurrió en realidad es que el Cataclismo de Atlantis detuvo la invasión, y hasta ver lo que ocurría con el imperio los dorios se retiraron. Para entonces, Kodros había muerto en cualquier reyerta; quizás sea cierto que batalló sin sus ropajes regios para no ser reconocido en el caso de una batalla adversa: «*Si nos vencen que me maten a mí también*». Esa actitud reafirmaba su lealtad helénica y además dañaría al enemigo. Como sea, los atenienses aún no tenían elegido otro rey, y ante lo extraordinario del suceso y la milagrosa salvación de su ciudad, decidieron honrar la memoria de Kodros no volviendo a elegir rey. Su hijo Medón (Medonte) fue elegido arconte perpetuo, pero no rey, los linajes sagrados ya no eran sagrados si los dioses los castigaban de ese modo.

Así los atenienses sublimaron la salvación de su ciudad, y al mismo tiempo el arcontado les permitía liberarse de un linaje atlante de reyes que no les parecería demasiado adecuado, a ellos, que eran helenos. Por su parte, la historia causaba risa entre los dorios que la oían, ¿el rey Kodros fue a buscar leña? Tal que la expresión «*dar leña*» pasó a significar derrotar y dar una paliza a alguien. Sin que esto mengüe el hecho de que «*echar leña al fuego*» significa avivar las llamas. Es decir, el rey Kodros murió en una razzia militar, una salida, pero no había salido tan pintorescamente a buscar leña. Por eso, desde entonces, en el idioma popular el que «*busca leña*» recibe leña y todos felices. Y esta historia llegó hasta España, de lo contrario no se hubiera conservado en la Península esta expresión. Debido a ello, cuando los jóvenes salen a «*buscar leña*» significa claramente buscar pelea, y no tiene nada que ver con avivar algo o forzar una situación más y más.

Mientras tanto, la leyenda ateniense afirma que Neleo, el hermano menor de Medón, se desterró a Mileto. Allí se le pierde la pista y Execéstides, el padre de Solón, vuelve a aparecer hacia el año 670 a. C. en Salamina. Esta rama del linaje regresó a Atenas a medida que se convertía en la urbe cultural, y por supuesto a Solón le encantaba esta historia, pues con su linaje no podía ser rechazado políticamente, le otorgaba los derechos de eupátrida.

En fin, las tres partes más importantes de los diálogos platónicos proceden de estas fuentes analizadas:

- 1º de la familia de Sonjes, libios, procede la descripción maravillosa de Atlantis, con sus tres anillos, su sistema político, fiestas con toros, etc.
- 2º de Medinet Habu y Merenptah, egipcios, procede la descripción de las invasiones por el Mediterráneo, y la idea de un imperio malvado.
- 3º de la familia de Solón, atenienses, procede el relato del Cataclismo y la importancia de Atenas resistiendo al invasor ella sola sin ser invadida.

La parte libia está en el *Kritías*, la parte egipcia en el *Tímaios*, y la parte ateniense en ambos diálogos. Como en el año 594 a. C. el viejo Sonjes ya tenía unos 71 años, es posible que le cediese a Solón todo su material, porque él ya se veía incapaz de escribirlo. O simplemente se lo dejó copiar; el sabio griego debió permanecer en Egipto 5 años al menos, porque tuvo que aprender el idioma y dedicarse a traducir los apuntes de Sonjes. Al principio, cuando llegó, aunque fue agasajado y así lo dicen los diálogos, tenía que buscar además la manera de que le hablasen de esos asuntos, pero fijémonos que él sí conocía los linajes:

> «*En una ocasión quiso inducirlos a conversar sobre hechos antiguos, y empezó a hablar de los más antiguos de esta manera: sobre Foroneo, que se dice que fue el primer ser, y sobre Níobe; contó el mito de Deucalión y Pirra y cómo vivieron después del diluvio, estableció su genealogía, y probó a contar los años recordando con precisión los que vivió cada uno de los que nombraba*» (Tímaios 22-ab, Alianza).

Es exactamente lo que hemos indicado de los reyes de Atenas, Solón contaba los años y aprendía las genealogías, por eso conocía la fecha del Cataclismo (1069 a. C.); aunque Foroneo es del linaje atlante de Ínaco, el principal que se estableció en Grecia hacia el siglo XVIII a. C. Su hija Níobe fue en efecto contemporánea de Deucalión, los estaba citando en su orden correcto, y había retrocedido a los más antiguos recordados de Grecia. Es increíble todo lo que sabía Solón, por eso no sólo fue agasajado sino que se hizo ilustre entre los libioegipcios. Aprovechó que esos libios eran de ascendencia atlante lo mismo que él.

Respecto a la traducción, los diálogos cuentan cómo estuvo deduciendo incluso el sentido de los nombres:

> «*Puesto que Solón quería utilizar el relato para su poesía, investigó el significado de los nombres y descubrió que aquellos primeros egipcios los tradujeron a su propia lengua al escribirlos, y él, a su vez, tras captar el sentido de cada uno, los vertió a la nuestra cuando los escribió*» (Kritías 113-a, Gredos).

En la expresión «*aquellos primeros egipcios*» parece indicarnos a los egipcios autóctonos, pues los dirigentes que en tiempos de Solón gobernaban Egipto eran los libios tal como vemos, por eso, esa anotación los diferencia. Y por supuesto queda claro que Solón en persona fue quién se ocupó de la traducción. Todo el material reunido por Sonjes a lo largo de su vida fue Solón quien lo tradujo, y éste es el problema, tan sólo estuvo como mucho 5 años en Egipto y no tuvo tiempo de aprender bien el idioma.

No disponía de diccionarios, ni de prácticamente nada más que la conversación con Sonjes para entender el relato, por lo que su traducción contiene varios errores importantes. Por ejemplo, aquél que dice que la isla de Atlantis era «*mayor que Libia y Asia juntas*», eso era un apotegma atlante, y en aquellos tiempos no tenían esos nombres un sentido geográfico sino político.

Con esa máxima los atlantes querían indicar que la unión del imperio era más fuerte que las fuerzas de Asia y Libia sumadas por separado. Que al unirse se genera algo nuevo mucho más poderoso. Y respecto a Libia ya sabemos que se refiere a los libios, por lo cual, Asia debe ser Tartessos; aunque ahora no se refiere sólo a los dos reinos, sino a la Doble Corona. Es decir, había en el Occidente una Corona Azul (Asia) y una Corona Roja (Libia), y cada una de ellas abarcaba varios reinos menores; hemos de aprender con cuidado a no confundir las Coronas y los Reinos.

El viaje de regreso de Solón le hizo detenerse en Chipre (Fig. 23); allí trabará amistad con Filocipro, rey de la ciudad de Solunte, que lo acogió varios años. Más tarde, navegó a Mileto, y luego pasó a Quíos.

Como los diálogos no llegan a especificarlo bien, queda de manifiesto que es algo que Solón efectivamente no lo supo distinguir, y confundió la traducción exacta (o venía ya el relato recibido con ella). Un problema presente en toda la extensión de los diálogos conservados: a veces hay fallos y hay que saber verlos. De hecho, el detalle de ignorar el significado correcto, de lo que están diciéndonos ellos mismos, pues nos indica con certeza que las traducciones eran textuales; ellos —Sonjes y Solón— están recogiendo redacciones anteriores que ya estaban escritas, o en otros casos, conservadas oralmente en sus familias, pero con muchas frases hechas. Es decir, aquello era Mitología en el sentido histórico original.

La palabra Μῦθος (*Mythos*) significa «relato», y estas historias eran el acompañamiento usual en las comidas; se aprendían de memoria en caso de no poderlas escribir. La cita de «*mayor que Libia y Asia juntas*» se halla en el *Tímaios,* en la parte procedente de crónicas egipcias.

Cuando Solón abandonó finalmente Egipto, marchó en barco hacia la isla de Chipre, allí fue amigo del rey Filocipro, cuyo nombre significa el «amante de Chipre», con el verbo Φιλέω (*Filéo* «amar»). Reinaba en la zona noroeste de la isla, en la ciudad de Solunte (Solos, Soli), en la actual Bahía de Morfó. Un río llamado Clario la regaba, bajando recto desde el Monte Olimpo, 1952 m, el cual es el más alto en Chipre y culmina los Montes Troodos, cuyo lexema TR-D indica el «dios Toro» (del cielo). Así que, en las montañas del dios del cielo había otro Monte Olimpo, tiene mucho sentido. El rey Filocipro era seguramente el más importante entre los diez reyes de la isla. ¿Otra isla con Diez reyes? La verdad es que todo esto suena muy atlante, y puede ser la causa de que Solón se detuviese allí a investigar. La isla de Chipre también contiene santuarios como Enkomi donde se han hallado las estatuillas de dioses o soldados con cascos astados, es decir, cascos tartésicos. Y el yacimiento era la factoría de cobre más importante en Oriente, por lo que es citada *Cyprus* (o *Alasiya*) en los textos micénicos, hititas, egipcios, etc. Pues bien, por lo que observamos en los restos pertenecía a los tartessos, pero hemos indicado hace poco que los atlantes tenían una ley que les obligaba a compartir entre ellos los beneficios de las minas de metal. ¿Esa podría ser la causa de los diez reyes de la isla? ¿Y del Monte Olimpo? Por supuesto que sí, reflejaría los Diez Reyes Sagrados de la Atlántida, cada uno de los cuales tenía un representante, porque se consideró a Chipre entera como mina. Y el Olimpo es signo de Atlantis.

En este caso los reyes eran pequeños, de una Polis, pero representaban a los Reyes Sagrados (dioses). Entre esas polis estaba, o más bien quedaba, la ciudad de Solunte, justo a los pies del Monte

Olimpo; y Filocipro, por el significado de su sobrenombre («amante de Chipre») parece indicar que le gustaban estos asuntos míticos de la Atlántida. Solón se hizo amigo de él como de Sonjes, y escribió dedicándosela la *Elegía a Filocipro*; se trata de una de las poesías más importantes del legislador, la cual, tras hablar de muchas cosas termina diciendo así:

> «*Ahora me son gratas las obras de la nacida en Chipre y de Dioniso y de las Musas, que procuran placeres a los hombres. Mucho mienten los aedos*» (trad. F. Adrados).

Se está refiriendo a los asuntos mitológicos, pues no en vano regresaba de Egipto cargado de ideas para escribir una gran obra sobre la Atlántida. Y Dionisio es el dios Toro, el de los tartessos. La «*nacida en Chipre*» es Afrodita, la diosa tutelar de los libios (1º tetramorfo). Los ecos de por dónde se está moviendo son muy claros. Especialmente famoso fue el último verso, «*Mucho mienten los aedos*», porque se convirtió en un refrán que pronto estuvo en boca de todo el mundo para despreciar los mitos. Y eso no tiene mucho sentido porque Solón en realidad está a favor de los mitos, y lo que está diciendo es lo contrario, que ahora «*le son gratas*» las obras de esos dioses occidentales cantadas por las Musas. No podría estar quejándose de su falsedad al mismo tiempo que dice eso. ¿Para qué alabar los poemas y luego decir que mienten? ¿Cómo entender eso?

Examinemos atentamente el verso en griego:

πολλὰ ψεύδονται ἀοιδοί

La primera palabra πολλὰ (*polá* «mucho»), un adverbio por lo común indeclinable, no ofrece misterio; y la última ἀοιδοί (*aedoí* «los aedos»), es el nominativo plural -οί. De modo que sólo en el verbo ψεύδονται (*pseúdontai* «mienten») podemos encontrar algún error. Porque se considera que el verbo es deponente, y por ello se traduce como vemos en presente de indicativo, pero la terminación plural de 3ª persona en ese tiempo es -ουσι (*-ousi*). ¿Qué forma verbal es en realidad en el verso? Pues es -ονται (*-ontai*) la 3º persona plural del presente aunque de las voces media y pasiva, literalmente dice: «*son mentidos*». Pero además, el verbo no es Mentir, sino Falsear, por lo que la traducción más correcta sería: «*son falseados*». Los Aedos no eran simples poetas, al modo de un poeta en tiempos de Roma, en tiempos arcaicos ellos aún eran los historiadores, y además eran sagrados. Probemos a oír la traducción entera: «*Mucho son falseados los historiadores sagrados*».

Así tiene sentido con los versos precedentes, lo cual, no afirma que los aedos mienten, sino que son confundidos y manipulados. El verbo Ψεύδω es semideponente, las formas pasivas suelen conservar su valor. ¿Cómo podrían agradarle las mentiras? Solón, tras quejarse en sus versos de los atenienses y de la política, termina volviéndose hacia la poesía de las Musas (Μουσέων), de los mitos, y nos dice que eso ahora le es mucho más grato que cualquier cosa de lo anterior. Pero acaba con otra queja, la manipulación desconsiderada que sufren, y el olvido de la verdad.

3. DESDE EL IMPERIO FENICIO A LA ÉPICA MICÉNICA

Solón vivió en una época en que los sabios trataban ya de separar dentro de la tradicional epopeya los elementos fantásticos de los verdaderos. En torno al año 600 a. C. comienza la Grecia Clásica, y Solón con sus reformas sociales es uno de los grandes forjadores. Se sometió a análisis y juicio todos los mitos, pero lo interesante es que una época después, al inicio del Helenismo (400 a. C.), volvió a ocurrir lo mismo en tiempos de Platón. Hay por lo tanto un claro paralelismo al inicio de las dos épocas, y conviene que lo entendamos. Por un lado, Solón y Platón van a ser los defensores siempre, pero, ¿cómo se lo tomaban los demás científicos a su alrededor? Esa es la pregunta que deberemos responder si deseamos entender qué ocurrió con el mito de la Atlántida. De momento estamos con Solón en Chipre, y aunque Plutarco no lo dice, sabemos por Diógenes Laercio que Solón estuvo una temporada en la ciudad jonia de Mileto. Esa ciudad, con la Escuela Milesia que dirigía Tales, otro de los Siete Sabios de Grecia, se había puesto a la cabeza del mundo científico. Es allí adonde queremos ir, pero hagamos un mejor cálculo de las fechas. El arcontado de Solón fue entre el año 594 y 593 a. C. Si antes de que los envidiosos en Atenas le hicieran decidir marcharse pasó al menos medio año, podría ser ya el año 592 a. C. cuando llegó a Egipto. Si allá en el Nilo transcurrieron cinco años, aprendiendo el idioma y traduciendo, significa que llegó a Chipre en torno al 587 a. C. ¿Y cuánto tiempo permaneció en esa isla? Gracias a las aventuras que nos cuenta Plutarco podemos estimar que al menos pasaron unos tres años. Por ejemplo, la ciudad vieja de Solunte estaba en un sitio estratégico pero malo, y Solón convenció a Filocipro para trasladarla a la llanura. Entre que llega, se hace amigo del rey, ve que la ciudad está en mal sitio, consigue convencer a todos para trasladarla, y luego lo efectúan... le echamos como mínimo tres años.

El Mar Egeo situado entre Grecia y Anatolia (Fig. 24); plagado de islas, en el centro están las Cícladas, mientras que al sur podemos ver Creta, hogar del Minotauro. La Costa Jonia es la sección de Anatolia que se aprecia a la derecha, de abajo a arriba hay varias regiones: Caria, Jonia, Lidia, Eolia, Misia, y por último la Tróade. Cuando Solón abandonó Chipre hizo este mismo recorrido hacia el norte, y pasó algún tiempo en Mileto, ciudad jonia situada enfrente de la isla de Samos.

A partir de este hecho, muchos historiadores antiguos —incluido Plutarco— dedujeron que la nueva ciudad, Solunte (o Soloi), se debía llamar así por Solón. Fue una deducción interesante en su día pero las fuentes asirias de Asaradón, que nos citan a los diez reinos de la isla, ya mencionaban a *Solunte* en el año 673 a. C. Y eso es casi un siglo antes. Por lo tanto, fue una coincidencia de esas que a veces llevan a error. Para no cometer el mismo fallo hay que saber que por lo menos tres coincidencias singulares son necesarias para considerar demostrativo un argumento.

La estancia en Chipre de Solón también nos la cuenta Herodoto, y el propio legislador:

> «*Ahora tú aquí, reinando sobre los solios mucho tiempo habitas esta ciudad, tú y vuestro linaje*» (A Filocipro, *Vidas* de Plutarco, Gredos).

Nótese la atención que le presta siempre a los linajes, porque él, como historiador y político apreciaba mucho ese tema. Pero en torno al año 587 a. C. de su llegada a Chipre los linajes estaban siendo eliminados por los Senados en todas partes, como el de Cartago (615 a. C.), y ahora eran magistrados en vez de reyes quienes gobernaban. Se aprecia en Solón un cierto pesimismo ante ello, él amaba los linajes sagrados de los dioses, guiados siempre por la virtud y la nobleza; en cambio, la política moderna le parecía un hervidero de trepadores sociales. El creador de la democracia ateniense en realidad echaba de menos las antiguas costumbres, aunque sabía que no se podía regresar hacia atrás. El propio mito de la Atlántida es la pieza clave que le evidenciaba esa imposibilidad.

Por eso le horrorizaban los tiranos, esos que sin linaje ni derecho alguno acaparaban el poder en su propio beneficio. Para luchar contra los tiranos sentó las bases de la democracia. E incluso aunque una vez le ofrecieron a él ser tirano, no lo aceptó. Si no estamos sometidos a la ley de los dioses entonces debemos poder ser libres. Y ésta es precisamente, llevada a un plano existencial, la temática de la Tragedia Clásica, la de Esquilo, Sófocles, y el resto.

Casi toda la toponimia antigua de Chipre es de origen atlante, por ejemplo el *Cabo de Gata* es la punta sur de la isla, exactamente igual que en España, hay otro *Cabo de Gata* en Almería. La capital de Chipre en el siglo XIV a. C., *Alasiya*, se llama igual que *Alesia* en Francia. La ciudad de *Tamassos* es como el *Támesis* en Inglaterra, y por supuesto vienen ambos nombres de la diosa Temis (Θέμις, en inglés el río es *Thames*). Y así podríamos seguir sucesivamente, el asunto rebasa del todo la posibilidad de una casualidad, todo eso son nombres occidentales.

Por desgracia Solón no tenía capacidad para poder analizar este asunto de la toponimia, aunque es casi seguro que relacionó a Tamassos con Temis, y además sabía que la diosa era hija de Urano, y según la tradición, que por ejemplo nos la transmite Diodoro Sículo en el siglo I a. C., en tiempos remotos y ya olvidados el dios Urano había sido el primer rey de la Atlántida. De modo que vuelve a aparecer la conexión occidental a poco que rebusquemos. Fueron occidentales, y además de la Atlántida, los que pusieron ese nombre de *Tamassos* en Chipre, y los del resto.

En cuanto a la fuente de esta noticia, Diodoro Sículo, 90-5 a. C., aunque nació cinco siglos y medio después de Solón, es también de confianza, porque todas las noticias que recogió de cualquier asunto siempre fueron rigurosas. Además, su interés por los atlantes es debido a su ascendencia, es decir, sabemos ya por las inscripciones egipcias (véase Fig. 14 y 15) que los sicilianos habían sido atlantes, es lógico por tanto que un historiador siciliano pueda y desee recoger otras noticias nuevas sobre ellos. En cualquier templo de Sicilia era posible que se guardarse esa noticia de Urano («*el primer rey de los atlantes*»), y Diodoro, interesado por el tema, la recogió en sus libros.

Siguiendo con Solón, es muy difícil que se marchase de Chipre sin visitar al menos su santuario más famoso, el cual además no quedaba muy lejos de Solunte. Se trata del *Templo de Afrodita*, en la ciudad de Pafos (Πάφος). Esa localidad era una de las más occidentales de la isla, y se hallaba a tan sólo 50 km de donde él residía. Para llegar tenía que ir al suroeste al otro lado de los Montes Troodos, pero no le obligaban éstos a desviarse demasiado. Basta con que el rey Filocipro le prestase una cuadriga para que lo pudiese hacer con comodidad, con esa distancia, no era necesario ni hacer descansar los caballos. Pudieron ir incluso los dos juntos. Una vez en Pafos tardaría por lo menos varios días en verla. El santuario era especialmente famoso porque se suponía que era el lugar de nacimiento de la diosa, quien recordemos, «*nació de la sangre de Urano*». ¿Otra hija de Urano? Pues eso es. Afrodita era llamada por ello con el sobrenombre de *Afrodita Urania*, y por lo tanto esta diosa pertenecía al linaje de los atlantes; éste es el evidente motivo que podemos reconocer para que llamasen *Monte Olimpo* a la cima más alta de los Montes Troodos —los del «dios Toro»—, a cuyos pies descansa Pafos. Porque Urano (Οὐρανός) es el dios del Cielo (el Toro), y el Olimpo es ésa sede, la morada celeste de los dioses.

Si tal dios era «*el primer rey de los atlantes*» es lógico que los tartessos vistiesen con cuernos de Toro, y que llamasen *Olimpo* a sus montañas más importantes. Por ello es evidente que su monarquía estaba consagrada a esta divinidad (el 2º tetramorfo). Ahora bien, lo que Solón pudo investigar en Pafos es sobretodo el Templo de Afrodita. Se ha podido reconstruir bien el aspecto (Fig. 25) de ese templo gracias a las monedas chipriotas donde aparece representado con todo detalle; las mejores son de época romana, aún así, el edificio parece ser el construido en el siglo XII a. C. por los arcadios, el cual, aún estaba en uso. Si nos fijamos en su aspecto, tiene una nave central más alta y dos laterales más bajas y pequeñas, todo ello colocado sobre un alto podio. Aprovechan para poner ventanas en la parte alta de la nave central, creando un clerestorio. Los contrafuertes de la fachada se rematan con cuernos de toro al modo de los minoicos de Creta, y en la punta de las astas ponen roeles. Corona la cima una estrella de seis puntas (el Sol) y una media luna (la Luna) con los picos hacia arriba como los cuernos de un toro. Luego hay dos Palomas en las naves laterales, aves de Afrodita.

El Templo de Afrodita y el Heracleion de Gadeira (Fig. 25).

Son muchos símbolos del Toro por causa del dios Urano, y también de Afrodita porque es su templo. Hasta aquí no tendría nada de especial, pero fijémonos en su aspecto, esos volúmenes, esas tres naves y ese podio, son exactamente iguales que en el *Heracleion de Gadeira*, en España, incluso tiene las Dos Columnas flanqueando la puerta principal, y esto necesita una explicación. Porque este estilo que vemos no es egipcio, ni tampoco griego, ni romano, sin embargo es majestuoso, ¿de quién es? Incluso podríamos considerar que es el inicio de la Basílica romana, y por ende, de las futuras catedrales medievales. Éste es el prototipo arcano, y vamos a analizar, por su importancia, si acaso era el propio de los atlantes.

¿Se supone que no existieron, y ahora, resulta que incluso hay un estilo de templos? Podríamos estar tentados a pensar que esto es fenicio y ya está; por ejemplo, otro edificio construido en este estilo es el *Templo de Salomón*, en Jerusalén, que se levantó al mismo tiempo y con la misma disposición que el Heracleion (siglo X a. C.); eran dos edificios gemelos, iguales. Y los fenicios estuvieron tras la construcción de ambos, dirigida por el rey Hiram de Tiro. Por eso también, ambos se basaban en el *Templo de El*, ubicado en Tiro. De modo que sí, los fenicios usaban este estilo, pero aún así, los templos minoicos de Creta también tienen esta misma disposición (tres naves con podio) la cual remonta a fechas anteriores, siglo XVI a. C.; y más aún, el inicio evolutivo de este tipo de edificio se puede apreciar en España, en las navetas de Menorca (de una sola nave).

Como las islas de Creta y de Menorca nunca fueron fenicias, y menos aún en el 2200 a. C. en que comienza ese proceso local, no queda más remedio que aceptar una autoría occidental. Éste es el estilo palacial aplicado a los templos, un estilo que por fin dejó atrás el megalitismo en torno a esa fecha. En el Templo de Afrodita de Pafos se puede apreciar una fachada que es más minoica que fenicia, pero si los fenicios en definitiva usaban este mismo estilo, significa que tenían que formar parte del mismo grupo de gentes, es decir, tenían que ser atlantes. Si recordamos, hemos dicho que la Atlántida se dividía en dos Coronas, la Azul y la Roja. Pues estemos atentos, el sobrenombre de los fenicios, Φοινίκιος (*Phoenicius* «fenicio»), se traduce como «los rojos», o exactamente: «los del rojo». Y los calificaban de esa manera porque vestían túnicas de ese color tan llamativo. La palabra procede del propio color púrpura, Φοῖνιξ (*Phoenix* «rojo»), y los menciona ya Homero de esa manera. Se han encontrado incluso tablillas micénicas —siglo XIV a. C.— con ese nombre: *Ponikijo*.

La palabra *Punicus* («púnico») que usaban los romanos con los cartagineses es la misma, lo único que ocurre es que ellos no aspiraban la labial inicial. Por otro lado, se sabe que los fenicios no solían llamarse a sí mismos con este apelativo, aunque se desconoce cómo lo hacían. Se ha propuesto *Cananeos*, pero la *Tierra de Canaán* era en estricto sentido el Reino de Israel, al oeste del río Jordán. ¿Y si se tratase mejor de los *Libios*? Porque los libios de España también iban vestidos de rojo, ya que el Argar era la capital de la Corona Roja, la del dios Argos (el Dragón Rojo). El Ave Fénix es un águila roja (*Phoenix*), y era una referencia al alma del Sol, el astro que renacía del Inframundo todos los días; y resulta, que el Sol es la cabeza del Dragón. Tiene mucho sentido, por eso hay regiones como *Aragón* en medio del antiguo Reino de Iberia, o bien, ríos como el *Arga* en Navarra. Es decir, Iberia también pertenecía a la Corona Roja, la Corona de Argos (RG).

Significa que también ellos vestían de rojo, pero ni los íberos ni los libios gustaban de llamarse a sí mismos con ese nombre

—*Phoenicius*—, porque como es natural ellos preferían nombrarse con sus gentilicios: libios e íberos.

Son siempre los extranjeros los que los llamaban rojos, incluso los egipcios: *Phenju* «rojos», y designaba a los leñadores de las montañas libanesas. Otra coincidencia singular es que los fenicios ocupaban el *País del Líbano*, y ese nombre, *Líbano*, es un claro derivado de *Libio*. De modo que sí, los fenicios eran libios, o al menos, inicialmente habían sido libios, y nos indica que los atlantes llegaron hasta la costa de Oriente, más allá de Chipre. Tampoco olvidemos entonces que los libaneses jamás fueron atacados por los Pueblos del Mar; a su alrededor, todo el mundo sufrió su furia destructiva, y a los fenicios no les ocasionaron ningún percance. ¿Cómo lo explicamos? ¿Por qué razón eran amigos los Pueblos del Mar de los fenicios? Siempre ha sido un misterio, leamos por ejemplo las palabras de investigadores como William Culican:

> *«... pero la embestida de los pueblos del mar destruyó Ugarit y tuvo tanta fuerza en el norte como en la costa de Palestina, en el sur. Por alguna razón que desconocemos, Biblos, Tiro, y Sidón sobrevivieron y constituyeron «Fenicia», el centro político y comercial más importante de toda la costa oriental del Mediterráneo»* (Hª de las Civilizaciones, ed. Crítica).

Así que los atlantes sabían golpear fuerte cuando querían, y controlaban la economía del Mediterráneo. Por eso Homero afirma que Sidón era «*rica en bronce*» (Odisea, XV-425), pues monopolizaban el comercio de metales. Concretamente, una joven fenicia dice: «*He nacido en Sidón, la ciudad del mercado del bronce*». Y en el canto siguiente, se menciona incluso a los Pueblos del Mar, con ese mismo nombre: «*¿Cómo a Ítaca lo trajeron las gentes del mar?*» (inicio del Canto XVI). Ya hemos indicado que los fóceos eran atlantes, y los feacios de Homero son esos mismos. Si los tartessos controlaban el estaño de las Cassitérides eran prácticamente los únicos productores de bronce, y los fenicios de Sidón resulta que disponen de él para venderlo en abundancia en el 1173 a. C. ¿Cómo? ¿De dónde han sacado los fenicios el estaño? Eso es porque son aliados de Tartessos, son atlantes, en caso contrario jamás.

Por lo tanto sí son necesarios los atlantes en Historia, para explicar este suceso por ejemplo, es que de hecho son imprescindibles. Poseían además Chipre, para no tener que llevar el cobre, así que en la factoría de Enkomi fabricaban el preciado bronce y lo vendían en Sidón. No eran tontos. Volviendo al Templo de Afrodita, diosa de los libios, su fachada estaba coronada por arriba con el Sol y la Luna (Fig. 25), es el emblema de la Doble Corona atlante; parece ser que su origen era una división teológica y se basaba en esos dos astros, los más importantes del cielo. Fijémonos que exactamente, en Egipto pasaba lo mismo, con la Doble Corona egipcia que llevaban los faraones; era roja y blanca, porque combinaba una Corona Roja y otra Blanca. Lo que ocurre es que en Egipto esa Doble Corona la portaba un sólo rey, y los atlantes duplicaron el gobierno con los Dos Monarcas (el *Monarkhes*), a título de gemelos. Pero había además Cinco Reinos Originales, que están representados por ese Sol y los cuatro Roeles alrededor suyo. Es toda una ideología política lo que señalizaba el santuario, y no sabemos hasta qué punto Solón era capaz de leerlo, pero con todo lo que sabía debió entender bastante.

Por debajo del Sol y la Luna, dentro de la puerta del templo, como si se viese lo que se guarda en el interior, hay un Obelisco rematado en su parte superior por un Disco abultado. Eso hace referencia a la Piedra Negra de la diosa que se guardaba en el templo, un meteorito celeste. Pero el Obelisco es un signo que siempre significa al Sol, por eso, que nos lo coloquen en medio entre las Dos Columnas es algo hecho adrede. Significa el paso del astro solar por las Columnas de Heracles, es decir, su camino al Occidente. En los grabados de las monedas el meteorito lo han indicado con un Obelisco para que signifique el Sol, pero, ¿por qué razón la diosa Afrodita está identificada al astro? Antes de contestar a esto sigamos viendo un momento el resto de elementos. Sobre el Obelisco hay un Disco grueso, y ése es un signo que aparece también formando los dos capiteles de las Columnas laterales (Fig. 26). El nombre antiguo de ese Disco es *Toro*, es un elemento de la arquitectura clásica; en las basas jónicas y corintias —vistas de perfil— el Toro es la moldura convexa opuesta a la Escocia cóncava. Pero la pieza en sí es un disco que asoma hacia afuera. Los capiteles minoicos son Toros. Pues bien, se llaman Toros porque representaban el tope del cielo, es decir, el dios Toro. De ahí viene lo del *Orden Dórico* en arquitectura (también podía ser llamado *Ábaco*, en este caso por el dios Baco, que es otro nombre del dios Toro).

La moldura del Toro significa en fin el Cielo, y por eso las Dos Columnas están sujetando el Cielo, en este sentido representan el Eje Sagrado de la Tierra (el eje de rotación del cosmos). Por eso tienen otro disco en la Basa, y otro a medio fuste. Respectivamente el de abajo es el Inframundo, el del medio es la Tierra, y el Toro de arriba es el Cielo. La Columna es el Árbol gigantesco que sostiene el cosmos, el cual estaba en el Paraíso (es el mito bíblico), ubicado en el Jardín de las Hespérides. Aunque nos sitúan Dos Columnas porque existió el mito de otro Paraíso similar en el extremo Oriente. El Sol subía por una columna y bajaba por la otra. Con el paso de los siglos, y desconociendo ya ese otro lugar, las Dos Columnas se asociaron sólo al extremo Occidente, gracias al Estrecho de Gibraltar. Este templo muestra ya esa situación, el obelisco es el Sol que cruza el umbral de las Dos Columnas, para meterse bajo el agua del mar, bajando al Inframundo.

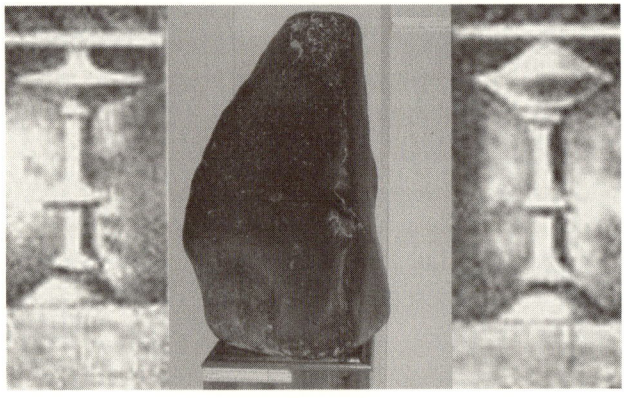

Piedra Negra de Afrodita y las Dos Columnas (Fig. 26); excavado el templo en 1887, se halló el meteorito a corta distancia, esta piedra cónica celeste se adoraba como una manifestación de la diosa.

Por eso se asocia este Sol, este Obelisco, a Afrodita, pues es la diosa del 1º tetramorfo (la muerte). El Obelisco, la Piedra Negra, es una roca celeste, por eso tiene el Disco coronándolo, pero al mismo tiempo representa al Sol. Y el Ave Fénix es el Sol, que cruza entre las Columnas, y eso indica el Renacimiento permanente. Pero hay que entender bien las fases. En primer lugar, las Dos Columnas no faltaban nunca en la entrada de ningún templo, ni siquiera egipcio, porque significaban el paso al Inframundo, el Umbral Sagrado al mundo de los Espíritus (la puerta que cruza el Sol). Incluso la más modesta tumba o mastaba te ponía siempre las dos columnas. Porque era necesario significarlo, y si no lo hacían no funcionaba.

¿Cómo vas a hablar con tus antepasados si no bajas al Inframundo?

¿Cómo te podrán escuchar los dioses si no te acercas a la Mansión del Hades? Para los seres humanos era imposible subir al Olimpo, sólo los elegidos podían hacer eso, pero todos podíamos bajar al Inframundo; y por suerte, como el Cielo gira, podíamos visitar allí a cualquier antepasado o divinidad. Las Dos Columnas eran necesarias para significarlo, y que las invocaciones funcionasen.

Esas Columnas podían ser sustituidas por Pilonos tal como se hacía en Egipto, pero era un valor teológico que, para compartirlo con los egipcios, indica una antigüedad prodigiosa. Y de aquí arranca el problema de los 9000 años de Solón, que sin duda fue un cálculo hecho en Heliópolis por Psenopis, cuando el sabio ateniense y Sonjes lo fueron a visitar. Porque en Heliópolis, la antiquísima On, es donde se custodiaba la contabilidad del tiempo en el País del Nilo. Pero sigamos con Afrodita, ¿por qué razón la diosa está identificada al astro solar? Y eso es algo seguro, otro nombre de Afrodita es Astrea, y el *Astro* por excelencia era el Sol. En latín *Astrum -i* significa «estrella», y la propia diosa era la estrella de Venus. La palabra viene de S-TR, algo así como que un *Astro* es un «espíritu del cielo», o un «fuego del cielo», porque el lexema S es «fuego» (por ejemplo, *Su*, en vasco) y TR es el «Toro». Pero inicialmente indicaba esa palabra al Sol, el fuego celeste, por eso el adjetivo *Astrifer -fera* significa no sólo «estrellado» sino el «que lleva o conduce astros», porque el Sol, al ser la Cabeza del Dragón, era el que causaba el giro del orbe celeste y arrastraba las estrellas. El Sol lo conducía… ¡todo!

El Ave Fénix acudía a Heliópolis cada 1000 años (Fig. 27).

Y la dirección del Astro es siempre hacia el Oeste, es adonde se dirige el Sol. En realidad las cuatro diosas estaban siempre asociadas a la Luna, la única razón teológica para asociar a Afrodita con el Sol es porque la diosa del 1º tetramorfo regentaba la Natalidad y el Nuevo Ciclo. El Sol Blanco del 1º tetramorfo es el sol de la Muerte, por eso atravesar las Columnas del Occidente era ese momento, cuando muere el Sol y se introduce bajo el mar. Ahí es donde comienza el nuevo ciclo, y la nueva natalidad, ésa es la asociación con Astrea (Afrodita), porque el Sol renace de sus cenizas, y vuelve a gestarse entonces.

Afrodita no representaba el Renacimiento (Rojo) sino la Muerte, pero esa muerte nunca era el final sino el inicio de un Nuevo Ciclo. ¿Y hemos dicho Venus? Ese lexema BN es el origen del Ave Benu (el Fénix) de los egipcios, y equivale a PN, por consiguiente también es el origen de la palabra occidental *Punicus* (Fenicio). La verdadera etimología por lo tanto de Φοῖνιξ (*Phoenix* «rojo») es la diosa Venus (Benu), y también, sin duda, de la palabra árabe بن *bn* «hijo», pues el ciclo comienza con la simiente, la Natalidad. Pero el color del 1º tetramorfo es el Blanco, si en el griego posterior adquirió el valor de «rojo» es por las ropas de los atlantes rojos (los de Argos), y su aclamación del Renacimiento final del Sol, cuando nace Rojo. Pero entonces, ¿qué antigüedad tiene esta cultura cuyo vocabulario ha pasado a los griegos, romanos, egipcios, e incluso los árabes? ¿A cuántos siglos remontan los mitos de los dioses? ¿O milenios?

El mito del Ave Fénix cuenta que cada 500 años, o cada 700, 1000, o incluso 1500 años, reaparecía en Arabia y volaba hasta Heliópolis en el delta egipcio, allí dejaba las cenizas de las cuales había renacido y regresaba a los desiertos de Arabia. ¿De dónde salió esto? ¿Es una tontería o tiene algo que merecería la pena entender y escuchar? En realidad ningún mito se ha gestado en base a una tontería, y menos aún, al invento caprichoso de alguien. Por ello, para entender un mito como el del Fénix hemos de pensar en lo que dice; por ejemplo, es algo que ocurre sólo cada muchos años, y... ¿qué cosas vuelan de este a oeste?

Además del Sol, tenemos los meteoritos; por la misma rotación de la Tierra siempre caen de este a oeste, en apariencia les ocurre como al Sol. Y los que van en una dirección radicalmente opuesta a la rotación terrestre, es decir, los que de verdad estén cayendo hacia el oeste, ésos no suelen resistir el impacto con la atmósfera y se desintegran incluso sin tocar suelo. Pero todos ellos, si son grandes, generan un gigantesco bólido en el cielo, una llameante bola de fuego que se puede ver volando. Y si pasa cerca de la Tierra puede verse incluso enorme.

Nuestros antepasados corrían detrás de ellos para ver dónde caían, sentían fascinación por los meteoritos ya que eran rocas del Olimpo, el Mundo Superior; en especial adoraban los que llegaban a impactar cerca de su zona. Y en fin, lo que tenemos en el Templo de Afrodita en Chipre resulta ser un meteorito (Fig. 26); lo más seguro es que cayese en las playas de Pafos, y cuando el mito del *Nacimiento de Venus* habla de espuma blanca de mar que salpica o rezuma alrededor, pues que eso fuese real, debido al impacto en el agua, y al calor del meteorito, que producía vapor. Los de la isla fueron corriendo hasta allí, y se tropezaron en medio de aquel montón de espuma a una «doncella» desnuda. ¿La razón? Pues porque había llegado primero que ellos, y se había desnudado para meterse en el agua a buscar lo que había caído. De ahí viene todo el mito, así de fácil, no hay ninguna razón para tacharlo de falso. Lo único que ocurre es que esto se va a incorporar a otros mitos de la diosa en las narraciones, y no importa que haya varios nacimientos distintos de un mismo dios, eso era muy común porque son encarnaciones distintas en épocas distintas.

El nombre de *Afrodita* es de hecho una encarnación diferente, pero la palabra *Fénix* (Benu-k) significaría «de Venus», a no ser que esa -X sea un primitivo nominativo. Pero en definitiva, era un Astro, y de fuego, por lo tanto se identificaba a Astrea, pues el 1º tetramorfo es el del fuego. Y ahora fijémonos, la Piedra Negra de la Meca en Arabia es otro meteorito similar, y también la Piedra Negra de Cibeles en Frigia, que personificaba a la diosa —y que los romanos se llevaron a Roma—. Pero Cibeles —a nivel telúrico— es lo mismo que Afrodita, escogían siempre o casi siempre personificaciones de la diosa del 1º tetramorfo, porque es el del Fuego.

Esto significa una teología común de todos estos pueblos, y lo más seguro es que, para los egipcios, las Ave Fénix naciesen y volasen siempre desde Arabia tan sólo porque era desde el cielo de esa parte del mundo desde donde ellos veían caer siempre los meteoritos. Y eso es debido a la rotación de la Tierra, el mito es verdadero, está basado en hechos reales.

Uno de los meteoritos más antiguos debió ser el de la propia Heliópolis, la piedra Ben-Ben, y el Ave Bennu era muy venerado en esa ciudad. Aunque era blanca o azul; una Cigüeña Blanca, y una Garza Azul; ésta última era el simbolismo escogido para cuando el

Sol pasaba por el Inframundo, y sólo un sol naciente, el We-Ben, era rojo (ése es el Fénix Rojo). Muchos investigadores creen que la original piedra Ben-Ben de Heliópolis fue un meteorito de hierro, caído en época prehistórica. Aunque claro, luego nuestros antepasados tenían que darle una significación a todo: «... *tú que surges, como el Ben-Ben, en la morada de Benu en Heliópolis*» (Textos de las Pirámides, 2367 a. C.). Algo tenían que hacer porque el culto no puede esperar 500 años a que vuelva a aparecer otra vez el pájaro. Lo más común era considerar que el Sol naciente, el We-Ben, proyectaba sus rayos sobre la piedra Ben-Ben del templo, donde así se posaba el Ave Bennu simbólicamente.

De esta manera, combinando el Ave Fénix del Sol con la manifestación de Astrea (Venus) conseguían unir las dos cosas en una. Pero en definitiva, estos asuntos de teología no nos importan tanto como el hecho de constatar que se trata de la misma teología, y para que todos esos pueblos la compartan lo más probable es que sea de los atlantes. Es decir, la razón por la cual tenían Doble Corona es la misma que en Egipto, y la Corona Roja incluía todo el levante de la Península Ibérica porque ésa es la parte por donde nace el Sol Rojo de las mañanas, el Sol Naciente. Por el contrario, las zonas que miraban al Océano Atlántico, estaban incluidas en la Corona Azul, el color del Hades.

Es muy posible que Solón, tras haber estudiado en Egipto y en Heliópolis con Psenopis, pues que conociese mucho de lo que estamos diciendo, en especial su increíble antigüedad hasta la Edad Mítica (el Neolítico). Y templos atlantes —en estilo minoico— conservados todavía en uso como el de Pafos, a los pies del Monte Olimpo, eran fuentes de información estupendas. Según dijimos el edificio parece ser el construido en el siglo XII a. C. por los arcadios, pero el santuario y la Piedra Negra estaban allí desde mucho antes. Las excavaciones modernas del yacimiento indican fechas que llegan en efecto al Neolítico, contrastando los linajes divinos.

Cuando el legislador zarpó de nuevo, su barco navegó por las aguas de Rodas y llegó siguiendo la Costa Jonia hasta la famosa ciudad de Mileto, en aquel momento quizás la más importante de Grecia. Era un emporio comercial muy rico, y un destino muy atractivo para Solón. Y como habían pasado al menos tres años de estancia en Chipre, su desembarco en Mileto fue hacia el año 584 a. C. Allí se hospedó pronto en la casa de Tales de Mileto, el famoso matemático y físico, pues era persona de medios; pero los científicos de la Escuela Milesia van a recibir con bastante escepticismo toda su investigación. ¿Noticias sobre un imperio que dominó todo el Mediterráneo? ¿Una civilización madre remontando milenios atrás, a la cual debemos los dioses y que fue más avanzada que todas?

Desde luego Solón no se callaba estas ideas, él quería darlas a conocer; cuando dejó Egipto el viejo Sonjes ya tenía 78 años, por eso es tan probable que le pasase toda la información que él tenía. Y sabemos que Solón estuvo hablando sin callarse, porque Hecateo de Mileto, uno de los más escépticos, emprendió sus viajes poco después; repasemos las fechas, si Solón llega a Mileto en el 584 a. C., Hecateo parte hacia España hacia el 580 a. C., lo justo como para concebir el proyecto y preparar las expediciones. Allí en Mileto, Tales era más o menos de la edad de Solón, pero el joven Anaximandro, 610-546 a. C., tenía 26 años, le prestó muchos oídos y comenzó unos estudios de geografía muy importantes. Porque se dieron cuenta de que, a pesar de que hubiese ya bastantes colonias griegas en España (Rhode, Hemeroskopion, Mainake, etc), casi todas eran de los rodios y los focenses, ellos no sabían mucho.

Para comprobar asuntos como los que Solón les proponía era necesario un conocimiento geográfico perfecto. Anaximandro fue el primero en trazar un mapamundi, dibujado en una tablilla de madera, y casi es seguro que fue discutiendo con Solón a ver dónde estaba la Atlántida. Porque es que eso es lo más lógico, si llega Solón a Mileto, se hospeda entre ellos, ¿qué es lo primero que va a pasar? Pues le van a preguntar sobre lo que ha estado haciendo a lo largo de todo ese tiempo en Egipto, y Solón no les va a contestar que ha estado mirando las Pirámides durante cinco años. ¿Sin hacer nada interesante? Claro que no, Solón era un científico y tenía que cuidar su reputación delante de los demás científicos. De modo que se puso a contarles sobre la Atlántida, y armó un revuelo.

Así fue que se hizo allí también muy querido, a Tales le agradaban estas historias, o al menos eso suponemos, porque él era fenicio (Φοινίκιος). Su madre era griega pero el linaje de su padre, los Télidas, era más importante.

Para comprender esa importancia del linaje de Tales, diremos que su padre Examio fue otro gran científico, pero de linaje por completo fenicio. Era además un príncipe destronado de Sardes, cuando la capital lidia fue arrasada por los cimmerios (κιμμέριοι) en el año 652 a. C. Su abuelo fue Candaulo, 690-652 a. C., el último rey de la Lidia fenicia, ya que tras su derrocamiento y la huida de Examio otro linaje —de lidios autóctonos—, los Mermnadas, ocuparon el trono. Es decir, el linaje de Tales era el de los reyes fenicios de Lidia que remontaba hasta Télides, 835-795 a. C. Por eso se los llamaba *Télidas*. Además, ese motivo explica el hecho de que Tales fuese el jefe y príncipe de todas las familias fenicias afincadas en Mileto, pues llegaron como fugitivas a la ciudad junto con Examio; este sabio, y su hijo Tales (que ya será *Tales de Mileto*), serán los jefes de todo el barrio fenicio, y por tanto, fueron adinerados y poderosos.

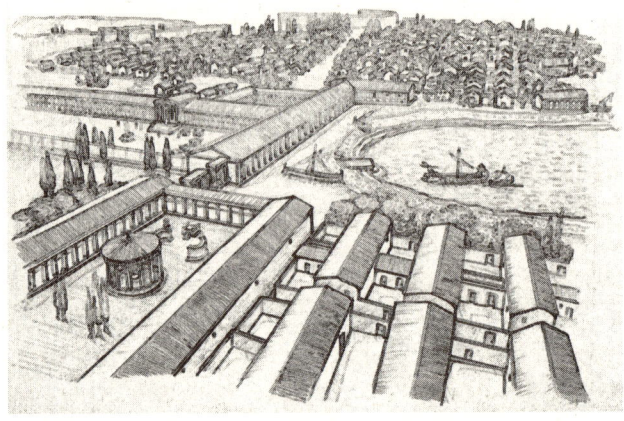

El puerto militar y el ágora de Mileto (Fig. 28); el santuario de Apolo Délfico está en primer término, y al fondo los barrios residenciales. Prototipo de polis clásica, Mileto se hizo muy conocida por el trazado en damero de sus calles, incluso antes de la reforma de Hippodamos. Una vía sagrada unía esta ciudad con el gran santuario de Apolo Dídimo.

Se entiende así en consecuencia que pudiera Tales dedicar a la investigación su tiempo, y además sufragar la Escuela Milesia. En esta circunstancia coinciden todos los sabios en torno al 600 a. C., tenían que ser nobles y ricos para dedicarse a las ciencias. Mismamente Solón se estaba pagando un viaje de 10 años con su propio dinero. Pero en fin, ¿y quién era Télides? ¿Y qué habían hecho los fenicios para estar reinando en Lidia y en la práctica toda Anatolia? Esto remonta nada menos que a Cadmus de Tiro, 856-835 a. C., el príncipe fenicio que heredó aquel reino, y que era hijo del emperador Ithobaal, dueño de toda Fenicia en los momentos de máxima expansión púnica allende los mares. Es decir, remonta a los años de apogeo del Imperio Fenicio, el cual, aunque mucha gente lo desconozca, llegó a dominar casi todas las orillas del Mediterráneo. Fue enorme el dominio de los fenicios.

Pero ha tenido mala suerte este imperio, porque toda la literatura fenicia y cartaginesa ardió, fue destruida, no quedó una sola crónica de sus reyes o sus hazañas; y por esa desgraciada situación en la actualidad muchos creen que sólo fueron mercaderes, y los llamamos enigmáticos. Se habla de los «*enigmáticos fenicios*», pero ellos en vida no lo fueron, y sin misterio alguno trataron de conquistar todo el Mediterráneo. ¿Pero cómo ocurrió? Lo que pasó es que el Cataclismo de la Atlántida, hundiéndose la capital, hizo desaparecer el linaje imperial de Tartessos, y recordemos que eran Dos Monarcas principales, uno el de Tartessos, y otro el de Libia. Y en primer lugar, dentro del propio Reino de Tartessos hubo una guerra civil, entre los años 1069 y 1035 a. C. La provocaron los candidatos a heredar el puesto, pero al final, aunque Tartessos volviese en efecto a tener un rey, ese rey era de un linaje inferior al del Monarca Libio, el gemelo del linaje desaparecido.

Para empeorar la situación, ese Monarca Libio llevaba varias generaciones afincado en Fenicia, se habían ido allí con objeto de controlar las guerras de Oriente. Y de repente lo que ocurrió es que este Monarca Libio, ahora Fenicio, pues no aceptó ser vasallo de un linaje inferior al suyo, y lo que hizo fue reclamar la supremacía del imperio. Por supuesto eso no lo aceptaron los tartessos, y así es, en fin, cómo se entró en la Edad Antigua, en medio de una guerra brutal y sin cuartel entre fenicios y tartessos.

Cada región tuvo que decidir a cuál de los dos bandos apoyaba (Fig. 29), y lo primero que hicieron los fenicios es conquistar Gadeira (s. XI a. C.) y hacerse con el control de la Ruta del Estaño. Incluso antes de terminar la guerra civil tartesia ya estaban rapiñándoles los beneficios. Es decir, el Cataclismo descabezó el imperio y destruyó todo el orden existente. Y es esta guerra civil entre las Dos Coronas la que va a provocar que los pueblos celtas invadan Europa Occidental, porque en esos momentos las defensas y los ejércitos ya no estaban cohesionados, sino luchando entre sí. La peor parte se la llevó la Corona Azul, los celtas por esta circunstancia empezaron a atacar con razzias exitosas hasta España en ese mismo siglo XI a. C.; y pudieron, finalmente, invadirla en el siglo X a. C. Como es sabido, ocuparon los reinos de Ophiussa (la meseta y norte).

A su vez esas terribles Invasiones Celtas provocarán una estampida de pueblos huyendo, los cuales van a entrar en Tartessos como refugiados. Nadie quería morir, ser esclavo, o vivir bajo el yugo de los bárbaros. En especial con la conquista del siglo X a. C. será el momento de mayor entrada de refugiados, pueblos enteros, ¿y qué pasó? Pues un fenómeno que llamamos la *Vasquización de Tartessos*, es decir, sabemos que las zonas de Ophiussa que van a ser celtizadas hablaban vascuence, y toda esa gente entró en Tartessos (que no hablaba ese idioma). Por eso, a partir del siglo X a. C. vamos a encontrar lápidas y estelas en Andalucía con inscripciones en vasco. Había auténticas bolsas lingüísticas dentro del reino y en cada una de ellas hablaban una cosa distinta, según la procedencia de cada pueblo emigrado; porque por supuesto, seguían con su idioma allá adonde fuesen, y sin un orden establecido se desparramaron por toda Tartessos, donde les dejaron.

El Imperio Fenicio en tiempos de Cadmo, siglo IX a. C. (Fig. 29); cuando ocurrió el Cataclismo los reyes de Fenicia no aceptaron estar bajo la autoridad de linajes inferiores al suyo, la guerra civil comenzó. En oscuro las regiones leales a Fenicia, en claro las leales a Tartessos.

Lo mismo se puede decir para el Reino de Iberia, e incluso Libia, también acogieron refugiados. Al final, había ciudades vecinas que hablaban idiomas completamente distintos, y esto, las inscripciones, han despistado mucho a los investigadores modernos, porque pensaron en el siglo XX en el vasco como el idioma original de los tartessos, o de los argáricos (libios). Pero no era así, hoy en día se han visto y transcrito otras inscripciones que no tienen nada que ver con el vasco, y se reconoce que es un idioma enigmático, en especial el tartésico. Nadie sabe qué diablos de idioma es, ni qué parentela puede tener. Al día de hoy, aún no ha podido ser relacionado con ningún otro.

En realidad, el auténtico tartésico debía ser un protogriego que no llega a ser griego, muy mezclado a partir de estas fechas con el vasco.

Y es a partir de estas fechas precisamente cuando empieza a haber inscripciones en piedra, una idea que parece no se les ocurrió copiar hasta la invasión libia de Egipto, allá por el año 1070 a. C. Es en esa fecha, siendo señores permanentes ya del País del Nilo, sin irse, sin marcharse, pudiendo pensarlo bien, cuando descubrieron que la piedra conservaba las inscripciones oficiales mucho mejor (hasta ese momento las hacían en metal, causa sin duda de su desaparición). Si observamos un mapa con las escrituras hispánicas (Fig. 30), podemos notar que se corresponden a grandes rasgos con los reinos: 1º la tartésica con el Reino de Tartessos, 2º la ibérica meridional con el Reino de Libia (es prácticamente idéntica a la escritura tartésica), 3º la nororiental con el Reino de Iberia, y finalmente, 4º la celtibérica y lusitana entran dentro del antiguo Reino de Ophiussa, aunque la lusitana parece una adaptación de los celtas, y la celtibérica la original; como si los pueblos de origen atlante se hubiesen ido a la parte alta de los ríos Tajo y Duero. En 5º lugar faltaría la del norte, del Reino de Oestrymnia (la costa cantábrica hasta Galicia), que no se llegó a desarrollar por la profunda celtización de esa área, así como el aislamiento rural y agreste en el cual quedaron los vascones del norte. No se salvaron reyes atlantes por allá, de hecho se perdió el sistema de escritura que pudiesen tener (debía ser el *Futhark* vikingo).

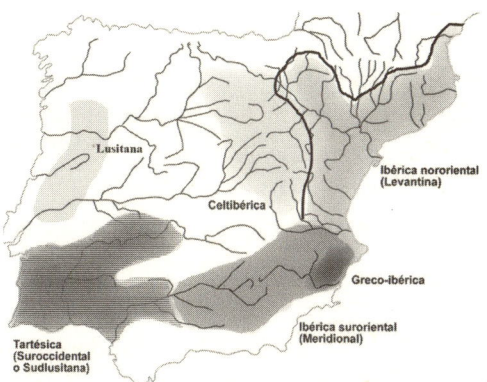

Escrituras autóctonas de la Península (Fig. 30); inscripciones en piedra con estos idiomas sólo se conservan a partir de la invasión libia de Egipto, 1070 a. C., parece pues, que copiaron la idea. En cualquier caso se aprecia muy bien que cada una se corresponde a un reino.

En cualquier caso lo importante es que las escrituras autóctonas reflejan los reinos, cada reino tenía la suya. Y de acuerdo a las pinturas prehistóricas, rupestres, en las cuales se han hallado casi todos sus signos, su desarrollo fue plenamente autóctono, local, y remonta al Neolítico sin ningún problema, incluso más allá, a tiempos de las glaciaciones (antes del 10.000 a. C.). No hay duda de eso, no podemos seguir obviando que son los mismos signos.

Es decir, no se trata de adaptaciones del alfabeto griego o del fenicio, son signos que se usaban desde la prehistoria remota, y su desarrollo es autóctono. El único sistema de escritura que parece una adaptación al extranjero es el Greco-ibérico de Alicante, es prácticamente griego y sólo conserva alguna letra local del ibérico. Y el contexto —que sale de todo esto— obliga a darle la vuelta en realidad a la valoración del origen; los sistemas de letras fenicios y griegos, si tienen muchos parecidos, es porque tanto griegos como fenicios procedían de España, por ejemplo los griegos de Tartessos y los fenicios de Libia.

El mapa lingüístico que siempre se nos ha enseñado para la Península Ibérica es el norte indoeuropeo de los celtas, y el sur y levante no-indoeuropeo (vasco). Pero los pueblos se mueven mucho y la situación primitiva era casi la inversa, el norte vascuence, y el sur-levante con un idioma que, si no es indoeuropeo, nos obligará a replantear lo que debe considerarse como tal. Por ejemplo, ¿cuándo invadieron los indoeuropeos Italia? Porque que nosotros sepamos, sólo hubo la invasión de los celtas, y esos celtas no pasaron de la Galia Cisalpina (el norte de Italia). Es decir, ¿porqué los romanos y los pueblos itálicos hablan supuestamente indoeuropeo, si estos pueblos jamás llegaron hasta allí?

Por todo ello, hay que pensar que las lenguas greco-itálicas no pueden ser indoeuropeas, al menos, si entendemos por indoeuropeos a los que salieron de Ucrania desde el 4200 a. C. Ésos no son las *Gentes Cardiales* que llegaron a Italia y España en el 6000 a. C., y que son el verdadero sustrato de este grupo lingüístico; la realidad no es tan simple por lo tanto, con la sencilla dualidad entre indoeuropeo o no—indoeuropeo; hay otros grupos lingüísticos que también se expandieron muchísimo y pudieron llegar hasta la India y España, y no todos ellos —ni mucho menos— salieron de las tierras indoeuropeas de la estepa ucraniana. Es decir, los camitas habían salido de Palestina, su idioma se parecía más al indoeuropeo que por ejemplo las lenguas occidentales (vasco), pero no lo era.

Por lo pronto, tenemos confirmados los reinos de la Península Ibérica, y lo curioso es que los libios conquistan Egipto en el 1070 a. C. en que comienza la dinastía de Tanis (nombre libio similar a Túnez) con el faraón Smendes, 1070-1044 a. C. Los atlantes han ganado la batalla en el Mediterráneo y está a punto de caer también Atenas. Pero un año después de esa invasión tiene lugar el infortunado Cataclismo, 1069 a. C., y comenzaron a raíz de ese suceso las guerras civiles. ¿Qué va a pasar en esta situación? Pues que cuando en el siglo X a. C. todo se desmorona y los celtas invaden la Península una oleada enorme de población va a salir huyendo hacia el sur y el levante. Y esa oleada ha podido ser registrada arqueológicamente, M. Pellicer, en su *Ensayo de periodización y cronología tartesia y turdetana*, nos advierte de ella: «*tras un hiatus del II milenio a.C., surge una fuerte y densa repoblación del suroeste*».

Se trata exactamente de la *Vasquización de Tartessos*, que nos cambió por completo el panorama lingüístico, en toda la Península. Y por supuesto el norte se celtizó, su llegada también se ha registrado en arqueología.

No hay duda por tanto de lo que ocurrió, ni de las fechas en que debe datarse. El Cataclismo tuvo como vemos unas consecuencias enormes, ocupación fenicia de la Gadírica y la Ruta del Estaño, la guerra civil con los fenicios (Corona Roja), e invasión celta. Y buena parte del Imperio Fenicio no es más que las tierras libias anteriores, se ha incorporado Egipto (Fig. 29) pero todo lo demás viene a ser lo que ya tenían anteriormente como atlantes. Libia era todo el norte de África. ¿Y Anatolia? La región de Troya, con ese lexema TR, debía pertenecer a los tartessos, por lo tanto los troyanos eran tartessos (dorios). Por eso eran los peores enemigos de los helenos, luchaban contra ellos para dominar el Egeo. Pero la situación legal de los reinos puede cambiar si desaparece el linaje de Poseidón en Occidente; es decir, hemos indicado que todos los reinos atlantes del imperio tuvieron que decidir sus lealtades nuevamente, y a quién rendían su vasallaje. La ciudad de Mileto, capital de Caria, había luchado por ejemplo en la Guerra de Troya a favor de los troyanos, y todo dependía de los linajes.

Fue atlántica Mileto hasta que llegó Neleo 2º, el hijo de Kodros, los atenienses mataron a los hombres de Mileto y se casaron con sus viudas. Medida cruel, pero parece que Atenas luchaba con ferocidad por resistir; esa acción invadiendo la Costa Jonia debió suceder poco después del Cataclismo, hacia 1060 a. C., y reforzaban así la parte de Eolia y la Tróade (más al norte) que habían quedado en sus manos desde la destrucción de Troya.

De ese modo, se quedó Medón reinando en Atenas, y su hermano Neleo 2º en Mileto (el antepasado de Solón); como deportaron mucha población, ésta es la época en que Atenas, que hasta entonces había hablado el idioma micénico (aqueo), se volvió de idioma jónico. En fin, la guerra en realidad no se había terminado y seguían como antes del Cataclismo, pero... ¿cómo iban a sostener los atlantes del Egeo sus posiciones si tenían una guerra civil aún más terrible en retaguardia? Pues parece que iban cediendo terreno, pero los dorios de Creta, el Peloponeso, y Beocia, aguantaron valientemente. Lo que ocurre es que los helenos dominaban casi toda la Costa Jonia, por eso, la zona del Reino de Lidia y del de Lycia acabaron pasándose —en su apurada situación— al bando de los fenicios, para recibir sus refuerzos.

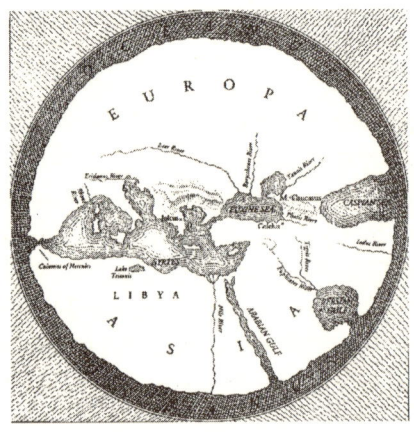

El mapamundi de Anaximandro, 584 aC (Fig. 31); aunque los volúmenes principales ya estaban bien, el contorno preciso de las costas era muy inexacto, las islas no se conocen, y aún el mundo es circular.

Esa ayuda llegó ya en el siglo IX a. C. de la mano de Cadmus de Tiro, hijo del emperador Ithobaal; la razón seguramente fue la Rebelión de Hispán en España en torno al 920 a. C., cuando los tartessos y fenicios rompieron sus relaciones del todo con una guerra fratricida, que hizo olvidar el pasado atlante. Los lidios y licios se pasaron entonces a los fenicios definitivamente, y éstos arrebataron a los helenos toda la Costa Jonia; con su flota recuperaron Mileto, Esmirma, y el resto de ciudades, fundando en Sardes la nueva capital del llamado ahora Reino de Lidia. Por eso fue Cadmus de Tiro, 856-835 a. C., quien introdujo en Grecia el Alfabeto (fenicio), pero eso de introducir el Alfabeto no se refiere a los signos en sí, pues las runas vienen de los dioses y ya tenían en Grecia las suyas propias; se trata de la idea de usarlas alfabéticamente, en vez de los silabarios anteriores mezclados con ideogramas. Ésa fue la novedad. Los Nélidas pues, escaparon de Mileto y fueron a Salamina donde nacerá Solón después, y en Mileto se quedaron los Télidas, siendo Télides precisamente el hijo y heredero de Cadmus. Usando sus derechos atlantes, vemos un linaje fenicio en Lidia.

De modo que los antepasados de Tales de Mileto fueron los que expulsaron a los antepasados de Solón, y los dos sabios hacia el 584 a. C. tenían mucho de qué hablar. Por eso es buena la sospecha de que a Tales le agradó bastante el año que Solón pasó con ellos, y las cartas cariñosas que le llegará a escribir años después son buena prueba. Anaximandro escuchaba todo con entusiasmo, mientras que Hecateo miraba con desdén esos relatos.

El Imperio Fenicio había desaparecido en el 640 a. C. con la invasión asiria de Fenicia, las familias principales se trasladaron entonces a Cartago en Occidente, emergiendo así el Imperio Cartaginés, pero éste, será gobernado por un senado y sufetes en vez de emperadores. El Monarca Rojo, el último linaje de dioses, desapareció con la muerte de Baal I de Tiro en ese año del 640 a. C. Aunque parecía que había pasado mucho tiempo, eso era apenas un año o dos antes de que ellos mismos naciesen. Toda una epopeya de dioses y héroes desfilaba por delante de la sala en la cual Solón y Tales conversaban. El propio Reino de Lidia casi desaparece con la destrucción de Sardes, 652 a. C., obra de los cimmerios. Los Télidas perdieron el poder. Y los libios de Egipto, el último linaje fenicio importante, perecerán frente a los persas de Cambises, según nos cuenta Herodoto al inicio del Libro III de sus *Historias*.

Así se disipó aquel imperio, y eso último de los persas comenzó poco después de irse Solón de Egipto, con el reinado de Apries, 589-570 a. C. Este rey, al que Solón llegó a conocer como tal (pues se fue de allí en el 587 a. C.), fue asesinado por Amasis, el joven que también conoció. Luego, éste usurpador envió a la hija de Apries como esposa para el persa —que le había pedido a su hermana—. La chica se llamaba *Net-iyti* («Neith ha venido»), nombre usual entonces en las muchachas egipcias porque es la diosa de Sais, y allí estaba la capital. Pero ella odiaba al asesino de su padre y le contó a Cambises y a su hijo Ciro el engaño, ella no era la hermana de Amasis, y se enfadaron mucho. Prometieron acabar con Amasis, tal como en efecto ocurrirá.

Tales y Solón eran conscientes de la Historia, el final de todos los linajes atlantes. Es posible que Tales recibiese su apodo (nombrado con el lexema TL) en esas fechas cuando se pusieron a recordar su linaje Télida, y a su vez, Solón recibió el suyo por contar sus aventuras en Solunte. Porque para los comensales de Mileto Solón era nada más el extranjero venido de Solunte (Soloi). Es casi seguro que ambos tenían otros nombres anteriores, en esto, se trata de apodos, similar a como ocurrirá con Platón, cuyo nombre verdadero sí se conoce: Aristocles. Es decir, lo de los apodos era muy común, y las charlas entre Tales y Solón debieron ser célebres allí en Mileto. Por su parte, Télides en el siglo IX a. C. se puso a sí mismo ese nombre (TL-T) para recordar a los lidios y licios que él era también del linaje de Atlas, y por lo tanto su legítimo señor. Estemos atentos a esta manera de proceder con los nombres, era típica.

Daskalopetra (Δασκαλοπέτρα), la Piedra del Profesor (Fig. 32); situada frente al mar en la isla de Quíos, al fondo ser puede ver la costa de Lidia. Ésta fue la roca donde Homero gustaba de sentarse para dar sus lecciones, en un pueblo a las afueras de la capital de la isla.

Tampoco sería propio de Tales callarse las glorias de su linaje si pasaba por allí un ateniense hablando de las suyas. Debió contarle lo del alfabeto introducido por su antepasado Cadmus, y la Escuela de Sardes (850 a. C.) que también fundó, la primera de toda Grecia. Seguro que fue a imitación de la de Biblos (965 a. C.), y por lo tanto con el propósito claro de reunir un corpus, una Biblioteca. A raíz de aquél foco cultural comenzaron Palamedes y Homero en la vecina isla de Quíos a escribir con el nuevo alfabeto los versos de los poemas rapsódicos. Le hablaron a Solón en Mileto de la Escuela de Quíos, la isla de los Homéridas, que estaba allí mismo enfrente de Sardes. Seguían todavía enseñando al público los antiguos mitos de Troya. Y sabemos que Solón conocía que los TR eran los atlantes dorios. De modo que es lógico el que manifestase su deseo de viajar a visitar aquella escuela. Pronto se iría.

Aunque antes de marcharse de Mileto es asimismo obvio que fuese a ver con sus amigos el Didymaion, esto es, el Oráculo de Apolo Dídimo; para ir, se llegaba por un paseo flanqueado con estatuas, la Vía Sagrada, hasta una ciudad cercana que se llamaba Dídima. Sólo eran 15 km, se podía hacer incluso andando. El propio nombre del santuario, Δίδυμοι (*Didymoi* «gemelos»), aludía a dos dioses gemelos, Apolo y Artemisa, por lo que a Solón le interesaría mucho, los dioses gemelos siempre eran atlantes.

Pausanias, un viajero griego del siglo II d. C, explicaba que el Didymaion fue construido antes de la colonización griega del siglo XI a. C. (la de los Nélidas). Por lo que muchos creen que es del 2º milenio a. C. Este Oráculo de Apolo estaba en parentesco con el de Delfos de la zona de Beocia, y ya sabemos también que los beocios, enemigos de los atenienses, eran atlantes. Acabaremos viendo que a lo largo del Mediterráneo todos los Oráculos tuvieron siempre origen atlanteano, eran propios de su religión.

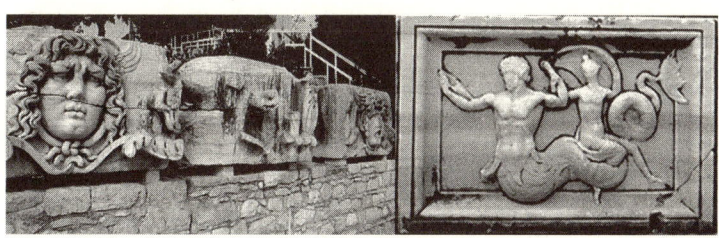

Friso con Cabezas de Medusa y relieve con Tritón (Fig. 33); entre las piezas del gigantesco templo helenístico, y romanas, se encuentran muchas Medusas, Ofidios, y relieves marinos, con Tritones portando a reinas en sus lomos, es decir, Oceánides. Es iconografía atlante.

A su vez, la primera mención de la ciudad de Mileto, llamada *Millawanda* (o *Milawata*), es en tablillas hititas del rey Mursili II, 1339-1306 a. C. Sería propio que el santuario de Dídimo ya existiese entonces; pero la ciudad de Mileto anteriormente se llamaba Anactoria, y era incluso más antigua. Cambió su nombre en *Milawata* hacia 1320 a. C., cuando un príncipe apodado Μίλητος (*Míletos*, el apodo deriva de *Melo*, significa «el del rey», o incluso «regicida») asesinó a un gigante cretense —un rey— llamado Asterión. El sucesor de Asterión fue el célebre Rey Minos, que expulsó al asesino de Creta. Así fue a parar el regicida a la Costa Jonia, pero los milesios, burlándose del destierro, contaban que Minos lo quería convertir en erómeno, es decir, quería sodomizarlo, y por eso decían ellos que huyó el pobre Mileto (eliminaban así la culpa).

Por un lado, ese rey Asterión asesinado lleva nombre de Asturias con el nominativo -N tartesio, y su padre se llamaba Anax, es decir, lleva el nombre del río Guadiana, asimismo en España. A lo largo de ese río Guadiana los geógrafos antiguos como Estrabón situaban a los *Curetes*, y resulta que los *Kuretes* (Κουρῆτες) eran habitantes también de Creta. Está claro que eran atlantes azules de origen occidental, pero ese nombre, Ἄναξ (*Anax*), en griego acabará significando «señor», «soberano», y viene del lexema N que tenía ese mismo significado. De hecho, tan sólo se le ha añadido un nominativo -K(s) que proviene del vasco (los *Enneko*). Pero Mileto parece asociarse a los libios (atlantes rojos). El Rey Minos heredó la corona de Creta y no lo mató porque era su padre; a continuación, en la región de Caria de la Costa Jonia, el joven Mileto casó con Cíane (Κίανη), cuyo nombre proviene del Perro (ὁ Κύων «el perro»), y ya sabemos que el Perro, o Lobo, es emblema de los libios.

De modo que el regicida se casó con una libia que era hija del dios Meandro (el río de la ciudad de Mileto), y tuvo con ella dos hijos, Cauno y Biblis. Estos dos nietos del Rey Minos vuelven a referir a los libios, *Cauno* como la madre viene del «perro», y *Biblis* dará nombre a dos ciudades, una en la propia región de Caria, próxima a Mileto, y otra la famosa Biblo de Fenicia. La conexión es segura, y estos linajes nos están relacionando a españoles, cretenses y fenicios, en un conglomerado de linajes atlante.

Eso era lo que Solón investigaba en estos santuarios, recogiendo todas las noticias posibles. Es seguro que el Didymaion, con todas esas Cabezas de Medusa, Ofidios, y Tritones (Fig. 33), conservaba leyendas de estos personajes, los cuales son sin duda atlantes. Medusa por ejemplo, es situada siempre en todos los mitos en el extremo Occidente (España), y Perseo acudió a matarla tras un largo viaje lo mismo que Heracles cuando fue a matar a Gerión. El hecho de que los atlantes sean convertidos en monstruos por sus oponentes no es otra cosa que difamación del enemigo. ¿Recordamos a los egipcios poniéndolos de malignos? Esa difamación ocurre también en tiempos modernos y es muy típica entre pueblos enfrentados. Aunque debemos tener mucho ojo con esto, el hecho de que exista la difamación significa que existieron los atlantes, esto es básico, puesto que la causa es el odio.

Medusa fue convertida en una criatura espantosa, mitad mujer y mitad serpiente, Gerión en un salvaje de tres cabezas, el Minotauro en una bestia peluda, etc. Alguien tuvo que sentir odio para que fuese tan divertida y creativa esa difamación, hasta el punto de convertir siempre en monstruos a los reyes y reinas del Occidente. Sin ese odio no tendríamos esos monstruos, y sin personajes reales de carne y hueso tampoco tendríamos primero ese odio.

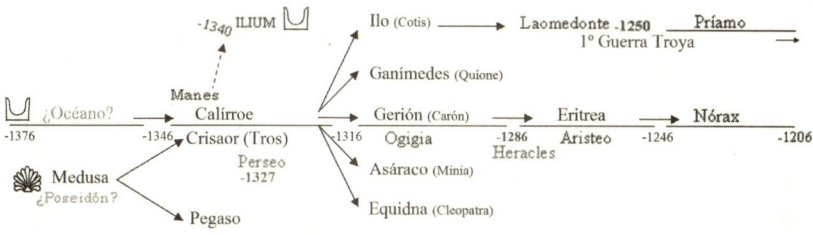

Genealogía de Medusa y Gerión (Fig. 34); según Stesichorus al hablar de Tartessos, siglo VIII a. C. Entre ellos, los helenos convirtieron en monstruos a Medusa, Pegaso, Crisaor, Gerión y Equidna.

Aunque otras partes de la iconografía mítica son emblemas que los propios pueblos occidentales utilizaban. El caso de los Tritones (Fig. 33), mitad hombre y mitad pez, a menudo portando la Caracola de la cual se sacaba la púrpura fenicia, o el Tridente de Poseidón, es el icono de los emperadores. Siempre que veamos a un rey retratado como un Tritón, por ejemplo Nereo, Proteo y el propio Tritón, significa que era emperador atlante, la encarnación del mismísimo Poseidón. Y además es lo propio de la Corona Azul, y no de la Roja. Es verdad que la mayor parte de la iconografía material conservada proviene de tiempos helenísticos y romanos, pero un cuidadoso examen de los restos arqueológicos en general permite constatar siempre en restos de la Edad Arcana (3400-1200 a. C.) esos mismos elementos iconográficos. Son pues, de los atlantes, y los grandes santuarios los conservaban; lo que ocurre es que los modernizaban a menudo cada vez que reconstruían los edificios con otros mejores. Por ese motivo es tan difícil encontrar piezas arcanas, pero existieron sin duda; suelen aparecer en lugares abandonados, en lugares que perdieron importancia y no fueron reconstruidos.

Los iconos arcanos se pintaban sobre las paredes y se hacían de madera o barro. Por eso, cuando reconstruían algo no solía salvarse nada, y así ha sido siempre que ha habido reconstrucciones en cualquier lugar. Para salvarse piezas arcanas era necesario su olvido, y eso implica perderlas, desconocer incluso que existen. Por ello, tanto Solón como nosotros nos tenemos que conformar la mayor parte de las veces con las reconstrucciones sucesivas y las noticias que se guardaban en los santuarios. Suelen ser fiables.

La fuerte iconografía atlante del Didymaion, con tantas Medusas y Tritones, es algo a tener en cuenta. Mantuvo sus cultos arcanos porque Mileto fue recuperada de las garras helenas gracias a los fenicios y el linaje de los Télidas. Y las tablillas de Mursili II que hablan de Mileto por primera vez son del 1320 a. C., y debemos considerar que ésa es la fecha del destierro del príncipe Mileto. Nos datará también el inicio del reinado del Rey Minos cretense, un rey muy longevo, llegó a gobernar unos 55 años. A su vez, eso nos permite fechar otros personajes, así comienza una labor de datación que es inmensa y nunca se acaba, ajustándose cada vez más. Solón empezó a trabajar en ello, aunque no disponía de diccionarios mitológicos, ni de internet, ni de las demás facilidades actuales. Por eso las informaciones que reunían eran tan concretas, pues a menudo dependían de uno o dos santuarios.

Un personaje importantísimo del Didymaion es sin duda Medusa (Fig. 33), y nosotros podemos acudir a la *Geryoneida* de Stesichorus de Himera, donde nos cuentan el linaje del rey Gerión de Tartessos (Fig. 34). Resulta que Medusa era abuela de Gerión, nos conecta directamente estos santuarios que estamos diciendo son atlantes con los linajes de España. Los llamados «mitos griegos» tienen personajes de España. Y recibían culto sagrado en Grecia mucho antes de que naciesen Platón, o Solón. Pero si eran españoles... ¿por qué motivo los adoraban en Grecia? ¿Y todavía vamos a seguir opinando que no hay razones para hablar de la Atlántida? Sólo la existencia del imperio y la procedencia occidental de muchos griegos justifica este suceso histórico. Tenemos hasta los linajes, y tablillas hititas contemporáneas mencionándolos. Es imposible que no fuese un imperio real, ni Platón, ni Solón, ni nadie se lo pudo inventar. El culto sagrado era algo muy serio, y además venía de muy antiguo, era arcano.

El Didymaion no tiene ningún culto que sea heleno, ni a Zeus, ni Hera, Heracles, a reyes Átridas, nada. Todo consiste en el Apolo de los troyanos que además es un dios gemelo (Δίδυμο *Dídymo* «gemelo»); y a Medusa, el Ofidio, los Tritones y las Oceánides. Incluso fue un Oráculo. Porque aquí el problema es si acaso fue Solón el granuja que se inventó el mito de la Atlántida, pero estamos viendo que procede de santuarios los cuales fueron creados en tiempos de los propios personajes que se adoraban en ellos. Los santuarios se hacían para conmemorar y para recordar a personas concretas, no tienen origen literario.

Mileto y sus partidarios huidos fueron asaltados por los hititas de Mursili II, 1320 a. C., algo más parecido a que no fueron perdonados sino ajusticiados, y los hititas serían aliados del Rey Minos. La ciudad fue incendiada en esa ocasión y la arqueología lo corrobora. Al menos, hemos de suponer que los hititas aprovecharon la ausencia de apoyo que tenían esos rebeldes. En segundo lugar, cuando luego los micénicos de Heracles conquistaron Pilos al rey Neleo, hacia el año 1286 a. C., llevaron a esa ciudad muchos esclavos de Mileto y otros sitios, según sus razzias, y lo curioso es que en las tablillas de Lineal B de Pilos (siglo XIII a. C.) nos lo dicen: esclavas *Milatiai* («Milesias»). ¿Se puede corroborar más claramente lo que dicen los mitos? La arqueología y los textos de las tablillas coinciden. Incluso se descubrió un 2º incendio en Mileto, siglo XI a. C., el de la posterior invasión ateniense de Neleo 2º el Códrida.

Si observamos la genealogía occidental de Medusa y Gerión (Fig. 34), tampoco tenemos que suponer en este caso que sea falsa. ¿A qué obedecería eso? ¿Siempre han de ser falsas las historias si se menciona España? Entre los hermanos del rey Gerión hallamos a Ganímedes e Ilo. El primero de ellos fue raptado por Zeus (los helenos), por eso fue humillado y convertido en copero. Y el otro es el fundador de la Troya homérica: Ἰλιόν (*Ilión*). Eso significa que los linajes occidentales de Tartessos aparecen después por Grecia, y además son los mismos que los troyanos. Sabemos que por su parte Troya existió, se han encontrado las ruinas de la ciudad, es histórica. Lo que dijo Homero era verdad. Y a ver, nos parece que esto es importante, así que vamos a repetirlo: Troya existió, y los tartessos son los mismos (Fig. 34). Este resultado además es lógico porque todos los pueblos con lexema TR salen de Tartessos, los del Toro. Significa lo mismo que ya teníamos deducido con los idiomas, el protogriego es de Tartessos, y por eso los linajes de Tartessos enlazan con los de los griegos de Grecia. Está claro que los ejércitos y pueblos que acompañaban a esos reyes troyanos (TR) salían desde España (el linaje principal es el de Gerión, no el de Ilión). Y viceversa, se conocen muchas migraciones de griegos hacia España. Como por ejemplo la célebre ciudad de Sagunto, fundada por colonos zacintios en el 1383 a. C. (según el mito: «*doscientos años antes de la Caída de Troya*»); o la propia Medusa, que había nacido en Grecia —ciudad de Corinto— pero de joven se marchó a España.

Tenían que hablar un idioma parecido forzosamente, pero en Grecia dio lugar al griego, y en España se extinguió, porque lo que quedaba en torno al 200 a. C. fue latinizado finalmente. Por eso fue tan fácil además, la latinización de la Bética, ya que el griego y el latín se parecen bastante en su vocabulario y gramática.

Stesichorus de Himera nos ofrece por su lado su propio dilema; fue un rapsoda dorio de Sicilia, que llegó a vivir cien años, aproximadamente del 820 al 720 a. C. Sus padres eran también dorios de Himera, situada esa ciudad en la costa norte de Sicilia. Esos padres debieron nacer hacia el 850 a. C. Y las obras que escribió Stesichorus, en dialecto dorio, fueron para las gentes de Himera y de otras partes del sur de Italia (Locros en Brucia); incluso se dice que representó obras en Esparta (del Peloponeso). Como autor de obras de teatro se movía mucho en pleno siglo VIII a. C., y todos esos públicos hablaban la lengua doria.

Bien, pero, ¿nos hemos fijado en las fechas? En el siglo IX a. C. su tierra natal en Sicilia ya era una región de dorios, y eso es mucho antes de que comenzasen las colonias griegas a expandirse. Según los dogmas actuales, la primera oleada de colonias griegas, dirigidas a la Magna Grecia, no empieza hasta el 750 a. C., y la única colonia doria es la espartana de Tarento del 706 a. C. ¿Cómo podían hablar dorio en Himera y otras ciudades hacia el 850 a. C.? ¿Cómo había ciudades dorias anteriores a la colonización? Es más, supuestamente Himera no se fundará hasta el año 648 a. C., y por calcidios. ¿Qué hacen hablando dorio si los calcidios hablaban el jónico de Atenas?

Por mucho que estiremos las fechas, por ejemplo con la datación de Pithecussae, 770 a. C., como primera colonia griega en Italia, eso es un islote frente a Nápoles, y los colonos siguen siendo calcidios de lengua jónica. ¿Porqué tenemos dorios un siglo antes en Himera y toda el área? No queda más remedio que cambiar el paradigma, lo más seguro es que se trate de poblaciones que descienden de las Invasiones Dorias, siglos XII y XI a. C., por ello estaba tan extendido el dorio en el sur de Italia, y también por eso apenas hubo fundaciones dorias después.

Igualmente, la *Geryoneida* de Stesichorus es una obra donde los héroes son los atlantes, Gerión y los demás tartessos son un ejemplo de nobleza. El espíritu de esta epopeya occidental está muy lejos de las deformaciones monstruosas de los helenos. ¿Y eso porqué es? Pues porque los dorios eran atlantes occidentales, hablan bien de sí mismos. Lo cual, como se repetirá en la *Ilíada* de Homero, nos obliga a aceptar una épica atlante propia. Es decir, los helenos jamás hubiesen escrito bien de los atlantes.

El Caballo de Madera significó el fin de Troya (Fig. 35); los milesios parece que le hablaron a Solón sobre la Escuela de Quíos donde el grupo de los Homéridas estaban versificando los mitos. Esos mitos se remontaban a tiempos de la Atlántida; sin duda esa idea empujó al sabio para dirigirse a Quíos a estudiar los mitos de Homero. En la leyenda, los soldados helenos se escondieron dentro del caballo, los troyanos, engañados al pensar que era una ofrenda a Apolo lo metieron en su ciudad; por la noche, los enemigos salieron, abrieron las puertas de Troya, y dejaron entrar al ejército micénico. Fue una masacre.

Solón seguramente en Dídima no pudo conocer la obra de Stesichorus, quedaba muy lejos, pero, visitó la vecina Priene, al pie del monte Teloneion (TLN, de Atlán), y quizás pasó a Samos, siendo los samios muy amigos entonces de Argantonio. En cualquiera de esos lugares pudo conocer la obra de Calino de Éfeso, poeta elegíaco del siglo VII a. C.; de sus poemas guerreros sólo quedan fragmentos, pero sabemos que situaba en Frigia otro *Monte Olimpo*, con lo que ya tenemos la suma de tres Montes Olimpos, de los cuales dos no estaban en Grecia. A lo mejor también entró en la propia Éfeso. A continuación embarcó rumbo a la isla de Quíos donde conocería a Cineto de Quíos, siglo VI a. C., un poeta homérida que en aquel entonces debía estar al frente de la Escuela. Es con este poeta con quien Solón estudió la *Ilíada* y la *Odisea*, las grandes epopeyas de Homero, siglo IX a. C., que narran la Caída de Troya gracias a la argucia del Caballo de Madera, así como también las posteriores aventuras de Ulises, intentando retornar a su hogar. Solón valoró muchísimo estos trabajos, porque en efecto contenían información histórica. Se decidió a llevar a Atenas las dos epopeyas, porque allí eran desconocidas, y pidió una copia a Cineto (o al responsable que fuese en esos momentos, creemos que era él).

Este detalle de que en Atenas esos poemas eran aún desconocidos es muy importante, porque es debido a que son obras atlantes, en especial la Ilíada, pero a su manera también lo es la Odisea. Sabemos perfectamente que esto puede chocar a cualquiera, no estamos acostumbrados a relacionar la Guerra de Troya con la Atlántida, pero hemos de notar que el Cataclismo (1069 a. C.) ocurrió un siglo después de este conflicto (1193-1183 a. C.). Y que Ulises, también llamado Odiseo, se pasó diez años encerrado en la isla de Calypso, en el extremo Occidente, lo cual, es porque fue apresado por sus enemigos los atlantes. ¿Cuál sería si no la razón para encerrarlo en el sur de España?

Cabe incluso preguntar si la *Isla de Calypso* acaso sea Atlantis, y desde luego, ella fue una reina atlante. Ya lo iremos viendo, de momento, decir nada más que la Guerra de Troya se convirtió en una conflagración internacional, acudieron a combatir allí tropas de España, Italia, Grecia, Tracia, Anatolia, e incluso Oriente. Los regresos de los Νόστοι (*Nóstoi* «retornos») no sólo son helenos sino troyanos también, y son buena prueba de ello, porque, según los mitos, muchos vuelven hasta España. Sólo faltaron los egipcios en esta batalla, y es que la frase «*se armó la de Troya*» es por algo. ¿Cómo podemos explicar algo así? No se puede hallar explicación de todos esos retornos por Italia y España a no ser que aceptemos la existencia de un Imperio Atlante a todo lo largo del Mediterráneo. Es lo único que le da lógica a esos mitos, y los mitos no son tonterías.

De hecho, es que ni Homero ni nadie se inventaría algo así, ¿para qué llevarse hasta España los sucesos? ¿Eso les gustaría más a los oyentes griegos? En absoluto, si no es porque esos sucesos ocurren en Occidente un escritor griego de inicios de la Antigüedad jamás se llevaría tan lejos a sus héroes.

Por su parte, los poemas evidencian un conocimiento geográfico bueno de todo el Mediterráneo, y fueron escritos en el siglo IX a. C. ¿Cómo pudieron los historiadores del siglo XX d. C pretender que la Península Ibérica fue descubierta por Kolaíos de Samos en el 650 a. C.? Menuda tontería, pero lo podemos ver por ejemplo en *25 Estampas de la España Antigua* (1967), de García y Bellido, que fue uno de los mejores investigadores. ¿Y de dónde salió esa tontería? ¿Es que no se dieron cuenta de que ya Homero dos siglos antes está hablando de las *Columnas de Heracles* y el *Océano*? Pues en efecto, no se dieron cuenta, los historiadores no leían los mitos, aún hoy día muchos no lo hacen.

Si alguien indicaba algo parecido a lo que nosotros estamos diciendo le buscaban siempre una explicación que ellos llamaban «racionalista», y argumentaban que eso eran interpolaciones posteriores. Pero, ¿para qué interpolar con posterioridad al 650 a. C. un montón de ubicaciones en el Occidente? ¿Y quién lo hizo? ¿Qué pruebas hay de eso? A todas estas cuestiones nunca respondieron, ni siquiera las plantearon, y ése es el problema, que llamaron racional a lo irracional. Es más fácil que el Occidente fuese conocido en tiempos de Homero que una falsificación sistemática de todos los mitos. Porque a Hesíodo le pasó con su Heracles lo mismo, y a muchos más. Pues bien, la tontería nace de la presunción de los siglos XVIII y XIX de que todo lo mítico era falso e inventado. Pero nunca lo demostraron.

Por fortuna Solón no pensaba de esa manera, y entre los versos de Homero encontraba muchas menciones de la Atlántida, o de los atlantes, por ejemplo, la siguiente:

> «mas a mí por Odiseo se me parte el corazón, desdichado, hace tiempo dejado de todos los suyos, malandanzas padece en una isla de dobles riberas. En su tierra arbolada, un ombligo de mar, vive ahora una diosa que es hija de **Atlante**, el terrible, el que sabe cuáles son las honduras del ponto, y sostiene él tan solo las enormes columnas que el cielo y la tierra separan» (Odisea, Canto I, 50-55).

Estamos en el siglo IX a. C., ya se está mencionando al rey Atlante, y también las «*columnas que el cielo y la tierra separan*», o sea, las Columnas de Heracles, nos lo están ubicando en el Occidente. Y habla del «*ponto*», el Océano, y es «*terrible*», es decir, muy poderoso. Lo cual, eso de tener mucho poder, parece sin duda aludir a un poder imperial, algo que va más allá de un simple reino. ¿Si sólo fuera rey de Tartessos, sería «*terrible*»? Por supuesto que no, pues el rey de Lidia o el de Tracia serían iguales de terribles.

Pero fijémonos más aún, el párrafo escogido está hablándonos de Calypso, y nos la describe como una diosa que es hija de Atlante, de modo que en efecto debió ser una reina de la Atlántida. Y también se comprueba lo que ya sabíamos, que los reyes supremos eran «dioses», es decir, la encarnación humana de los dioses cósmicos. Por eso los linajes eran sagrados y no se podía desobedecerlos.

Más importante aún, ella vive «*en una isla de dobles riberas*», y... ¿cómo son las islas de dobles riberas? Para responder a esta pregunta hay que imaginar una isla hueca, vacía por dentro. Como si tuviese un lago interno, de ese modo la isla tiene riberas exteriores por el agua a su alrededor, pero también va a tener riberas internas por el lago. Así será una «*isla de dobles riberas*»; la cual, podría tener cualquier forma, alargada, cuadrada, etc, por eso el poema añade: «*un ombligo de mar*». Entonces la isla va a ser circular, porque los ombligos son redondos. Por lo tanto, al final la isla tiene forma de Anillo, y eso es una descripción muy gráfica de lo que era la Atlántida, pues se componía de anillos. Para ser exactos Tres Anillos, el signo del Olimpo (Fig. 36); aunque el central era como un punto, por lo que el signo del Olimpo muchas veces en vez de tres anillos muestra dos anillos y un punto central.

El signo del Olimpo, con anillos concéntricos (Fig. 36).

La cita homérica no menciona cuántos anillos tiene el ombligo de mar, la traducción que ponemos, de la edición de José Alsina (Ed. Planeta, 1968), lo dice en plural: «*isla de dobles riberas*», por lo que podrían ser varios anillos. Sin embargo el original griego, νήσῳ ἐν ἀμφιρύτῃ, es un dativo singular. Curioso es anotar que la doble ribera se menciona con ἀμφιρύτῃ (*anfirýte*), donde *Anfi* es «doble» y *Rýte* es «orilla». Esta última palabra viene de *Erytheia* (RT), el nombre de la costa española en la zona de Rota (RT), es decir, es el nombre propio de esta región española el que dio lugar a la palabra «orilla» en griego. Al menos en esta expresión, ya que en griego clásico era Ἀκτή (*Akté*).

El propio Stesichorus nos habla de esta región de *Erytheia* en la costa española, pero en Homero esta expresión viene de lo mismo; y que aún encontremos ese nombre actualmente en ciudades como Rota es asombroso, y lo confirma, contrasta el relato. De modo que Rota estaba allí por lo menos desde el siglo IX a. C., pero probablemente ya estuviese en tiempos de Gerión (siglo XIV a. C.). Añade Homero también νῆσος δενδρήεσσα «isla arbolada», por lo cual sabemos que es la propia isla la que tenía vegetación, y que el «*ombligo de mar*» es también la isla.

Está claro que todo esto es el mito de la Atlántida, porque nos mencionan al rey Atlante, un linaje de dioses, poderosos, en el Occidente extremo, donde las Columnas, junto al Ponto (Océano), en una isla circular con forma de anillo. Por lo tanto, queda demostrado que tampoco Solón se inventó el mito de la Atlántida. El mito ya existía como tal y perfectamente definido en el siglo IX a. C. Y tenemos que ser conscientes, tenemos que aceptar la evidencia.

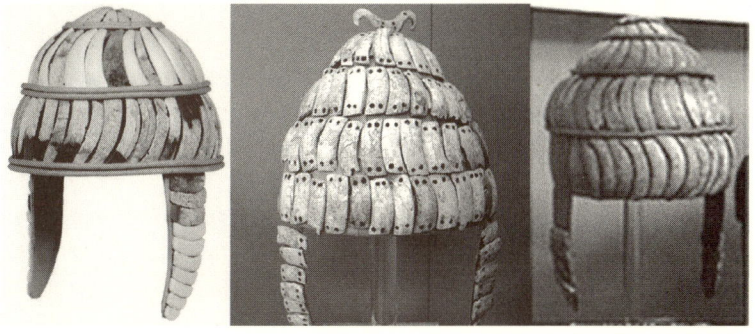

Cascos manufacturados con colmillos de jabalí (Fig. 37); en el área del Egeo dominada por los atlantes se han hallado bastantes ejemplares, y también representaciones: Creta, Jonia, Peloponeso. Son importantes porque el jabalí es un animal del 3º tetramorfo —Poseidón—, y porque Homero en sus poemas los describe con minuciosidad. Es seguro que los micénicos también los usaron, por simple robo de armas.

Alguien podría pensar si acaso se lo inventó entonces Homero, pero hay que ser un poco cataplasma ya para eso. Es decir, nos están hablando de la Atlántida un montón de escritores antes de Platón, llegando hasta Homero que es el más antiguo conservado, ¿no es suficiente? Sabemos de todas maneras que tampoco se lo inventó él, porque hemos visto los Pueblos del Mar, las Invasiones Dorias, las estelas tartésicas de la Edad del Bronce luciendo los Tres Anillos, la Laguna Ligustina, y muchas más cosas. Homero no se inventó todo eso. Por el otro lado, conocemos de dónde proceden exactamente las fuentes de Solón (atenienses, libias y egipcias), y en general, esas fuentes de la Atlántida remontan a los propios tiempos de los atlantes.

Con el poeta Homero ocurriría igual si empezásemos a analizar sus fuentes; sus famosos versos nos cuentan muchas cosas, sólo hay que saber leerlos. Si le dedicamos un momento para intentar comprenderlo, esas fuentes, según decimos, también se remontan a tiempos de la Edad del Bronce, por lo que hagámonos la pregunta: ¿cómo le llegaron esas informaciones a Homero? El signo del Olimpo está en las estelas tartesias, las Columnas (del Estrecho de Gibraltar) están realmente donde dice, los reyes arcanos en efecto se divinizaban —como en Egipto—, los cascos se cosían con colmillos de jabalí (Fig. 37), etc. ¿Cómo lo sabía? Pues hay que pensar con estos datos en que forzosamente existió una épica de tiempos micénicos, que se heredó de unos poetas a otros.

Hay fragmentos en la *Ilíada* que nos describen armas fuera de uso y olvidadas por completo en los tiempos de Homero. Algunas eran incluso antiguallas cuando Troya, en 1193 a. C., como la del casco de colmillos de jabalí, cuya época de uso fue anterior (1650-1300 a. C.). Pero algunos soldados los usaban aún por no tener uno de bronce, o como en el caso de Odiseo, para engañar al enemigo:

> *«Y a ambos lados le puso de la cabeza el yelmo, elaborado en piel, enlazado por dentro con muchas y fuertes correas, y por fuera lo rodeaban los blancos y brillantes colmillos del jabalí, apiñados aquí y allá, dispuestos hábilmente y con destreza, y tenía, de lana, un mechón colocado en el centro»* (X-261).

Odiseo llevaba este casco porque su abuelo se lo había robado una vez a los atlantes. Y descripciones como ésta tienen que haber pasado de generación en generación, porque Homero lo más seguro es que jamás viese uno de estos cascos. Los propios mitos («relatos») nos describen muy bien este proceso. Todo empieza con un poeta troyano llamado Corino (Κόριννος), de quien el diccionario mitológico de Pierre Grimal nos dice así: «*poeta legendario, oriundo de Troya, que, antes que Homero y en la época misma de la guerra, habría escrito la Ilíada. Palamedes le había enseñado el arte de la escritura. También se le atribuía la composición de una epopeya sobre la guerra que sostuvo Dárdano contra los paflagonios. A él debería Homero la mayor parte de sus poemas*».

Y después de Corino hay varios autores más que también le dieron muchos elementos a los poemas, antes de llegar a Homero. Los mitos nos lo cuentan con bastante lujo de detalles, y esas noticias de ninguna manera son una estrategia literaria. Por su parte, los filólogos actuales han hallado tablillas micénicas del Lineal B con hexámetros homéricos, incluso con frases estereotipadas de los versos: *atana potonija*, que equivale en la *Ilíada* con πότνια Ἀθάνα (*pótnia Atana* «a la señora Atena»). Y en los versos de Homero hay fórmulas, tales como Ἰλίοο προπάροιθε («delante de Ilio»), llevando un genitivo largo -οο /-oo/ en vez del corto -ου -u/, para que la métrica del hexámetro no se vea alterada. Y por eso conservan ese genitivo primitivo anterior al 1050 a. C. que ya no estaba en uso en tiempos de Homero. Porque procede del genitivo micénico -οιο que perdía la i infija en caso de necesidad por la métrica. Es decir, los versos de Homero por motivos de métrica, sólo cuando era necesario, conservaban el arcaísmo de los versos originales anteriores a Homero. Por lo tanto, ese arcaísmo evidencia que hubo poemas primitivos anteriores, de tiempos micénicos.

Estas investigaciones filológicas son bastante más largas y complejas, se pueden ver en la edición bilingüe de F. Javier Pérez, quien nos concluye de esta manera: «*De acuerdo con todo lo anterior, creemos que ya no se puede dudar de la existencia de una épica micénica en hexámetros ni de que en ella había poemas que cantaban hechos relacionados con Troya; lo cual en nuestra opinión obliga a aceptar que esta continuó sin interrupción durante los siglos oscuros hasta Homero, pues siendo como es el hexámetro el elemento de mayor regularidad y cohesión del género épico, resulta casi imposible que, habiendo existido en el mundo micénico, desapareciera al hundirse este a finales de la Edad del Bronce para reaparecer siglos más tarde —no imaginamos cómo— con las mismas o muy similares características que tenía*» (ed. Adaba, 2012).

La fórmula Ἰλίοο προπάροιθε («delante de Ilio»), al conservar el genitivo primitivo y al mismo tiempo estar hablando de Ilión

(Troya), evidencia que había versos primitivos hablando de Troya. No debemos dudar más de esto, incluso las tablillas micénicas lo han demostrado. Queda completamente rebasada la opinión académica anterior acerca de que Homero se inventase la epopeya. Y lo que nos importa a nosotros para el tema de la Atlántida es que Homero no inventa nada sino que recoge todo de tradiciones anteriores, y nos habla de Atlante y reyes occidentales que estaban en España como Calypso. Es por lo tanto una fuente fidedigna, y Solón lo sabía.

El legislador debió abandonar la zona de Mileto, Dídima, Priene y Samos en torno al año 583 a. C., en que, navegando al noroeste desembarcó en las arenas habitadas por pescadores de las playas de Quíos. Allí el pulpo era una delicia gastronómica (como en el norte de España), y la isla tenía un comercio floreciente gracias a la almáciga. Esta resina se obtiene de un árbol llamado Lentisco, una especie de Terebinto. La de mejor calidad en el mundo es la de esa isla, y Quíos era famosa por su almáciga. La más preciada era la *Almáciga en Lágrima*, que parece a la vista ámbar amarillo transparente. Esto es importante porque mitológicamente también el ámbar se consideraba *Lágrimas de Sirenas*, por lo que tenemos la referencia a una leyenda de los atlantes ahí detrás.

La propia región del norte de España donde por tradición se cocina el pulpo, ya sea el pulpo a la gallega, los calamares asturianos (en anillos) o las rabas de Cantabria, tenía un nombre muy antiguo similar a la isla de Quíos (KS), que es Cos (KS). La región española de Cos se llama incluso en la actualidad de esta manera, se ubica alrededor de los Picos de Europa, el legendario *Mons Vindius* (la Montaña Blanca). En tiempos atlantes iba desde la región asturiana de Caso y el pueblo de Qués (junto a Infiesto) hasta la zona cántabra de Cossío y el pueblo de Cos (junto a Cabezón). En toda esa zona, tenemos un montón de pueblos con el lexema KS.

Esas tres coincidencias, el nombre de la isla —Quíos—, la tradición del pulpo, y las lágrimas amarillas de sirena/almáciga, nos aseguran que allí hubo atlantes, y además procedían de Oestrymnia. El propio Pitágoras era de Samos y pertenecía a un linaje tirreno, y no heleno. ¿Lo vamos entendiendo?

Cuando Solón comienza a investigar la Atlántida ese mundo ya se ha terminado pero aún había recuerdos. Solón es el primero que comienza a investigar la Historia hacia atrás, reconstruyendo el pasado. Y va a permanecer en la isla de Quíos el último año antes de cumplir su plazo y poder regresar a Atenas (583-

582 a. C.). Allí estuvo con Cineto de Quíos copiando los poemas homéricos; y el propio nombre del anfitrión, Κυναιθος (*Kynaithos* «cynete») nos indica que su linaje seguramente era de Occidente ya que los Cynetes o Cynethes eran un pueblo hispano que vivía en el curso del río Guadiana, vecinos pero un poco más al norte que los Tirsenos. Estos mismos Cynetes son los que habitaron la región africana del Rif, para dominar el Estrecho de Gibraltar. Sus descendientes en la parte africana han conservado el nombre, son los actuales Zenata (*Znatiya*) que están hoy en día desplazados hacia Alhucemas y Melilla. Además, están también berebizados, perdieron su antigua lengua tartesia por el beréber.

A Cineto de Quíos se le atribuye un *Himno a Apolo de Delos*, lo cual es muy típico si su linaje es atlante, pues Apolo fue uno de sus dioses principales. Además, la propia isla de Delos (Δήλος) con lexema TL, hace alusión a Atlas, y se dice que fue Poseidón el que la hizo emerger del fondo del mar con su Tridente. Se llamaba a esta pequeña isla también como Cintos, o Cintera, lo que hace alusión al pueblo de los Cynetes, y el Apolo de este lugar es el gemelo del Didymaion. Está claro que Cineto de Quíos entra en relación con todo esto, y que por tanto hemos hallado a otro antiguo investigador del tema atlante.

Por eso, en definitiva, si este poeta homérida accedió a cooperar con Solón, se debe necesariamente a la labor de investigación que éste estaba realizando. Pues se conoce que los poetas Homéridas del siglo VI a. C., además de descender de Homero, pretendían monopolizar el recitado de sus obras basándose en sus derechos sucesorios. Y Solón es el primero que pudo llevarse de allí una copia íntegra de los famosos poemas. Seguro que lo convenció por la información histórica que contenían, imprescindible en su investigación. Y también es seguro que los copió él en persona, pues se le llegará a acusar más adelante de haber interpolado uno o dos versos. Aunque eso no nos debe preocupar, los supuestos versos interpolados aludían según los acusadores a asuntos políticos de Atenas, y no son los que hablan precisamente de los atlantes.

Cuando desembarcó en la rada del Falero —puerto de Atenas—, ya tenía el legislador 56 años, o 58 (depende de si nació en el 640 a. C.). Entonces, recorrió los 27 estadios —unos 5 km— del muro que llegaba a Atenas cargado de una cantidad enorme de documentos. Todo lo que había reunido a lo largo de diez años. ¿Se imaginan lo que ocupa una *Ilíada* escrita en papiros egipcios? Ese largo muro entonces era sólo una empalizada, el aspecto de la ciudad aún distaba mucho de la famosa Atenas de Pericles. Cuando llegó Solón a su casa su intención firme era clasificar y ordenar todo el material, escribiendo un largo poema sobre la Atlántida.

Pero lo primero que hizo fue precisamente publicar las obras de Homero; para ello, y a propósito de esta labor editorial que llevó a cabo el sabio, hemos de saber que la invasión y ocupación libia de Egipto (1070 a. C.) fue lo que permitió la comercialización del papiro, y desde Mileto se vendía en Grecia. Gracias al nuevo material disponible, los costes de escritura se abarataron muchísimo, y los copistas de profesión habían comenzado poco a poco a proliferar. En un volumen normal cabían dos cantos de la *Ilíada*, como esa obra tiene 24 cantos se necesitaban 12 volúmenes para abarcarla, y la *Odisea* otros tantos. Si le sumamos las demás obras que traía consigo, las descripciones de Egipto, sus propios poemas, etc, no imaginamos cómo podía Solón cargar con todo eso, necesariamente iba acompañado de criados. Pero ya existían los copistas, el padre del joven Pisístrato era un profesor llamado Polícrates, y ya tenía una biblioteca que no era de libros propios. Sin proponérselo, seguramente Solón le dio gran impulso a la aparición de los libreros, en su afán de publicar la obra de Homero.

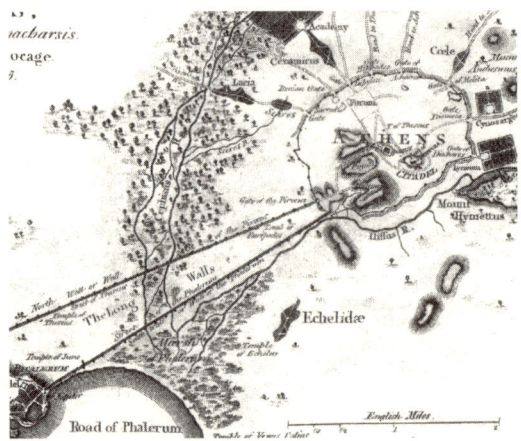

Atenas y los Largos Muros hasta el puerto del Pireo (Fig. 38); en la parte inferior podemos ver el Falero, las murallas primitivas eran de adobe y madera. En su interior, la Acrópolis, el Areópago, y el Ágora, pero toda la parte de las colinas quedaba fuera del perímetro primitivo.

En cierto modo, él fue el primer librero, porque contrató copistas para publicar una obra, promoverla y ponerla al alcance de todos. Es decir, no usó los copistas para hacerse una copia privada, y no fue al ágora a vender sus propios trabajos como un logógrafo. Por tanto, no actuó como autor sino como editor, y la obra de Homero era lo suficientemente valiosa como para generar negocio. Y eso pronto fue imitado por otros copistas únicamente ya con afán de lucro, ¿para qué esperar a recibir los encargos? ¿No puedo yo copiar estas obras interesantes y venderlas? Por supuesto que sí, aunque Solón actuó siempre como responsable de las ediciones, él poseía los manuscritos originales y conocía la obra mejor que nadie.

El Pritaneion (Πρυτανεῖον) era la sede del estado (Fig. 39); se trataba del antiguo palacio de Pisístrato, un edificio de planta trapezoidal. A su lado a la derecha en la imagen asoma la Boulé (Senado), y más allá se hallaba el Metroon (sede de los archivos) en el templo de Rea. Todos estos edificios cerraban el ágora ateniense por el lado oeste.

Según Pseudo-Platón, él fue: «*el primero en llevar a Atenas los poemas de Homero y obligar a los rapsodos a recitarlos en orden sucesivo en las Panateneas*» (Hiparco 228b). O sea, en las fiestas más importantes de la ciudad, actitud ésta que será continuada por Pisístrato, y su hijo Hiparco. Diógenes Laercio atribuye eso mismo tan sólo a Solón (1-57). Y todo esto es sin duda por el carácter histórico de los poemas, pues se los hace intervenir en celebraciones religiosas donde no tendrían cabida de ser fábulas. Ya Licurgo, h. 760-680 a. C., intentó hacer lo mismo en Esparta, pero no consiguió las obras completas.

Solón sí pudo, y su influencia social en Atenas es la que le permitió actuar así. Pero desde luego, no entregaría sus manuscritos originales a ningún copista, quedándose él sin nada; en vez de eso, los volvería a copiar él mismo, e iría entregando cada dos semanas o un mes un nuevo canto a los amanuenses. Y ellos, por su lado vendían los ejemplares que ellos caligrafiaban. Que a su vez, si la obra tenía demanda, eran comprados y copiados por otros copistas para revender. Y en este caso la demanda estaba asegurada por la influencia del legislador. Así se publicó Homero, y así comenzó el propio negocio de los libreros y la idea de publicar sin esperar a los encargos, porque se comprendió que hay obras muy solicitadas.

Lo que nos importa es que toda esta labor le llevaría mucho tiempo; si cada dos semanas copiaba un canto, entre la *Ilíada* y la *Odisea* le llevó dos años la publicación y control de la calidad. Eso nos sitúa ya en el 580 a. C. Además, él tenía esposa e hijos, algún tiempo les tuvo que dedicar a su regreso, y a reincorporarse a la vida política, pongamos otro año: 579 a. C. Después de haber pasado diez años dependiendo de portarse muy bien frente a sus anfitriones, en su hogar Solón se dejó llevar por las fiestas y la bebida. En el año de 579 a. C. el joven Pisístrato ya tenía 28 años, se había convertido en el hombre más hermoso, apuesto y agradable de toda Atenas; toda la ciudad estaba enamorada de él, e incluso Solón lo deseaba ver. El ascenso político de Pisístrato parece ser protegido por Solón.

Quitémosle otro año, ya estamos en el 578 a. C., y con ello se nos está acabando el tiempo pues hemos de pensar que a partir del comienzo de la Guerra de Megara en el año 570 a. C. ya no pudo seguir escribiendo. Incluso antes, la tensión política ya debía ser absorbente a partir del 572 a. C., por lo que el asunto de la Atlántida quedaría postergado. Sólo nos queda por lo tanto, un margen de tiempo muy angosto, entre el año 578 y el 572 a. C., apenas seis años, es el único tiempo que tuvo con tranquilidad suficiente como para dedicarle sus ratos libres. ¿Pudo realmente investigar y escribir todo lo que tenía pensado de la Atlántida en esos pocos años? Pues realmente era imposible.

Investigar los linajes, extraer de Homero todas las noticias, escribir una interpretación con todo lo que tenía de Chipre, Dídima, Egipto, etc, era una tarea de más de seis años, la Atlántida no dejaba de ser un enigma y lo único que tenía claro era la fecha de su desaparición, todo lo anterior era un puro enigma.

Aún así Solón empezó a escribir, aunque en vez de un poema al final se decidió por un tratado escrito en forma de diálogo; un claro precedente de lo que después hará Platón. Y lo sabemos con seguridad porque se han conservado fragmentos del primitivo diálogo de Solón entre las palabras de los diálogos platónicos. Si analizamos el *Tímaios* y el *Kritías*, podemos encontrar muchos fragmentos, donde se está copiando textualmente un diálogo anterior entre un sacerdote egipcio (Sonjes de Sais) y el propio Solón:

> *...Libye hasta Egipto y Europa hasta Tyrrhenia. Más tarde, esta potencia con sus fuerzas concentradas en una invasión, intentó someter a vasallaje vuestro país, el nuestro y todas las tierras del interior del estrecho. Y fue entonces, ¡oh, Solón!, cuando el poderío de vuestra ciudad alcanzó todo su esplendor ante los hombres, gracias al valor y energía de sus hijos. Pues superando a todas por su espíritu y sus artes guerreras (primero al frente de los griegos, y después, aislada por necesidad, abandonada por todos), llegó hasta los mayores peligros, venció a los invasores y levantó un trofeo»* (Tímaios 25b, trad. García-Bellido).

Este tipo de párrafo es muy común en ambos diálogos, como aquél otro que le dice: «¡Ay!, Solón, Solón, ¡los griegos seréis siempre niños!» (Tímaios 22b). Pero los interlocutores de los diálogos de Platón son otros personajes distintos, a saber: Sócrates, Timeo, Critias y Hermócrates. Por lo tanto, ¿de dónde sale tanta conversación entre Solón y el sacerdote? Por supuesto del primitivo diálogo de Solón, cuyos fragmentos fueron a parar a manos de Platón. El jefe de la Academia los incluyó prácticamente sin modificar, y para poder hacerlo se supone que son recuerdos del joven Critias, que los repite tal cual se los oyó a su abuelo cuando él tenía 10 años. Pero la verdad es que ésa es la parte más débil de toda la obra platónica, pues que un niño de 10 años recuerde todo eso al pie de la letra es inverosímil, ¿cómo va a recordar diálogos tan largos un niño, si no los escribe de inmediato?

Por otro lado, las traducciones modernas no tienen en cuenta que aún en tiempos de Solón los *Helenos* y *Griegos* no son lo mismo. La rivalidad aún vigente entre atenienses y espartanos era buena muestra de ello. Y el diálogo de Solón no dice «*primero al frente de los griegos*», sino otra cosa bien distinta: τὰ μὲν τῶν Ἑλλήνων ἡγουμένη («*primero al frente de los helenos*»). Es decir, Atenas lideraba a los helenos, no a los griegos, y debemos diferenciarlo.

Otro tema a no perder de vista es ese Trofeo del que nos habla, pues el diálogo usa esas palabras exactamente: Τρόπαιον («un trofeo») Ἔστησεν («erigió»). Y sabemos que el trofeo por excelencia de la ciudad de Atenas siempre fue la Cabeza de Medusa. Está hablando de la razzia de Perseo, un audaz ataque al Occidente que le permite esos halagos a su ciudad; pero luego, «*después*», los dorios casi acaban con ella. Es muy claro a qué guerra se está refiriendo.

En los fragmentos poéticos de Solón, como la *Elegía a las Musas*, nos habla del gobierno divino, Εὐνομίη (*Eunomía* «buen gobierno»), y lo contrapone a la impotencia humana para llevarlo a cabo, la Δυσνομίη (*Disnomía* «mal gobierno»). Lo relaciona a la catástrofe en todos los sentidos: «*¿quién sería capaz de saciarlos a todos? Los inmortales han dado medios de enriquecerse a los mortales; pero de ellos nace el infortunio, que cuando Zeus envía como castigo, se ceba ya en éste, ya en aquél*». Las concomitancias con el tema atlante son poderosas, el diálogo del *Kritías* se interrumpe justo cuando precisamente Zeus va a justificar su castigo a los atlantes frente a los demás dioses, nos dice así:

> «*... llenos de injusta soberbia y de poder. El dios de dioses, Zeus, que reina por medio de leyes, puesto que puede ver tales cosas, se dio cuenta de que una estirpe buena estaba dispuesta de manera indigna y decidió aplicarles un castigo [...]*» (Kritías 121b).

Lo importante aquí es que la historia narrada por el personaje de Critias en los diálogos platónicos, sigue al pie de la letra los presupuestos teóricos de Solón. No son por lo tanto ideas de Platón, sino que son de Solón. Y eso es demasiado para que sea casualidad, incluso las expresiones son las mismas, lo más seguro es que esos párrafos platónicos que claramente son de un diálogo anterior sean realmente los escritos por Solón.

En la *Elegía a las Musas* escrita por el legislador el mensaje final es que se admite que Zeus puede hacer eso, una catástrofe punitiva, pero que ni siquiera es necesario y normalmente la propia desidia humana es suficiente para acarrear la desgracia. Y en el siguiente poema, *Eunomía*, nos dice así: «*... se enriquecen dejándose atraer por las acciones injustas... sin perdonar las riquezas sagradas ni las del estado, roban lanzados a la rapiña*». Se puede considerar que el ideal del sabio, que aunque pobre es feliz, ya está presente en Solón, la Justicia es lo más importante. Pero llega más allá, y una ciudadanía que se corrompe acabará así: «*... cae en una infame esclavitud, que despierta las luchas civiles y la guerra dormida*».

Es literalmente el mito de la Atlántida, la guerra civil fue lo que terminó con su imperio, entre tartessos y libios; tan sólo lo está elevando a un plano moral con tonos de generalidad, para Solón es ya la norma que ocurrirá siempre, una ley que rige la Historia.

No importó que dominasen el mundo, la decadencia acabó con ellos. Y fijémonos en los nombres que está utilizando Solón en sus poesías, primero ἡ ἄτη (*Ate* «infortunio», «fatalidad»), porque es al mismo tiempo el nombre del dios Atum de los atlantes; es el que solía mencionarse como *Netuns*, es decir, Neptuno. Luego tenemos ὁ κόρος (*Koros* es el «hartazgo», «altivez»), y viene del dios Aker, otro de los dioses más emblemáticos de la Atlántida. Según Solón es el *Koros* quien produce el *Ate* «infortunio». Pero añade un eslabón intermedio, ἡ ὕβρις (*Hybris* «soberbia», «exceso»), que viene de Iber, el dios de los íberos. Si nos fijamos con atención, Atum, Aker, e Iber, son todos nombres atlantes, y están en el origen de las etimologías griegas posteriores que Solón utiliza, las cuales han tomado otros significados en base a la ruina de la orgullosa Atlántida.

LA DESTRUCCIÓN DEL MITO

4. APARICIÓN DE LOS «FALSOS DIOSES» Y LAS PERSECUCIONES

La principal desgracia que le pudo ocurrir al mito de la Atlántida durante la Edad Antigua fue el hecho de que Solón no pudiese acabar sus trabajos. Hemos de considerar por un momento las circunstancias que se reunieron en él, y nada más que en él: por un lado era inteligente, sagaz, y tenía solvencia económica suficiente como para poder permitirse diez años sabáticos recorriendo el Mediterráneo en busca de pistas sobre la Atlántida. Llegó incluso a aprender el idioma egipcio para poder traducir textos más antiguos, y abrió la costumbre —a partir de él— entre los sabios griegos de visitar Egipto. Además era un asunto que interfería en su gloria familiar (los Nélidas o Códridas), y le hacía estar especialmente interesado. Es decir, él tenía motivación, tenía capacidad intelectual, y también medios económicos, no hubo en toda la Edad Antigua otro científico como Solón, fue el que más llegó a saber.

Todos los demás que se acerquen al tema atlante van a depender en adelante de él, y su influencia fue enorme. Por ejemplo, Tales de Mileto, seguramente se animó a viajar a Egipto tras la visita en el 584 a. C. de Solón, hablándole de su estancia allí. Aunque Tales marchó a Menfis y Dióspolis (en egipcio Hut, cerca de Abydos, Alto Egipto), ciudades que luego le recomendará a su vez a Pitágoras. Por su parte Anaximandro realizó su primer mapamundi con Solón, y luego incluso una esfera terrestre. Cuando Hecateo miraba esos trabajos geográficos, decidió mejorarlos, y emprende sus viajes hacia el 580 a. C., llegando hasta España.

No fue poca por lo tanto la repercusión directa que tuvo el viaje de Solón; hasta el Ostracismo instaurado en Atenas en el 510 a. C. parece una medida política inspirada por él, que se había desterrado a sí mismo dando ejemplo; y se volverá a desterrar otra vez en el 561 a. C. Cuesta por lo tanto entender la insistencia con la que los historiadores modernos niegan su investigación sobre la Atlántida, que es ante todo una epopeya política, para repetir simplemente que Platón se la inventó. Pero, ¿cómo pudo Platón hacer coincidir su invento con todos los detalles biográficos de Solón que estamos ahora descubriendo? Si esos detalles coinciden hasta un grado muy alto, ¿es lícito seguir hablando de invención? Nos pasa en esto como con la Atlántida, hay tantas coincidencias que no puede ser un invento. Pongamos otro ejemplo, en la *Elegía a Filocipro* el propio Solón nos habla de Critias:

> «*Decid a Critias, el de los rubios cabellos, que preste su oído a su padre: pues no obedecerá a un guía de errado pensamiento. A los siete años el niño, aún impúber, pierde los dientes que le nacieron de pequeño [...]*» (A Filocipro, 18-19, F. Adrados).

El poema sigue hablando de cómo crecerá ese niño, pero a nosotros nos importa el hecho de que existió ese niño de siete años, que Solón lo conoció, y su padre era su amigo. ¿Y quién era ese padre? Eso nos lo cuenta el personaje de Critias en el diálogo platónico, se llamaba Drópida, y era su bisabuelo. Lo más seguro es que fuese uno de los jóvenes servidores que acompañaron a Solón en su viaje, por eso aparece en un poema donde se está evocando su estancia en Chipre. Drópida tuvo que estar con él en Chipre, le acompañó mientras iba a ver el Monte Olimpo y el Templo de Afrodita (Fig. 25). Pero Drópida en aquel entonces era aún un jovenzuelo. A su vuelta nació su hijo Critias 1º (el abuelo del otro Critias 2º el narrador), por lo que la *Elegía a Filocipro* debió terminar de escribirse siete años después del regreso, en torno al año 575 a. C., es decir, cuando estaba en plena investigación de la Atlántida.

Eso es lo que coincide con Platón, donde Critias 2º nos dice precisamente eso al hablar de su abuelo del mismo nombre (el niño rubio de 7 años). Con estas palabras:

> «... *tal como en una ocasión lo relataba Solón, el más sabio de los siete, que era pariente y muy amigo de mi bisabuelo Drópida, como él mismo afirma en muchos pasajes de su obra poética. Le contó a Critias, nuestro abuelo, que de viejo nos lo relataba a nosotros, que grandes y admirables hazañas antiguas de esta ciudad habían desaparecido a causa del tiempo transcurrido y la destrucción de sus habitantes [...]*» (Tímaios 20e, Gredos).

De modo que este Drópida era pariente y muy amigo; a la vuelta tuvo un hijo (Critias 1º el rubio), y cuando el niño ya tenía siete años una visita de Solón a casa de su amigo debió dar lugar a que relatasen todo el tema, recordando su viaje entre los dos amigos. Por eso dice en el poema: «*Decid a Critias, el de los rubios cabellos, que preste su oído a su padre*». El niño estaba escuchando embobado. Pero el diálogo platónico nos cuenta además así:

> «*Te la diré, aunque escuchada como un relato antiguo a un hombre no precisamente joven. Pues entonces Critias, así decía, tenía ya casi noventa años y yo, a lo sumo diez. Era casualmente, la Kureotis, el tercer día de la Apaturia*» (Tímaios 21a, Gredos).

El que nos lo narra a nosotros es Critias 2º, y su abuelo Critias de noventa años es el anterior el niño rubio que oyó la historia con 7 años. Y aquí se nos repite el acontecimiento, otra vez con motivo de unas fiestas, se vuelven a contar historias, y los niños escuchando. De modo que el Critias 1º la oyó de Solón y de Drópida cuando él tenía 7 años, y Critias 2º la conoce por su abuelo Critias 1º cuando tampoco él llega a los diez años.

Es asombroso que acusemos a Platón de falsario cuando en los poemas de Solón tenemos la confirmación. Como mucho, Platón pudo confundir noticias, y el niño que no llega a diez años era Critias 1º y no Critias 2º, una confusión muy lógica; pero también es muy posible que se repitiera en efecto el episodio, porque siempre en las fiestas es cuando se reunían a contar historias. Las Apaturias eran las últimas fiestas del otoño, duraban tres días, más o menos del 19 al 21 de octubre. Y hemos de creer que en una de éstas fue visitado Drópida por Solón para recordar viejos tiempos, y ya tenía un hijo pequeño de 7 años.

Lo creeremos porque los propios poemas de Solón nos lo dicen, y no hay ninguna razón para que el legislador esté mintiéndonos en una anécdota que no interfiere nada. Da la casualidad que confirma el relato de Platón pero eso queda fuera de las intenciones de Solón cuando la escribió. ¿Y vamos a pensar que Platón se basó en estos poemas para hilar con mayor verosimilitud su fábula? ¿Para lograr así engañarnos definitivamente? Tal idea sería tergiversar demasiado a Platón, pero el problema al final es que tampoco aclararía nada, porque en los poemas de Solón se está hablando ya del mito de la Atlántida, del castigo de Zeus, la ciudad destruida, la guerra civil causada por la decadencia moral y rapiña, *Hybris*, etc, y se está hablando ya del joven Critias 1º que escucha la historia de su padre y de él mismo. Podemos decir que Platón se lo inventó pero no es verdad, porque ya está todo eso en Solón. Por lo tanto, no queda espacio para inventar.

Si eso es así, y la fecha de su composición es hacia el año 575 a. C., cabe pensar que el poema iba a formar parte de la obra general, el diálogo sobre la Atlántida, que alternaría diálogo con versos. Y le ocurre lo mismo a la *Elegía a las Musas*, y la *Eunomía*. Algo así como que en el diálogo narraba los sucesos, y luego en las elegías exaltaba las conclusiones o leyes históricas. El resto de la obra poética de Solón, los yambos, los tetrámeros, el poema de Salamina, todo eso no tendría nada que ver. De todas formas, puede que escribiese esas tres elegías aparte, como propaganda acerca de lo que le preocupaba por esos años respecto al tema de la Justicia. Para Solón la Atlántida era un ejemplo histórico que abría un tema de política inquietante, el de la decadencia, y queda bien patente:

> «*Nunca perecerá nuestra ciudad por el destino que viene de Zeus ni por voluntad de los felices dioses inmortales: tan poderosa es Palas Atenea, la hija de fuerte padre, la de corazón valeroso, nuestra defensora, que tiene sus manos colocadas sobre nosotros; pero los mismos ciudadanos, con sus locuras, quieren destruir nuestra gran ciudad, cediendo a la persuasión de las riquezas [...]*» (Eunomía 1-7, trad. F. Adrados).

El destino que viene de Zeus, ya lo sabemos, es el Cataclismo. Los atlantes habían entrado en decadencia, pero eso no le pasaría a Atenas, y él se preocupaba por evitarlo componiendo unas leyes perfectas. La comparación mitológica entre Atlantis y Atenas se aprecia incluso en los fragmentos conservados de estos poemas, muy destrozados por desgracia, pero que permiten averiguarlo. En fin, otros versos suyos hablan de su llegada a Egipto, en la Canóbide, junto a más detalles presentes en los diálogos platónicos.

La conclusión firme es que Platón no inventó nada, y las partes que incorporó a sus propios diálogos son los fragmentos en prosa del primitivo diálogo de Solón.

Consultando volúmenes en un templo egipcio (Fig. 40); una escena como ésta ocurrió en Heliópolis cuando Solón, Sonjes, y el joven Drópida (al fondo mirando los estantes) se trasladaron a Heliópolis para hablar con Psenopis, y realizaron juntos el Cálculo del Fénix, con 9000 años. Desde luego la imagen no se corresponde a la Biblioteca de Alejandría.

De todas maneras, en los fragmentos de Solón, con esas alegorías citadas del *Ate*, *Koros* e *Hybris*, basadas en los nombres de dioses atlantes, se puede percibir que él sabía mucho más de lo que luego llegó a saber Platón, al menos eso es lo que aparenta en principio. Por ejemplo, su interés por los poemas de Homero es una pista, resulta que la ciudadela de Troya se llamaba *Eta*, porque estaba sobre el *Monte Eta* (la actual colina de Hissarlik donde se halla el yacimiento). De modo que como Troya fue destruida sin piedad, esa palabra puesta en femenino, Ἄτη (*Ate* «ruina», «infortunio») alegoriza ese resultado, y si lo nominalizamos será entonces la diosa misma de la Fatalidad.

¿Qué diosa es esa? Pues Éride, pero encarnada lo más seguro que en Casandra, la pitonisa de Troya que anunció todas las calamidades que se cumplieron. Personaje agorero y doloroso, Ἄτη (*Ate* «Atia», «la del Monte Eta») es seguramente su sobrenombre. Esta alegorización debió ocurrir a partir de la propia destrucción de Troya, no es un invento de Solón, pero él lo recoge y lo utiliza correctamente asociándolo a otros que también son de los atlantes. Porque ese *Monte Eta* viene del dios Atum (Poseidón), y Solón lo combina con otras alegorías similares —*Hybris, Koros*— de dioses atlantes, cuando precisamente habla de la destrucción de Atlantis. Y no pensemos que habla de Troya, otra ciudad destruida, porque Solón menciona una guerra civil causada por la decadencia moral: *Hybris*.

Y Troya no fue destruida así —guerra civil— sino por el enemigo; es decir, Solón asocia Troya con la Atlántida. No importa que esas alegorizaciones sean anteriores y provengan desde tiempos de Homero, e incluso antes (ya aparece Ἄτη en la *Ilíada*). ¿Y todo esto qué significa? Pues que Solón sabía que los troyanos eran los atlantes, por eso los incluye a ambos en la misma composición. Y también por eso visitó los santuarios de Pafos, Dídima, etc. Sabía que incluso fenicios y libios habían sido atlantes. Es lo único que tiene sentido con todo esto, y desde luego, siglos después, Platón aparenta ignorarlo, por eso el filósofo de la Academia se limitó a escribir de esta manera:

> *«¡ojalá la poesía no hubiera sido para él (Solón) una actividad secundaria! Si se hubiera esforzado como los otros y hubiera terminado el argumento que trajo de Egipto y, si, al llegar aquí, las contiendas civiles y otros males no lo hubieran obligado a descuidar todo lo que descubrió allí, ni Hesíodo ni Homero, en mi opinión, ni ningún otro poeta jamás habría llegado a tener una fama mayor que la suya»* (Tímaios, 21c).

La opinión platónica, puesta en boca del anciano Critias (el 1º de ellos, el rubio), nos confirma lo que ya sabíamos: Solón empezó, pero tuvo que dejarlo por causa de la Guerra de Megara. Para quien no lo sepa, Megara es una ciudad helena cercana a Atenas, aliada de toda la vida. Por eso las «*contiendas civiles y otros males*» lo obligaron a dejarlo sin terminar. ¿Y cuáles son los «*otros males*»? Pues parece que se trata del golpe de estado de Pisístrato, ante el cual Solón volvió a exiliarse de Atenas, sin volver ya.

Hagamos un esfuerzo por ajustar las fechas, el sabio y su amigo Drópida regresaron en el año 582 a. C., y como ambos eran nobles, ambos llevarían al menos a un criado. De modo que regresaban al menos cuatro personas, después de diez años. Pero los tres primeros años se los pasó Solón reincorporándose a su familia, a la sociedad, a la política, y publicando a Homero. Solo tuvo tiempo libre a partir del 578 a. C., la *Elegía a Filocipro* es del 575 a. C. o del 574 a. C., cuando el hijo de Drópida, un niño rubio llamado

Critias, ya tenía siete años. En esos momentos el sabio se encontraba trabajando en el asunto atlante, y los otros poemas asociados y los fragmentos del primitivo diálogo son también por esas fechas. Pero claro, estamos ya en el año 574 a. C., la confrontación política con Megara por la posesión de la isla de Salamina debió comenzar como muy tarde en el 572 a. C., y la guerra armada en el 570 a. C., la cual se prolongó hasta el 565 a. C., y fue muy dura.

Como Solón había nacido en Salamina, una isla que se ubica justo delante de Atenas por un lado, y de Megara por el otro, no deseaba por nada del mundo que los atenienses le cediesen la isla a los megarenses. Desenterró incluso cadáveres para demostrar que eran atenienses, y envió 500 colonos militares, lo que le convierte en el iniciador de las Cleruquías (κληρουχία), colonias militares donde los soldados se reparten lotes de tierra (*kleros*), como después ocurrirá con las legiones romanas. Fue un sistema exitoso. Hizo sacrificios a los héroes tutelares de la isla, y encontró en la cuenta de las naves de Homero versos que afirmaban que las doce naves de Salamina formaban parte del contingente de Atenas (*Ilíada* II-557). Es decir, usaba la autoridad de Homero históricamente, y a su alrededor todo el mundo aceptaba eso, del mismo modo que los linajes se usaban para reivindicar los derechos políticos.

Para que eso sea así los *Mythos* tienen que ser sucesos reales e históricos, y además todo el mundo lo sabía. Pero al final llegaron a la guerra armada, porque los megarenses afirmaron que los cadáveres desenterrados podían ser de ellos, porque ellos también enterraban mirando al ocaso. Y que los versos de Homero los había interpolado Solón. Es decir, los megarenses estaban dispuestos a decir cualquier cosa, así que a lo último, inevitablemente hubo guerra; y en ella, Solón se hizo célebre con las argucias y engaños con los que venció varias veces a los megarenses. Incluyendo en esa labor fingirse desertor, vestir de mujeres a los soldados, y llegar disfrazados con un barco del enemigo a su puerto, atacándolos por sorpresa. Esta última estrategia es la misma que usó Perseo para entrar en Atlantis, y sabemos que en sus escritos sobre Atlantis Solón habló del «trofeo» erigido por los atenienses (la Cabeza de Medusa), por lo que es seguro que el sabio conocía esa argucia por el diálogo sobre la Atlántida que precisamente escribía.

Lo aplicó todo a su propia guerra, y se dedicó en cuerpo y alma a dirigirla; es el responsable directo de que Atenas conservase la posesión sobre Salamina. Y uno de los que más le ayudaron fue precisamente Pisístrato, que alcanzó el grado de polemarca (general del ejército); se distinguió siempre en las batallas, logró incluso conquistar Nisea, el puerto de Megara, y fue aclamado como héroe. Lo más seguro es que esa última acción la lograse con el barco disfrazado de Solón. Al acabar la guerra con la derrota megarense, año 565 a. C., el joven Pisístrato ya tenía 42 años, y era un hombre curtido en la guerra. Muchos querían que gobernase él, y le ofrecían la tiranía lo mismo que antaño se la habían ofrecido al propio Solón, que si recordamos la rechazó para instituir la llamada timocracia. Por estas fechas, Solón ya era un anciano de 73 años, o 75, y no podía por lo tanto dirigir las batallas. Pisístrato había escalado todos esos puestos gracias a su apoyo.

La Ekklesía (Ἐκκλησία) era la «asamblea» ciudadana (Fig. 41); un organismo instaurado por Solón que dio nombre a la Época Clásica. En Atenas se reunía en el viejo teatro de la colina del Pnyx.

Pero la confianza va a empezar a resquebrajarse, es verdad que Pisístrato era noble y leal a Solón, pero también sus éxitos le llevaron a ambicionar el poder supremo. Tras el conflicto con Megara, que se había llevado siete años, Pisístrato lideraba el partido de los Diacrios (demócratas), frente a otras dos facciones. Y la ciudad aún se regía por las leyes timocráticas de Solón, escritas en los Axones (tablillas giratorias) de la Acrópolis. A menudo es injusto achacar a Solón la invención de ese gobierno, y asimismo identificar la Timocracia con una simple oligarquía. Todo este tema viene de mucho más antiguo, y remonta a la Atlántida. La Oligarquía era lo existente en Egipto, o Micenas, los reyes con sus linajes, un sistema de castas. Pero los atlantes instituyeron la Timocracia, donde se conservaban aún los linajes sagrados, pero funcionaban de otra manera. La diferencia era el poder asambleario.

Según los mitos, los reyes de la Atlántida eran gemelos («iguales»), y estaban por debajo del Cónclave; consistía éste en un sistema democrático con elección por votos. Lo que ocurre es que esta pequeña asamblea, reunión, era de tan sólo diez votantes, los Diez Reyes Sagrados. Pero eso no importa, sino el hecho de que ya era un sistema de votos, y los miembros que participaban en esa votación tenían igual derecho y categoría. La decisión a tomar no dependía del más poderoso de ellos, sino de la suma total de los votos. Por lo tanto, era ya un sistema democrático e igualitario, aunque todavía con pocos ciudadanos. Cuando ocurrió el Cataclismo, en el año 1069 a. C., este sistema llevaba varios siglos instaurado, desde la labor legisladora del propio Rey Atlante, y la progresión durante la Edad Antigua será siempre el hecho de ir aumentando el número de votantes, el número de gentes que integran este derecho político. Es decir, aumentando el tamaño del sufragio (asamblea), pero el funcionamiento será siempre ese mismo.

La Democracia no nace por lo tanto en Atenas, sino en el Cónclave de la Atlántida, y debemos ser conscientes de la importancia que esto tiene. Por eso, hablar de la Atlántida significa en efecto hablar de política, es inevitable.

Solón se inspiró sin duda en sus conocimientos sobre los atlantes, pero también en modelos más modernos como el Senado cartaginés, del 615 a. C., o la Curia romana de Tulio Hostilio, 690-650 a. C., con sus sistemas de Comicios. Es decir, había modelos occidentales democráticos años antes de Solón, donde no importa como en el caso de Roma que también existiese la figura del rey, ya que lo que se votaba eran los magistrados que representaban a cada tribu o barrio, y ya eran votados popularmente. En este sentido Solón no es creador sino más bien el introductor en Atenas, en la Hélade, de este sistema occidental, y lo hizo porque él era de linaje atlante y había estado estudiando la Atlántida desde muy joven. No debemos olvidar que Esparta era una ciudad doria (occidental) que ya usaba la timocracia mucho antes, y por eso en Grecia siempre se consideró a esa ciudad lacedemonia como la timocracia por antonomasia, y en cambio nunca lo fue Atenas.

¿Cómo entender eso si Solón fuese el inventor? Es que resulta que no lo era. Pero por la importancia de Atenas posteriormente, y la conservación de la historiografía en Atenas, le han acabado achacando la creación de cosas que ya existían antes. Parecido a como si achacáramos a los atenienses la invención del papiro, sólo porque Solón llegó cargado de volúmenes. A esto se suman las confusiones de doctrina, y por ejemplo, en el diccionario enciclopédico ilustrado Vox del año 1995, nos definen la Timocracia de esta manera: «*Forma de gobierno en que ejercen el poder los ciudadanos más ricos*». Esta afirmación es incorrecta porque lo importante es el hecho de la votación —que no se menciona—, y dicho así es muy fácil confundirlo con una Oligarquía, donde hay un grupo seleccionado por la razón que sea para ejercer el poder. Y si leemos en la wikipedia, en la voz para Timocracia, nos dicen directamente: «*Solón introdujo la idea de timocracia como una oligarquía con diversos grados en su constitución para Atenas*».

Como apreciamos, la equiparación moderna que se hace de la Timocracia con la Oligarquía está por desgracia muy difundida, pero es un flagrante error.

En la Oligarquía, del griego Ὀλιγαρχία que se traduce «*gobierno de unos pocos*» (Ὀλιγο «poco», Ἀρχ «dominar»), lo importante es que las decisiones se toman por acuerdo, entre los más sabios, o los más ricos, o lo que sea, pero lo acuerdan entre unos pocos. La decisión es legal en tanto que haya acuerdo. Su diferencia con la Monarquía es que en esta última no hay acuerdo, es una decisión única. El rey puede ser asesorado, pero sus decisiones son únicas, no se necesita acuerdo. Y por último, en la Timocracia, lo importante es la votación, es un sistema de votos, y por eso se consideró a Solón el introductor de la democracia, aún cuando no se llamase así en sus días. ¿Y porqué no se llamaba así? Pues porque aún era restrictivo, no abarcaba la asamblea a todo el Demo (Δῆμος «pueblo»). En estricto sentido la Timocracia era un proceso previo todavía en formación, pero que ya otorga derechos igualitarios y voto a sus componentes. No hace falta que todos estemos de acuerdo, basta con que la votación dé un resultado.

Desde el Cónclave de los reyes atlantes hasta el sistema de Solón se llamó Timocracia porque se restringía a la aristocracia, como indica su nombre: Τιμή (*Timé* «honor», «sagrado», «culto»), Κρατια (*Kratia* «gobierno»). Porque ese honor y culto se refería además inicialmente a los dioses, y por eso tenemos la expresión Τιμή Θεῶν «*culto de los dioses*», pues era prerrogativa de los Diez Reyes Sagrados de la Atlántida, los cuales eran considerados dioses. No cambiaron la palabra a *Democracia* hasta que la evolución de este sistema de votos no abarcó a todo el Demo, lo cual ocurrió no con Solón sino efectivamente más tarde en las reformas de

Clístenes (508 a. C.). El proceso fue por lo tanto paulatino, ampliándose más y más cada vez la *Ekklesía* («asamblea»).

Realmente con Clístenes llegó a abarcar todo el Demo aunque no acudiesen a votar los ancianos, los niños, las mujeres, los esclavos, siervos, etc, porque, no se trataba de un voto por persona sino de un voto por familia. Todos opinaban y participaban en política, lo que ocurre es que quienes acudían a las urnas eran los cabezas de familia. Y no podía ser de otra manera ya que no había medios para que acudiesen todos en persona, ni se podía detener la ciudad cada vez que hubiese que decidir algo.

Lo hicieron lo mejor que se podía hacer para la época; aún así, cuando siglos después filósofos como Platón y Aristóteles analizaron las formas de gobierno, establecieron un criterio cuantitativo en su distinción: Monarquía el gobierno de uno solo, Aristocracia el gobierno de unos pocos, y Democracia el gobierno de la multitud. Tan sólo era para ellos una ampliación del número de gente, cuando en realidad hay una distinción cualitativa que es más importante: la decisión única, la decisión por acuerdo, y la decisión por voto (hegemonía). Aristóteles estableció que la Timocracia era la forma pura, en tanto que la Democracia era vista como una mera demagogia de la anterior, una corrupción. Hacer participar a todos para que la plebe esté contenta, aunque esté votando sobre lo que no sabe. Por su lado, Platón consideraba que incluso la Timocracia era una degeneración, y que lo correcto era la Aristocracia (gobierno de los mejores, entendidos como los más sabios).

Tal como se interpretó en el siglo IV a. C., el siglo en el que tanto la Historia como la Política fueron revisadas a fondo, la corrupción de la Monarquía es la Tiranía, porque un usurpador acapara el poder sin merecerlo; por lo común incluso un rey, si no escucha las necesidades y atiende al pueblo, se vuelve tirano. La corrupción de la Aristocracia es a su vez la Oligarquía, entendiéndose esta última como que la casta gobernante tampoco escucha, se sitúa por encima del Consejo, no atiende a los intereses públicos. Se vuelven usurpadores porque no son los mejores, no merecen su cargo. Y por último, la corrupción de la Timocracia va a ser la Democracia, donde la demagogia prima para obtener los votos, y la sociedad ignorante decide sobre lo que no sabe, sin merecer en definitiva tomar esas decisiones.

En fin, son tres formas de tomar las decisiones, y todas se pueden estropear por la mediocridad de quienes las ejercen. Un filósofo etrusco llamado Ocelo, a juzgar por lo que nos cuenta Diógenes

Laercio sobre él vivió por las mismas fechas que Solón (hacia 640-580 a. C.), fueron contemporáneos; pero el etrusco fue el primero en escribir sobre estos asuntos, en dos obras: *De la Ley*, y *Del Reinar*. Creemos que el avanzado sistema político romano se basaba en sus trabajos, a él debemos el establecimiento de la *Comitia Curiata*, la *Comitia Centuriata*, y la *Comitia Tributa*, en la propia época de los reyes. Estos Comicios eran asambleas populares para votar, formaban un sistema democrático bastante mejor que el de Solón, ya que no se votaban las decisiones directamente sino a los magistrados, eran para elegir a los representantes sociales, y es este sistema de democracia representativa el que pasó a la Edad Media (las Cortes) y a la Modernidad, no el de Atenas.

De modo que eran anteriores y además mejores, por eso los propios historiadores griegos que llegaron a conocer Roma, como Polibio y Estrabón, sinceramente admiraban sus instituciones. Como también en Cartago y Tartessos existían modelos parecidos de timocracia, con senados, podríamos pensar que no es casualidad y que provienen todos ellos de la Atlántida.

El acto de Alzar las Manos en la asamblea (Fig. 42); era la manera en que una persona entregaba su voto y mostraba su conformidad. Representaba en un alto grado a la propia Libertad Humana, y procedía de un saludo sagrado del dios Occa (Zeus). Hoy día seguimos saludando así, aunque sólo se mantiene el carácter ceremonial en los juramentos.

Si así fuera, ya que es lo lógico, debería haber indicios que nos puedan sostener en esa opinión. Podemos probar con el propio Ocelo, cuyas obras pasaron a Campania debido a que los etruscos habían invadido aquella región, precisamente en tiempos de Tulio Hostilio (690-650 a. C.), o quizás incluso antes, porque aquello fue una reacción frente a las colonias griegas (Cumas, 720 a. C.). Los etruscos quedaron en Campania, y los griegos en la vecina Lucania en ciudades como Paestum y Elea. Un filósofo pitagórico llamado Arquitas de Tarento, conoció su obra, y resultó ser muy amigo de

Platón. En las *Vidas* de Laercio hay una carta de Arquitas al jefe de la Academia, dice así:

> «*Acerca de los Comentarios he practicado las diligencias, y pasé a Lucania y hallé los parientes de Ocelo. Lo que escribió De la ley, Del reinar, De la santidad y De la generación del universo, ya lo tengo, y te envío algo; los otros escritos no se hallan por ahora; irán a ti luego que comparezcan*» (Vidas, VIII).

Es de notar la importancia que le daban los griegos a este filósofo etrusco. A lo cual respondió Platón lo siguiente, que es lo que más nos interesa, por los pueblos que cita:

> «*Los Comentarios que me han venido de tu mano los he recibido con el mayor gusto, y he admirado en extremo a su autor. Muéstrasenos éste un varón muy digno de sus ascendientes y mayores, que según dicen, fueron mireos, y éstos fueron de aquellos troyanos que transmigraron con Laomedonte, hombres buenos, como nos significan las historias*» (Vidas, VIII).

Al rey Laomedonte, en realidad Λαομέδων (*Laomedón*), ya lo hemos visto en la genealogía de Gerión (Fig. 34), es un sobrino del rey español. Gobernaba en la Troya homérica y fue muerto por Heracles, cuando éste destruyó la ciudad en un gran incendio. Esa destrucción, hacia 1250 a. C., fue la que llamamos como 1º Guerra de Troya, pues hay que diferenciarla de la 2º Guerra, la de la *Ilíada*. La arqueología moderna ha encontrado las cenizas de un gigantesco incendio en Hissarlik a mediados del siglo XIII a. C., por lo que el mito queda confirmado, de repente resulta que Heracles es histórico. Y debemos aprender el contexto de estas guerras o seguiremos viendo y cometiendo errores como los de las películas, donde hacen decir al viejo Néstor de esta manera, cuando discute con Agamenón: «*Troya nunca ha sido conquistada, se dice que es imposible de conquistar*» (Troya, de Wolfgang Petersen, 2004).

El personaje real jamás habría dicho eso pues todos sabían que había sido incendiada y destruida en tiempos de Heracles, apenas 57 años antes. Es decir, mientras el propio Néstor vivía. Fallos como éste son garrafales y muy comunes, la película de W. Petersen está llena de ellos, y en especial es terrible en el comportamiento de los personajes, el cual no es propio de la Edad Arcana. Es decir, no basta con leernos la *Ilíada* para comprender de qué iba aquel mundo, y por lo que se ve en las películas, y en los propios arqueólogos que excavan Troya, hay una ignorancia enorme. Por ejemplo, los excavadores no distinguen entre la 1º y la 2º Guerra, porque sencillamente ignoran los demás mitos, sólo han leído la *Ilíada*. Entonces, como no saben que existió una 1º Guerra, lo que hacen es mirar el incendio y empezar a fechar mal la 2º Guerra.

Lo que nos importa ahora es que Platón menciona a los troyanos como antepasados de un etrusco, y los considera plenamente históricos, los califica de «*hombres buenos*». Además, esos troyanos tienen otro nombre que es Mireos, con lexema MR. ¿Eso no nos recuerda a los Moros? Así es, la palabra Mireo jugando con la alternancia vocálica es como se pronunciaba «moro» en aquél tiempo, y no pensemos por favor en los moros islamizados de la Edad Media, los mireos de Lemuria eran atlantes en España. Y las Moiras eran las diosas de Lemuria (Le-muria > moria), un reino del Infierno. ¿Qué es eso del Infierno? Parece que era una referencia a los reinos que miraban hacia el Océano, hacia la muerte del Sol cuando bajaba al Inframundo. El Infierno era la puerta del Inframundo, en la práctica la Corona Azul en España.

En cualquier caso, sabemos que además los troyanos son los tartessos (recuérdese siempre la Fig. 34), y si todo esto es así, y los mireos de Lemuria junto a los troyanos de Tartessos, ambos en el Occidente, son antepasados de Ocelo, lo cierto es que sí existen razones para relacionar la timocracia a los atlantes. Por un lado, los mitos nos hablan del Cónclave donde se reunían en asamblea los Diez Reyes Sagrados, y votaban las leyes así como las acciones a seguir. Los mitos ya nos están describiendo, en relación con la Atlántida, un sistema timocrático. Por nuestra parte sabemos muy bien que la Atlántida estaba situada en Tartessos. Y ahora, un filósofo etrusco que en sus libros describió la política romana, con todos sus distintos comicios (sistemas timocráticos), resulta que sus antepasados eran troyanos, es decir, tartessos. De hecho se menciona incluso a los mireos, atlantes en general.

¿Nos lo pueden decir más claro? Porque ya Platón lo está resaltando, lo está mencionando ex profeso. Aquellos «*hombres buenos*», que tenían buenas leyes.

Para cerciorar, un poco más, analicemos los nombres de los dichos comicios, el avanzado sistema romano se basaba en la *Comitia Curiata*, la *Comitia Centuriata*, y la *Comitia Tributa*, existentes ya en la época de los reyes. Los primeros derivan su nombre de los Curetes, si recordamos, los geógrafos griegos situaban a este pueblo (Κουρῆτες) en España a lo largo del río Guadiana, y en Creta, es uno de los nombres atlantes más fáciles. Y dieron nombre a muchas fiestas, como la *Kureotis*, tercer día de la Apaturia. Por su lado, la *Comitia Centuriata* deriva su nombre nada menos que de los Centauros, ¿eh?, ¿cómo dices?

Si buscamos en un diccionario la etimología de la palabra Centuria, nos dirán que procede del latín *Centuria*, a el cual dan tres orígenes. Uno militar, otro a una clase censal, y otro agrario. De todos ellos, el más antiguo es el militar, procediendo de *Centum* «cien» y *Vir* «varón». Según las fuentes romanas, en tiempos remotos, se trataba de una unidad de caballería compuesta por 100 hombres. Pero luego se redujo a 30 jinetes, las llamadas *Turmas*, y el término *Centuria* se aplicó a unidades de infantería.

Bien, hasta ahí es válido, pero si realmente su origen fuese *Centum* y *Vir* el resultado sería *Centumviria*, o algo por el estilo. ¿De dónde sale la R? ¿Hay que suponer que pierde la M y fusiona la U con la V de Vir? Eso es muy complicado, por otro lado en *Triunviri* no se deformó ni mucho menos a *Triuria*. Todo es más fácil si aceptamos la caballería de los Dorios (Tauros), en realidad es un lexema TR, y nos lo deja claro su equivalente en griego, Κένταυροι (*Kéntauroi* «centauros»). Pensar que ambos idiomas, latín y griego, inventaron la misma palabra, es ridículo, y más aún si el significado está relacionado, con unos —los romanos occidentales— es una unidad de caballería, y con los otros —los helenos— unos monstruos, pero son monstruos hechos con caballos.

Lo que tenemos aquí en realidad es lo de siempre, en las versiones helenas se describe a los occidentales, en este caso su caballería, como monstruos. Y los plagaron de difamación, que si son bestias, son salvajes, etc.

Las etimologías que se han formulado para *Centuria* en latín y para *Centauro* en griego son completamente distintas, lo cual es imposible porque es la misma palabra. Y son disparatadas, ya que no son raíces indoeuropeas, además inventadas, como *Kent** «punzar», y *Teu** «hinchar», para construir explicaciones rocambolescas. Sencillamente es Toro (TR) y no es indoeuropeo, es occidental. En cuanto al primer término, ya lo conocemos, viene de Κυναιθος (*Kynaithos* «Cynethes»), o sea, el pueblo de los Cinetes, que habitaban al norte de los Tirsenos, y eran los mejores caballeros, Jinetes, del Reino de Tartessos (los Toros). De ahí viene la combinación, los

Centauros eran los «jinetes dorios». Por eso, en las estatuillas de centauros (Fig. 43), veremos algunos que tienen cuernos de toro en la cabeza, por ejemplo en las de Cerdeña de la Edad del Bronce, hacia el 1500 a. C. Pertenecen a los sardos de la cultura Nuragha, y no se puede afirmar, por nada del mundo, que eso dependa de la helenización posterior. Es decir, se trata de mitos, historias reales de los pueblos occidentales, ¿cuál es el motivo para no poder aceptar eso? ¿Qué lo impide? Tan normal que les gustase pintar centauros por todas partes (escudos, paredes, etc), porque eran su ejército, sus héroes.

Centauros de bronce occidentales (Fig. 43); el de la izquierda es español, del siglo VII a. C. (Murcia), el del centro de Cerdeña, 1500 a. C., y el de la derecha es etrusco, 800 a.C., más arcaico que el español. Este mito en Occidente era común mucho antes de las colonizaciones griegas.

Lo más seguro es que la *Comitia Centuriata* naciera a costa de las votaciones y parlamentos militares, pues estos soldados se jugaban la vida y su deserción podía ser muy peligrosa en cualquier misión. Por eso, se hacía una votación, para ver si estaba la tropa de acuerdo o no con las ideas antes de empezarlas. Y los valientes alzaban la mano, en tanto que los cobardes la escondían. Pero en cualquier caso, aquellos hombres ejercían su libertad por medio de su voto, y esa votación libre les defendía de las misiones demasiado temerarias, en que se expusiesen sus vidas inútilmente: «*Los soldados damos nuestra vida si es necesario, pero no somos despojos del Hades*». En definitiva, aquello fue un gran logro en sus derechos.

En las *Comitia Centuriata* posteriores de los romanos se elegían los cónsules (jefes militares) una vez al año, y es muy posible que eso remonte a los atlantes, es decir, era una votación de carácter militar con vistas a mantener el orden en la tropa, y para la elección de oficiales. Y luego, más tarde todavía, en la Roma republicana del 509 a. C., acabarán estos comicios adoptando un carácter político muy marcado y principal, cuando se amplíe su asamblea a toda la población; fue como en la Democracia ateniense de Clístenes (508 a. C.), pero ocurrió un año antes, y no solamente votaban los cabezas de familia, sino todos los ciudadanos varones. Iban por delante sin duda; y si los romanos eliminaron en ese momento la figura del rey, en Atenas los imitaron eliminando a los tiranos.

Por su lado, las *Comitia Curiata* eran las del senado, la Curia, y se elegían en ellas los magistrados y decisiones importantes. Si tenemos que retroceder a tiempos atlantes éstas serían las asambleas políticas pertinentes. Estarían configuradas por nobles, cada uno de ellos representando a una parte de la población. Este senado solía reunirse con el rey, y cada uno de los Diez Reinos debía tener su propia curia (corro) alrededor de su rey. Así, si el Cónclave era para el imperio, estas otras Curias eran de los reinos.

Salón del Trono en Almoloya (Moloia) y en Knossos (Fig. 44); el de la izquierda es español pero muestra las mismas características, pedestal para un trono, banco corrido por las paredes para los asistentes y hoguera sagrada en el centro. Lugares perfectos para la Comitia Curiata.

Aquí podríamos entrar a discutir la etimología de Curia, ya que como en el caso de los centauros se han creado explicaciones indoeuropeas erróneas. Pero con seguridad procede del dios Aker (Poseidón en su versión de Titán, es decir, el Dragón), porque es la Serpiente del mundo, que se muerde la cola y tiene forma de anillo. Por eso, Aker da lugar a *Corro*, *Círculo*, y todas estas cosas. Alrededor del rey había siempre una Curia, y eso se escribía con T marbuta, o sea, KR-T, y sonaba «corte». De modo que la Curia era la Corte, y los miembros que la integraban se llamaban Curetes (Κουρῆτες).

Estos Curetes fueron convertidos en monstruos por los helenos, lo mismo que los centauros, pero nada más eran los poderosos del reino. Se reunían en salones que siempre tenían un banco corrido para hacer un corro (curia) en el que poder hablar todos juntos y hacer las votaciones. Eran lo más parecido a un senador, pero cada uno de ellos tenía su propio reino (país) dentro de los Reinos Sagrados. Es curioso que los romanos conservaran la palabra, así como la de centauro. Porque si nos fijamos, ni las *Comitia Centuriata* (militares) ni las *Comitia Curiata* (políticas) dependían ya en tiempos romanos de las instituciones propiamente atlantes, esto es, ni de centurias militares ni de curetes (reyes menores). ¿A qué se debía, entonces, el que tuviesen tales nombres? La única opción que hay para explicarlo es la tradición atlante, por lo tanto ya tenemos prueba, esto es demostrativo y nos afirma que en efecto existió la Timocracia atlante; la cual, además se utilizaba a muchos niveles, tanto en el Cónclave imperial como en Curias de los Reinos, y asimismo en los ejércitos (*Centuriata*). Seguramente, también lo hacían en las ciudades —polis—, porque era su sistema.

Los atlantes estaban acostumbrados a alzar sus manos y a votar para todo. Por eso eran la sociedad más avanzada de la Edad Arcana (3400-1200 a. C.), ni en Egipto, la Hélade, ni entre los cimmerios, Asiria, no había nadie parecido. ¿Podemos imaginar una *Ekklesía* (Fig. 41) llena de ciudadanos votando cuestiones políticas en Egipto? En absoluto, allí el sistema era piramidal, monárquico, y todas las decisiones iban de arriba a abajo. Por eso se pasaron los egipcios tres milenios construyendo monumentos grandiosos para sus faraones, sin otra ocupación. No es que fuera la vida cruel en Egipto, pero era mucho menos libre.

Por eso fueron los atlantes, y no los egipcios, quienes crearon un imperio universal. Un imperio el cual Roma después volverá a reconstruir. El legislador Solón conocía buena parte de lo que estamos diciendo, y a él le importaba mucho el tema de la libertad, no en vano su primera medida política como arconte había sido la Σεισάχθεια (*Seisáchtheia* «descarga»), para condonar la esclavitud por deudas y devolver así a muchos ciudadanos su libertad. Incluso prohibió que se volviesen a adeudar los ciudadanos con su persona. En esta y otras medidas que tomó, Solón revolucionó a la sociedad ateniense, y la convirtió en una sociedad avanzada para la época; sobre esta opinión están de acuerdo casi todos los historiadores.

Pensémoslo un momento, ¿qué había en Atenas antes de Solón? A partir del Cataclismo y la muerte de Kodros (1069 a. C.) habían empezado los arcontes perpetuos, su diferencia con los reyes es que no había un linaje sagrado, era una monarquía electa, y el organismo encargado de ponerse de acuerdo en su elección era el Ἄρειος Πάγος (Areópago) que era un consejo de nobles. Por lo tanto, aquel sistema mantuvo la monarquía mucho tiempo; pero al ir reduciendo la duración de los arcontados, que dejaron de ser vitalicios para ser decenales en el 753 a. C., se le empezó a dar mucha importancia al tema de la elección.

A partir de entonces se puede considerar que el sistema era una Oligarquía, donde las familias eupátridas se repartían el poder más a menudo. Iban rotando sucesivamente entre ellas el arcontado (la jefatura). Y a partir del 683 a. C. fueron arcontados anuales, de modo que se pasaban el día discutiendo en el Areópago y era el organismo político más importante.

Los clanes familiares más pudientes acabaron creando sus facciones políticas, las ἑταιρεῖαι («amistades»); una la de Milcíades, arconte del 664 a. C., que era llamada los Filaidas y remontaba a Fileo, hijo de Áyax; y aún antes, a Éaco el de los mirmidones. Llevaban allí desde tiempos micénicos. Pues bien, los Milcíades posteriores (el llamado Viejo y el Joven) debieron ser sus descendientes, porque seguramente Milcíades el Viejo, hijo de Cipselo, era el nieto de este otro Milcíades del 664 a. C. A su vez Cipselo fue arconte en el 597 a. C., poco antes de Solón. Toda esta facción de los Filaidas fueron oligárquicos y siempre defendieron la Oligarquía. Otra familia fueron los Drópidas, y hay un arconte Drópides del 645 a. C., el cual debió ser padre de un arconte llamado Critias del 600 a. C. (ocupó el cargo ya muy mayor), quien a su vez fue padre del joven Drópida que acompañó a Solón en su viaje. Además, este último, a pesar de su juventud fue también arconte en el 593-592 a. C., por eso el viaje de Solón debió empezar en el 592 a. C. ya que Drópida lo acompañó. Esta familia, en definitiva, eran parientes de los Nélidas (Códridas) de Solón y defendían también la timocracia del legislador.

Por eso eran tan buenos amigos. Y su hijo se llamará de nuevo Critias (el niño rubio) y luego el nieto de este último volverá a llamarse Critias que es el del diálogo de Platón. Iban alternando el nombre de Drópides y Critias de generación en generación. Y no podían abandonar esos nombres porque representaban a la facción familiar. Y habría pues más familias reconocibles así, fácil es identificar la de los Megáclidas, que ya ocupaban el puesto de arconte perpetuo con el Megacles del 922 a. C. Pero este clan se volvió a favor de la timocracia cuando el arconte Megacles (nombre familiar) del 632 a. C. tuvo que enfrentarse al golpe de estado que dio Cilón para convertirse en tirano. Desde ese momento en Atenas se reaccionó para eliminar el peligroso sistema oligárquico.

Los Filaidas gobernaban el Quersoneso Tracio (el paso de Troya hacia el Mar Negro) desde las guerras homéricas, y ejercían allí un control tiránico que les daba mucho poder, de hecho, ellos imponían su hegemonía a las colonias en el Mar Negro. La primera medida importante de la oposición (Megáclidas, Drópidas, Códridas, y otras familias) fue llamar a Dracón de Tesalia, para que impusiera un nuevo régimen político, la Timocracia, basándose seguramente en el eficaz sistema de Esparta (los dorios de origen atlante). En su arcontado, 621-620 a. C., el legislador Dracón impuso unas leyes muy severas, las *Leyes Draconianas*, cuyo principal objetivo era devolver el orden y detener la escalada de asesinatos entre las distintas familias. Las penas contra el homicidio y las venganzas fueron durísimas. Y para quitarle a los nobles del Areópago —el arconte de turno— la facultad de juzgar arbitrariamente, recopiló y publicó las leyes existentes. Aquella pudo ser en efecto la primera codificación en Atenas, pero no fue la primera de Grecia, pues Licurgo de Esparta, 760-680 a. C., ya las tenía publicadas.

En cualquier caso las leyes se pusieron por encima del Areópago, y para evitar que las propias leyes dependiesen de ese organismo, instituyó la Boulé (Βουλή). La Boulé era un senado, se inspiraba en la Gerousía de Esparta, cuyo nombre viene de Γέρων (*Géron* «viejo»), pues Aker es el dios del tiempo, y se le representaba de anciano. ¿Recordamos aquellos reyes atlantes con luengas barbas (Fig. 5)? Sin embargo este mismo lexema nombraba al rey Gerión porque Aker es igualmente Poseidón (3º tetramorfo), y no le estaban llamando «viejo» al rey tartesso, de hecho, murió joven. Sirva este ejemplo para entender que esto no viene de una supuesta raíz indoeuropea *$g\alpha ra$ «envejecer», la cual, ha sido inventada sólo para dar una etimología. En realidad procede de una divinidad occidental que podía dar lugar a varios significados. Lo mismo pasa con Boulé, está relacionada efectivamente a la «voluntad» pero es a través del dios Apolo, y le ocurre así también a la Polis. En los primitivos tiempos de la Atlántida un rey con título de Apolo era el que gobernada una ciudad (Polis).

El hecho de que tanto Boulé como Gerusía pierdan la vocal inicial A significa que eran palabras usadas ya así en tiempos de la Atlántida, pues en la *Lengua de Agenor* esa vocal inicial se ponía sólo si el nombre se aplicaba a una persona. Por lo tanto, *Boulé* (Bulé), que es una cosa, era el nombre genérico de los senados municipales, mientras que *Gerousía* podía ser sólo el nombre específico de la boulé de Esparta. O también, un nombre para los senados más importantes, los de un reino, pues Aker (Poseidón) era el título de esta clase de reyes. *Gerusía* podía referir a la vejez de los senadores o al corro (KR) que formaban alrededor de Poseidón, pero sobretodo refería al propio dios (Aker).

Las leyes municipales que emanaban de una Boulé se llamaban *Bulas* por ese motivo. Y la propia *Ley* con lexema L procede del dios El (L) que era otro título del mismo dios Aker. Por eso una Ley estaba por encima de una Bula. Es que es lógico, y por ello, los espartanos iban con la Lambda (una L) en sus escudos, pues era un símbolo del dios El (Poseidón).

Hoplitas espartanos con la Lambda en el escudo (Fig. 45); el uso de esta letra (Λ) se debía a su significado, pues el dios El (L) era el propio Poseidón, en su versión telúrica. Al ser los dorios de procedencia atlante es normal que usasen este símbolo, y también la crin de caballo (Apolo) en sus cascos, una crin que ya se usaba en tiempos de las Invasiones Dorias por los TRS y libios. De su origen atlante derivaba su odio a Atenas.

Con ello indicaban que ellos estaban al mando de todas las ciudades atlantes de Grecia, pues su senado era la Gerousía y ellos portaban la Lambda de la Ley. Todo esto fue muy cierto con la invasión doria, y durante toda la Época Preclásica (800-600 a. C.) la ciudad de Esparta estuvo también en la vanguardia cultural de Grecia, ya sea en la literatura, la filosofía o la ciencia. Sólo empezarán a ser adelantados por Atenas a partir de las reformas de Solón, precisamente las suyas. Pero ya antes, Dracón en el 621 a. C. estaba modernizándolos. En primer lugar adoptó la Boulé como decimos, y sus miembros llamados Bouleutas tenían el mismo honor que los Gerontes de la Gerousía espartana, esto es, honras senatoriales. Se reservaba sólo a los hombres más dignos, y en Esparta eran unos

300 lo mismo que en el senado romano, porque ese número tenía una significación especial con los atlantes. Aunque para facilitar se agrupaban en 30 curias, asimismo en la Gerousía, los 300 equivalían a 30 votos que hacía un representante.

La primera Boulé de Atenas debió tener por imitación unos 300 también, y esta institución se ocupó en adelante de promulgar las leyes, de esta manera se separó el poder legislativo del ejecutivo en Atenas. Lo más parecido que hasta entonces habían tenido los atenienses era el Consejo del Areópago, el cual perdió entonces su más importante función (aunque seguían eligiendo a los arcontes).

Al parecer, la elección de los Bouleutas se hacía entre los ciudadanos más ricos de la ciudad, pero ya no tenían porqué ser necesariamente nobles de las antiguas familias, supuso un avance democratizador frente a la Oligarquía. Muchos comerciantes y artesanos pudieron entrar en la Boulé, y desde ella actuar contra los abusos de los poderosos. Otra institución que fundó Dracón, si es que no estaba ya, es el Pritaneo (Fig. 39), porque para Dracón era muy importante separar la justicia pública, única posible, de la privada. El estado era ya únicamente el que tenía derecho de administrar justicia y penar los crímenes. Ese estado necesitaba una sede, y fue el Pritaneo (Πρυτανεῖον). En esto también vemos una clara copia de Licurgo, porque el nombre proviene de un rey de Esparta, llamado Pritanis, 930-900 a. C., de la familia de los Euripóntidas, que fue contemporáneo de Hispán en España.

La idea de una sede oficial para el estado nace curiosamente de los acontecimientos olvidados que ocurrieron por esas fechas en España. Al menos eso es lo que el contexto obliga a pensar (pues primitivamente era el rey-dios). El Imperio Fenicio se había hecho mediante matrimonios acreedor de la corona tartesia —la boda de Beleazarus—, pero ante el criterio de los linajes sagrados, donde la Corona Roja fenicia conservaba el suyo, la rebelión de Hispán (920 a. C.) supuso una ruptura y la afirmación de que era más importante el suelo, el lugar, que no el linaje. Por eso reclamaba Hispán la supremacía o al menos la independencia de Tartessos.

Es decir, los occidentales no aceptaban ser vasallos de los fenicios, cuando toda la vida, durante milenios, habían sido los señores. Su separación supuso el inicio de la Guerra Fenicio-Tartésica, y como los espartanos dorios de Morea (Peloponeso) eran de origen tartesio, pues hicieron suyas las nuevas directrices políticas. El rey Pritanis fue el primero en instituir el Pritaneion (Pritaneo), en

Esparta, que era la sede del estado; se simbolizada por la llama de Hestia (Vesta), diosa del Olimpo que encarnaba el hogar, la propia noción de centro religioso de la mansión divina. Es decir, la encarnación divina de la Ciudad como hogar, pero un hogar muy especial, la sede de un imperio.

Significa que Pritanis aprovechó para independizarse a su vez, en el 920 a. C., y considerar que no había nadie por encima de él. Aunque también es posible que ocurriese un poco más tarde, hacia el 910 a. C., cuando las invasiones celtas de España alarmaron a todo el mundo. Muchos consideraron que Tartessos ya no representaba un poder imperial, y por eso estos independentismos comienzan ahora. ¿Voy a estar bajo la autoridad de Tartessos cuando yo en el Egeo soy señor de más tierras y dominios? Por eso las crónicas mencionan que Pritanis comenzó la guerra contra los argivos, que con él comenzó la enemistad entre lacedemonios y atenienses. Eso no es así, pero refleja que el rey espartano reinició las hostilidades conquistando parte de la Argólida, en una guerra que había quedado aplazada desde el siglo anterior con el Cataclismo.

A su vez, su independencia marca el camino hacia una identidad griega nacional, que se consumará por fin en la Anfictionía del 776 a. C. (las primeras Olimpiadas).

Todo eso, y es muy importante, es lo que representaba el Pritaneion, por eso Dracón en Atenas, otra ciudad que tenía su propio imperio, instauró a su vez un Pritaneion, en el lugar donde poco después y con intenciones Pisístrato construirá su palacio. El propio sobrenombre de Dracón hace mención al dios Dragón (el titán de Poseidón), y, o mucho nos equivocamos o se lo pusieron así precisamente por estar copiando las leyes de Esparta, los de la Lambda. Esas leyes lacedemonias reflejaban en gran medida instituciones atlantes, lo iremos viendo. De momento, Dracón hizo una gran aportación al fundar instituciones timocráticas en Atenas (la Boulé funcionaba por votos) y limitar la Oligarquía. Y como vemos, hasta entonces Atenas tan sólo había tenido una monarquía electa sin linaje, corrompida en un intercambio continuo de familias.

Junto al anterior Areópago y los santuarios (en la Acrópolis se guardaba el Tesoro público), la ciudad se dotó de Leyes escritas, Boulé, Pritaneion, y una clasificación social basada en la riqueza y no solamente en la nobleza. La cual era muy eficaz porque permitía la libertad de participar en la política a cualquiera que se enriqueciese, y los cargos militares así como las levas militares se podían basar en ella. Fueron grandes logros los de Dracón, y los ciudadanos atenienses llegaron a quererle. Una vez casi lo asfixian en la Boulé del ágora, aplastándolo entre todos cuando en una acogida festiva le tiraron por encima sus mantos y sombreros. Se quedó el anciano tumbado muy quieto, debajo de todo el montón de mantos, y pensaron que había muerto.

Pero su arcontado terminó (620 a. C.) y los problemas empezaron muy pronto, porque había instituido unas leyes muy severas que ajusticiaban con la muerte cualquier incidente, por lo que la gente empezó a odiarle. ¿Quién no ha robado alguna vez una fanega de trigo? ¿Quién no se ha vengado de otro dándole una cuchillada? ¿Hay alguno que no haya conculcado nunca una ley? Y cuando las severas leyes de Dracón los ajusticiaban sus familiares nunca se lo perdonaban, pronto el legislador fue muy odiado. Se tuvo incluso que marchar, se exilió a la isla de Egina.

El Senado de Roma con sus trescientos senadores (Fig. 46); el modo en que funcionaba era muy parecido a los senados de Cartago y Tartessos, pues las tres culturas occidentales procedían de Atlantis. A menudo las curias romanas fueron un edificio rectangular, pero el ideal era un círculo tal como vemos aquí, formando pequeños teatros, incluso las basílicas de los senados municipales tenían ábsides circulares, y todo esto era una clara reminiscencia de los anillos sagrados del Olimpo.

Por esos mismos años, Solón era joven, y es sabido que realizó muchos viajes comerciales en esa etapa de su vida. ¿Adónde fue? Más que por ganar dinero lo hacía para aprender, Plutarco nos lo llega a decir: «*Por el contrario algunos afirman que los viajes de Solón tenían como objeto adquirir experiencia y ampliar su cultura más que el enriquecerse*» (Vidas Paralelas, Gredos). Pero no se nos dice nunca adónde en concreto, es una incógnita; bien pensado, es muy posible que si de mayor hizo un viaje minucioso de diez años recorriendo todo el Mediterráneo oriental, pues que de joven recorriese aguas del Occidente. Sus viajes juveniles seguramente pasaron por Sicilia y Cartago, ciudad fenicia que desde el 615 a. C. se dotó de un senado muy moderno, y dominaba un imperio sin reyes, pero tampoco arcontes, no tenía un jefe supremo.

Para Solón eso era muy interesante, y sus reformas en Atenas luego van a imitar el modelo cartaginés. Una de las cosas que parece que copió es la figura de los Sufetes, es decir, varios magistrados a la vez del mismo rango elegidos por el senado para realizar las tareas ejecutivas, y en especial dirigir las guerras. Solón ideará el Estrategeion, con magistrados llamados Estrategas (*Strategoi*), los cuales acabarán siendo diez, uno por tribu. Pero seguramente al principio imitó la dualidad cartaginesa, que a su vez provenía de los Reyes Gemelos atlantes (lo mismo que los dos reyes de Esparta). Otra cosa que vio fue la Biblioteca, pues los fenicios se habían llevado allí buena parte de los libros de Biblos. Solón imitará esta institución con un archivo histórico oficial en el Templo de Rea, en el ágora, que como es la madre de los dioses —esposa de Cronos— era llamado Μητρῷον (*Metroon* «el de la madre»).

Este edificio fue reconstruido y ampliado en el 509 a. C., pues Clístenes quiso mantener todo lo que hizo Solón, aunque los persas destruyeron el *Metroon*, y el archivo luego acabó siendo tan grande que ocupó el antiguo edificio de la Boulé entero, que pasó a llamarse también *Metroon* porque ya era el archivo. Pero obligó a construir otro Bouleterion al lado del primero, ya en el 415 a. C.

Aunque lo que más influyó en el legislador Solón fue el funcionamiento del Senado Cartaginés, el cual no tenía un jefe al mando, representaba a toda la sociedad por votación popular de sus miembros, y ejecutaba sus labores de gobierno también por votación —era muy parecido a lo que había en Roma y en Tartessos—. De modo que no solamente la legislación sino también el gobierno se podía hacer así. Cuando regresó Solón a Atenas, hacia el 600 a. C., tenía en mente estas ideas, y la situación se estaba volviendo caótica en la capital del Ática por la dureza de las leyes de Dracón. Los oligarcas, aquellos de la facción de los Filaidas, querían derogarlas, pero toda la población plebeya no estaba dispuesta a consentir eso, perdiendo ellos otra vez sus derechos. La confrontación era enorme porque ambas partes se quejaban de injusticias, y además Atenas estaba comprometida en la 1º Guerra Sagrada (600-595 a. C.), la de Crisa; empeorado todo así, estaba a punto de estallar una guerra por sus calles, en especial entre los conjurados de Cilón contra los Megáclidas. Estos últimos hicieron una matanza entre los primeros y corrían las represalias.

En esa situación, fue llamado Epiménides de Knossos, año 596 a. C., era otro de los 7 Sabios de Grecia; legendario, se contaba que había pasado 57 años durmiendo en una cueva. En realidad se había pasado todo ese tiempo de anacoreta en la Cueva de los Curetes de Creta, la actual cueva de Dicte (la antigua *Dicteo Andro*), y era un hombre inspirado por los dioses. En esa cueva se ha encontrado junto a la entrada un observatorio astronómico, de modo que es posible que Epiménides estudiara las estrellas. Pero cuando le preguntaban qué había hecho tanto tiempo en la montaña, él respondía: «*he estado durmiendo*».

Si a la sazón consideramos que empezó con quince años a dormir, pues desapareció cuando su padre lo envío a por una oveja, y luego durmió 57, tenía al menos 72 años cuando acudió a Atenas, había nacido hacia el 668 a. C., era por lo tanto uno de los más ancianos entre los 7 Sabios. Lo creían hijo de una ninfa llamada Blaste y nuevo Curete. Fijémonos en la expresión, «*nuevo Curete*», es porque se trataba de cargos cortesanos, y podían volver a aparecer. Se dice que un oráculo de Delfos aconsejó llamarlo, y eso nos hace pensar en Solón que había estado luchando en Delfos durante la Guerra Sagrada. Lo que hizo Epiménides en la ciudad de Teseo fue aconsejar y hacerse amigo de Solón, marcándole lo que debía hacer para su legislación. El cretense era de Gnosa pero también se le llamaba como «de Knossos», lo cual nos indica que Knossos, la famosa ciudad del rey Minos, aún se conocía, y no en vano la leyenda afirmaba que: «*el mayor tesoro de la Atlántida era el Conocimiento*», es decir, era Knossos (en griego el nombre Γνῶσσις o Γνῶσις significa «ciencia», «conocimiento»).

Es un proverbio que se repetía entre las gentes, pero asocia la Atlántida a los minoicos, tal como ya sabíamos, y significa además que antaño ese palacio se consideró una maravilla de la ciencia, y que los atlantes estuvieron orgullosos de él. Nos indica asimismo que sus ciencias políticas o astronómicas podían ser la causa de su mayor estima. Epiménides, nuevo Curete de linaje dorio, que se dejaba el pelo largo como los arcanos atlantes —y los espartanos— hizo que los atenienses volviesen a respetar las fiestas religiosas, pidió a las plañideras de los funerales que no exagerasen, e inició en los misterios orgiásticos a la ciudadanía. También, para expiar los crímenes y detener la peste, les hizo soltar en el Areópago ovejas blancas y negras, mandó que las sacrificasen allá donde cada una se acostase, dedicándola al dios más vecino. Pues parece que funcionó la medida pero desde entonces en muchos lugares de los alrededores de la ciudad quedaron aras sin nombre, porque no se conocía dios alguno en esos sitios.

La causa de la peste fue achacada a la maldad de Cilón y sus secuaces los cilonianos. De esta manera todo se arregló y todos se calmaron, los atenienses agradecidos le dieron un talento y una nave para su regreso a Creta, pero el anciano Curete sólo aceptó la nave.

Bien, hasta aquí parece un asunto religioso pero este hombre escribió 5000 versos sobre las genealogías de los curetes y coribantes (tema atlante). Escribió en prosa sobre los sacrificios y el Reino de Creta, lo que le convierte en el primero que usó la prosa, pues como vemos, es anterior a Solón, a Anaximandro y a Ferécides. Seguramente porque al ser hombre sagrado no sufría merma por hacerlo, y su propia producción en verso era enorme: llegó a dedicar 4000 versos a Minos y Radamanto. Escribió obras teatrales e incluso las *Leyes de Creta*, influyó en todos los intereses de Solón, y le ayudó a planear su nueva constitución.

Porque si bien Solón era atlante de raza (un Nélida) era ante todo un ateniense que vivía en una ciudad hasta entonces ajena a las costumbres occidentales. Por el contrario, el anciano Curete era un dorio de pura cepa que conservaba las tradiciones; por desgracia, toda su obra escrita, porque estaba en idioma dorio, se perdió.

Las tres diosas Erinias eran llamadas Euménides (Fig. 47); eran hijas de Urano (atlantes), tenían serpientes en el cabello, a veces alas, y su mansión era la Tiniebla de los Infiernos, en el fondo del Tártaro.

Epiménides fue el primero que fundó templos a modo de cenotafios, sin necesidad de una tumba con el muerto. En Atenas fundó un templo dedicado a las Euménides, las tres diosas encargadas de castigar la *Hybris* («soberbia»), el cual se situó en la colina del oeste de la ciudad, conocida desde entonces como *Colina de las Ninfas*, por este templo, el Ninfeion. Allí se levantó precisamente el Teatro del Pnyx, primera tribuna (*Bema*) para hablar a todos (Fig. 41). De modo que sí es cierto que Epiménides comenzó el proceso antes, lo que ocurre es que dejó en manos de Solón la composición por escrito de la constitución. Y fundó dos altares asociados, uno a Contumela («insolencia») y otro a la Impudicia. Así nos lo narran Plutarco y otros autores, les brindó el modo de expiar sus culpas, regresando a Creta cuando quedaron dóciles y listos para la concordia.

El nombre verdadero de este sabio era Eaco, por lo que *Epiménides* debe ponerse en relación a las Euménides, las cuales eran las «bondadosas», pero literalmente su nombre decía: «buenas Ménades». Por lo tanto, Epi- es otro prefijo e indica que Eaco es el que va detrás, o «sobre» las Ménades, ya que ellas están en genitivo. En definitiva, se ganó su apodo por su magistral intervención en Atenas, avisándoles de que la soberbia era su peor enemigo.

Ahora prestemos atención a las propias Ménades, se trataba de tres diosas del cortejo de Dionisio (el Toro), el dios de los tracios y frigios. Habremos de considerar a ambos pueblos atlantes, con los frigios ya lo sabíamos. Las Bacantes eran las posteriores mujeres de los templos (ninfas), en concreto las que imitaban a las Ménades, y su culto era orgiástico, debido a que Dionisio es el dios de la fecundidad. Y su símbolo era el *Thyrsus* (TRS), el cetro del dios. Y como TRS ya sabemos que menciona a los Tirsenos del Reino de Tartessos, nos indica que éste era el cetro de los reyes tartessos. De modo que es verdad también que Epiménides inició en los misterios orgiásticos (atlantes) a los atenienses, pues en caso contrario él mismo no tendría su sobrenombre, ni existiría el Ninfeion, un templo de culto a Dionisio (dios tracio o frigio —atlante— pero en definitiva ajeno a los helenos). Y es muy interesante que las Ménades, las servidoras de Dionisio (el Toro es Hades, 2º tetramorfo) sean igualmente las encargadas de los castigos del Infierno, y se las represente con Serpientes (Fig. 47), ya que las serpientes eran las almas del Infierno y del Tártaro.

Nos obliga a considerar que *Tártaro* está efectivamente relacionado con Tartessos. Y si recordamos Ophiussa, ese era un «*Reino de Serpientes*» en las descripciones de los geógrafos, lo mismo que

Lemuria en los mitos. Todo está muy relacionado y tiene mucho sentido, se parecen a las Gorgonas pero no son las mismas, ahora estamos hablando del Tártaro y del Infierno, el Hades y su reino del Inframundo poblado de serpientes (difuntos). El hecho de que sean tres nos indica seguramente los tres reinos del Infierno, es decir: Tartessos, Lemuria y Oestrymnia.

Al mismo tiempo quizás esté relacionado con esos 300 senadores, o 300 soldados de Leónidas, o 300 lo que sea, que se repiten una y otra vez, parece un número que existía en Atlantis. Y derivaría de estos tres reinos.

Las Doble Corona de la Atlántida (Fig. 48); se componía de una Corona Azul que miraba al Océano, la muerte del Sol, y una Corona Roja que miraba al Mediterráneo, el nacimiento solar. La primera era el Reino de las Sirenas, y se formaba por Oestrymnia, Lemuria y Tartessos. En tanto que la segunda era el hogar de las Gorgonas: Libia e Iberia.

En tiempos de Epiménides y Solón la Atlántida ya no existía, pero la cultura de la Atlántida permanecía, era la única que habían heredado y no tenían otra. Es realmente ridículo pensar que Solón se inventó de la noche a la mañana la Democracia, o la Timocracia, así no es. Y los griegos en general, al proceder de Occidente, al ser España ese origen mítico de los griegos, pues lo más seguro es que sus mitos hagan referencia a cosas de España. Toda su mitología más antigua se había gestado primero en España, en especial cuando se hable de dioses primitivos.

No obstante a todo lo dicho, Medusa era claramente una reina de la Corona Roja, ya que su hijo Crisaor sólo era el consorte de la oceánide Calírroe (Fig. 34), y como las Gorgonas también son tres, y en la Corona Roja sólo había dos reinos (Libia e Iberia), hemos de matizar que sobretodo era una distinción teológica. Las Moiras son tres no porque haya tres reinos en la Corona Azul, las Euménides son tres, y casi siempre van a ser tres, pero es porque los dioses, sean cuales fuere, siempre eran triples debido al Trimegisto del panteón. Poco a poco lo iremos viendo, eso es un asunto de ontología; de momento es claro que Epiménides era un dorio de Creta que compartía con los frigios y tracios los cultos orgiásticos de Dionisio, y la única razón que puede explicar ese hecho es un imperio que los abarcase a todos. Pero a partir de la independencia (Pritanis, 910 a. C.) y la unión entre griegos y helenos (Anfictionía, 776 a. C.), pues los helenos hicieron suya toda la cultura atlante.

Muy pronto, serán los atenienses los defensores de santuarios como Delfos (porque era sede de la Anfictionía), que primitivamente habían sido atlantes. La Guerra de Crisa, 600-595 a. C., es ya un ejemplo, y es también el inicio del menosprecio a los antiguos dioses; los crisios estaban peleados con sus vecinos los delfios pero jamás hubieran hecho el sacrilegio de saquear el santuario y atacar a sus peregrinos si no fuese por el nuevo orden de cosas: ya no se creía en los antiguos dioses. Es decir, sólo si piensas que el dios es falso no te dará miedo saquearlo, ya que ahora piensas que no te va a hacer nada. ¿A qué se debía eso? Desde el año 1000 a. C. se estaba difundiendo el Orfismo, se propagó con el Imperio Fenicio, y suponía la negación explícita de que los dioses se encarnasen en humanos.

Para los órficos, la vida humana en sí era una expiación de faltas, el hecho de haber nacido humano significaba albergar pecado. Por lo tanto, ninguna persona podía ser un dios, los cuales estaban por definición exentos de pecado. Fueron los fenicios quienes propagaron esta nueva religión por todas partes, incluida Grecia. Por lo tanto, las viejas creencias estaban en decadencia y a partir del 800 a. C. empezaron a tambalearse. De hecho, esa circunstancia coincide con la generalización del teatro con diritambos, el cual ya no era sagrado sino un simple espectáculo. Ahora eso de venir al mundo y ser convertido en seres de carne y hueso era un castigo, una humillación del espíritu, la carne era indicio de pecado.

El Cataclismo pudo influir mucho en estas nuevas opiniones, ya que se había castigado al linaje más alto de todos, demostrándose así que no eran nada. De este modo los viejos santuarios empezaban a ser asaltados por gentes normalmente vulgares pero que ya no temían a esos dioses «falsos» del pasado.

La situación se volvió muy peligrosa para la Atlántida y para cualquier noticia primitiva, ya que los templos solían ser tumbas y eran los únicos lugares donde se conservaban los recuerdos, escritos en tablillas. Pero ahora no se respetaba ni se temía a esos dioses, ya no eran «dioses», y los más desaprensivos se dedicaban a asaltar sus tesoros; esos templos solían estar llenos de ofrendas valiosas, aunque de paso, lo quemaban todo y lo destruían.

La Guerra de Crisa fue por la destrucción de Delfos (Fig. 49); los crisios enemistados con los delfios incendiaron el santuario y saquearon todos sus tesoros. Los miembros de la Anfictionía, capitaneados por Atenas, juraron destruir en venganza a Crisa, tal como sucedió. Se perdieron también los santuarios crisios, y en general, la nueva costumbre de quemar los santuarios será la peor plaga de la Edad Antigua.

Pero a Atenas no le interesaba para nada que Delfos fuese destruida porque era la sede de la Anfictionía, y esa alianza política era imprescindible para ella. Fue creada durante las invasiones de los odrisios (bárbaros del norte) para poder resistirles entre todos los griegos y helenos, pero desde entonces le otorgó a Atenas una hegemonía política más amplia que solo entre los helenos, y no estaban dispuestos a perderla. La destrucción del santuario significaría que la Anfictionía estaba maldita, y eso no les convenía. Así que, junto a Sición, los corintios, y otros, defendieron Delfos, y pagaron su reconstrucción. Por lo tanto, un viejo Curete como Epiménides, creyente y devoto todavía de los antiguos dioses, debió agradecer mucho a los atenienses el gesto, y estuvo dispuesto a ayudarles y a enseñarles los sagrados arcanos (τὸ ἀρχαῖον) así como las leyes dorias de Creta. Decidió por ello ayudar a Solón.

De joven, nada más tenía Solón tenía 17 años cuando sucedieron las reformas de Dracón (621 a. C.), luego se marchó a ver mundo; seguramente comerció en Sicilia y Cartago, donde conoció modelos aún mejores. Después, peleando en la Guerra de Crisa, ya era por su inteligencia uno de los jefes atenienses. Tenía 38 años en el 600 a. C., y suya fue la idea de envenenar el agua de los crisios, con elébora, causándoles la derrota. Antes incluso de terminar aquél conflicto, en el 596 a. C., decidió llamar, o invocar, a Epiménides usando el Oráculo (siempre fue hábil para sacar lo que quería de la gente), y en efecto Epiménides acudió y les dio sus enseñanzas, poniéndole a él en la senda de lo que debía hacer. Por supuesto Solón lo hizo, y el cretense insistió tanto en que respetasen las fiestas religiosas porque todo aquel problema nacía del descrédito de los dioses arcanos. Debió volver a Creta en el 595 o en el 594 a. C. Es decir, ya cuando empieza el arcontado de Solón, cuya celebridad hizo que acudiesen a conocerlo gentes como Anacarsis Escita, un príncipe ucraniano, quien será contado también como uno de los 7 Sabios.

El extranjero le decía a Solón que las leyes que estaba componiendo —con las ideas de Epiménides— sólo serían obedecidas mientras le conviniese a la gente, pero que en caso de no ser así, a lo escrito con letras le pasaría como a telas de araña, que de los que caen aprisionan a los débiles y pequeños, pero son rotas por los poderosos y ricos. Plutarco, que nos lo cuenta, daba la razón a Anacarsis, aunque la respuesta de Solón es muy interesante:

> *«los hombres respetan los pactos cuando para ninguna de las dos partes contratantes es ventajoso violarlos y que él estaba ajustando las leyes a los ciudadanos de tal modo que a todos les demostraba que era mejor actuar con justicia que en contra de la ley»* (V. Paralelas, Gredos).

Sus intenciones eran un ideal maravilloso que ni siquiera en la actualidad se ha logrado. Lo interpretaba además a través de lo que la Atlántida había llegado a ser, y que él deseaba volver a ser. Aristóteles nos cuenta que la decisión de defender Delfos fue suya, es aquí donde comenzó el gran prestigio de Solón (lo dice Plutarco), y un oráculo del propio santuario, quizás como recompensa, lo eligió para hacer las nuevas leyes de Atenas. Epiménides le ayudó, fue muy admirado el cretense, y se marchó pidiendo tan sólo una rama del olivo sagrado de Atenea. Queda por saber qué parte de la reforma de Solón son ideas de Epiménides, y lo curioso es que a este último le achacaron ser uno de los fundadores del Orfismo. Por supuesto eso es una noticia trasnochada, pero está claro que el Orfismo tuvo mucho que ver con la Guerra Sagrada.

En la reforma efectuada, lo primero fue eliminar los esclavos con la Σεισάχθεια (*Seisáchtheia* «descarga»), que perdonó las deudas como ya dijimos; muchos ciudadanos recuperaron su libertad. A continuación suavizó las leyes de Dracón, en especial las penas ante los delitos, además, le dio la ciudadanía a las clases más bajas, prácticamente a todos salvo los Metecos (extranjeros) y Doulos (esclavos). Fijémonos que en Atenas, la palabra para «esclavo» es el lexema TL (Δοῦλος *Doulos*), porque desde tiempos micénicos sus esclavos eran sus enemigos los atlantes (Thulios).

En cualquier caso, en esa ciudadanía general se alejó de la legislación espartana, y la intención era precisamente para que nadie quisiera saltarse la ley (hagamos buenas leyes, para tener *«hombres buenos»*). Desde luego no pudo quitar todos los esclavos porque los prisioneros de guerra, criminales y delincuentes recibían esa condición para poder controlarlos. Pero todas esas gentes normales que eran esclavizadas económicamente, eso lo consideró inaceptable. Para poder llevar la ciudadanía a todos, con los derechos que eso suponía, estableció una clasificación social con cuatro grados: Pentacosiomedimnos, los cuales ingresaban más de 500 medimnos, los Hippeis de 300 medimnos, Zeugitas de 200, y Tetes con menos.

Un medimno era como una fanega, el de Atenas era una capacidad de 51 litros, igual que la fanega castellana. Estas cantidades en grano suponían que durante un año podía un Pentacosio alimentar a veinte familias. Cada uno de estos niveles tenía unas obligaciones, los Pentacosio debían armar un trirreme para la ciudad, sufragar una embajada, y ofrendar una pieza teatral. A los Hippeis sólo se les exigía participar en la guerra y llevar su caballo. Los Zeugitas podían y debían costearse el equipo de hoplita, es decir, la panoplia. Y los Tetes podían ser infantería ligera o remeros. En contraprestación se les adjudicaban derechos distintos, los Pentacosio comandaban sus propios barcos, ellos y los Hippeis tenían plenos derechos políticos, es decir, podían ser incluso arcontes (el ejecutivo). Los siguientes ya no eran nobles, o del nivel de los nobles, y por ello no podían participar en el Arcontado ni en el Areópago. Los Zeugitas podían acceder a todos los demás cargos (bouleutas, pritanos, etc), y los Tetes ya no, pero podían votar en las asambleas, salvo en la del Areópago.

Bien, toda esta parte es la que le enseñó Epiménides a Solón, porque es igual que la de Esparta, y por lo tanto la manera doria de hacerlo. Esto lo sabemos por Plutarco, pues lo llega a decir: «*No satisfizo ni a unos ni a otros, sino que desagradó a los ricos por la anulación de los contratos y más aún a los pobres porque no les hizo el reparto de tierras tal como esperaban ni los dejó del todo semejantes en medios de vida ni iguales, lo mismo que Licurgo*».

Y Licurgo, 760-680 a. C., fue el legislador de Esparta, no lo olvidemos. De este modo, lo más probable es que esta estructura fuese la espartana, y por lo tanto muy similar a la que debió ser con los atlantes; sin embargo, Solón se alejó con la *Seisáchtheia* «descarga», y con la inclusión dentro de la ciudadanía de todas las clases sociales, y no sólo los de nivel superior. Un gran logro, pero tampoco es de él, porque en esto último posiblemente estaba copiando a los cartagineses y a los romanos. Ellos también habían avanzado desde los tiempos atlantes, y Solón había conocido que su ciudadanía era general; asimismo tenían estas mismas clases sociales, por ejemplo los Patricios romanos equivalen a los Pentacosiomedimnos (palabreja inventada por Solón), y los Equites romanos son los Hippeis, etc.

Por desgracia, aunque todas estas intenciones fueron muy buenas, la evolución de la economía en la Edad Antigua estaba llevando desde el 800 a. C. a una especie de capitalismo con los esclavos, que se usaban para aumentar una producción barata y vencer así en el comercio. El comercio era lo que te enriquecía a través de un precio ventajoso, pero esa ventaja la conseguías aumentando la producción, y por tanto necesitabas muchos esclavos. El resultado es que en el siglo V a. C. había en Atenas, dentro de la población de varones adultos, 50.000 ciudadanos frente a unos 100.000 esclavos, además de 25.000 metecos (extranjeros) sin derechos. Había fábricas, por ejemplo una de escudos, con 120 esclavos confeccionándolos.

De modo que las intenciones de Solón fueron superadas por la Historia, y si a esto le añadimos además que todo lo dicho no es invento suyo, ¿qué aportación le debemos? Pues lo conjugó todo muy bien y al final acabó creando algo nuevo. Fijémonos, en segundo lugar su sistema incluyó las cosas que ya hemos visto con Cartago, el Estrategeion, que se llamó así porque lo levantaron sobre dos tumbas, una de un antiguo héroe llamado Estratego. Luego los archivos del Metroon, lo que conecta con sus estudios de genealogías; debieron ser inspirados de igual manera por Epiménides, pues recordemos que el viejo cretense, además de ser él un Curete, publicó un libro titulado *Kouréton kai Korybánton génesis*, que era de genealogías atlantes. Por lo tanto, lo más probable es que Solón se hiciese copiar esta obra de su amigo y fuese una de sus bases de conocimiento más importantes. A partir de ahí él mismo es ya un investigador de la Atlántida, y no perderá nunca el interés hacia este asunto.

Pero por último, Solón instituyó la Heliaía (Ἡλιαία), o Heliea, un Tribunal Superior de Justicia, separando de este modo el tercer poder, que dejó de depender del Areópago. Y como era una creación genuina, algo nuevo, pudo investirla de las características que había observado en Cartago. Participaban en ella 6000 Heliastas (asamblearios), que eran ciudadanos con más de treinta años de cualquiera de los cuatro grados anteriores; eran 600 por tribu, por lo que funcionaban como representación social y se escogían por sorteo. Entre ellos había 60 Dikastas (jueces) por tribu, o sea, uno de cada diez, en total seiscientos jueces. Ellos eran fijos, expertos en leyes, y asesoraban a los otros.

Este organismo fue la aportación de Solón, un gran avance, porque por primera vez, sin importar tu nobleza, o tu riqueza, podías participar en la vida política con pleno derecho. Podían asistir a ella todos los ciudadanos libres y funcionaba a través de votación popular, es decir, de una Ekklesía (Asamblea). El edificio de la Heliea se situó en el lado sur del ágora, cerca del Pritaneion, allí estaban los jueces comúnmente, pero los juicios importantes de los cargos públicos atraían a toda la ciudad, y tenían que hacerse en la *Colina de las Ninfas*, en el teatro del Pnyx (Fig. 41). Y los 6000 Heliastas tenían derecho a votar, pero todo el público miraba, y abucheaban o aplaudían, cosa que configuraba una influencia importante. Este tribunal podía juzgar a los arcontes si habían hecho las cosas mal, por lo que se convirtió en el mayor poder público para detener la corrupción de la Oligarquía. Con la Boulé de Dracón sólo podías cambiar las leyes, pero los criminales políticos por lo general escapaban tras haber hecho sus fechorías. Ahora ya no, a posteriori existía este tribunal destinado a juzgar su labor, y la voz predominante en él era la del pueblo (el Demo).

Es decir, ya no eran los nobles los que juzgaban a los nobles, y además, al propio Arcontado le había arrebatado casi toda su importancia al instituir a los Estrategos; estableció 10, uno por cada tribu. Y amplió los arcontes a 9 para que nadie tuviese un poder supremo. E incluso amplió el número de bouleutas a 400, en vez de 300, porque así las matemáticas de representación salían mejor. Es decir, Solón trató en efecto de nivelar los poderes públicos para que los unos sobre otros se compensasen, y nadie pudiera ejercer una tiranía sobre el pueblo.

La *Ekklesía* («asamblea») que había instituido fue la primera de todas, nunca nadie había llegado en Atenas a todo el Demo, por eso los atenienses siempre consideraron a Solón como el padre de su democracia. Además había orgullo con él, porque era el legislador propio —ateniense— que asimismo no copiaba simplemente instituciones dorias o espartanas. Por eso ensalzaron tanto la figura de Solón, pero fijémonos que su Ekklesía fue en la Heliea, el Tribunal de Justicia, y no en el poder ejecutivo, eso tuvo que esperar a las reformas de Clístenes (508 a. C.). Sin embargo, había dejado sin poder a los nobles, porque el arconte ya no comandaba en las guerras y ahora eran 9, cada uno para cada cosa (festejos, etc); además, el Areópago ya no juzgaba nada importante, su antiguo tribunal sólo se mantuvo con criminales como antaño, pero sin política. De modo que fue la Ekklesía (Heliea) y los Estrategos quienes heredaron todo el poder político, junto al senado, la Boulé.

Y al final, fue la Ekklesía la que lo acaparó entero, porque es donde podían ir todos, y cualquier estratego o legislador, hiciese lo que hiciese iba a ser juzgado allí, total que por la cuenta que les traía era la opinión pública lo más importante. Llegó un momento en que toda la política se hacía desde la Ekklesía, pues para no ser juzgados a posteriori las decisiones se tomaban de antemano allí, y por eso, ya en el 508 a. C., Clístenes decidió duplicar el organismo e instituir otra Ekklesía en el poder ejecutivo. Fue entonces cuando el Tribunal Superior quedó en el edificio de la Heliea del ágora, y el teatro del Pnyx fue la sede de la Ekklesía más activa (el poder ejecutivo).

No se detuvieron nunca de hacer cambios políticos, pero el momento más importante de los avances sociales de Atenas, fue primero con las leyes de Dracón, y sobretodo, con las de Solón. Lo llamamos Timocracia pero fue mucho más que eso, y por supuesto no se puede definir su sistema como una «oligarquía», porque fue, de hecho, lo contrario, directamente a la yugular de la Oligarquía. Solón era un eupátrida pero odiaba a los tiranos, aquellos trepadores que aprovechaban el descrédito de los dioses para usurpar los cargos en su propio y mezquino beneficio. Por eso fue tan gigantesca su decepción años más tarde, regresado ya de su viaje de diez años y habiendo pasado la Guerra de Megara, pues su querido discípulo Pisístrato, líder de los Diacrios (demócratas), maquinó entonces buscando el poder absoluto, se hizo tirano, y arruinó todo.

Pero vayamos más despacio, los plebeyos al principio no entendían los méritos de lo que había hecho, sólo se sentían decepcionados porque no había repartido con ellos las tierras de los ricos. Por su lado, los ricos se sintieron agradecidos por eso, y como les concedió el poder absoluto del Arcontado y el Areópago, creían que conservaban lo más importante, no comprendieron tampoco el alcance de las nuevas leyes. Los nuevos Estrategos eran también anuales, y aunque representaban las tribus debían ser escogidos en la Ekklesía. Después que pasó el arcontado de Solón, vino el de Drópida, su amigo, y cuando terminó en el año 592 a. C. se marcharon juntos a hacer su viaje por Egipto y el Mediterráneo oriental. A su regreso en el año 582 a. C. el sistema timocrático funcionaba malamente y se ocupó de pulirlo, arreglarlo. Desde luego en Atenas ya nadie quería por nada del mundo renunciar a él, tan sólo los oligarcas pero habían quedado vencidos y en minoría. Solón fue feliz, estaba escribiendo sobre la Atlántida cuando comenzó el conflicto con Megara del 572 a. C., y él en persona dirigió la guerra en los siguientes años. Se puede considerar que en los arcontados desconocidos de los años 569 al 566 a. C. pudo ser él, de nuevo.

Para cuando terminó aquella guerra (565 a. C.) él ya era viejo, tenía 75 años, pero Pisístrato estaba en la cima del poder, era muy popular entre las clases bajas que deseaban reformas aún más radicales. Entonces Pisístrato simuló que lo habían atacado para asesinarlo (la oposición), salvándose de puro milagro, y uno de sus partidarios propuso que le fuese concedida una escolta armada para protegerlo; Solón entonces empezó a acusarlo, avisando sobre que deseaba hacerse con el poder. Los partidarios de Pisístrato, diferenciados ya de los suyos, empezaron a escandalizarse y a llamarlo «*viejo loco*», la Ekklesía les hizo caso y concedió a Pisístrato, héroe de la Guerra de Megara, 50 escoltas con garrotes, o todos los que quisiera.

Entonces aprovechó la escolta y poco después con ella dio un golpe de estado y se declaró Tirano, es decir, un monarca sin ser rey, y sin ser arconte, sencillamente que ocupa el Trono (TRN > Tirano; viene de los TR atlantes). Exactamente lo que Solón había pronosticado; el pobre viejo, salía a las calles por la noche armado con una lanza y un escudo abollado, casi parecía Don Quijote, protestando por la situación; reclamaba una sublevación. Pero a la vista de que no le hicieron caso se autoexilió de nuevo, en señal de desacuerdo. La Boulé, que apoyaba a Pisístrato, seguía diciendo que Solón estaba loco, un viejo chocheando. Pero ahora podemos entender bien porqué no lo admitía: luchó toda su vida por la libertad del pueblo, y se había preocupado de crear unas leyes perfectas, para que ahora, Pisístrato lo destruyese todo en una tiranía. Solón sabía que la grandeza de un pueblo dependía de su libertad, por muy virtuoso que fuese el gobernante.

Todo eso ocurrió en el año 561 a. C., mientras tanto en Creta, Epiménides, 668-560 a. C., por lo visto aún vivía, pues fue muy longevo; los cretenses afirmaban que vivió 299 años, otros que 157, pero lo uno es el número sagrado de 300 menos uno, y el otro es cien más los 57 que se supone durmió. En realidad, simplemente debió pasar de cien, y pudo llegar al año 561 a. C. con 107 años. Le invitó a ir a Creta, como podemos ver en la siguiente carta:

> «*Buen ánimo, amigo, porque si la invasión tiránica de Pisístrato hubiese hallado a los atenienses hechos a la servidumbre, o sin buenas leyes, sería largo su dominio, pero como esclaviza a hombres nada cobardes, y que, acordándose de las amonestaciones de Solón, gimen avergonzados, no tolerarán verse tiranizados. Y aunque Pisístrato tenga ocupada la ciudad, espero que su imperio no pasará a sus hijos, pues es muy difícil perseveren esclavos hombres que se vieron libres, y se gobernaron por leyes excelentes. Tú no te aflijas, sino vente cuanto antes a estar conmigo en Creta [...]*» (Vidas de Filósofos, Diógenes Laercio, Aguilar 1959).

Y Tales de Mileto también lo llamó a su lado, con cartas como esta otra, llena de cariño:

> «*Si te vas de Atenas, creo que puedes habitar con mucha comodidad en Mileto, como que es colonia vuestra, pues en ella no sufrirás molestia alguna. Si abominas los tiranos de Mileto, como ejecutas con todos los demás tiranos, podrás vivir alegre en compañía de nosotros tus amigos. Biante te envió a decir pasases a Priena; si determinas vivir en Priena, iremos también nosotros a habitar contigo*» (Vidas, Laercio, ed. Aguilar).

Pero al final acudió con Creso, en Sardes, capital de Lidia, por no afrentar al rey más poderoso del Egeo, que también lo invitó. Aunque no se cayeron bien, el rey Creso gustaba de pavonearse delante de él, y Solón, ya viejo de 77 o 79 años, no le soportaba esas tonterías. Una vez Creso notó que Solón miraba con desprecio todas las joyas, ropajes, tintes y filigranas de oro que tanto él como sus cortesanos llevaban. Entonces el rey lo llevó a ver los tesoros del palacio, su mobiliario, todo. Solón permanecía impasible; ante eso, Creso le preguntó si había hombre más feliz que él (antigua noción que igualaba la felicidad con la bendición de los dioses), y Solón le dijo: *«le respondió que sabía de Telo, conciudadano suyo y le contó que Telo fue un hombre bueno que murió de forma gloriosa y con bravura por su patria»* (Vidas Paralelas de Plutarco, 27).

Creso debió sentirse aplastado por la contestación, pues creemos que ese Telo refiere nada menos que a Talos, el gigante de Creta (y podría ser el propio Atlante). Es decir, Solón lo cuenta con Telo de Atenas, que murió en la guerra contra los megarenses por Salamina, 570-565 a. C., pero su apodo es porque murió igual que Atlante (TL), y Solón, como casi todos, creía en las reencarnaciones, las cuales el Orfismo no las puso en duda sino que las generalizó. Le preguntó entonces Creso si después de Telo conocía a algún otro más dichoso, y Solón le habló entonces de Cleobis y Bitón, dos hermanos gemelos (atlantes) que murieron cumpliendo su deber; de nuevo, para Solón, la felicidad era por el deber cumplido. Además, aquello era lo único a lo podía agarrarse él mismo, la Dignidad.

El hecho de que mencionase dos ejemplos atlantes es muestra de cuán honda llegó a ser su admiración por aquella civilización. Esta visita a Creso ha sido negada varias veces por «imposibilidad cronológica», Herodoto entre otros, pero el 2º destierro de Solón es en el año 560 a. C., y Creso empezó a reinar en ese mismo año 560 a. C., por lo que es perfectamente posible. El error fue confundir como hace Plutarco las noticias sin orden cronológico, tal que aparenta ubicarla en el anterior destierro de 10 años, pero no es así, porque la invitación de Creso fue por causa de Pisístrato. Su intención no era sin embargo quedarse allí, ya se lo dijo por carta al rey: *«yo vivo más gustoso en donde los derechos son iguales entre todos. Bajaré, no obstante, ahí, siquiera por ser tu huésped un breve tiempo»* (Vidas, Laercio). Al final, deseando volver a ver a Filocipro, si es que seguía vivo, se fue, y murió en Chipre con 80 u 82 años de edad, en el 558 a. C.; sus cenizas serán poco después esparcidas por sus amigos en la isla de Salamina.

Pero en otra carta de Tales, esta vez a Ferécides de Siros, se afirma lo siguiente:

> *«... yo y Solón ateniense, que habiendo navegado a Creta a fin de hacer nuestras observaciones, y a Egipto para comunicar con los*

sacerdotes y astrónomos, lo dejemos de hacer ahora para ir a verte» (Vidas, Laercio).

Se refiere a ir a verlo a la isla de Siros, en mitad de las Cícladas. De aquí deseamos poner la atención en que Solón durante el año que pasó en Mileto, hacia 584-583 a. C., fue con su amigo a Creta («*yo y Solón ateniense, que habiendo navegado a Creta*»), y seguramente visitaron juntos a Epiménides, al que no veía desde el año 596 a. C. Después Solón se fue a Quíos, y suena la leyenda de que Tales por esas mismas fechas compró todas las prensas de aceite de Mileto y Quíos durante un invierno, de modo que ganó una fortuna en el verano. Es muy posible que, habiendo sido los milesios quienes hablaron a Solón de Quíos, pues que Tales también le acompañase hasta allí, lo mismo que a Creta. Todos los 7 Sabios de Grecia llegaron a ser amigos.

Lo siguiente que se deduce de esto es que, la vida de Solón, a pesar de no ser un explorador y actuar como un simple turista, le permite viajar desde Cartago y Sicilia en Occidente hasta Egipto y Chipre en Oriente, pasando también por Cilicia, Rodas, Creta, la costa entera de Jonia y Grecia continental. Es decir, prácticamente se recorrió el Mediterráneo entero, sólo le faltó llegar a España. Cosa que sin embargo hizo perfectamente Hecateo. Y si esto es así, y los personajes que estamos viendo como Epiménides han nacido en el 668 a. C., ¿es lícito pensar que Kolaios de Samos descubra la Península Ibérica en el 650 a. C.? A poco que contextualicemos eso era una simpleza, es perfectamente posible que Homero, Licurgo, y otros anteriores, llegasen hasta España tal y como dicen sus leyendas.

La arbitrariedad de escoger a Kolaios —o a otro— como inicio de la Historia es una de esas improcedencias que debemos aprender a desechar. Los mitos primitivos, pero también las leyendas arcanas, son siempre históricos. Si su gestación es realmente mítica forzosamente son históricos. Ya que la literatura más antigua se basa siempre en sucesos.

Aquí empieza el dilema precisamente a partir de Solón, pues lo que decimos era desconocido por los griegos. La confusión se inició en los diritambos, ya que al ser obras de diversión y no religiosas, necesitaban incluir muchas novedades. Esas novedades —para no aburrir al público— las echaban encima de personajes mitológicos. Por eso una vez asaltó Solón al poeta trágico Tespis, después de uno de sus espectáculos (una tragedia), y le encaró si no le daba vergüenza decir tales mentiras. Respondió Tespis que nada malo había en decir en broma aquello, a lo que el legislador sentenció: «*Pero si aplaudimos y apreciamos esta broma, pronto la encontraremos también en los asuntos serios*» (Vidas Paralelas 29, Plutarco). Es decir, entendamos que la literatura mitológica anterior era poesía sagrada, no tenían permiso para inventarse nada. Es a partir de ahora que comienza cada vez más la ficción en la literatura.

Según Laercio: «*Prohibió a Tespis la representación y enseñanza de tragedias, como una inútil falsilocuencia*» (Vidas, Laercio, en Aguilar 1959). La palabra exacta que utiliza es Ψευδολογία (*Pseudología* «argumentación falsa»). Pero el legislador desde luego no pudo detener la nueva tendencia, que había empezado en el 800 a. C. y ya era alarmante en el 600 a. C.; y aunque hizo todo lo que pudo, como por ejemplo proteger la obra de Homero, e instituir los archivos de genealogías, no tuvo tiempo material para poder continuar su relato de la Atlántida. Lo que averiguó se perdió para siempre, salvo lo que ya tenía escrito. Un conjunto de papelotes, pero por desgracia sin terminar. Plutarco se equivoca, no fue por miedo ante la magnitud del relato, sino la falta de tiempo. Hemos contado los años y es que no tuvo descanso. Por fortuna tuvo continuadores, uno de ellos es su amigo Ferécides de Siros, 610-550 a. C., que realizó la misma labor de recogida de datos pero desde la parte fenicia, pues él era fenicio.

Estatua del dios fenicio Moloch (Fig. 50); es una reconstrucción moderna pero parecida a las estatuas metálicas que existieron. Su aspecto es horripilante, un Minotauro Alado, al que los fenicios dedicaban siniestros sacrificios humanos. Este dios da nombre a Málaga.

En un sentido bastante correcto, Ferécides hizo lo que Tales no llegó a hacer. Tales era fenicio pero se dedicó a asuntos de la matemática y la física, no se ocupó de los temas históricos. Pero Ferécides sí lo hizo. Seguro que nació en Φοίνικας (*Phoiníkas* «fenicia»), la colonia fenicia de la isla de Siros. Hijo de Badio, tenía una hermana que casó con un tirreno llamado Mnesarco, grabador de anillos en la isla de Samos, y resultó ser la madre de Pitágoras. A ese sobrino Ferécides lo amará y lo enseñará. Hay noticia de dos *Pherecydes*, ambos de la isla de Siros, uno se dedicó a las genealogías y el otro a la teología, seguramente son el mismo. En esos trabajos históricos visitó Olimpia y Micenas, luego Delfos; su mayor logro fue *Heptamychia*, o *Caverna de los 7 Abismos*, en prosa, una teogonía que contaba la historia del mundo desde Caos, y la morada de los dioses en los abismos (ese nº 7 es por las órbitas).

Fue un compendio mitológico importante, por lo visto se pudo basar en los *Libros Secretos Fenicios*, por lo que se trataba de la escatología libia. Es una desgracia que ambas obras, la *Caverna* y los *Libros Secretos*, se hayan perdido. Entre otras cosas eso sucedió por ser tradición fenicia, además, el propio autor tuvo mala suerte, una enfermedad, quizás la lepra; eso acabó poco a poco con él, se pudrió en su habitación sin salir de su casa durante muchos años. Le envió al final sus escritos a Tales, aún sin publicar, donde en una carta adjunta ya le apuntaba sus serias dudas:

> «ni yo prometo en ello esto, ni sé hallar lo verdadero. Acaso habré explicado algo acerca de los dioses; importa entender lo restante, pues yo no hago más que insinuar las cosas. Agravándose más y más mi enfermedad, ni admito médico ni amigo alguno» (Vidas, Laercio).

Esto lo escribió poco antes de morir, hacia el 550 a. C.; es importante el pasaje porque representa la imposibilidad que tenían para comprobar esos *Mythos*, lo «restante» que menciona es la parte de escatología y cosmología. Pero hay en su forma de hablar una clara derrota de Historia, tenían las leyendas, pero no sabían nada de ellas. No podían afrontarlas críticamente, es el mismo problema que en el siglo IV a. C. Aristóteles le vuelve a decir a Platón.

Dioses como Moloch parece que fueron reyes, pues *Malik* (ملك) significa «rey» en árabe, e incluso *Muluk* (ملوك) significa «reyes». ¿Era Málaga una ciudad de reyes? Y nadie crea que esto viene de los árabes, la colonia fenicia de *Malaka* ya está atestiguada desde el siglo VIII a. C., pero había una ciudad bastetana anterior, cuyo nombre ya era seguramente el mismo. Es decir, no olvidemos que ML es un lexema atlante que significaba «rey», la palabra *Melo* que da lugar a *Gemelo* «poderoso rey». Lo tenemos en muchos topónimos españoles como por ejemplo la ciudad de Jumilla (G-ML) al norte de Murcia. Eso proviene con seguridad de tiempos atlantes, no es ni latino, ni fenicio, ni árabe, ni de nada extranjero. La combinación de Moloch (ML-K) con un dios en forma de Toro (Corona Azul), el cual no es el dios de los libios (el Lobo) no tiene explicación en Fenicia, allí no se pudo gestar. Es decir, es un dios occidental, su nominativo K es el de la lengua lemur, como en el nombre *Lemorak* (nominativo de Lemurio). Por tanto, Moloch era de origen lemur o bien oestrymnio, por eso lleva ese nominativo y está asociado al Toro.

La conclusión es segura, no es fenicio, pero si en Fenicia fue un dios importante es porque los libios atlantes llegaron hasta Fenicia, seguramente en tiempos de Moloch; hasta tal punto es así que allí quedó como un dios principal en los panteones semitas, y sus vecinos árabes adoptaron también su nombre para «rey». Incluso es posible que el pueblo de los Amalecitas proceda de esta primitiva invasión occidental, la cual remonta al IV milenio a. C. Los amalecitas no son fenicios, pero llevan el mismo nombre.

De todas las fundaciones coloniales fenicias o griegas, las que tuvieron un nuevo nombre original son minoría. Es decir, los nombres solían ser los de las poblaciones previas, y si es así, ¿qué hacía el dios Moloch en España? Esta conclusión aislada puede parecer extravagante, pero todo cambia si contextualizamos; pensemos para ello entonces en el propio nombre de los Bastetanos (pueblo del sudeste español), porque hace referencia a la diosa egipcia Bastet. ¿Qué hace esa diosa egipcia en España? Por ella es la diosa gata, y tenemos allí también el Cabo de Gata.

Hay que tomar conciencia. Y así podríamos continuar con otros muchos, por ejemplo los Carpetanos del centro peninsular llevan el nombre combinado de dos dioses egipcios: Aker y Ptah. Y son dos nombres del Dragón (3º tetramorfo), están incluso bien combinados. ¿Qué hacen en España estos dioses? ¿No se supone que son egipcios? Y también tenemos pueblos relacionados a la mitología romana, por ejemplo los Indiketes de la provincia de Gerona, son exactamente una referencia a los dioses Indigetes romanos, que según los mitos eran numerosísimos, y sus nombres vuelven a coincidir con muchas cosas de España. ¿Por qué razón encontramos en España pueblos —o países— con nombres de dioses egipcios, fenicios, griegos y romanos? Es seguro que estaban ahí y con esos nombres antes de que llegaran las colonizaciones orientales, de hecho, los egipcios ni siquiera llegaron nunca. Y su panteón entero está en España. Bien, éste es el problema, es lo que ni Ferécides, ni Aristóteles, ni ningún otro fueron capaces de afrontar.

Tenían los mitos, pero no los entendían, y los intentos a todo lo largo de la Edad Antigua fueron muy pobres. Ferécides, ya lo vemos, se dio por vencido, recordemos sus palabras: «*ni yo prometo en ello esto, ni sé hallar lo verdadero. Acaso habré explicado algo acerca de los dioses*». Aristóteles añade que Ferécides es de: «*aquellos que mezclan dos tipos de explicación al no decir todo en forma de mito, como Ferécides*» (Metafísica 1091b). Pero aunque comente así la racionalidad de los autores anteriores, lo cierto es que él no se atrevió a racionalizar los mitos ni a intentar comprenderlos. Puede que no le interesara, pero no hizo avance alguno. La posición de Aristóteles se puede leer en el Libro I de su Metafísica, donde dice:

> «*Hay, por lo demás, quienes piensan que también los más antiguos, los que teologizaron por vez primera y mucho antes de la generación actual, tuvieron una idea así acerca de la naturaleza: en efecto, hicieron progenitores de todas las cosas a Océano y Tetis, y (dijeron) que los dioses juran por el agua, la llamada «Estigia» por ellos [los poetas]. Ahora bien, lo más antiguo es lo más digno de estima y lo más digno de estima es, a su vez, aquello por lo cual se jura*» (Metafísica 983b-25, Gredos).

En definitiva, lo que hace Aristóteles es pensar que la opinión de Tales de Mileto sobre la generación de todo a partir del agua es lo que explica unas genealogías tan extravagantes como la de Oceáno y Tetis (dioses atlantes del Occidente, el Océano es el Atlántico); pues bien, es un flagrante error. De igual modo, explica el juramento por el agua de la Estigia basándose en que los antiguos pensaban que el agua era lo más antiguo: si el agua es lo más antiguo entonces, así pues, juramos por el agua. Pero claro, esa opinión suena improcedente, suena tonto, ya que por sí misma la idea carece de sentido; nuestros antepasados no eran así de simples, así de insustanciales. El agua es lo que más vale por ser antigua, y yo juro por el agua. Pero, ¿y en qué te va ayudar el agua? ¿Qué garantía le prestaría ese líquido al juramento? El agua sólo es agua. Tendría que tener algún sentido teológico más elaborado.

Además, la opinión aristotélica no explica porqué en concreto ha de ser el agua de la Laguna Estigia, en vez del agua del mar, del océano, de un río, o de la fuente de casa. Por otro lado, da por supuesto que el nombre de «*Estigia*» se lo han inventado los poetas, por lo tanto, Aristóteles ya lo está alegorizando todo, bajo el presupuesto —presunción— de que es una invención, la cual, trataría de crear una imagen sobre la generación cósmica basada en el agua. Y esto es lo más flojo, ¿para eso inventaron tantos linajes de Océano y Tetis con cientos —y miles— de nombres? ¿Y para eso llenan esos linajes de noticias que parecen históricas?

Esta explicación la imaginó Aristóteles para justificar unos mitos que él no entiende. Rechaza su historicidad y lo alegoriza aprovechando una opinión física de Tales que coincide en lo del agua. Por lo menos, siempre prudente, el gran Estagirita admite que no lo sabe:

> «*No obstante, no está nada claro si esta opinión acerca de la naturaleza es, efectivamente, primitiva y antigua. En todo caso, de Tales se dice que se manifestó de este modo acerca de la causa primera*» (983b-25, Gredos).

A continuación sigue hablando de ontología y las teorías sobre la causa primera, pero aquí ha aprovechado para incluir su opinión sobre los mitos. Aunque tiene la sensatez de proponerlo sólo como opinión, que no lo sabe, que no está «*nada claro*». Podemos adelantar hoy día que una vez que se entiende el lenguaje de los mitos, cuando los leemos con verdadera comprensión, entonces sí están muy claros y son rotundamente explícitos en cuanto a los sucesos históricos que narran. Por ejemplo, el hecho de que Océano y Tetis tengan tantísimos hijos no es por una alegoría cósmica sino porque se trata de un linaje, el cual se prolongó durante milenios. Más que un linaje es un título, el de los reyes de Atlantis. Y se puede estudiar sin ningún problema a través de los textos conservados.

Pero el descrédito no dejaba de ir en aumento entre los griegos, y uno de los primeros escépticos importantes fue Hecateo de Mileto, el explorador, a quién no debemos confundir con el posterior del mismo nombre que fue historiador y vivió en la Revuelta Jonia (494 a. C.). El primero es el compañero de Anaximandro, y conoció a Solón, el que viajó por el Mediterráneo entre el 580 y 560 a. C., con idea de mejorar los conocimientos geográficos. Con toda esa paciente labor de cartografía, midiendo incluso la altura en las estrellas, se compuso aquel Mapamundi de Herodoto (Fig. 12), que fue el mapa más perfecto del Mediterráneo durante muchos siglos. Pero no pudo el explorador geógrafo superar el pertinaz bloqueo cartaginés en el Estrecho de Gibraltar, no le dejaron.

La situación estaba muy convulsa en esos momentos en el extremo Occidente, en el 580 a. C. apenas faltan 71 años para que Tartessos desaparezca, y la guerra con Cartago era permanente.

Barco ibérico lleno de guerreros, I milenio a. C. (Fig. 51); podemos en él apreciar la tropa con escudos circulares, y todos con yelmo. En la proa un jefe alza un Labrys (hacha doble) y en el escudo luce una Lambda. El otro jefe que parece lanzarse al agua lleva un casco con plumas o crin de caballo, exactamente igual que los «Pueblos del Mar». Era conocida en la Antigüedad la maestría de los marineros de la Península Ibérica, así como la disciplina de sus ejércitos, comparable a la romana. Sin embargo esta imagen está mostrando ya la guerra civil, es decir, el rey de la Lambda es el dorio, y está venciendo al otro rey que sale huyendo, es el libio.

Los griegos de la costa Jonia eran amigos de Tartessos, los fóceos eran incluso aliados (hasta la derrota de Alalia, 543 a. C.), pero se estaba poniendo muy peligroso. Hay ciertas mejoras en su exploración (Fig. 12) respecto al mapa de Anaximandro (Fig. 31), se ve más costa atlántica de Marruecos y la geografía por Andalucía llega hasta el cabo de San Vicente en Portugal, pero a partir de ahí la corriente marina iba de norte a sur e impedía continuar sin remeros, y lo mismo ocurría por Marruecos, el *Cabo del Miedo* (Mogador) era porque si recorrías más trecho por la costa africana luego no tenías posibilidad de regresar a contracorriente. No era nada fácil, y la zona estaba en guerra, Hecateo dio por ello media vuelta.

Se limitó a constatar las costas de los tartessos, y a preguntar dónde estaban los *Cynethes*, pues no hemos de olvidar que Solón, en el 583 a. C., estuvo en la isla de Quíos con el homérida Cineto de Quíos, pero que Tales y los demás milesios siguieron en contacto con él durante ese año. De modo que el tema de los *Cynethes* salió a la luz; pues bien, a Hecateo le contestaron que ese pueblo estaba más al norte de los tartessos (la Tartéside del río Baetis), y eso es lo que puso en su mapa, aunque ocupando la zona de Ophiussa (Fig. 12). Es decir, contrastó la información original que tenía, era verdadera, pero se excedió ya que los Cynethes eran solo un país dentro del Reino de Tartessos; están efectivamente «*más al norte*» porque estaban en la cuenca del Guadiana, pero sin salirnos del reino.

El hecho de que se le dé tanta importancia en su mapa a los Cynethes, habiendo otros muchos pueblos, es seguramente por esas referencias de Cineto de Quíos. Otra cosa que debemos a Hecateo son también los nombres del *Atlántico* y los *Atlantes*, puestos en su mapa junto a la cordillera del Atlas y el Mar Atlántico: θάλασσα ἡ Ἀτλαντὶς («*mar de Atlantis*»). Lo cual puede interpretarse de dos maneras, o bien esos *Atlantes* del Atlas están esperando a ver qué ocurre entre Tartessos y Cartago sin tomar parte en la contienda, o bien son pueblos del bando cartaginés, ciudad que ya pretendía ser la heredera de Atlantis. La construcción de puertos circulares con anillos de agua como el de Cartago es buena prueba de ello (Fig. 52); he aquí un nuevo Olimpo, el cual, para nosotros debe ser un testimonio de que estas cosas eran posibles de construir, y que no es algo tan fantástico ni tan extravagante.

Puertos comercial y militar de Cartago (Fig. 52); en los tiempos en que Hecateo llegó hasta España, hacia el 570 aC, la capital púnica albergaba ya estos dos «cothon», o estaban en construcción. Como en el caso de Atlantis son dos puertos interiores, mercante y militar, el segundo además circular, y con una isla central. Era una imitación directa.

Si nos lo creemos con Cartago, ¿qué tiene de imposible con Atlantis? ¿Cuál es la dificultad para aceptarlo? Y esa Cartago está junto a las montañas del *Atlas* y los *Atlantes* del mapa de Hecateo (Fig. 12). La fecha probable del puerto comercial de Cartago es cuando suceden ellos (615 a. C.) en Occidente al Imperio Fenicio, y la construcción del Olimpo de Cartago debió ser al finalizar aquella guerra y destruir Tartessos (509 a. C.), apropiándose de su Corona Azul (Urano). Porque entonces, dueños del solar primitivo, ya nadie podía discutirles su herencia imperial, pero en vez de trasladarse ellos a las aguas del río *Baetis*, lo que hicieron fue llevarse el Olimpo a Cartago, pues ellos ya se sentían cartagineses y su ciudad estaba mejor situada para dominar el Mediterráneo. Todo esto es un simbolismo muy claro, no se escogía esa forma por su comodidad, ya que los barcos de guerra, trirremes y más adelante quinquerremes, maniobraban con dificultad allí dentro con esas curvas. Un puerto circular, anular, no es cómodo. La razón única para construir un puerto en forma de Anillos es porque era un simbolismo, un mensaje que significaba: «*Nosotros ahora somos la Atlántida*».

Sus dimensiones eran mucho menores que las de la verdadera Atlántida, pero era impresionante también. En la isla central de ese Olimpo estaba la residencia del Navarco (Ναύαρχος «capitán de nao», o «almirante»), con una torre desde la cual podía controlar la ciudad. Éste era un magistrado anual elegido en el senado cartaginés, y no por los éforos como en Esparta. Este Navarco no era el que iba con la flota a navegar, eso se lo dejaba a los Sufetes a quienes él entregaba los barcos; parece que en Cartago el Navarco ejerció como controlador del puerto, y al ser ese puerto el elemento esencial de la ciudad, al final era quien controlaba la ciudad, por lo que la Navarquía ejerció del mismo modo que el Pritaneo espartano (los éforos). La diferencia es que si en Esparta los éforos controlaban a los reyes, aquí los navarcos controlaban a los sufetes, y estos cargos en Cartago no eran linajes como en Esparta.

Pegado al puerto comercial estaba el Templo del Tofet, un santuario al dios Baal (1º tetramorfo, el de los libios), que fue unido a Moloch (2º tetra) seguramente a partir de la conquista de Tartessos y la construcción del Olimpo. Porque el dios Toro es el de Tartessos. A partir de entonces tuvieron una divinidad tutelar conjunta: *Moloch Baal*. Por eso los cartagineses llevarán sus tropas vestidas de blanco (color de Baal) con capas azules (color de Moloch); a estas alturas el antiguo púrpura del Imperio Fenicio (Corona Roja) había pasado a la Historia, su linaje sagrado había desaparecido y las familias cartaginesas siguieron con su blanco local, pero asumieron el azul imperial de Tartessos, que ahora (509 a. C.) era parte de su territorio.

Está claro que intentaban asumir las funciones de la Doble Corona, incluso llamaron *Lago Tritonis* al lago de sal del sur de Tunicia, el actual Chott el Djerid de 7000 km^2 (según se ve en el mapa de Herodoto), aunque sabemos con seguridad que ése no era tampoco el original (era un lago de «*agua dulce*»). Son asimilaciones, lo mismo que también había muchos *Monte Olimpo*. Al menos nos demuestra la herencia cartaginesa de esta cultura atlante anterior. Hagamos la cuenta: *Lago Tritonis*, color Azul, dios Toro, y puerto en forma de Anillos con isla central (Olimpo).

Hecateo de Mileto logró terminar el mejor mapa del Mediterráneo y regresó a Jonia; su trabajo ilustró las Islas Baleares así como una de las primeras menciones de los pueblos celtas, que por aquel entonces estaban invadiendo Britannia. No había encontrado pruebas sobre la Atlántida porque lo único que había en Hispania era una guerra a muerte entre tartessos, libiocartagineses e íberos. Y por el norte los celtas. Unos celtas, *Celtici*, que habían llegado hasta el *Hieron Acroterium* (Cabo de San Vicente al sur de Portugal). Tartessos era ya entonces pequeña, y el detalle de los *Cynethes* en el mapa demuestra que por la guerra o lo que fuese tampoco investigó demasiado. Es muy probable que lo mirasen con recelo, como a un espía. Por lo tanto, digamos que Hecateo tuvo que limitarse, y tan sólo buscó a los «atlantes», pero los únicos que encontró de ese nombre eran los guerreros azules del desierto, los Moros. Camelleros como ésos no parecían algo deslumbrante, ni tener nada que ver con la maravillosa civilización que les había descrito Solón, todo fue decepcionante.

Es decir, los griegos, cuando empiezan a investigar la Historia hacia atrás, e investigaron la Atlántida, esperaban encontrar lo mismo que en Egipto, pirámides, sacerdotes y restos gigantescos. Esperaban seguir encontrando a los atlantes, pues aunque Egipto era muy antiguo, los egipcios y sus sacerdotes seguían donde siempre habían estado, seguía habiendo egipcios con sus edificios. Pero de la Atlántida no quedaba nada.

Pasó su generación, que es la de Anaximandro, y la Escuela Milesia fue gobernada entonces por Anaxímenes, 588-525 a. C., que fue su discípulo. A continuación podemos considerar que Hecateo de Mileto 2º, 550-476 a. C., debió ser, seguramente, nieto del primero.

Ya hemos visto con los Critias y los Drópidas la costumbre de que los niños se llamen como sus abuelos en las familias eupátridas, y la familia de Hecateo 2º era en efecto rica y aristocrática. Es posible que gracias a eso pudieran hacer las exploraciones y por ello acabaron gobernando la Escuela Milesia. Es difícil distinguirlo de su abuelo del mismo nombre, porque además los planos y documentos que elaboraron pasaban a manos de la escuela, y ellos mismos, los herederos, seguían perfeccionándolos a continuación. En aquellos tiempos estaban los persas invadiéndolo todo, la Lidia de Creso desde el 546 a. C., la ajardinada Babilonia en el 539 a. C., y Egipto cayó en el 525 a. C.; aunque la ciudad de Mileto había sido respetada, toda la importancia política de los griegos de la costa jónica se concentró en la isla de Samos. Aún así su tirano Polícrates fue crucificado en el 522 a. C., y entonces muchas gentes de todos los griegos huyeron atemorizadas hacia Atenas, donde su cultura encontró refugio.

Los filósofos griegos no consiguieron entender los mitos (Fig. 53); en algunos casos se defiende a ultranza su historicidad, pero se impuso poco a poco el escepticismo. Esto sirve para apreciar que ellos no son los creadores, sino que al igual que nosotros heredaron esas historias.

De todas formas todavía aguantaba en Jonia la ciudad de Mileto. El joven Hecateo 2º, entonces de 27 años, debió quedar consternado por la caída de Egipto y Samos (522 a. C.) porque conmovió a toda Grecia. ¿Quién les protegería ahora de Persia? Desde luego no era el momento de irse hasta España a explorar, ni a ningún otro sitio; si sus trabajos posteriores incluyen exploraciones por el Océano Índico hay que achacarlas a los viajes de un marinero llamado Escílax de Carianda, quien trabajando para los persas hizo un periplo por el Índico, entre 519 y 512 a. C. Salió desde el Mar Rojo, circunnavegó Arabia y llegó al río Indo, anotando las distancias (el viaje duró 2,5 años). Ese trabajo lo incorporará Hecateo 2º al mapa de su abuelo, y llegará incluso a mencionar a Escílax. De modo que no parece que él fuese el explorador, sino tan sólo el cartógrafo, del definitivo mapa de Herodoto (Fig. 12).

Su *Ges periodos* («viajes alrededor de la Tierra») hace mención precisamente de esas fuentes distintas, una por el Mediterráneo y otra por el Índico. No usó por ejemplo el periplo libioegipcio de Necao, que le hubiese dado la forma de África. Ni los cartagineses de Hannón e Himilcón. Rehízo el mapa de su abuelo únicamente con las nuevas noticias que él conoció, gracias a que Carianda está muy cerca de Mileto. Pero dedicó mucho más tiempo a la Historia, su trabajo personal es por ello las *Genealogiai* («genealogías»). Esta obra es un compendio sistematizado de mitología, su fuente principal seguramente fue Homero y las *7 Cavernas* de Ferécides, que recordemos, se las había mandado a Tales y debían estar por la escuela. Quizás también usó a Hesíodo, que ya era famoso. Pero al encontrar mitos entre unos y otros contrarios completamente, que no había manera de ensamblar, se decepcionó mucho.

Ya Ferécides lo había intentado, y fracasó; su abuelo tampoco encontró nada en Occidente. De este modo, aceptó Hecateo 2º a Homero como histórico, pero a pocos más. Ya tenemos aquí la negación absoluta de los mitos. En los fragmentos conservados llegará a concluir:

> *«Escribo lo que considero verdad; las historias de los griegos me parecen ridículas».*

O esa otra que dice: «*Los griegos conservan muchas y risibles noticias*». Donde lo importante es que los griegos no son los creadores, ellos tan sólo «*conservan*» unos mitos, unos relatos, que no tienen pies ni cabeza. La negación de Hecateo fue muy importante, influyó muchísimo. Se conoce que marchó a Egipto para repetir la visita que había hecho Solón, nos lo cuenta Herodoto (II-143), y lo más seguro es que intentaba contrastar las noticias, y recuperar por sí mismo las informaciones que Solón les había contado. Por desgracia durante la invasión persa, tanto Heliópolis con todas sus cronologías, como Sais la capital libia, habían sido destruidas. No quedaba nada. Y ésa fue una de las mayores tragedias para la historiografía mundial. Según Diógenes Laercio, en Heliópolis se conservaban anales que llegaban al 49.199 a. C., esto es, los tiempos de la Ogdoada (el 1º imperio de dioses).

Todo eso fue destruido, por la nueva moda religiosa de quemar los «*dioses falsos*», y los persas tenían una nueva doctrina tajante en ello: eran zoroástricos. Creían en un dios único, Ahura Mazda.

Ahura Mazda fue el único creador del Universo (Fig. 54); en su labor se originó un oponente, Ahriman, el espíritu del mal. Entre ambos se estableció la eterna lucha del Bien y el Mal, la Luz y las Tinieblas. En la imagen, la típica asimilación de Ahura Mazda al espíritu del Sol.

Cambises II, el conquistador de Egipto (525 a. C.), era un sádico mazdeísta, y no fue tan tolerante con las otras religiones como lo fue su padre. Se sabe que antes de salir de Persia había asesinado a su hermano, y que no ocultó al llegar a Egipto su desprecio por las costumbres y religión egipcia. Él es el causante de toda esa destrucción, arrasó Heliópolis y Sais, en especial los anales de sus «*dioses falsos*», e hizo beber al faraón libio derrotado, Psamético III, la sangre del toro Hapy, hasta ahogarlo. De igual manera, muy envalentonado por su victoria, decidió conquistar las tierras del sur, y penetró con sus ejércitos imbatidos por Nubia y Meroe, pero lo derrotó el rey nubio Nastesen, y le capturó los barcos. Huyendo hacia el norte, Cambises decidió aplastar entonces a los libios huidos de Egipto que se habían refugiado en Siwa, el oasis lejano al oeste del delta. No podían ofrecerle mucha resistencia, envió a sus generales. Pero se dice que, pasada ya la mitad del camino, por el desierto les sorprendió una gran tormenta de arena, la cual sepultó a su ejército de 50.000 hombres, sin que sobreviviese ninguno. El rey Cambises sólo recibió la noticia de que habían desaparecido, y según cuenta su leyenda, se volvió loco.

Es posible que los libios les tendiesen una trampa, así parece porque el persa quiso entonces conquistar Cartago, lo cual suena a venganza por su posible ayuda a los libios; sin embargo, su propia flota —compuesta por fenicios— se negó a realizar ese ataque a Cartago. Ante tantos desastres, en Persia surgió un usurpador, Cambises regresó pero morirá poco después (522 a. C.). En cualquier caso, perdidos los anales, Hecateo fue entonces a Tebas (hacia 510 a. C.), a Medinet Habu, y a Karnak; allí, ante los sacerdotes, les narró su genealogía de 16 ancestros, hasta llegar a un dios, del cual él descendía. Pero los sacerdotes egipcios no le creyeron, a continuación le mostraron una secuencia de 345 estatuas de su genealogía (faraónica) en las que todos eran mortales, y mucho más antiguos. Se cree que esto fue un golpe psicológico para el filósofo griego, que sintió insignificante a su civilización frente a la egipcia.

El Ejército Perdido de Cambises y la tormenta de arena (Fig. 55); se consideró durante mucho tiempo esta leyenda como una mera fantasía, algunos buscaron sus restos sin éxito, hasta que en 2009 unos arqueólogos italianos los hallaron enterrados bajo las dunas al sur del oasis. Armas, brazaletes, corazas, y cientos de huesos; una lección para no descreer a ciegas las leyendas, por muy fantásticas que nos puedan parecer.

Estamos en las fechas en que los europeos empezaron a sentirse pequeños, «niños» como dirá Platón, o «enanos» como expresará Champollion, frente a Egipto y las otras civilizaciones orientales. Esta impresión era completamente falsa, por ejemplo, los propios egipcios habían salido de España inicialmente, su procedencia era europea, tal como tendremos ocasión de comprobar —y de ahí que sus dioses estén en los gentilicios de los pueblos españoles—. Pero si sumamos la amplia superación temporal que le mostraron, junto a su anterior manera de pensar («*Los griegos conservan muchas y risi-*

bles noticias»), podemos vislumbrar el doble error en el cual cayó Hecateo. Porque la memoria primitiva de Europa, los *Mythos*, se estaba despreciando y tirándola a la basura, y al mismo tiempo se estaban empequeñeciendo a sí mismos, frente a los demás. Y todo, sencillamente por el colapso de la Atlántida y la rotura de la continuidad cultural, lo que impidió a los descendientes comprender sus propios mitos. Es parecido a cuando en Egipto se desaprendió la lectura de los jeroglíficos, y de repente la civilización milenaria se volvió opaca; esas paredes llenas de signos eran un marasmo incoherente, y con los mitos atlantes se pensó igual. Eso ocurre siempre que cortamos una continuidad cultural, y estamos viendo cómo los eruditos griegos eran incapaces de comprenderlos, lo estaban intentando sin éxito.

Por esas mismas fechas, en el 509 a. C., al otro lado del mundo los cartagineses destruían el Reino de Tartessos, y decidieron —también por motivos religiosos— quemar todos sus anales igualmente. Así se perdió la 2º mayor fuente de información historiográfica del mundo antiguo. Los anales de los tartessos remontaban al 6000 a. C., según Estrabón, en referencia a sus leyes escritas. Pero esa fecha es por la fundación del reino, las noticias que conservaban eran incluso más antiguas. Porque tanto los lémures como los oestrymnios eran pueblos hermanos de los primitivos egipcios que salieron de España, y conservarían muchas historias similares. Por eso, tras la de Heliópolis era la biblioteca de Tartessos la más importante.

Quizás ya quedó muy mermada con el Cataclismo de Atlantis, porque los archivos de la Monarquía solían ser una única copia en los santuarios principales. Esos archivos de la Monarquía estaban desde luego muy bien protegidos, lo más posible, pero un cataclismo imprevisto o una invasión persa son cosas ante las que no se puede hacer nada. Los cartagineses además, sin ninguna piedad, se dedicaron a destruir todos los santuarios, a incendiar todas las bibliotecas, en una persecución cultural sin igual hasta entonces. ¿Qué razón hubo para algo así?

A lo largo de la Historia, en todos sus milenios atrás hasta tiempos ancestrales, siempre existieron tristes y lamentables destrucciones de santuarios, de reinos, y de pueblos enteros; pero esto que empieza hacia el 800 a. C. es distinto, ocurrió algo nuevo y mucho más exterminador, que nunca había sucedido antes.

Se trata en 1º lugar de la rabia ante la falsedad, y esos «*falsos dioses*» con los que se nos ha estado engañando; en los tiempos pretéritos no existía esa ira, nadie dudaba de aquellos dioses, ni siquiera los del enemigo, porque eran sus espíritus antepasados. Salvo por algún odio específico siempre se respetaban, nadie tenía porqué enemistarse con un dios, nadie lo deseaba. Pero ahora es distinto, lo que comienza es una persecución de «*falsos dioses*» para acabar con la mentira. Y eso es nuevo, la venganza y las ganas de borrar su recuerdo, como con los criminales.

En 2º lugar la legitimidad política, porque dependía de la legitimidad religiosa, tema este que calentó las iras, tal como vamos a ver en el siguiente apartado.

5. LA CONTROVERSIA DEL SIGLO IV A. C., CRÉDULOS Y ESCÉPTICOS

La situación a mediados de la Época Clásica, en los tiempos en que vivió y trabajó Hecateo, nos ha dado ya un vuelco completo respecto a la época anterior. Si tal como hemos visto los sabios preclásicos negaban la divinidad de aquellos reyes del pasado, ahora, la derrota interpretativa ante los mitos, por autores como Hecateo, ha llenado sus corazones de escepticismo, y por ese motivo, los filósofos negaron incluso la historicidad, su existencia real.

Esto fue además bien aprovechado por los intereses de la legitimidad política, por todos aquellos reinos o reyes que no tuviesen la gloria de descender de los atlantes.

Hecateo regresó de Egipto a su ciudad, Mileto, en torno al año 505 a. C., y lo hizo quizás apresuradamente ante la amenaza de guerra. Porque una guerra de los milesios contra el Imperio Persa se avecinaba, y no le hubiera perdonado la vida a él en Egipto, que ya era un dominio persa. De modo que, una vez más, la investigación se vio truncada por la política. Es posible además que escribiese sus trabajos geográficos al regreso de Escílax, entre el 512 y 510 a. C., por lo que las *Genealogiai* («genealogías»), aunque investigadas desde su juventud, pudieron ser redactadas entre el 510 y 505 a. C., y que visitase el País del Nilo en ese último año. Pero tuvo por desgracia que regresar corriendo como muy tarde en el año 504 a. C. El tirano de Mileto, Aristágoras, había convencido al sátrapa persa de Sardes, Artafernes, para atacar entre los dos las Cícladas;

pero fracasaron de mala manera, y como parecía haber sido una trampa el tirano sabía que los persas iban a vengarse de él; por eso, sólo vio su salvación capitaneando la Revuelta Jonia: «*todos juntos contra Persia*».

A su vuelta a Mileto, Hecateo trató de disuadir a Aristágoras y a sus compatriotas de esa locura (Herodoto 5.36 125), pero no lo logró. Atenas les apoyaba con naves, y también Eritrea. La Revuelta Jonia (500-495 a. C.), fue una guerra cruel donde pronto —al ver que perdían— los aliados de Mileto se esfumaron. Los persas invadieron toda Chipre, allí la ciudad de Soloi (Solunte) fue la última en caer, en el año 498 a. C.; esa fecha es cuando los descendientes de Filocipro murieron. De este modo, Mileto quedó sin su ruta comercial, sin poder vender los productos egipcios como el papiro, y sin la financiación de sus minas. La ciudad jónica no aguantó por ello mucho más, ¿quién pagaría a los ejércitos sin las minas? De modo que fue invadida y destruida por los persas, incendiada sin compasión, saqueada. Las obras científicas de Saros, Examio, Tales, las de Ferécides, los *Libros Secretos* fenicios, las que escribió Anaximandro, Anaxímenes, los periplos de Hecateo y Escílax, y muchas más, que se guardaban allí —entre lo salvado de Sardes—, todo ello, desapareció.

Vista desde el norte del ágora ateniense (Fig. 56); en el esplendor de la época helenística, no obstante, la perspectiva de este grabado está un poco forzada, si lo que vemos al fondo es la Acrópolis, el tholos del ágora quedaría mucho más a la derecha. De todas maneras la imagen es representativa, y es en este ambiente donde el filósofo Platón redactó sus diálogos sobre la Atlántida, ocasionando en la ciudad de Atenas que se abriese un amplio debate sobre su existencia verdadera.

Con dificultad pudo Hecateo salvar su propio trabajo, y los mapas. La Escuela Milesia, el bello palacio que antaño en sus comedores celebraba las conversaciones eruditas entre Tales y Solón, ahora estaba desolado, no había nadie, sus paredes estaban negras por los incendios. Fue el fin.

La ciudad nunca se recuperó, pero al menos Hecateo no murió, lo eligieron embajador enviándolo a hablar con Artafernes, a quien logró persuadir para que permitiera la reconstrucción de las ciudades jonias. Al menos, la vida.

Eso último fue ya en el 494 a. C., nuestro héroe tenía entonces 56 años, le quedaban aún dieciocho de vida. Pero quedó destrozado anímicamente. Pudo quizás terminar la redacción de sus *Genealogiai*, pero le habían destruido sus fuentes egipcias, fenicias, y milesias, no pudo trabajar bien. Su familia, los Hecátidas, debían su nombre a la diosa Hécate (1º tetramorfo), por tanto, seguro que eran una estirpe fenicia como la de Tales, de entre los que llegaron con Cadmus de Tiro. Ahora su lengua era jónica, pero su sangre, a través de Cadmus, remontaba a Agenor, el propio Rey Atlante, y ellos lo sabían, nunca lo olvidaban.

Él se quedó en Mileto pero casi todos los sabios de la costa jonia huyeron entonces al oeste, hacia la libertad. Pitágoras el sobrino de Ferécides, ya se había ido el 540 a. C. al comenzar la tiranía de Polícrates en Samos. Fundó en la ciudad de Crotona (región de Calabria, sur de Italia) una escuela órfica al modo fenicio; como se ve, los jonios están propagando el Orfismo. Jenófanes de Colofón, 570-475 a. C., también estaba vinculado a la Escuela Milesia, en este caso marchó a la región de Lucania (más al norte, Italia), a la ciudad de Elea, donde funda la Escuela Eleática. Fijémonos que el nombre es pregriego, del dios El (Helión, Ilión), en griego la llamarán Hyele, pero es el de la Lambda de los dorios (Troya), por eso también teníamos del *Templo de El*, en Tiro. Esta dicha escuela será la sucesora de la anterior Escuela Milesia, que a su vez, había sido heredera de la de Sardes, y de nuevo a su vez, la de Sardes procedía de la de Biblos. Todo este proceso era una propagación del Orfismo fenicio, los atlantes rojos, y su tradición científica.

Las nuevas escuelas de Pitagóricos y Eleáticos serán las más importantes a continuación, situadas todas ellas en Occidente en contacto con Cartago. Es lo lógico, eran de origen fenicio (atlantes rojos) y huyeron hacia donde estaban ahora los fenicios. Todo ello es un repliegue de occidentales hacia Occidente. Su idioma jónico no lo querían perder porque con Homero, la propia Escuela Milesia, y la capitalidad de Atenas —entre los helenos— era ya la lengua científica común. No obstante Parménides de Elea y Zenón de Elea estarán escribiendo en osco (idioma itálico), y los pitagóricos en locrio (idioma dorio de Italia). No olvidemos que Elea distaba tan sólo a 300 km de Roma, ya no son griegos.

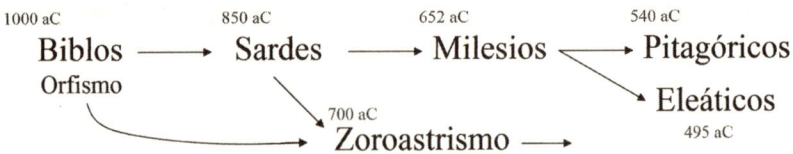

Las escuelas científicas siguientes al Cataclismo (Fig. 57); muy olvidadas por los estudios modernos, fueron sin embargo importantísimas. El contacto entre medos y lidios (Sardes) originó la renovación espiritual de Zaratustra, o bien, fue directamente desde Fenicia y los libioegipcios; como sea, lo más seguro es que el Zoroastrismo influyese después en el Monoteísmo de Jenófanes, fundador de la Escuela Eleática. Notemos que los pitagóricos, que se habían ido antes de Mileto, carecían de esa influencia persa, y por lo tanto en esencia seguían siendo órficos.

Son precisamente esos idiomas (osco, locrio, etc) los que causaron que se perdiesen luego sus obras; es decir, hasta nosotros no se ha conservado nada que no estuviese escrito en dialecto jónico o en latín, porque son los dos idiomas que seleccionó la posteridad como vehículo de cultura. Si no estaba escrito en esos idiomas luego no se entendía, de modo que solían extractar las ideas principales para comentarlas, pero las obras se perdían. Cuando ya no había nadie que las entendiera se perdían. Eso mismo le ocurrió a los escritores hispanos, todos ellos se perderán por el idioma extraño en el que escribieron. No existían las traducciones.

Esto es categórico, no es que no hubiese muchos escritores en Tartessos, o en Cartago, sabemos por las referencias perfectamente que los hubo. Lo que ocurre, el drama, es que —aparte de las destrucciones— los únicos escritores hispanos que se podrán salvar serán los que hayan escrito sus obras en un idioma el cual, a su vez, sea uno de los idiomas que se salvaron. O sea, en griego o latín, porque repetimos: no existían las traducciones.

Los rollos de papiro sólo aguantaban unos 200 años en uso, luego se volvían quebradizos y se deshacían en las manos. Si no se copiaban de nuevo se perdían esas obras. ¿Pero quién las va a copiar si no las entiende nadie? Las únicas obras que se van a salvar del paso del tiempo son las que se copien, pero sólo se van a copiar las que se entiendan (latín o griego). Por pura hegemonía política, usaron como vehículo de cultura el griego de Atenas en Oriente y el latín en Occidente, y todo el resto de literatura que existiese, en Tartessos, Cartago, Egipto, o donde sea, se perderá, salvo los contenidos que se hayan extractado a obras latinas y griegas. Pero se extractaban bajo la autoría del copista (el nuevo autor), no del original. Por eso, los únicos escritores hispanos que se salvaron fueron los que ya redactaron sus obras en latín, lo que ocurrió a partir del siglo I a. C. Y este problema, el total exterminio de textos, ha causado la percepción posterior de que no sabían escribir, o que eran incultos, todo eso es falso con seguridad.

Soportes de escritura antiguos (Fig. 58); a la izquierda vemos tablas escritas a punzón o tinta, fueron el sistema de las bibliotecas atlantes, pero casi es imposible que eso se conserve hasta la actualidad. En el centro, un ejemplo, las Tablillas de Vindolanda, siglos I y II d. C., en cursiva romana, conservadas por estar bajo barro. A la derecha una copia en papiro del Banquete de Platón, procedente de Egipto, siglo II d. C.; a pesar de ser muy frágil, la sequedad del desierto lo preservó. No obstante, no son los restos materiales los que han salvado la literatura antigua, sino la copia sucesiva a lo largo de los siglos. Y sólo se hacía en griego, o latín.

En general no son los soportes materiales los que han salvado las obras primitivas, la literatura occidental es muy antigua, los mitos son muy antiguos, pero se han salvado porque se copiaban sucesivamente. En Mesopotamia, como no había madera, tuvieron la suerte de hacer tablillas de barro, que han soportado mucho mejor el paso del tiempo; pero los atlantes europeos tenían madera, y en este aspecto han tenido por ello mala suerte, porque nunca se salva. Y al ser el idioma griego (jónico) el primero que se seleccionó como vehículo de cultura llegando hasta nosotros como tal, sin cortarse esa tradición, son por eso las obras escritas en griego las más antiguas que conservamos. Atendamos a este aspecto, no es porque los helenos sean los primeros en escribir, sino porque el griego se mantuvo como vehículo de cultura.

Parménides no se ha salvado por ese mismo motivo, sus obras estaban en osco, un idioma itálico que será luego arrollado por el latín. Pero Jenófanes, como era de Colofón (ciudad de Jonia), aún escribió sus elegías en jónico, y por eso se han salvado aunque él también vivió en Elea. Así de caprichoso es el destino. Por lo demás, Jenófanes fue quién exigió frente al dogmatismo milesio la prueba física, se parece a Rodrigo Caro solo que en temas de ontología. También es el introductor de una nueva religión: el Monoteísmo. En esencia, desarrolló el concepto actual de Dios, omnisciente, omnipresente, etc. Un Todopoderoso, que además es la encarnación del Bien, aquí es donde podemos apreciar la influencia persa del Zoroastrismo, pero él eliminó la dualidad (Bien/Mal).

Lo más importante para nosotros ahora con él, es que Jenófanes atacó sin piedad a los antiguos dioses, los dioses antropomorfos de Homero y Hesíodo, demostrándole a todo el mundo que eran falsos. Además, lo logró hacer no por las incoherencias de los mitos entre sí, como hizo Hecateo, sino por cuestiones mucho más serias de ontología. Su monismo deísta absoluto establecía para la divinidad unas características que ni siquiera permitían la dualidad; para Jenófanes, Dios es lo Uno (el Ente universal), mueve todas las cosas con el pensamiento, y lo abarca todo.

Ridiculizó, delante de las gentes, las viejas ideas con argumentos muy contundentes, como el que sigue:

> «*Los etíopes hacen a sus dioses chatos y negros. Los tracios dicen que tienen ojos azules y cabellos rubios. También los bueyes, los caballos y los leones, si pudieran, imaginarían a sus dioses a su semejanza*».

Propuso reemplazar las «*ficciones de los antiguos*» por himnos piadosos, «*discursos puros*» a Dios, que está libre de todas las mezquindades, celos y asesinatos de los falsos dioses homéricos. Tuvo un impacto social enorme, se puede decir que a partir del 500 a. C. había convencido a casi todos en Jonia, y a partir del 495 a. C. empezó a convencer en Italia. El Pitagorismo se va a distinguir del Orfismo anterior en que adoptará la noción de este Dios Único por encima de todos los demás dioses, reducidos a arcángeles ya por el Zoroastrismo. Todos los filósofos posteriores, de un modo u otro, harán prácticamente igual, el Demiurgo de Platón, el Alfa y Omega de Aristóteles, etc. Se está construyendo la religión de la Edad Media, el Hermetismo del 200 a. C. fue otro paso muy importante. Pero no necesitamos llegar tan lejos, a partir de Jenófanes la sociedad griega ya no creía en los antiguos dioses, eso ya estaba superado.

La plebe conservó a pesar de ello los 36 dioses del panteón, los dioses cósmicos en sí mismos a modo de arcángeles, para rezar a cada problema concreto; pero ajenos ya a cualquier encarnación humana —tema superado—, y además, con la tendencia a establecer a Zeus (Júpiter) como el Uno original. Al menos, esto es lo que sucedió con los griegos, y ellos son, porque sus textos se conservaron, nuestra fuente más antigua sobre la Atlántida.

Cuando Platón escribió en el siglo IV a. C. sobre los atlantes, esta situación religiosa ya es general, y se diferencia por ejemplo de Solón en que éste todavía invocaba a las Musas. Además, el legislador estaba de acuerdo y escuchaba a Epiménides, el curete dorio, quien trataba de conservar las viejas creencias. Se puede decir que Jenófanes es exactamente lo contrario que Epiménides, y ahora él desmorona los viejos credos. Todo ello influirá mucho en lo que nosotros vamos a heredar. Porque es seguro que heredaremos no sólo el Monoteísmo, sino la manera de interpretar la Historia de los creyentes en esa fe. ¿Era Platón ya un monoteísta? Claro que sí, su Demiurgo es Dios, Único, Bueno, e Inmutable. Pero lo supedita a las Ideas, que rigen su comportamiento, como la del Bien (Dios se rige por el Bien). Sin embargo, Platón conserva también el Orfismo (reencarnaciones), asimilará el Pitagorismo relativo a los números, e incluso conservará la escatología primitiva del Infierno. Lo único que no conserva es la historicidad de los dioses.

En ese punto la influencia del Monoteísmo es radical también en Platón, 427-347 a. C. Fijémonos que él es el filósofo griego más antiguo del que se conservan sus obras enteras, pues los milesios fueron destruidos brutalmente y los demás no escribían en jónico; y él, que es el primero entre los filósofos, ya está también hablando de la Atlántida, pero al modo de un racionalista griego. Es decir, no olvidemos que Platón, lo mismo que Aristóteles, tampoco entiende los mitos. Intentemos resumir la situación.

Los fenicios del 1000 a. C. ya eran órficos, significa que ellos no aceptaban a los dioses humanos del pasado, por eso intentaron borrar del mapa todas las crónicas tartesias donde se hablaba de ellos. Eso ya no era una impiedad, una afrenta a los dioses, sino que los «*dioses falsos*» se lo merecían por ser blasfemos. Por equipararse a dioses cuando no lo son, ya que sólo son humanos. En 2º lugar tales acciones apoyaban su legitimidad política, la del naciente Imperio Fenicio, porque esos linajes de dioses tartesios eran precisamente la principal pega a su supremacía política. Se convirtió por tanto el Orfismo en un arma política de los emperadores fenicios, pues aunque renunciaban a su propia divinidad —en la cual ya nadie creía— les permitía tirar abajo su dependencia de Tartessos. Eso era algo estupendo y es en definitiva lo que permite que Fenicia lleve a cabo una política independiente a partir de ese momento, en que se establece la doctrina órfica.

Su inicio fue por eso justo después del Cataclismo de Atlantis (1069 a. C.), ya debía estar por lo tanto redactado en los *Ammouneis*, los famosos «libros secretos» fenicios. Los mismos que luego usaba Ferécides. Su autor pudo ser… ¿Ammoun? Sabemos que ese nombre proviene del dios Amón, pero en el panteón fenicio a ese dios se le llamaba Zas (es Zeus). Y sabiendo también que *Amín* es nombre de persona, muy común por ejemplo hoy día entre los árabes, pues es posible que los *Ammouneis* procedan de un tal Ammoun, el cual, vivió en siglo XI a. C., y era un filósofo fenicio que ya disponía del papiro egipcio para escribir (porque los libios conquistaron Egipto en el 1070 a. C.). A él debemos la noción metafísica de las almas, y el concepto de transmigración de unos cuerpos a otros.

Ello conllevaba que los espíritus ya no eran de aire, o de fuego, y es el inicio de la Metafísica en sí. Casi todo está copiado de textos anteriores de Ugarit, pero se le añade este detalle de ontología. Con ello, trataba Ammoun de explicar el Cataclismo (1069 a. C.), es decir, que los linajes de Tartessos no eran dioses, que ya el mero hecho de ser personas de carne y hueso indica que son pecadores, pues el cuerpo es una prisión y castigo del alma; y el Cataclismo es lo que nos lo demuestra, ya que están siendo castigados por los verdaderos dioses, que sólo son los cósmicos. Un verdadero dios no se castiga en un cuerpo humano.

De modo que la obra iba destinada a deslegitimar los linajes sagrados, por los intereses políticos de Fenicia, que siempre había sido la secundaria en los linajes. No era su pretensión establecer la superioridad de los fenicios, pues ahora precisamente sus reyes tenían mayor categoría, pero no es eso, en realidad se ve que iba destinada a legitimar la independencia. ¿Y cuál era la razón? Pues porque los fenicios, allá tan lejos en las costas del Líbano, se habían mezclado con la población local, se habían semitizado, hablaban ahora un idioma parecido al arameo, y ya no se consideraban atlantes (occidentales). Pero por supuesto, la independencia o la pretensión que sea había que legitimarla en teología, pues nadie, y menos el pueblo, aceptaría obrar en contra de los dioses.

Este sabio Ammoun es contemporáneo de Hiram-Baal, Ahiram de Biblos, 1080-1047 a. C., es muy posible que la famosa biblioteca de Biblos la iniciase él; en buena medida a causa también de la nueva política independentista, pues necesitaban dotarse de unas instituciones que antes sólo tenían en Tartessos. A continuación, vino el trabajo de otro sabio fenicio, llamado Sanchuniathon, o Sanjuniaton, hacia 1030-965 a. C. Éste fue quien escribió una *Teogonía* con arreglo a la visión órfica, tiene pasajes de cosmogonía, historias heroicas, vidas de «dioses», y describe el uso de rituales con serpientes (como los cretenses y los españoles en general). Era por lo tanto un compendio de mitología libia a la cual se le ha adaptado el Orfismo; sólo se conservan fragmentos en una traducción griega del siglo I d. C. Asimismo parece que escribió un tratado sobre el alfabeto fenicio, que Cadmus (850 a. C.) llevó a Grecia.

Sarcófago de Ahiram de Biblos y sarcófagos de Sidón (Fig. 59); el primero —a la izquierda, 1080-1047 a. C.— es aún un sarcófago cuadrado, pero desde que los libios españoles conquistan Egipto, 1070 a. C., les encantaron los ataúdes antropomorfos, y los copiaron en piedra, como se ve en la dinastía de Tanis. Los emperadores fenicios imitaron a sus hermanos, tal como vemos en los sarcófagos de Sidón (linaje de los atlantes rojos).

Sanjuniaton suele traducirse como «Sakon ha dado», pero mejor es pensar en Sonjes, que viene de Suge-k, «draconio», y Atón, el dios Atum, que es el Dragón. Por lo que sería «Draconio del Dragón».

No se nos puede ocurrir un nombre más claramente de los atlantes rojos, y nos confirma, ya de paso, que el nombre *Sonjes* es libio.

Este Orfismo inicial es todavía politeísta, no niega los 36 dioses del panteón (42 si contamos los númenes), pero sí negaba los dioses humanos, los reyes divinizados, y eso es un profundo cambio. Además de cómo entendía la vida humana en el sentido de expiación de faltas, que todo lo material, la carne, es indicio de pecado. Y que las almas no se encarnaban una sola vez en los cuerpos, una vida humana, sino que transmigraban una y otra vez hasta que conseguían salir de este proceso si se purificaban. Pero, si en vez de eso, te corrompías más, pues te encarnabas en animales; cada vez más bajos sucesivamente. Fijémonos asimismo, que esta teología, que llegó a ser la religión de los fenicios, acabó llegando hasta la India, el Budismo hereda toda la concepción órfica.

Eso es porque estas ideas se implantaron en todos los lugares gobernados por el Imperio Fenicio, los cuales no fueron pocos (Fig. 29). Sin embargo la extensión de ese imperio queda lejos de la India, ¿cómo explicar la llegada del Orfismo a los budistas? Hemos de aprender que los pueblos nunca paraban quietos, poseyendo Egipto, lo más seguro es que los libioegipcios navegasen por el Mar Rojo hasta la India, siglos antes de que lo hiciera Escílax para los persas. No importa que nosotros no tengamos el testimonio escrito de esos viajes, tuvieron que existir. Y lo mismo hemos de pensar en la Edad Arcana (3400-1200 a. C.), pues si aparecen megalitos occidentales en la India, es porque hasta allí fueron los atlantes occidentales.

No se repetiría la misma cultura exactamente igual sin una influencia occidental. Sanchuniathon (Σαγχουνιάθων) no niega nunca la historicidad de los «*falsos dioses*», sería ridículo porque en su tiempo aún se entienden todas las titulaturas atlantes. Él vivió en Beirut, porque si nos fijamos, es contemporáneo de Abibaal de Beirut (Abibalus de Beritu), hacia 1010-980 a. C., que estableció allí su corte. Y fue padre de Hiram I de Tiro, que puso la suya en Tiro. Es el linaje sagrado, no importa en qué ciudad le gustase a cada rey establecerse. Cada uno lo hacía según su gusto o las circunstancias políticas. Y si Hiram I construyó el Heracleion en España, y al mismo tiempo sus marineros están llegando a la India en sus exploraciones, la realidad que con ello se nos alza del Imperio Fenicio es mundial; en esos momentos eran los más avanzados.

Resulta fundamental pensar en esto, es claro que eran los más sofisticados, pero en definitiva no olvidemos que eran los atlantes rojos. El mito de la Atlántida entendida como cultura muy avanzada es correcto. En cualquier caso, estas novedades entraron en Grecia con fuerza a través de la Escuela de Sardes, 850 a. C., y muchos griegos también las adoptaron. Por eso se empiezan a abandonar y a destruir santuarios de «*dioses falsos*» desde entonces, y en especial a partir del año 600 a. C. tal como hemos visto en la Guerra Sagrada, donde se atrevieron los órficos a destruir el santuario más importante de toda Grecia. Porque Delfos era el gran Oráculo, en el centro del mundo. Para llegar a eso, el Orfismo ha tenido que seducir a mucha parte de la población; aunque los crisios no contaron con la reacción de Atenas, que era más política que otra cosa.

Los dorios procedentes de linaje tartesio eran por el contrario los conservadores, querían mantener las viejas creencias. Lo hemos podido ver con Epiménides, que incluso instaló en Atenas un Ninfeion dedicado a las Ménades. El viejo curete incluso se tatuó los brazos, al modo tradicional de los atlantes azules, y los espartanos después conservaron su piel tatuada, a modo de talismán protector de su ciudad; otra tradición doria fue el pelo largo.

Pero la marcha iniciada por el Orfismo era imparable, y su influencia no solo llegó a la India, también a Persia, y allí emerge el Zoroastrismo. Los *Gathas* (cánticos persas) remontan al 1000 a. C., pero son gestas guerreras frente a las invasiones gutis (cimmerias). Hubo varios autores que les añadieron ideas órficas, pero el gran Zaratustra, hacia 725-650 a. C., fue quien enseñó a los Aqueménidas una nueva religión. Eliminó no sólo los dioses humanos sino también los dioses cósmicos, dejando tan sólo un dios único, con su dualidad maligna. Esa dualidad ya estaba en los antiguos dioses, no deja de ser por ello un dios Único, aunque eso si, su negativo generó un auténtico Satán, personificación de la maldad absoluta: Ahrimán.

¿Desde dónde salió todo esto? Se cree que Zaratustra nació en el norte, en la ciudad de Rhages (Ray, Teherán) en el territorio de los medos. Pero si pensamos que el Orfismo entró en Irán a través de Media, nos hallamos ante el problema de las fechas. Hacia el 640 a. C. los asirios aún son fuertes y usan el Reino de Urartu como «reino tapón» de los medos. Es cierto que los cimmerios han destruido ya el reino de Gordium (690 a. C.) del centro de Anatolia, y los fenicios tuvieron que arrinconarse en Lidia. Pero con más motivo, la Escuela de Sardes (850 a. C.) aunque por las fechas pudiera influir en Zaratustra, queda muy lejos de él, pues están por medio los cimmerios, los armenios, Asiria y Urartu. Para las fechas en que los medos logran destruir Asiria y llegan hasta Anatolia (612 a. C.) toda la revolución religiosa de Zaratustra ya está consumada. Necesitamos otra ruta de penetración. Para ello, nos interesa saber que otro nombre de Ahura-Mazda es *Ormuz*, el cual viene de una corrupción del anterior, así:

AuraMazda → Aurmazda → Ormazd → Ormoz

La ciudad de Ormuz (*Hormuz* هرمز) está en el estrecho homónimo que da paso al Golfo Pérsico, donde también hay una isla, la Isla de Ormuz, por lo que parece que tenemos aquí una pista. Toda la costa del territorio de Persia, que es el que toca al Golfo Pérsico, se llamaba *Hormozgán*, así que tanta insistencia con ese nombre tiene que ser por algo, y nos asocia más el nacimiento de esta religión a los persas que a los medos.

Si los libioegipcios del Imperio Fenicio, saliendo desde Mar Rojo, van y circunnavegan Arabia, el lugar adonde arriban es Ormuz, por lo que tomarían la isla lo mismo que tomaron la isla de Gades en España. Y ése sería el lugar de penetración del Orfismo en Irán. La costa de Hormozgán se halla como decimos en la Pérsida, a 290 km de Persépolis. Eso explicaría que el nuevo culto se difundió primero por los persas que por los medos o los asirios, no fue desde Lidia en Anatolia, sino desde Ormuz en Persia, desde donde se propagó. Aunque Zaratustra naciese en Rhages, acudió a Persia, para conocer las doctrinas de esos comerciantes extranjeros. Y fue desde Persia donde primero pensó su doctrina y desde donde luego comenzó su evangelio. Como fue contemporáneo de Adamasto (700-670 a. C.), el padre de Aquemenes, y también del propio Aquemenes (670-650 a. C.), fundador de la nueva dinastía, estamos lo más seguro ante una combinación política y religiosa. Aquemenes es el hijo de Adamasto, el anterior rey, entonces, ¿cuál es la causa para que él sea fundador de una dinastía nueva? Pues es su conversión al mazdeísmo, y la nueva religión del profeta Zaratustra le dio mucho poder a Persia (Hormozgán), hasta convertirla en dueña del mundo. Es muy parecido a lo que ocurrirá luego con Mahoma y los árabes, repitiéndose además la expansión fulminante del nuevo imperio.

Imperios Tartesso y Fenicio en torno al 776 a. C. (Fig. 60); los Moros de Marruecos, la parte norte de la Libia española, el Reino de Iberia, el de Auvernia, Liguria y Cerdeña, continuaban fieles a los tartessos. A pesar de que muchos pertenecieron a la Corona Roja antaño, se cambiaron de bando porque no les gustaba el orientalismo fenicio. La Confederación Etrusca (850 a. C.) y la Anfictionía griega (776 a. C.) han formado sus propios imperios independientes, a imitación de los fenicios, pero siguen siendo estos últimos los que mantienen la hegemonía. Sus barcos saliendo de Gadeira en España llegaban hasta Britannia, y por el otro lado, saliendo de Egipto navegaban por Eritrea y el Oceáno Erítreo (Índico).

Con un poco de atención, podemos ver (Fig. 60) que aunque nos hallemos en la Edad Antigua cada imperio ostentaba su propia religión. Los tartessos conservaban los restos de la Corona Azul, un imperio basado en la religión tradicional atlante, la cual, era la posición teórica más débil y por eso desaparecieron (a pesar de lo mucho que aún se amaban los linajes). El Imperio Fenicio tenía el Orfismo, mucho más moderno y realista en cuanto a la concepción de la monarquía, cuyo poder pasaba a depender de la validez de su sistema político. Fue el primer imperio que ya no dependía de los dioses directamente. El Imperio Persa por su parte abanderará el Zoroastrismo, donde ya se ha renunciado al politeísmo y se le ha dado un cauce moral a la religión muy importante, con la dualidad del Bien y el Mal. Ese cauce moralista pasará también a la filosofía griega, que no es que careciese de estos asuntos (por ejemplo la *Themisté* de Hesíodo) pero la influencia oriental se nota a través de Heráclito y de Jenófanes. De hecho, el Monoteísmo griego, el culto de Zeus que se escribía en genitivo Dios (Διός *Diós* «de Zeus»), acepta la degradación de los dioses a meros arcángeles y continúa con la exploración sobre la naturaleza en sí de la divinidad de Dios.

Sirva este ejemplo para entender que estos temas religiosos no eran propios únicamente de la Edad Media, en la Antigüedad ya empezaron, casi de la mano de la noción de «*dioses falsos*», tras el Cataclismo de Atlantis. Hasta tal punto cambió el curso de la Historia este incidente de la isla que se hundió en el mar, por castigo de los dioses. El propio tema de la falsedad fue planteado así. Los fenicios desarrollan inmediatamente al Cataclismo una religión, el Orfismo, que ya renuncia a la divinidad humana. Y en Atenas, capital entonces de todos los helenos, se renuncia al linaje divino y comienzan con una monarquía de arcontes. No se puede negar que el Cataclismo (1069 a. C.) tuvo incidencia directa en todo esto.

Y se diversificaron las religiones desde el punto de vista teórico: 1º los Tradicionalistas tartessos, 2º Orfismo fenicio, 3º Zoroastrismo persa, 4º Monoteísmo griego, y en 5º lugar el Sincretismo romano. Cada una se adaptaba a lo que necesitaban; el Tradicionalismo mantenía el carácter sagrado de los reyes, a los que se rendía culto mediante la *Devotio*. Los cronistas romanos posteriores que hablaron de los pueblos hispanos describieron esta *Devotio* («devoción») como un juramento inquebrantable de lealtad, donde todo el honor de la persona consistía en mantener su *Devotio*. Se trata de un rasgo arcano, es lo que tenían los reyes de la Atlántida, incluso cuando ellos mismos juraban con sangre la Columna de las Leyes. Pero iba acompañada del *Páthos*, el alto destino heroico, pues el hombre no era dueño de su vida, por su linaje estaba obligado a obedecer el destino impuesto, y de ello dependía el honor del linaje. Ésta era sin duda la contramedida frente a la Timocracia. Es decir, tenían libertad política con su voto, pudiendo intervenir en las decisiones, pero luego estaba el deber, el honor.

En cuanto al Sincretismo romano, y de los etruscos, mantenía la posición tradicional pero aceptaba de los órficos la eliminación del carácter divino de los reyes, ni de ningún humano. La política no era sagrada, al menos en sus desarrollos dentro de la corte. Eso les permitió liberarse de la *Devotio*, aunque sin alterar demasiado la escatología tradicional de sus dioses. El Sincretismo fue pragmático, lo único que les importaba era el deber de Justicia (dentro del Senado), para no caer en desgracia a ojos de los dioses. De modo que con ellos, el deber y el honor no eran la misma cosa. Y ésa es la médula del carácter pragmático romano.

Cada uno de los cinco nuevos imperios tuvo como vemos su religión. ¿Qué pasaba entonces con Atenea y los demás dioses de las ciudades? ¿Acaso no rendían culto a un montón de divinidades en Grecia? Por supuesto, eso no va a cambiar, estamos hablando de la religión del estado, que ciertamente influía en la plebe, pero no de manera obligatoria. Influía sobretodo en la conducta moral. Por otro lado, todas las ciudades que albergaron el fuego sagrado de Vesta (y fueron por tanto sede de un imperio) acabarán sacralizando a la propia ciudad, tales como Roma o Atenas, porque la lealtad, al dejar de situarse en los reyes sagrados, pasó a situarse en las instituciones, el estado, la nación. Así se formaron nacionalismos feroces, y todo el mundo luchaba por su ciudad, los cartagineses por Cartago, los romanos por Roma, etc, como si fueran su dios.

Para entender hasta qué punto llegó a usarse la religión, se dice por ejemplo que Zaratustra llegó en su evangelización hasta la región de Kabul (Gandhara), con el rey Guhtasp, quien adoptó el mazdeísmo como religión oficial. Esa región se encontraba más allá de Irán, casi en el Pamir, y en tanto que adoptaron el mazdeísmo se incorporaron sin problemas al Imperio Medo, y luego al Imperio Persa. Como Zaratustra era de Rhages, era medo, estaba así conquistando pacíficamente países. Se dice que Guhtasp fue el primero, pero aún así estamos seguros de que los persas de Hormozgán son los más importantes, porque ellos son, los Aqueménidas, quienes vertebraron el Imperio Medo con esa nueva religión. Para finalmente acaparar más poder que la propia Media.

Antes de seguir adelante, podríamos preguntarnos qué diablos hacían los libioegipcios en Ormuz, ¿qué se les había perdido allí? Se trataba naturalmente de intereses económicos. Pero primero se orientaron a África. Poseyendo Egipto (1070 a. C.) el gran negocio era dominar la ruta de productos del río Nilo, procedentes del centro de África (pieles, marfil, mirra, huevos y plumas de avestruz, fieras salvajes, oro, etc). Pero estaba Nubia actuando de intermediaria y llevándose casi todo el beneficio. Para soslayar esa molestia, colonizaron estos atlantes rojos el país de Eritrea, que según se dice, viene su nombre del griego Ερυτρος (*Erytros* «rojo»), y en la actualidad, continúa ese país llamándose así.

Fijémonos que es el mismo nombre que ostentaba la fenicia isla de Cádiz en España: *Erytrea*. Sería demasiada casualidad que no esté relacionado. El nuevo país situado a la salida del Mar Rojo sobre el estrecho llamado de *Bab al-Mandib* (باب المندب «Puerta de las Lamentaciones») permitía el control de ese mar y al mismo tiempo el acceso a los productos del centro de África. Así rodearon Nubia.

Es de destacar que por un lado los eritreos actuales no conozcan que el origen de su nombre es atlante (ni siquiera es griego, pues no son griegos los que se lo dieron), ni su gran antigüedad; y por el otro, la antigua leyenda árabe sobre el nombre de la Puerta de las Lamentaciones (*Bab al-Mandib*) nos dice que es por un gran terremoto que ahogó a una enorme cantidad de personas hace muchísimo tiempo, separando en ese lugar Asia de Libia (África). ¿No nos recuerda demasiado la leyenda de la Atlántida?

Nos rememora a muchos que se ahogaron hace mucho tiempo en un gran terremoto, hundiéndose el suelo bajo el mar. Eso así dicho es un dato nuevo, no sabíamos que murieron tantos. Y nos recuerda al «*separar Asia de Libia*» asimismo el apotegma atlante: «*mayor que Asia y Libia juntas*». Ya hemos indicado que ese apotegma tenía un sentido político y no geográfico, pero por lo que se ve, fue confundido ya en Egipto, quizás ya se lo dijo erróneamente Sonjes a Solón. Porque estamos viendo que aquí también está ese detalle confundido. Pero de todas maneras, estas noticias del Cataclismo en *Bab al-Mandid* son porque conquistaron Egipto en el año 1070 a. C., y al año siguiente (1069 a. C.) es cuando ocurrió el terremoto. Debió de coincidir con las fechas en que estaban los libioegipcios organizando el Reino de Eritrea.

Por eso dio mucho que hablar, y en la zona se recordó con fuerza la leyenda. Llamar así a la entrada del Mar Rojo quizás fue por la similitud que ofrecía con el Estrecho de Gibraltar, que es donde ocurrió realmente la desgracia. Los eruditos actuales han declarado falsa esta leyenda árabe porque es evidente que no se separó de esa manera la costa de Arabia de la de África, pero ha sido muy simplista no averiguar su verdadero sentido. Han especulado que debe ser porque el lugar es peligroso para la navegación, eso es todo, pero ahora percibimos su origen histórico.

Por otro lado, el resto de nombres actuales de Eritrea son muy atlanteanos también, tales como: Terseney (de los tirsenos), Elit (Letheo), Keru, Agra y Gher (de Aker), Hasta (de Estia), Molki (de Moloch), Albo (de los libios), Tole (de Atlas), Dara (de dorios), Mora y Mara (de mireos), etc. Cuando encontramos una lista tan enorme no se debe dudar, la fundación de todo esto es atlante, pero ocurrió entonces el Cataclismo. Los libioegipcios eran de la Corona Roja, los emperadores fenicios eran sus señores naturales. Aunque los colonos procediesen de todas partes, todo esto queda integrado en el Imperio Fenicio una vez que se separan. Pero no se detuvieron aquí, ¿por qué razón? El incienso de Hadramaut era otra mercancía preciosa, muy solicitado para los templos. La costa del Hadramaut bordeando ya Arabia también tiene islas y nombres de estas gentes. Y continuaron avanzando hasta Ormuz.

Si el Mar Rojo es rico en corales, el Golfo Pérsico es rico en perlas, es el *Mar de las Perlas*. Además, desde Persia podían comprar a bajo precio el lapislázuli, que era otra mercancía valiosísima. Un barco, que llegara cargado simplemente con incienso, perlas, y lapislázuli, ganaba una verdadera fortuna en el Mediterráneo. Y de ahí que enseñasen el Orfismo a los persas, causando impresión al hablarles de la existencia de «*dioses falsos*». Las leyendas de la Isla de Ormuz y su Estrecho, afirman que desde el siglo VIII a. C. estuvieron habitados por piratas, es decir, si en torno al año 750 a. C. están allí, son ellos los que efectivamente influyeron en Zaratustra, ya que la propia noticia contrasta la llegada por mar de gentes a la costa de Persia (lo que sabíamos ya por mero contexto). Curioso es que también los griegos los llamasen Πειρατής (*Peiratés* «pirata»), porque ese nombre viene de Beirut (BRT), una de las capitales fenicias del Líbano. Los libaneses de Beirut eran los «piratas» de los griegos, y significa que cuando los griegos tras la Anfictionía empezaron a arrebatarles ciudades y territorios, como por ejemplo Cirene (631 a. C.), en zona de los libios asbisteos, los fenicios se defendieron atacándoles por mar. En última instancia, la palabra procede de Iberia (BR-T), pues la T marbuta del final se ponía para indicar femenino, una ciudad, o país.

Ellos eran los *Lobos de Mar*, sólo pasó a significar «pirata» cuando entran en guerra con los griegos, que ya hemos visto, formaron su propio imperio. Como sea, tenemos razones seguras para afirmar que los libioegipcios llegan a Persia bordeando Arabia (s. VIII a. C.), y eso es lo que produce la aparición del Zoroastrismo en Persia, pero también del Budismo en la India (porque tiene creencias órficas exactamente iguales). Es incluso probable que ellos fuesen quienes inician la plantación de flores de loto en el río Indo, tal como después van a descubrir los macedonios de Alejandro. El Loto era un producto maravilloso, sus raíces se comen hervidas o tostadas, pero además, el Loto Azul de Egipto es una droga de uso sagrado. También las hojas del Loto Negro servían, porque secas y trituradas, se consumían y producían alucinaciones.

El iniciador del Jainismo (doctrina órfica) en la India se llamaba Parsuá (पार्श्वनाथ), vivió también en el siglo VIII a. C., y su nombre significa precisamente «persa». También lo van a llamar Parswanatha (donde *Natha* es «señor»), y desde luego *Rishí* («sabio»). Los jainistas le consideran en la India el penúltimo *Tirthankar*, esto es, constructor de puentes que conducen al nirvana, asunto éste que asociamos en su caso a las flores de loto. El último tirthankar fue según ellos el famoso Jina (Majavira), pero tanto Jina como Buda (Sidharta) heredan enteramente el Orfismo. Como Parsuá suele fecharse en 877-777 a. C., es muy posible que tanto en Persia como a la India llegasen los fenicios en el siglo IX a. C.; se le hace descender de los *Chatrías* (*Ksatriyas*), esto es, los *Ksaiazíia* «emperadores» persas, está claro que hay una relación con Persia. Puede que invitase a los fenicios de Ormuz, que marchase él a vivir allí, o que fuese nada más un pariente de los persas. Asimismo es evidente que los fenicios llegan a la India, pero tampoco se detienen allí, continuaron hasta Indonesia, las *«islas de la India»*, a través de *Malaya* (Moloia), llamándolas *Molucas*, por lo que, o mucho nos equivocamos, o viene del dios Moloch.

Obeliscos en Toraja y a la derecha Obeliscos de Biblos (Fig. 61); los obeliscos fenicios tienen una forma muy característica que los permite identificar, y los han encontrado en Sumatra, Java, Célebes, y otras islas de las Molucas. Parece que los fenicios fundaron por allí reinos.

Los obeliscos fenicios hallados en Indonesia, así como la bandera del país (Rojiblanca, colores de la Corona Roja atlante), y el propio nombre antiguo de *Molucas* junto otros topónimos, nos dan la certeza de que llegaron hasta allí. Y fundaron reinos porque los obeliscos señalaban tumbas o cenotafios de reyes, como en el *Templo de los Obeliscos* de Biblos. El interés en las Molucas debía ser las especias, como la pimienta, canela, etc. Lo más seguro es que intentasen llevarlas al Mediterráneo para cultivarlas, pero resultó imposible por el clima. Y aunque fundaron reinos, no creemos que llegasen a abrir una ruta naval de comercio desde Egipto a las Molucas, el viaje era demasiado largo para barcos de poco tonelaje (no resultaba rentable) y necesitaban remeros para cubrirlo entero. Eran magníficos marineros pero la tecnología naval aún era limitada para eso. Cuando el Imperio Fenicio desapareció, los colonos de Ormuz se quedaron como piratas locales, y los reinos de las Molucas —cada isla el suyo— acabaron siendo de allí.

Todas las colonias fenicias del *Mare Erythraeum* se quedan solas y se adaptan como pueden en cada caso a las poblaciones de su zona. Lo lógico. Pero es interesante lo que llegaron a hacer los fenicios, no importa que, al destruirse todas sus bibliotecas, no quedara constancia de sus viajes y sus descubrimientos. A través de la arqueología hoy día podemos averiguar que lo hicieron. Se perdió la memoria de esos sucesos, bien, pero los hicieron, y además tuvieron enorme trascendencia. Nosotros los necesitamos conocer si queremos entender correctamente por ejemplo la aparición del Orfismo en Persia y en la India.

Dilatadores de oreja en Almoloya (Fig. 62); el cráneo es de una tumba en Almoloya (Moloia), 1500 a. C., en el Reino de Libia de España, y a ambos lados junto a las orejas, tiene dilatadores de distintos tamaños. Mostramos en la siguiente foto uno de oro, y después, dos ilustraciones de Buda, que es famoso por sus orejas largas, las cuales, tienen el hueco dejado por esta clase de dilatadores. La procedencia es occidental.

El ejemplo de los Dilatadores de Oreja (Fig. 62) es muy ilustrativo. Los jainistas y budistas los usan habitualmente, en especial sus cabecillas sagrados. Creemos que la costumbre es atlante, pero sólo de los libios, la referencia más antigua de esta costumbre la tenemos en Almoloya, España. Debía ser un signo de mucha importancia, sólo los sacerdotes o los adivinos llevaban algo así, personas muy sagradas. Pues bien, los fenicios, que en definitiva eran libios salidos de España, llevaron esta costumbre con el Orfismo hasta la India, y por eso sólo la tradición órfica de allí (jainistas y budistas) comparte este rasgo. Según el Budismo, las orejas de Buda simbolizan su renuncia a los bienes materiales, por lo que ya sabemos que significa la dedicación a los dioses.

Por lo tanto en Almoloya, los enterramientos que tienen estos dilatadores no son de los reyes, sino de los grandes sacerdotes, quizás regentes del reino en más de una ocasión.

En una placa persa de Ahrimán (Fig. 63) apreciamos que el Rey de las Tinieblas porta ya los atributos de los antiguos dioses (colmillos, cuernos, etc), y para nosotros es importante aprender que todo esto es un lenguaje y que significa cosas muy concretas, se puede leer. Los cascos con colmillos de jabalí (Fig. 37) de la Guerra de Troya no son por cualquier tontería, se hacen así por el dios Poseidón. En los Gorgoneion, la figura central va a ser la Medusa, una reina de la Atlántida, y eso nos lo indican con su tocado de plumas, fue emperatriz de la Corona Roja, y nosotros ya hemos visto esa corona en las tropas libias que asaltan Egipto con los Pueblos del Mar (Fig. 13), y en las cerámicas ibéricas, como aquel rey libio que sale huyendo del tartesso durante la guerra civil (Fig. 51). Esa cerámica del barco puede ser tanto ibérica como tartesia, o incluso de la parte norte del Reino de Libia, porque esas zonas lucharon del bando de Tartessos. Si hubo una batalla y se ganó, es lo lógico que hagan una ofrenda de agradecimiento con la escena.

Ahrimán la encarnación mal, y Gorgona etrusca (Fig. 63); en una medalla persa vemos al demonio, lleva orejas dilatadas, cuernos de toro, y colmillos de jabalí. Se trata de un compendio de dioses, del 1º, 2º y 3º tetramorfo, seguramente por el interés de hacerlo único y universal, ya es el Zoroastrismo. La Gorgona en cambio no muestra orejas dilatadas, luce los colmillos de jabalí (3º tetra) y la Corona de Argos, es decir el tocado de plumas libio. Todo eso porque es reina de la Corona Roja. La pieza procede de Capua, a 162 km de Roma, terracota, 600 a. C.

En cuanto a las Gorgonas etruscas, la antefija de Capua (Fig. 63), muestra un diseño clásico que parece proceder de Grecia, mostrándola lo más horrible posible. Eso es porque para los helenos fue su fiera enemiga (atlantes vistos como monstruos). Pero los etruscos no van a adoptar su culto por influencias, en Etruria ya en el 800 a. C. tenemos claramente atestiguado el culto a la Gorgona y su hijo Pegaso. Y aquí hay dos cosas: 1º en esas fechas no se puede aducir que sea por influencia de Grecia, ya que más avanzados estaban los etruscos que los helenos en ese momento. 2º para esas fechas estos dioses humanos ya son cosa del pasado, pues los fenicios ya no creen en ellos (Orfismo), el Sincretismo tampoco, y un poco después los mazdeistas los usan para representar al Demonio.

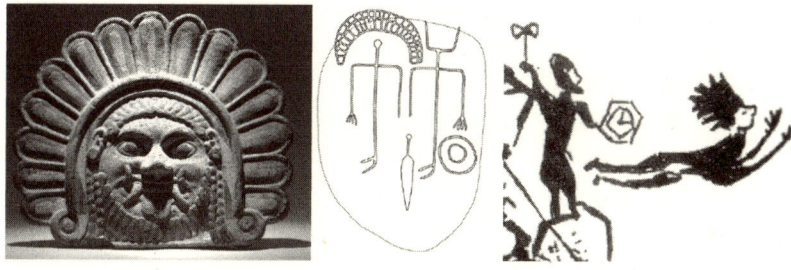

La Corona de Argos (plumas) en tres ejemplos vistos (Fig. 64); si ahora comparamos la Gorgona etrusca con la Estela de Almadén (Fig. 16) del 1500 a. C., apreciaremos en ambas el enorme arco por encima de la cabeza que produce el tocado de plumas. Para ser exactos en Almadén no son plumas sino escamas, pero da igual, también representa al Dragón. Otra manera era con crines de caballo, pero siempre es una cresta en forma de arco por encima de la cabeza. En tercer lugar la cerámica de la guerra civil (Fig. 51) donde ya no son amigos y se están peleando, y el rey libio —huyendo— vuelve a aparecer con el tocado de plumas.

Como también el rey de Tartessos, en su aspecto de emperador de Atlantis, es del 3º tetramorfo (Poseidón), pues esos colmillos de Ahrimán podrían ser por eso, y quizás los dilatadores de oreja eran usados también por los adivinos y sacerdotes tartesios, no hemos encontrado aún esas piezas en su reino, pero podría ser. En ese caso, la imagen de Ahrimán (Fig. 63) no sería una mezcla de dioses sino directamente el rey de Tartessos, porque predominan los cuernos de toro. En tanto que la Gorgona es el rey de Libia. A veces puede haber varias lecturas pero en general la iconografía es muy clara. La crin de caballo puede sustituir a las plumas porque el Pegaso es el hijo de la Gorgona, y el Sol —Apolo el caballo— en definitiva es la cabeza del Dragón. Si los zoroastristas están usando esta iconografía atlante, tiene ésta que ser muy antigua, y además tuvieron los atlantes que llegar a Persia. Cuando el Orfismo les hace aborrecer de los *«falsos dioses»* pasan estas viejas imágenes a ser demonios, como ya lo es Ahrimán.

Los *Gorgoneion* son imágenes de la cabeza de Medusa vista de frente, a menudo horripilante. Los de Grecia suelen poner el nudo de las serpientes (Fig. 33), y alrededor serpientes en general; eso es por la hazaña de su héroe Perseo. Los etruscos, aunque aceptan la influencia griega al usar la iconografía del Gorgoneion (Medusa de frente), no ponen serpientes y en su lugar colocan correctamente el tocado de plumas libio. ¿Y esto qué significa? Pues que no les apetecía ensalzar a los griegos, a partir de ahora este icono horrible empezó a usarse con orgullo y como imagen de culto, y los etruscos, por estar más cerca de Grecia, son los primeros en adoptarlo, antes que en Hispania. Por otro lado, este Gorgoneion de Capua (Fig. 63) tiene barbas, lo que lo convierte en un hombre; más que la Medusa lo están usando para referirse a los reyes libios en general, o a los propios hijos de la Gorgona, Chrysaor y Pegaso.

Lo que está claro es que la dualidad de reyes, uno con cuernos y el otro con plumas, se mantuvo en la iconografía española durante muchos siglos (Fig. 64), lo cual indica la autoctonía de la Doble Corona. Por las estelas tartesias y las noticias mitológicas, sabemos que dejaron de usarse en España los cascos con cuernos hacia el 1250 a. C. La causa debió ser la gran molestia que eran en combate, pues era fácil golpearlos y arrancarte el casco (o dañarte el cuello). En torno al 1250 a. C. están empezando a aparecer cascos de bronce y no podían ensamblarles cuernos rígidos. En cualquier caso, esta iconografía de la Gorgona es la de los reyes libios emplumados de España, y esto nos confirma a Stesichorus (siglo VIII a. C.), quien nos hablaba de su linaje —Gerión, Pegaso, etc— como reyes de España. De modo que en general cambian muchas cosas con el contexto según lo acabamos de ver, hay que tomar conciencia:

En 1º lugar esos dioses y esas historias de héroes (Medusa, Perseo, Heracles, Orfeo, Gerión, etc), tienen un sustrato arqueológico muy grande, no pueden ser una invención literaria de tiempos de Hesíodo, ni de Homero, han de ser con seguridad mucho más antiguos, y su culto sagrado indica que fueron personas reales. ¿Cómo vamos a tener Orfismo en Fenicia desde el 1000 a. C. si hay que esperar a que Hesíodo se invente los dioses?

En 2º lugar no son «griegos», o solamente griegos, pues los propios griegos eran atlantes y el culto a los dioses occidentales lo compartían con etruscos, tartessos, etc. Lo de la «*Mitología Griega*» es una falsedad, es de todos, con independencia de que los escritores griegos sean después los más antiguos conservados, eso da igual. Además, los fragmentos de Ferécides comentando textos fenicios más antiguos ya mencionan a *Zas* (Zeus), a *Chronos* (Cronos), a *Ofión* (el «*hombre serpiente*»), *Gea*, etc. Y son sus nombres fenicios. Los fragmentos de Sanchuniathon, 1030-965 a. C., nos están hablando ya de otros muchos: *Urano, Elioun, Dagón, Atlas, Astarté*, etc. Y nos informa que su teogonía se basa en otra anterior de Hierombalus, un sabio fenicio legendario de tiempos de Moisés (siglo XIII a. C.).

En 3º lugar para el año 1000 a. C. los fenicios ya no creen esos dioses atlantes, y están propagando una nueva religión por el mundo donde se los rechaza. El propio Sanchuniathon nos dice: «*los dioses eran originalmente los seres humanos que llegaron a ser adorados después de su muerte*». Por otro lado, si su imperio ya era enorme, sus exploraciones llegan lejísimos, como estamos viendo, desde Britania hasta las Molucas. Y si perfectamente hicieron eso los fenicios, pues no debería extrañarnos que antes también lo hubiesen hecho los atlantes. Así, el megalitismo occidental de la India indica que llegaron hasta allí, y como son dólmenes primitivos con una tipología del 4000-3400 a. C., indica que llegaron en esas fechas (los dólmenes del Deccán). Por lo cual, debemos abrir la mente, y pensar en exploraciones similares durante la Edad del Bronce.

4º eso elimina completamente la idea tradicional de los «indígenas» de Hispania, que vivían en chozas, cazando y sembrando, cuando llegaron los romanos o los fenicios para civilizarlos. Ésa es una imagen trasnochada del siglo XVIII, y en la actualidad ya ni siquiera es aceptable que los fenicios estuvieran más desarrollados que los tartessos. En realidad esos «indígenas» ya tenían acueductos en Millares hacia el 3400 a. C., y eran la civilización más avanzada de la Edad del Bronce; sus yacimientos están llenos de armas, y como los fenicios después, estaban también explorando el mundo entero. Nadie les podía detener.

En 5º lugar, si hallamos coincidencias asombrosas entre civilizaciones distantes tiene una explicación y es debida a ellos. ¿Cómo explicar que Shiva, el dios del 3º tetramorfo en la India, tenga también un Tridente y la piel azul como Poseidón? ¿Cómo explicar que el panteón brahmánico sea el mismo? Pues por su llegada, y además es algo seguro porque el color Azul es del 2º tetramorfo, el Toro de Tartessos, y no corresponde ese color a Poseidón, ni tampoco a Shiva, que son el 3º tetramorfo; si el dios hindú lo acaba llevando —el Azul— es sólo por los tartessos, pues coincidió el imperio de los mares con ellos.

6º la reconstrucción de la lengua indoeuropea se ha hecho en base de todas las coincidencias halladas entre las lenguas que van desde la India a Europa, pero ahora vemos que otros pueblos, distintos a los indoeuropeos de Ucrania, también recorrieron ese camino. Por lo tanto, no todas las coincidencias serán del indoeuropeo como hasta ahora se había pensado. Muchas palabras podrían ser de los atlantes, que como sabemos, conquistaron el Deccán en la India. Y conocemos que hubo más llegadas, por lo tanto, sin quitarle mérito alguno a la reconstrucción efectuada del indoeuropeo, en la cual firmemente creemos, avisamos que muchas palabras reconstruidas son erróneas y lo sabemos con seguridad. Por ejemplo, *Pirata* se hace proceder de una supuesta raíz **per-5* la cual se ha derivado del verbo griego Πειρέω (*Peiréo*) que significa «intentar», «probar», y también «atacar» y «probar fortuna», por lo que efectivamente está relacionado. Luego se le añade el sufijo -της -*tes* «agente»), así que el *Peiratés* es el agente que prueba fortuna. Hasta aquí parece impecable, pero seguimos sin comprenderlo, seguimos sin explicar el origen de ese verbo griego.

Por otro lado, tampoco está contrastado con las demás lenguas indoeuropeas, sino sólo con el latín, que es precisamente lengua hermana del griego y no pertenece a ese grupo (los indoeuropeos nunca invadieron el centro de Italia, los celtas eran su avanzadilla pero no pasaron del valle del río Po). Ni siquiera encontrar en lengua gótica *Faírina*, o en alto alemán *Firina*, ambas con el sentido de «delito», son pruebas, porque estos idiomas indoeuropeos se superpusieron sobre poblaciones anteriores que ya podían tener esa palabra. Pero el problema fundamental es que sigue sin estar explicada la palabra, **per-5* es tan sólo el parche nº 5 a unos lexemas que no se han entendido. Mientras más significados distintos le pongan al **per* más garantía tenemos de que es un error.

¿Hay otras alternativas para poder entenderlo? Claro que sí, la palabra Πειρατής (*Peiratés* «pirata») significa que esa persona viene de Beirut, y como los de Beirut les estaban pirateando pues así adquirió el significado. Sin embargo, el griego desarrolló luego con palabras como ésta el sufijo -της -*tes* «agente»), por lo que para formar el verbo lo van a quitar, y queda Πειρέω (*Peiréo* «atacar»). Lo mismo le ocurrió a muchas otras palabras, Ποιητής (*Poietés* «poeta») viene del dios Ptah (PT), el dios de la narración, pero en griego, cuando se forma el sufijo -της -*tes* «agente»), van a entender el lexema del verbo sin la T del final, y se quedará en Ποιέω (*Poiéo* «hacer»), el mismo proceso que en Πειρέω.

Así se formó *Pirata*, y del griego pasó al latín y a las lenguas de alrededor con los que tuvieron contacto, como en efecto los godos de Crimea, porque allí los griegos establecen colonias. Por eso tenemos allí *Faírina* («delito»), que viene del infinitivo griego Πειρειν (*Peirein* «atacar»). Y nada más, por eso el resto de indoeuropeos no tienen esa palabra, nada parecido. Y en vez de recurrir a una nueva raíz indoeuropea inventada, *per-5, lo que hay que hacer es explicar el origen de la acepción. ¿Por qué motivo iban a tener los indoeuropeos un lexema para *Pirata*, *Periculum*, y poco más? Además, asociado al mar, cuando estos pueblos, los indoeuropeos, no tenían mar y vivían en la estepa. Es ridículo pensar que todo el vocabulario mundial procede de un pequeño lugar en las estepas rusas, y que los demás pueblos de la tierra no aportaron nada.

Recreación de un barco fenicio del 800 a. C. (Fig. 65); en alta mar los Πειρατής («piratas») fenicios llevaban siempre esta vela Rojiblanca, que permaneció en la bandera de Indonesia. Todo esto procedía de la marina de la Corona Roja de la Atlántida, los colores de Iberia y Libia, sus reinos originales en España. Son las barras de Aragón y Cataluña.

Esta última sí que es una postura irracional, es que eso no tiene sentido. Acabamos de ver, por ejemplo, cómo *Pirata*, y *Poeta*, no son palabras de origen indoeuropeo. La una viene del dios Íber que dio nombre a la ciudad fenicia de Beirut, y la otra del dios Ptah, dos dioses atlantes, los cuales generaban gentilicios o verbos. Por eso, la solución no es siempre inventar una nueva raíz indoeuropea, *per-5 para *Pirata,* y más extraño todavía, *Kʷoiw-eyo para *Poeta* (pronúncielo quien pueda); deformando siempre para adaptarlo las pronunciaciones hasta lo exagerado. ¿Es que el latín no va a heredar nada del etrusco? ¿Todo lo va a heredar del indoeuropeo al cual ni siquiera lo conoció? Al adscribir todo el vocabulario conocido a supuestos lexemas indoeuropeos estamos equivocándonos seguro, y por el hecho de inventar más lexemas no vamos a lograr explicar nada. La palabra Πειρατής (*Peiratés* «pirata») no remonta a más allá del siglo VIII o IX a. C., cuando entraron los griegos en conflicto marítimo con los fenicios. Al inventar un lexema indoeuropeo, del 4200 a. C., estamos fallando. Y no olvidemos, que los pueblos atlantes, y también camitas, llegaron asimismo hasta la India, invadiéndola. Por lo que el sánscrito no es garantía de indoeuropeo.

Iremos viéndolo poco a poco. De momento todo esto nos sirve para prevenirnos sobre los errores que al día de hoy seguimos cometiendo; pero estamos viendo, casi al mismo tiempo, que los antiguos griegos cometieron sus propios errores al interpretar los mitos. Los tacharon de falsos y los tiraron a la basura, conducta que nosotros hemos heredado de ellos. Pero lo peor de todo fue la guerra civil en que cayeron los propios atlantes, fueron los deseos de ganar a toda costa esa guerra los que causaron una nueva clase de indecencia: el fraude histórico.

Esto sí que fue dañino. Sin duda, no fue la primera vez en la Historia en que se peleó por la legitimidad política, haciendo incluso trampas, pero el Cataclismo de Atlantis dio paso a una pelea de derechos al *imperium* entre las familias troyanas que nunca antes, jamás, había alcanzado un grado tan alto de ferocidad y cinismo. Originó por primera vez en la Historia persecuciones culturales, es decir, religiosas, porque *Cultura* viene de *Culto*. Y esa guerra mediática terminó creando aculturación falsa, que superó con mucho a las primitivas difamaciones.

Sobre las «*familias troyanas*», diremos que ya se las llama así en los mitos, y la literatura sobre este tema es abundante. Esa acepción incluye a todos cuantos lucharon por el *Trono de Océano*, o sea, por el Reino de Troya Occidental (Tartessos). No hay que confundirlo por lo tanto con la Troya homérica, la cual es Troya Oriental (Grecia). Esta última en definitiva era su reino gemelo, pero tenía su propio ámbito de jurisdicción, y otro rey sagrado. Era del mismo modo a como en el Líbano (Fenicia) tenemos el reino gemelo de la Libia de España. Y cabe suponer que en el Cáucaso, el famoso Reino de Cólquide, que en la actualidad se sigue llamando Iberia (Fig. 60), si acaso no sea la Iberia Oriental, gemela de la Iberia Occidental de España. Por eso el idioma caucásico de ese reino es parecido al vasco, aunque se halle en territorio indoeuropeo. Una migración occidental ofrece la única explicación, pues su estructura idiomática es occidental. Además, otro nombre que tiene ese reino es Georgia (G-Argos), el mismo dios de los íberos (Aragón < Argón), y también hay dólmenes, por lo tanto, no hay duda: eran atlantes, y allí, eran foráneos.

De modo que ya conocemos ocho reinos de los Diez que componían el imperio, y los Cinco Reinos Originales de la Península Ibérica tenían otro reino gemelo, situado siempre lejos, en Oriente. El cual, por lo menos en estos tres casos duplicaba el nombre. Por eso, la pelea entre las *familias troyanas* va a ser entre las que tenían derechos de sangre para heredar el Trono (TR-N) de Troya (TR), pero ese nombre se refiere a Tartessos, la Troya Occidental. Estaba en juego nada menos que el derecho a gobernar el Imperio Atlante, la máxima autoridad política y cultural desde hacía seis milenios, un premio demasiado bueno como para dejarlo escapar. La pelea fue terrible, y poco a poco acabó convirtiéndose en una guerra a muerte.

Lo que ocurrió es que para cuando finalizó esa guerra había desaparecido el imperio, pues los antiguos pueblos atlantes eran ya enemigos irreconciliables. Y lo que es peor, habían aprendido a deformar la Historia mediante fraudes. Se puede decir que son los propios atlantes los que destruyeron su glorioso pasado, y la única Historia apta para el vencedor será la que niegue los demás derechos. Intentemos ver este proceso con un poco de detalle.

Tras el Cataclismo (1069 a. C.), el emperador de Fenicia debió reclamar la supremacía, pero las familias troyanas de Tartessos no se la aceptaron, alegando que sus linajes tenían mayor parentela con los desaparecidos reyes en la catástrofe. Como eso no se arreglaba, y el emperador fenicio no aceptaría ser vasallo de un linaje político inferior, se independizó, hacia 1050 a. C., y promovió el Orfismo, doctrina que rechaza los linajes sagrados y da mayor importancia a los cargos. En su caso, el *imperium*.

Todo eso para acabar ganando la pelea de legitimidad, los sabios Ammoun (1050-40 a. C.) y Sanchuniathon (hacia 1000 a. C.) se encargaron de darle razones y estructura. Pero tampoco llegó a nada porque sus oponentes tartessos, los Hábidas, no aceptaban esas razones. Estuvieron a punto de arreglarlo uniendo los linajes, cuando Beleazarus casó con la hija de Habis, pero ya con Abdastartus no se pusieron de acuerdo sobre dónde tenía que estar la sede principal, si en Tartessos o en el Líbano. La plebe en ambas naciones se rebelaba si los reyes se marchaban lejos.

Al final el linaje se ubica en Fenicia, y entonces Hispán (920-890 a. C.) se rebeló; el argumento debió ser que el solar del *Trono de Océano* era intocable, sagrado, que los reyes supremos tenían que estar en Tartessos. Éste es ya el argumento geográfico, muy distinto del de los linajes, y fue creado seguramente como reacción al Orfismo fenicio (que rechazaba la divinidad de esos linajes), y porque como vemos, el linaje principal se había ido a Fenicia, los fenicios se lo habían robado con la boda. Este argumento geográfico es el que primará en la Edad Antigua, cuando tanto Roma como Cartago sacralicen luego sus ciudades.

Por lo pronto, el espartano Pritanis, jefe de los griegos atlantes, se independiza también, siguiendo el ejemplo de los fenicios. Debió ser hacia 910 a. C., y basándose en el suelo sagrado, pues allí tienen el centro del mundo, Delfos; e inventa el Pritaneion, la sede del estado ya no es una persona (linaje), sino una institución. Un lugar donde se guarda la llama sagrada de Hestia, que simbolizaba el Olimpo, el hogar de los dioses. Es muy posible que la invasión celta de España le hiciese pensar que él tenía ya más poder que el rebelde Hispán de Tartessos, que además de ser un rebelde, quedaba sin fuerzas —con todos esos celtas conquistándole— para ir a castigarle a él. Pritanis aprovechó la coyuntura para su *imperium*; y fijémonos, a partir de él en la mayor parte de las ciudades griegas copiaron la institución, y el primer magistrado se llamará *Prýtanis*, y *Prytanide* se llamará, en las ciudades con fuego de Hestia (Vesta) —incluida Atenas—, a la viuda que se encargaba de cuidar la llama, es decir, a la vestal.

La idea llegó también a continuación hasta Etruria, situada más al Occidente; el argumento de los linajes ya no servía, y el geográfico tampoco, pues los fenicios se han independizado, y asimismo los griegos, ¿es que nosotros los etruscos somos menos? La Confederación Etrusca del 850 a. C. supuso la creación de otro *imperium* y por lo tanto una declaración de independencia. Tartessos conservaba la lealtad sólo de los pueblos más cercanos a España, que se sentían occidentales ante todo, como los íberos, auvernios y lígures. Estos tres reinos eran antaño de la Corona Roja, pero una vez que los emperadores fenicios prefirieron ser orientales y situaron su sede en el Líbano, no aceptaron esa nueva disposición. Se pasaron al bando tartesio (Fig. 60) e hicieron un bloque fuerte. Notemos cómo la ola de independencia iba desde Oriente hacia Occidente avanzando poco a poco:

        Etruscos   ←   Griegos   ←   Fenicios
        850 a. C.   910 a. C.   1050 a. C.

La legitimidad política se ha convertido en el problema principal del imperio. Ya se ha disuelto en pedazos debido a ello, y todos los sabían, todos van a tomar conciencia acerca de que esa guerra ideológica debía ganarse. Por eso empiezan a mentir y a quemar los libros de los adversarios, para eliminar sus argumentos. Los linajes imperiales de Tartessos, remontando tantos siglos hacia atrás ostentando el cargo de emperadores, aunque no fuesen sagrados, seguían siendo el principal argumento a favor de mantener la supremacía en Tartessos. Por mera tradición, por el simple derecho consuetudinario. Y ni los fenicios ni nadie encontraron posibilidad de negar eso. Y éste es el problema, que la solución acabó siendo destruir la memoria de esos linajes, tuvieron que volverse cínicos para poder ganar. Empezaron primero a ensalzar las «*ciudades sagradas*», tanto Roma como Cartago, pues Atlantis había desaparecido. Usaron así el argumento geográfico pero sólo con una ciudad, que los dioses bendicen tras castigar la otra. Y también debido a ello, cuando los cartagineses consiguen conquistar la Andalucía (509 a. C.) no tendrán compasión ninguna y borrarán cualquier vestigio de esa supremacía. Quemarán todas las bibliotecas del Reino de Tartessos, en especial la literatura mitológica (anales), para que así la versión política sea la suya.

La estrategia principal era desmemoriar al enemigo, para deslegitimarlo. Suponemos que varias veces habían los tartessos acudido a las discusiones con anales de los reyes. Y esos anales se convirtieron en un enemigo. Nunca antes en la Historia había ocurrido eso, la conservación de la memoria siempre había sido sagrada y respetada. Porque nadie quería enemistarse con los dioses, pero... ahora ya no eran dioses, ahora sólo eran «*dioses falsos*», blasfemos que merecían olvido por su prepotencia e impiedad.

Iniciaron así las primeras persecuciones culturales de la Historia, amparándose cada cual en su propia religión. Las destrucciones ya comenzaron por eso en este sentido a partir del 800 a. C., al principio con santuarios pequeños, pertenecientes a dioses que ya de por sí estaban medio olvidados —y sin defensa—. Pero fueron a más, el santuario de Delfos, desde el 600 a. C., fue destruido en multitud de ocasiones, las principales fechas son éstas:

600-595 a. C. con la 1º Guerra Sagrada; 590-89 a. C. en una segunda parte; 548 a. C. con un incendio seguramente provocado; 546 a. C. la pifia del Oráculo con Creso, lo cual lo desprestigia; 480 a. C. llegada de los persas, la mayor parte se salvó; 448 a. C. la 2º Guerra Sagrada, se usan los oráculos políticamente; 373 a. C. un terremoto; 357 a. C. saqueo de los focidios, y 3º Guerra Sagrada; 339 a. C. en la 4º Guerra Sagrada; 279 a. C. saqueo de los gálatas; 200 a. C. con el Hermetismo el Oráculo pierde casi toda su importancia; 191 a. C. primer saqueo de los romanos, suave; 86 a. C. saqueo de Sila, no tiene piedad y se lleva todos los tesoros que quedaban; 85 a. C. destrucción de los escordiscos; 54-68 d. C saqueo de Nerón, lo vuelve a dejar esquilmado, abolió el oráculo y repartió sus tierras a sus soldados; 313 d. C Constantino y otros destruyen el santuario; finalmente, en el 392 a. C. Teodosio el Grande prohíbe su culto.

Este santuario estaba en uso desde el Neolítico, desde hacía seis milenios funcionaba, y en apenas 600 años de destrucciones y saqueos lo eliminaron por completo. Los devotos lo reconstruían pero cada vez más pobremente, con menos recuerdos, con menos dinero, y con menos de todo. Hasta que desapareció. Nunca había ocurrido algo así, y se trataba de uno de los principales santuarios de todo el Mediterráneo. Esto a nivel evolutivo es fulminante, y no cabe achacarle la destrucción del santuario pagano al Cristianismo, ya había empezado mucho antes. Lo que ocurrió en Delfos es un paradigma de este proceso de guerra política usando la religión, lo ponemos porque en él conservamos las fechas, pero exactamente igual ocurrió en España y los demás sitios. Fue una destrucción general, porque todos estos santuarios atlantes molestaban.

En cada una de esas destrucciones ardía la biblioteca, y era imposible volver a recordarlo todo. Normalmente algún sacerdote se salvaba, siempre se salvaba alguno, y era capaz de recomponer parte de los himnos, y de los mitos, lo que se acordase él, pero siempre se perdía muchísima información. Si perdemos la mitad de la información en cada destrucción, al final de 16 destrucciones… ¿qué nos queda? Pues una muy minúscula parte. Para ilustrarlo, imaginemos que se conservaban en la biblioteca de Delfos 100 textos mitológicos en tablillas de madera, pues la primera destrucción de la 1º Guerra Sagrada fue la peor de todas, se quemó el 50%, y nos quedan sólo 50 textos. La siguiente destrucción del 590 a. C. nos lo reduce a 25 textos, de modo que ya, en los diez primeros años de la Época Clásica hemos perdido el 75% de la mitología.

Por eso se volvieron tan importantes los logógrafos (recopiladores de mitos) anteriores a esas fechas, como por ejemplo Hesíodo, 790-710 a. C., porque los santuarios la perdieron. En el 548 a. C. el incendio nos deja sólo el 13%, para las fechas en que murió Solón ya nadie podría recuperar ni de lejos la información que él aún tuvo a su alcance poder utilizar. Es un problema que ya hemos visto que le ocurrió a Hecateo cuando llega a Egipto, y los anales de Heliópolis habían sido borrados del mapa, el propio santuario estaba en ruinas. Lo mismo le había ocurrido a Sais, capital libia, y más sitios. Las destrucciones no son gratuitas, y estamos todavía en la actualidad pagando el precio, con una completa ignorancia.

Sin contar las veces en que parece que no fue destruido, como la invasión persa (480 a. C.) y la 2º Guerra Sagrada (448 a. C.), ya en el 357 a. C. nos queda el 3%, y en el 279 a. C. sólo queda un 0,7% de la mitología. Poco menos que lo salvado hasta nosotros, que es apenas la leyenda sobre Apolo matando a la serpiente Pitón, ya que por eso el santuario pasó a su advocación, luego el Ónfalos y cuatro cosas más, cabiendo todas ellas en un artículo de poca extensión. ¿Eso quedó de un santuario como Delfos de seis milenios de antigüedad? Ciertamente es muy poco, vergonzosamente poco, apenas la referencia de porqué el sitio era sagrado, y porqué estaba bajo la advocación de Apolo. Es lo imprescindible para continuar rezando allí, pero ya está vacío de contenido porque no queda información sustanciosa. Y en la medida en que perdemos el contenido la fe y el cariño se debilitan; sería como tener fe en Jesucristo sin saber nada de él, ¿cómo lo vas a amar si ignoras su vida?

La verdad es que da pena lo que se hizo con la religión tradicional, las nuevas religiones eran ciertamente más avanzadas pero fue la guerra política basada en ellas la que convirtió el proceso en algo tan exterminador. Incluso es la guerra la que incitó la creación de esas religiones, con el rechazo de los *«falsos dioses»*, etc. La buena noticia es que la difusión del papiro en Grecia a partir del año 850 a. C. con Cadmus permitió a los logógrafos irse de los santuarios habiendo copiado muchas informaciones valiosísimas. Ocurrió casi a la vez, compensándose lo uno con lo otro; así, la destrucción de santuarios comienza en el 800 a. C. con el propio Orfismo que introducen los fenicios, pero es que al mismo tiempo introducen el papiro y se usa para copiar y llevarse las noticias. Un sólo volumen enrollado podía guardar la información de todas las tablillas de un santuario, lo que antes sólo se podía guardar en santuarios ahora te lo podías llevar bajo el brazo.

Los logógrafos vendían luego el texto en los mercados, y lo que se salvó es aleatorio por completo, pero aún así permite una reconstrucción de los linajes de la Atlántida, a pesar de la destrucción y persecución que sufrieron sus anales. Es preciso hoy día que entendamos que en efecto hubo una persecución política, y que por lo tanto no se van a conservar los anales de los reyes de la Atlántida, o cualquier otra cosa que fuese políticamente inapropiada, todo eso va a ser destruido. Incluso mencionar la Atlántida, el imperio occidental en sí, era inapropiado. Pero aún con todo ello, existía la religión tradicional con devotos como Epiménides, y no era posible eliminarla de golpe. También se desarrollaba la literatura, con obras de teatro y rapsodias. En todos estos lugares se han conservado suficientes noticias, tan sólo hay que saber detectarlas. En segundo lugar, la literatura escrita en griego o latín va a ser después la única que se salve de la desaparición, tal como dijimos antes, porque fue el vehículo de cultura que sobrevivió, las otras lenguas fueron exterminadas. Nadie copió ni tradujo los textos de las otras lenguas, y por lo tanto todo ello se perdió. ¿Qué noticias serán las más antiguas que nosotros tendremos? Pues como el papiro se difundió primero por Grecia que por Roma, los escritos más antiguos conservados serán los logógrafos griegos.

Esa es exactamente la situación que hemos heredado, lo que se salva es lo que entra dentro de la Literatura, y la de Grecia es la más antigua conservada, por eso es la mejor para acercarnos a la Atlántida, pero no la única. Por otro lado, la noción misma de Literatura empieza a raíz de estas destrucciones, pues la mayor parte de la gente amaba todas esas historias (mitos) de sus dioses, las deseaban seguir oyendo por mero placer. De modo que las crónicas sagradas se salvaron convertidas en Literatura.

Todas las historias fueron descontextualizadas en el sentido de no saber en qué guerra o bando participan los personajes, y en el hecho de ignorar los anales (dataciones). Los relatos copiados ahora no tenían fecha, eran cuentos descolgados de toda conexión con la Historia. Si cualquier libro mencionaba demasiados datos históricos, en especial los linajes occidentales de dioses, entonces era purgado porque ésa era una información muy indeseable para los intereses de los fenicios, los órficos en general, los helenos, los griegos dorios una vez que tienen *imperium* propio, y por supuesto los etruscos; es decir, a fin de cuentas, muy indeseable en todo el Mediterráneo para todo aquél que no sea tartesso.

El Baño de Apolo y las Ninfas (Fig. 66); obra de Girardon en los jardines de Versalles, 1666-75. Para los europeos, la tradición mitológica se convirtió en fuente de inspiración artística, ajena a la Historia.

Y como el Reino de Tartessos será destruido, y toda la literatura salvada será la griega o romana, lo que tenemos aquí es la *Historia del Vencedor*, que simplemente negó la existencia de la Atlántida por causas políticas. Porque esos linajes de Tartessos seguían siendo el argumento a favor de mantener la supremacía en Occidente, nadie podía negarlo, y era convincente; la solución acabó siendo como decimos, destruir la memoria de esos linajes, y volverse cínicos hacia la Historia para poder hacerlo. Primero lo hicieron los cartagineses en España, en el 509 a. C., pero es que luego los romanos se lo hicieron a su vez a ellos (201 y 146 a. C.), y por eso, no se ha conservado ni una pizca de los anales de Cartago. Ni de Cartago ni de Tartessos, porque fueron destruidos.

Para mayor enjundia, también le ocurrió lo mismo a Roma, porque los celtas de Brennos en el 390 a. C. lograron arrasar la ciudad del Lacio, cuando aquél jefe pronunció la famosa frase: *Vae Victis!* («¡Ay de los vencidos!»). Se sabe que los celtas en esa ocasión arrasaron Roma, y en los incendios se quemaron todas sus crónicas, situadas en el *Tabularium* primitivo y en algunos templos; esta desgracia es la razón por la que los romanos tuvieron que recoger después en Grecia su mitología, tras dominar el país (168 a. C.), pues habían perdido la suya. Aunque no tuvieron compasión con Cartago, de los fenicios lo destruyeron todo en el 146 a. C., y sus habitantes fueron esclavizados o muertos.

De modo que la persecución política existió, y hubo grandes destrucciones en momentos concretos, sin que se salve ninguna nación de ser invadida alguna vez. Pero más importante es el hecho de que se perdiesen todas las obras que no estuviesen en latín o griego, debido al exterminio de los idiomas; y que además, en las nuevas normas políticas, prohibiesen las obras de Historia indeseables. Ello provocó que la mitología usada para el pueblo se desprendiese de los datos históricos si no quería ser purgada, algo que los escritores aprendieron a respetar ya desde tiempos muy tempranos, como el 800 a. C. Pero si esa situación se alarga, y sistemáticamente se van borrando las huellas, al final los mitos en sí dejan de ser sagrados (históricos) y nadie recuerda tampoco su historicidad. La Poesía misma, atributo anterior de sacerdotes y sibilas, se convierte en Literatura entendida como ficción, y desde las nuevas religiones como el Orfismo, Pitagorismo, Monoteísmo, etc, ya no se admitía la divinidad de aquellos personajes. Es el propio avance evolutivo el que destruyó el pasado.

Creemos que si no hubiese ocurrido el Cataclismo todo este proceso de reformas religiosas no hubiera sido tan dramático, porque hizo entrar a los atlantes en una guerra civil a muerte muy politizada. El Cataclismo fue en verdad una desgracia para la Atlántida. Y todavía el papiro, algo así como el gran secreto de los egipcios, no se había difundido lo suficiente, casi no llega ni a tiempo de salvar las noticias que por fortuna conservamos, pues, sin los logógrafos la mitología se habría perdido. Los autores anteriores al 600 a. C., como Hesíodo, u Homero, se volvieron muy importantes porque ellos aún escribieron conociendo toda la mitología, teniendo en la mente un contexto general que luego nadie pudo volver a tener. Todo lo que se recogió posteriormente a las Guerras Sagradas (600-339 a. C.) son noticias pequeñas y aisladas, que se tenían que contrastar con los esquemas de Hesíodo o de Homero.

En consecuencia, ya en la propia Antigüedad, durante el Helenismo (400-200 a. C.), habrá mucha gente convencida acerca de que la mitología fue inventada por Homero y Hesíodo. Hasta tal punto se deformó la comprensión, y es debido a que eran los dos únicos referentes antiguos que se conocían. Eran los que se copiaban para conocer los mitos, todas las tablillas primitivas de los santuarios habían sido destruidas, y todo el mundo decía por todas partes que eran historias falsas.

Si no fuese porque muchas historias eran bonitas y en cualquier caso a la gente le gustaba oírlas, se hubiera perdido todo. Salvo la Guerra de Troya por supuesto, pues en ella participó toda la región del Egeo, toda Grecia, y por eso, todas las familias nobles remontaban su linaje a esa guerra, y sus derechos dependían de ello. De modo que, de nuevo por causas políticas, nadie cuestionó jamás en Grecia la existencia de esa guerra (1193-1183 a. C.), que por lo demás, era muy cercana en el tiempo y en la geografía. Los mitos que se negaban eran habitualmente mucho más antiguos, más ajenos, hablaban de dioses marinos y cosas raras.

Ahora bien, examinando otras mitologías, por ejemplo personajes como Gilgamesh en Sumeria, pues resulta que nadie niega —en la actualidad— que debió ser en efecto el quinto rey de Uruk tal como dicen sus mitos, reinando hacia el 2700-2660 a. C. No importa que sus aventuras sean fantásticas y aparezcan decenas de cosas imposibles, por ejemplo es hijo de la diosa Ninsun, un semidiós. El personaje no deja por ello de ser histórico. Pues bien, si por el contrario examinamos mitos europeos que afirman que Tritón con su cola azul de pez fue un rey de la Atlántida, hijo de la diosa Anfitrite, pues en este caso no se le da ningún crédito, ¿pero qué diferencia hay? Hoy día sabemos que Tritón reinó hacia el 1980-1940 a. C., y es también completamente histórico, como Gilgamesh.

Añadamos por último a Tespis y sus mentiras, con quién ya Solón trató de luchar. Los aedos que componían diritambos (800-600 a. C.) oyendo que los mitos eran falsos, y que no eran sagrados, etc, lo lógico es que para gustar más a los auditorios imitasen la idea. Al público le agradaban las novedades, las sorpresas. Y si las fiestas atraían más gente, y eran un éxito, la ciudad ganaba dinero; las autoridades lo permitieron, pues la competición entre ciudades era muy acuciada por acaparar fama. El Diritambo se separa como espectáculo laico en esa época precisamente por eso, pero los mitos seguían siendo su material, y la costumbre de representar era con ellos. Así, empezaron a inventar sucesos falsos que jamás habían ocurrido con los personajes mitológicos, hasta el punto en el cual ya con Tespis, 605-530 a. C., eran cosas que nada tenían que ver con ellos, y Solón le prohibió representar.

Este altercado debió ser poco antes de que Solón escribiese su *Elegía a Filocipro* (575 a. C.), cuando Tespis, el creador de la Tragedia, es todavía jovenzuelo. Los versos de este poema de Solón, el πολλὰ ψεύδονται ἀοιδοί («*mucho son falseados los historiadores sagrados*») son una queja como en el resto del poema hacia la política. Y ya sabemos que esa política también estaba manchada con la Historia; es lógico que el legislador se amargase, ante una sociedad que por divertirse despreciaba la verdad y avanzaba como loca pisoteando todo su pasado. Es claro que Solón, al ser un Nélida (linaje atlante) no estaba de acuerdo con todo lo que se estaba haciendo a su alrededor. Entre los órficos, los teatreros y los políticos. Por eso, él tomó conciencia de defender Delfos —todos somos griegos ya—, pero igualmente de recuperar la Historia real de la Atlántida, siguiendo en esto seguramente ideas de Epiménides.

El Teatro Griego (Fig. 67); *estos edificios se situaban en colinas, empezó siendo un Koilon (gradas) de madera. El círculo de la Orchestra era donde se situaba el Coro, y por detrás el Proskenion (zona de los actores) y al fondo la Skene (escenario arquitectónico).*

Pero como los aedos no dejaron de inventar mentiras, y precisamente copiaron a Tespis e incluso lo superarán, dejaron por lo tanto de ser entendidos como «*historiadores sagrados*», para pasar a ser inventores de historias. Los portadores de la Poesía dejaron de ser serios. De modo que cuando la gente oía el verso de Solón, πολλὰ ψεύδονται ἀοιδοί, no van a entenderlo ya como queja sino como un hecho normal, algo que es propio de los aedos. Porque era en efecto así en los siglos siguientes. De hecho, empezó en los Diritambos del 800 a. C. con añadidos en los mitos del todo inventados, espurios, que fueron cada vez a más; por lo cual, ya a partir de Tespis y la Tragedia, desde el 600 a. C., es que clamaba al cielo, toda la historia era nueva y no guardaba relación alguna con los personajes.

Ahí es donde tenemos el conflicto con Solón, de quien podemos asegurar sin ninguna duda que estaba indignado por estas prácticas, no solo prohibió representar a Tespis sino que lo desterró de Atenas. Hizo todo lo que pudo por evitar esas mentiras, y su dureza era para que la gente se concienciase. Intentó detenerlo.

Actores de teatro con máscaras y Tespis en su carro (Fig. 68); se aprecia que uno representa a Heracles (piel de león y maza), mientras el otro es un dios marino (cuerpo de escamas y máscara de "viejo del mar"). Siempre eran personajes mitológicos. En cuanto a la leyenda de Tespis, dice que por el destierro se vio obligado a recorrer los caminos, y su carro es porque seguramente marchó con sus actores, todo su coro, por lo que fue la primera compañía de teatro ambulante conocida. En la imagen, es un relieve del campanario de Giótto en Florencia, 1334 d. C.

Pero la tendencia no se detuvo, a la muerte de Solón en el 558 a. C. el audaz Tespis regresó a Atenas y fue el más aclamado e imitado. Su obra *Penteo*, personaje del ciclo dionisíaco, fue seguramente en la inauguración del Teatro de Dionisio ubicado en las faldas de la Acrópolis. Nadie pudo detener la tendencia, a la gente, la plebe, lo que de verdad le importaba era divertirse, y no tomaron conciencia del desastre histórico que estaban provocando con ello. Luego, ya hacia 400 a. C. con las Comedias, empezaron a inventar personajes en la trama para dar mejor salida a las situaciones disparatadas, en vez de simplemente personajes alegóricos como en los trágicos. Por ejemplo Aristófanes, 446-385 a. C., ya inventó estos personajes falsos; y el comediógrafo Filemón, 361-262 a. C., fue el primero que en sus obras puso un protagonista falso.

Este es el proceso evolutivo, si nos damos cuenta, se empieza desde mitos y celebraciones religiosas que son completamente históricos, pero poco a poco se le van añadiendo falsedades hasta acabar en una literatura que es completamente inventada. Lo importante respecto al tema de la Atlántida es que al principio no era así, y que los mitos, si son verdaderamente *Mythos* (Μῦθος «relatos»), entonces son siempre históricos, con independencia de las aparentes fantasías que muestren (monstruos). Pero claro, eso ya no lo sabía la plebe de la Época Clásica, y cuando oían el verso de Solón, πολλὰ ψεύδονται ἀοιδοί, no van a entenderlo como queja sino como un hecho normal, en el sentido de: «*mucho mienten los aedos*». Lo hacían así para poder interpretarlo respecto a lo que veían en su propia época, y leyeron el verbo como si fuese deponente, por lo que en vez de «*son falseados*» lo tomaron como «*falsean*» o «*mienten*». Sin embargo, el verbo Ψεύδω tiene claramente formas activas, y esto significa que no es deponente, y las terminaciones pasivas son por lo tanto en efecto pasivas. Para Solón, Ψεύδονται era «*son falseados*».

Para el sabio ateniense Tespis no era un aedo, era un falsificador, pero para los posteriores griegos Tespis era el aedo por excelencia. Por eso, al oír el verso de Solón, los griegos posteriores lo convierten en semideponente para poder leer lo que ellos creían que ponía. Ya que todos los aedos mienten y eso es lo normal. Y la opinión general se estaba decantando acerca de que toda la mitología era falsa, pues la estaban conociendo en las obras de teatro. Este verso famoso empezó a decirse como confirmación de esa idea, ¡hasta Solón lo dice!, y se convirtió en un refrán muy usado para recordarle a la gente que no tenían que creerse lo que veían en las obras de teatro ni en ningún otro lugar, en especial los mitos. Es lo que le decían los padres a sus hijos cuando acudían al teatro con ellos, y en verdad que fue uno de los proverbios en boca de todo el mundo, hasta el punto de que muchos ni siquiera sabían quién había escrito por primera vez ese verso.

Aristóteles, en su *Metafísica*, retoma el argumento de Jenófanes sobre que los aedos y rapsodas habían creado unos dioses llenos de todas las mediocridades humanas, y por ejemplo, Zeus sólo desea fornicar mujeres, mientras que su esposa Hera es una celosa tonta que arremete en venganza contra los inocentes, etc. La Justicia no tiene nada que ver con su comportamiento, no conocen la Virtud, son unos dioses vergonzosos. Y dice así:

> «*Ahora bien, si los poetas tuvieran razón y la divinidad fuera de natural envidioso, lo lógico sería que (su envidia) tuviera lugar en este caso más que en ningún otro y que todos los que en ella descuellan fueran unos desgraciados*» (Metafísica 983a-1, Gredos).

Es decir, en una cualidad, la que sea, por ser dioses destacarían en ella más que nadie, y por ello mismo, como son cualidades malas, serían incluso más desgraciados aún que los seres humanos. Algo que no tiene por supuesto ningún sentido. Y nos añade el Estagirita:

> ἀλλ' οὔτε τὸ θεῖον φθονερὸν ἐνδέχεται εἶναι, ἀλλὰ κατὰ τὴν παροιμίαν πολλὰ ψεύδονται ἀοιδοί.

Esta oración termina el párrafo anterior, es traducida en Gredos de la siguiente manera: «*Pero ni la divinidad puede ser envidiosa sino que, como dice el refrán, los poetas dicen muchas mentiras*». Aristóteles utiliza el proverbio popular con la interpretación que la plebe le daba, pero como vemos, lo hace sin mencionar a Solón. Por eso lo más probable es que Aristóteles desconociese su origen. Y por el otro lado, ante esta interpretación general, los traductores modernos de Solón ponen también esta versión («*mucho mienten los aedos*»), que no es, de ningún modo, lo que deseaba decir Solón. Porque el legislador siempre fue un defensor de la historicidad de los mitos; no obstante, ya con Aristóteles estamos viendo vencer la idea opuesta.

Pensemos en lo que está ocurriendo, siglo IV a. C., todo el mundo está convencido de que los mitos son falsedades de los poetas, e incluso los filósofos como Aristóteles se hacen eco de esto. Sencillamente porque es lo que están viendo diariamente, los comediógrafos escriben cualquier cosa inventada, y los personajes míticos son sus títeres. Es precisamente aquello de lo que avisaba Solón, no se debe jugar con la Historia, o llenarás la cabeza de errores: «*Pero si aplaudimos y apreciamos así esta broma, pronto la encontraremos también en los asuntos serios*» (Vidas Paralelas, Plutarco). Es como si debido a las películas, dentro de dos o tres mil años pensáramos que nunca existió la 2º Guerra Mundial, o algo por el estilo. Eso es lo que le ocurrió a la mitología, en un tiempo en el que no existían estudios serios de Historia para el pueblo.

Aristóteles admitía el escepticismo de Jenófanes como algo bueno, recoge por ello sus opiniones sobre la falsedad de los dioses; y cuando Platón comenzó hacia el 360 a. C. a publicar noticias de la Atlántida, basándose en los escritos de su antepasado Solón, el joven Estagirita lo miraba con descrédito.

La posición del fundador del Liceo ya la vimos antes, cuando trataba de explicar los linajes de Océano y Tetis como una alegoría cosmológica de que todo procede del agua. E incluso va más allá y trata de estructurarlo de manera histórica; nos explica que las gentes empezaron a filosofar al quedarse maravillados ante algo:

> «... por ejemplo, ante las peculiaridades de la luna, y las del sol y los astros, y ante el origen del Todo. Ahora bien, el que se siente perplejo y maravillado reconoce que no sabe (de ahí que el amante del mito sea, a su modo, «amante de la sabiduría»: y es que el mito se compone de maravillas). Así pues, filosofaron por huir de la ignorancia, es obvio que perseguían el saber por afán de conocimiento y no por utilidad» (Metafísica 982b-15, Gredos).

Establece así una primera fase en la sabiduría, la del «*amante del mito*» (Φιλόμυθος), en oposición al posterior Filósofo (Φιλόσοφος «*amante de la sabiduría*»), donde la diferencia viene a ser que este último se preocupa ya por conocer los primeros principios —entendidos como leyes—, lo máximamente universal, y a la divinidad. No es que Aristóteles lo explique demasiado bien, pero es suficiente, ya que los objetivos son en realidad los mismos, pero él entiende que el mito es filosofía primitiva.

Un primitivismo que trataba de explicar las cosas mediante alegorías como la de Océano y Tetis. Ésta es la postura de Aristóteles, según vemos, y tiene errores como pensar que la Filosofía no ha de ser útil de manera práctica, o que los mitos no encierran historicidad. Pero tuvo la virtud de ser la primera —y audaz— indagación sobre cómo debía pensar la mente primitiva. También fue la primera explicación teórica de la mitología. Y que nosotros sepamos, el primero que sabe distinguir entre la ciencia y las meras implicaciones de fenómenos que hacían en efecto los primitivos seres humanos al tratar de «explicar».

Todo esto tuvo enorme trascendencia, su distinción se centró en los griegos y todavía en la actualidad se oye por todas partes que la Ciencia apareció en Grecia. Es un error muy común (en realidad remonta al 3400 a. C.). Respecto a la Atlántida nos favorece centrar la atención en una cosa muy importante: si los mitos según Aristóteles son propios de los seres humanos primitivos, ya no podemos por eso mismo considerar que son creación de los griegos, pues según se aprecia, procedían de mucho antes. Por ello Hecateo, 550-476 a. C., afirmaba: «*los griegos conservan muchas y risibles noticias*». O sea, no es que los griegos las estén escribiendo, sino que tan sólo son quienes las conservan. Y Ferécides de Siros, 610-550 a. C., tras estudiar los *Libros Secretos Fenicios* del siglo XI a. C., nos declaraba su derrota: «*ni yo prometo en ello esto, ni sé hallar lo verdadero. Acaso habré explicado algo de los dioses*».

La sensación que emana de todo esto es siempre la misma, los mitos fueron algo heredado y ellos trataron de explicarlos, pero son algo ajeno a los griegos, y muy anteriores a los griegos, bastantes milenios atrás; desde luego mucho antes de Homero o de Hesíodo, quienes, por lo demás, sólo se han conservado por la difusión del papiro. La propia *Cuestión Homérica* es abierta por Aristóteles en su escuela del Liceo, es decir, en el siglo IV a. C. comienzan los estudios críticos de toda la literatura anterior, lo cual incluye a Homero y a los propios mitos. Aristóteles es por ejemplo el primero que separa los poemas propiamente de Homero (*Ilíada* y *Odisea*) del resto del Ciclo Troyano. Y alaba la composición de la *Ilíada*, que el autor escogiese un tema concreto en vez de toda la guerra (muy extensa).

Lo importante es no confundir los verdaderos mitos con todas las obras de teatro de los clásicos, que aunque usaban los mitos no eran mitos. Lo que pasa es que buena parte de la plebe no lo sabía, y no lo distinguía, del mismo modo que no distinguía lo que era de Homero de lo que no. Por otro lado, esa literatura teatrera donde todo estaba inventado incentivó el escepticismo de los filósofos, quienes pensaron en una creación parecida en aquéllos mitos heredados e incomprensibles. La negación rotunda de su historicidad es porque fueron incapaces de interpretarlos, Ferécides no pudo, luego Hecateo 1º navegó y no encontró restos de atlantes en Occidente (salvo los moros azules del Atlas), y Hecateo 2º declaró rotundamente que no eran históricos, que eran ridículos, por las contradicciones en los relatos.

Ésa fue la conclusión, ahí fue donde se zanjó el asunto, fracasando por lo tanto la iniciativa cultural de Epiménides, 668-560 a. C., y de Solón. Otros filósofos como Jenófanes, 570-475 a. C., lo mezclaban todo, y en su afán de atacar el politeísmo voluntariamente no distinguían entre los dioses humanos y los cósmicos, además de achacar a Homero y Hesíodo su invento, para que pareciesen menos antiguos y por lo tanto perdiesen su venerabilidad:

> «*Homero y Hesíodo han atribuido a los dioses cuantas cosas son vergonzosas y reprochables entre los hombres, robo, adulterio y mutuo engaño*».

Estas palabras de Jenófanes están llenas de errores, porque, ni ésos son los autores, ni los reyes arcanos eran los verdaderos dioses; pero, así dichas, eran palabras muy convincentes para la gente. Ya hemos visto que en Época Helenística (400-200 a. C.) de verdad muchos creían que Homero y Hesíodo eran los inventores. ¿Cómo no lo van a creer si es lo que les han enseñado? Y este dilema de los griegos fue previamente causado por el Cataclismo y la confrontación política entre los atlantes, la cual había destruido casi todos los anales. Es un proceso de siglos, con un deterioro paulatino de la información disponible, y cuando llegamos así hasta Aristóteles está todo el mundo convencido ya de su falsedad, por tres causas principales: 1º política, 2º religiosa, 3º el teatro. Además, a Aristóteles no le faltaba parte de razón en su análisis, ya que los mitos encierran en sus textos muchas teogonías y cosmogonías que son en efecto intentos de explicación precientífica. Pero eso una cosa, y otra muy distinta confundir los linajes de Océano y Tetis con meras alegorías sobre el agua. Cuesta mucho ver qué relación podrían tener las peleas personales, vicios, y aventuras de todos esos cientos de dioses con cualquier génesis cosmológica.

Muchos de ellos, como Sísifo el yerno del rey Atlante, están asociados a lugares concretos e incluso restos amurallados concretos como lo es la ciudadela de Acrocorinto, construida por él. Fue también el creador de los Juegos Ístmicos, e incluso aún se conocía en Época Clásica su tumba, no era por lo tanto cosmología.

De todas formas, en el siglo IV a. C. ya estaba todo perdido, cuando Platón salió a la contra fue realmente valiente; ya dijimos que los diálogos del *Timeo* y *Critias* son datados ambos a partir del año 360 a. C., e iban a formar una trilogía con el *Hermócrates*. Todo este proyecto quedó sin embargo inacabado sin que fuese debido a la vejez de Platón, pues a pesar de detener la redacción del *Critias* escribió tras ello otros trabajos. Ante algo tan extraño, es el único diálogo inacabado de Platón, hay que buscar una razón, y todo apunta a que la presión política tiene algo que ver. Quizás lo amenazaron los arcontes de la ciudad, o el Pritaneo, y no queriendo tener líos —como su maestro Sócrates—, el filósofo de la Academia dejó de escribirlo. Que no nos extrañe esto, sabemos con seguridad que había persecución política con este tema, era delicado.

Aún así, se abrió un gran debate en toda la ciudad de Atenas, y trascendió a los investigadores que se ocuparon de asuntos históricos a partir de entonces. Algunos apoyaron a Platón, como Evémero, hacia 370-290 a. C., explicando que los dioses eran reyes divinizados de hace mucho tiempo. Tenía toda la razón, pero en general la opinión aristotélica —alegórica— fue la que hizo Historia. Aristóteles ante el mito atlante contestó que era incierto, que no era posible investigar si todo eso era verdad.

INVESTIGADORES POSTERIORES

6. APORTACIONES DEL EVEMERISMO

En los apartados anteriores ha quedado claro que no sólo hubo una negación de la divinidad de los viejos dioses debido a causas religiosas, ya sea con el desarrollo del Orfismo o poco a poco del Monoteísmo metafísico. En realidad, hubo persecución para borrar el recuerdo de esos «*dioses falsos*», entendidos como criminales; se lo tomaron muy a pecho, las Guerras Sagradas fueron una destrucción generalizada de santuarios. Asimismo, aún fue más encubierta su historicidad por causas políticas, pues a nadie le convenía en el Mediterráneo que la Atlántida hubiese existido. Les molestaba a todos. Por ello, esta situación fue invariable durante muchos siglos; y se mantuvo hasta el triunfo absoluto de Roma, cuando sin ningún problema ni rival pueda esta potencia considerarse a sí misma como la heredera de Atlantis, la *Nueva Atlántida*.

Pero no fue tan rápido como pudiera parecer. A partir del debate que se abrió en Atenas con los diálogos de Platón, las posturas en adelante, llegando incluso hasta la actualidad, van a ser dos: 1º por un lado están los escépticos afirmando que todo eso es falso, y que los mitos son alegorías cosmogónicas para explicar el mundo; 2º por el otro lado, los crédulos dicen que la Atlántida existió y que los dioses eran antiguos reyes de hace mucho. La separación entre el problema de los mitos y el problema de la Atlántida en realidad es algo que se ha efectuado modernamente, pero durante la Antigüedad y la Edad Media siempre fueron de la mano. Y las dos posturas eran antagónicas. Además, en general, los intereses personales o políticos explican siempre qué postura adopta cada investigador, y casi nunca se puede apreciar una genuina búsqueda desinteresada. Siguió estando muy politizado.

Tras la muerte de Alejandro Magno (323 a. C.) y de Aristóteles (322 a. C.) la doctrina filosófica imperante era el escepticismo lógico de este último, el cual se bifurcó en tres escuelas principales: 1º la escuela de Pérgamo, en la costa de Jonia; 2º Alejandría, en Egipto; y 3º la escuela de Roma. Esta última fue abierta por Apio Claudio, 340-273 a. C., un genial político que escribió el mejor tratado de *Derecho Romano* elaborado hasta entonces, superando las obras del etrusco Ocelo o de Valerio Publícola. Este derecho seguía estando más avanzado que sus homólogos griegos.

El Faro de Alejandría (Fig. 69); aunque no fue el primer faro como suele decirse por error, sí fue un prodigio de ingeniería, por ejemplo los montacargas para elevar la madera de la linterna. Se mantuvo en pie hasta un terremoto en el año 1303 dC. En el puerto al fondo, la biblioteca del Museo fue llamada así por las Musas de la vieja mitología, pues el «Conocimiento era el mayor tesoro de la Atlántida». Comenzó en Época Helenística (400-200 a. C.) una rivalidad cultural sin precedentes.

Si nos damos cuenta, las tres escuelas corresponden cada una a un imperio: 1º el Imperio Seléucida (asociado a Rodas y al más pequeño Reino de Pérgamo), 2º el Imperio Tolemaico con Alejandría, y 3º el Imperio Romano. Como todavía el Imperio Cartaginés existía, no hemos de olvidar que hubo también una Escuela Cartaginesa, nuestra 4º escuela, cuyos científicos fueron célebres: además de los exploradores Hannón e Himilcón (siglo VI a. C.), hubo sofistas como Adriano de Tiro (siglo V a. C.), y filósofos más positivos como Hicetas y Teucro; este último (siglo IV a. C.), además de arquitecto de máquinas fijémonos que tenía nombre troyano, algo sólo explicable si tienen algo que ver entre sí —origen atlante de fenicios y troyanos—. Estuvieron también en esta escuela Sileno el historiador que acompañaba a Aníbal, Magón el mejor ingeniero agrónomo de la Antigüedad, Clitómaco (Asdrúbal) el traductor en la Academia platónica, Apolodoro Tirio, etc. El propio Zenón de Citio (Chipre), 336-264 a. C., el oscuro de piel, era fenicio, pues Citio era ciudad púnica. Y es el fundador nada menos que del Estoicismo.

De modo que no es para tomar en poca cosa las aportaciones de los cartagineses; y su puerto de Cartago, con el Olimpo que vimos antes (Fig. 52) era también otra maravilla de la Antigüedad. Con un faro más antiguo que el de Alejandría (Fig. 69). El olvido de las crónicas griegas es nada más porque eran occidentales, y dentro de la competición cultural, nunca mencionaron a otros.

Se cuenta que Zenón llegó a Atenas como mercader, con un cargamento de púrpura, y naufragó en el Pireo. Por eso se quedó allí más tiempo, por lo que, conociendo gracias a un mercader de libros los *Comentarios* de Jenofonte, se quiso quedar para aprender filosofía. Así nos lo cuenta Diógenes Laercio (Vidas, VII-1). Por su piel más oscura lo llamaban «*sarmiento egipcio*». Pero aún con ello, su maestro Crates el cínico, primero al que siguió, se enfurecía con su honestidad pues los cínicos eran más descarados, y un día lo hirió con el báculo, se rompió una olla que le había dado de lentejas, y le increpó: «*¿Qué huyes fenicillo? No has padecido daño alguno*» (Vidas, VII-3). Parece que al final lo abandonó del todo y comenzó su propia filosofía, pero… ¿hasta qué punto era propia?

El Estoicismo es el espíritu espartano, y es también el espíritu romano inicial, es decir, sobriedad, desprecio por las riquezas y lujos, sacrificio, esfuerzo, y honestidad. Una entrega completa por la patria, una *Devotio* sin restricción que considera el honor en el cumplimiento del deber. Todo esto son las cualidades de la Atlántida, era común a fenicios, espartanos y romanos por ese motivo —y se conservaba intacto en el carácter castellano medieval—. De modo que, en una Atenas esplendorosa de lujos, en un mundo helenístico lleno de espectáculos y maravillas, dio comienzo la filosofía ética de la Antigüedad, que se va a preocupar por cómo debe ser el comportamiento de las personas, el ideal de vida del ser humano. No es que antes no se preocuparan de ello, pero en tiempos de

Sócrates, Platón y Aristóteles, aún se estaba discutiendo qué es en sí la Virtud, el Bien, la Justicia, etc, para saberlo de un modo no sujeto a equivocaciones, o subjetivismos. Es cuando ha terminado todo esto, cuando ya se han definido muy bien todos esos términos, que empieza directamente la pregunta sobre el mejor modo de gobernar nuestra vida con arreglo a ello.

No fue un periodo de decadencia filosófica respecto al anterior del clasicismo, fue simplemente seguir avanzando. Y dos corrientes principales emergen en este ambiente, una es el Estoicismo (honor, entrega y sacrificio), que es un revival de la Atlántida, es la versión vieja. Pero aparece también el Epicureísmo, que, basado en la vida contemplativa del filósofo clásico, en el ideal de Anaxágoras hacia la Verdad, acabó generando auténticos monasterios; las comunidades epicúreas se alejaban de las ciudades para vivir sólo con lo necesario, a la búsqueda de la Ataraxia (Ἀταραξία «sin turbación»), esto es, la Armonía interior del alma, que no necesita nada. Una forma gozosa de vivir en comunidades perfectas.

En este sentido, el Epicureísmo desarrolló la renuncia a la vida social tal como estaba ya planteada —la vida social— en el mundo helenístico. Mientras que el Estoicismo regresaba a la antigua entrega hacia tu pueblo del pasado atlante, como única forma activa de luchar sin renunciar a la sociedad. Hasta la actualidad las dos corrientes han seguido en uso.

Y poco después, a partir del 200 a. C. se desarrollará el Hermetismo, que aunque nace en Alejandría en torno a la figura de *Hermes Trismegisto*, acabará siendo una doctrina del Imperio Romano. Para hacernos una idea y asociarlo a algo, ese Hermes *«tres veces grande»* es Dios entendido como una Trinidad hipostática, la gnoseología divina tiene lugar ya únicamente mediante Revelación (milagros) y la Ascesis; su Teoría Pneumática deja ya a los animales sin alma (tienen espíritu, pero no alma inmortal), que fue un primer paso para abandonar las reencarnaciones, y la Psicostasia ya no pesa nuestras acciones sino nuestros pensamientos, distinguiendo sobretodo la intención. Todo esto son pasos que proceden de los presupuestos de Platón y Aristóteles, explicarlos bien lleva mucho tiempo pero directamente se puede considerar al Hermetismo una especie de Cristianismo anterior a la figura de Jesucristo y el mesianismo gnóstico. Por ejemplo, la Metempsicosis habla ya de un alma que vuelve a nacer, pero sin el espíritu, y sin compartir cuerpo jamás; se habla ya de los 7 Andróginos (los 7

Arcángeles), y el Hermafrodita es el alma humana antes de ser separada en hombre y mujer, por lo que la búsqueda de la otra mitad (el Amor) comienza a ser una clave importante de la nueva religión.

Ya apareció en Aristófanes y Platón la poética imagen de la Media Naranja, aunque ahora se ha vuelto un tema fundamental. Y todo esto es Medioplatonismo, de hecho, a partir del desarrollo de los nuevos Cultos Mistéricos (como los de Isis y Osiris) el «*Amor Universal*» es ya la doctrina de comportamiento, desde el 50 o 40 a. C., y dando paso ya al Neoplatonismo. Parece complicado, pero este conjunto de religiones se va a multiplicar incluso mucho más durante el Imperio Romano (1-313 d. C), y lo que nos interesa de cada una de ellas es que dependiendo de su dogma la Atlántida va a ser tratada de una manera u otra.

Sarcófago romano de religión Hermética (Fig. 70); conservado en la Villa la Pietra, Florencia. Con clípeo del difunto —una mujer— sostenido por ángeles. Siempre que aparecen estos ángeles alados ya estamos en el Hermetismo; pero también aparecen Putti, que son los bebés sin alas en este caso con bastones, representan las almas del Edén. Bajo el clípeo está la Loba con Rómulo y Remo, los gemelos de Roma, y a sus lados dos tenantes (atlantes), con la Palma (inmortalidad) y la Cornucopia.

De todas ellas, la que mejor cuidará el recuerdo de los atlantes es precisamente el Estoicismo de Zenón, por ser el modelo moral de los propios occidentales. Los romanos de la República eran enemigos del lujo, tenían leyes que prohibían la ostentación, en funerales y banquetes. De modo que, sin haber llegado a perder nunca la austeridad, fue tempranamente introducido el Estoicismo en Roma como doctrina y secta, por Apio Claudio, 340-273 a. C., según hemos mencionado antes. Y siempre que tengamos investigadores de los sistemas políticos vamos a hallar al mismo tiempo a admiradores de Atlantis. Es normal que Apio Claudio fomentase esa cultura, pero sin ir más lejos con Solón ya ocurría eso, y es muy importante tener en cuenta esto, el sistema político, pues determina el auge o declive de las sociedades. Mientras más justo es un sistema, más atrae población y genera riqueza.

¿Qué pasó con los asirios? Fueron borrados del mapa por el odio que generaron. Así, el sistema político de Solón era ya mejor que el espartano de Licurgo, el cual no mostraba clemencia con los esclavos y las clases bajas; por eso Atenas le ganó la batalla social y cultural a Esparta, a partir precisamente del arcontado de Solón (594 a. C.). Ya Pisístrato, a pesar de ser tirano, seguía las ideas de Solón, y usó el poder absoluto para repartir las tierras entre los más pobres, equitativamente. De hecho, se hizo tirano para poder efectuarlo, pues los nobles eupátridas lo entorpecían todo. Por eso obtuvo Pisístrato el apoyo social, el pueblo quería una verdadera reforma, y es correcto el hecho de considerarle el más «demócrata», en el sentido de que se preocupaba y escuchaba al pueblo. Su reforma agraria iba destinada a acabar con el latifundio, y fue muy beneficiosa. Esas fueron las bases de la grandeza de Atenas.

Solón se llevó un enorme disgusto porque su discípulo predilecto rompió con el sistema político correcto —con sus leyes— instaurando una tiranía, pero lo hizo para lograr realizar los objetivos del sabio. Recordemos una carta que Pisístrato le envió a Solón, diciéndoselo:

> *«Ni soy yo el primer ateniense que se alzó con el reino, ni me arrogo cosa que no me pertenezca, siendo descendiente de Cécrop. Tómome lo mismo que los atenienses juraron dar a Codro y sus descendientes, y no se lo dieron. Respecto a lo demás, en nada peco contra los dioses ni contra los hombres, pues gobierno según las leyes que tú mismo diste a los atenienses, observándose así mejor que por democracia»* (Laercio, Vidas de los filósofos I, Solón-6, Aguilar).

Notemos cómo le está recordando a Solón los linajes sagrados (Cécrops y Kodros), pues Pisístrato sabía que los amaba. Y en efecto todos recordaron aquel mandato como una buena época, el primer gran momento de esplendor de Atenas, porque el sistema fue justo. Aunque eso sí, los hijos de Pisístrato sufrieron el ataque de los tiranicidas (514 a. C.), pues tal como vaticinó Epiménides, los atenienses no consintieron en que la tiranía derivase a un cargo hereditario. Hiparco murió asesinado por los tiranicidas, y su hermano Hipias fue derrocado poco después.

La democracia regresó a Atenas gracias a la ayuda de Esparta, que envió su ejército, aunque poco después los propios espartanos se arrepentían de ello ante la absoluta primacía que obtenía Atenas. A continuación, transcurren las Guerras Médicas (500-480 a. C.), los griegos unidos derrotaron a los persas. Pero paulatinamente, el sistema espartano de esclavos era más y más insostenible.

Apio Claudio llevado ante el embajador de Pirro (Fig. 71); en su vejez el famoso censor estaba ciego, pero seguía siendo el mejor orador de Roma. Los ropajes de los senadores y ciudadanos romanos, las togas, eran siempre blancas (toga alba), al contrario que el embajador griego que vemos a la izquierda. Esta tradición del traje blanco procedía de la ciudad sagrada de Atlantis, cuyos ciudadanos —y sólo ellos— iban de ese color. En la imagen el famoso cuadro de Cessare Maccari, hacia 1885.

Gracias a su invención del trirreme, Cimón de Atenas venció a los fenicios, a los chipriotas y a los tassios, entre 466 y 465 a. C.; con el botín fortificó Atenas incluyendo la *Colina de las Ninfas*, pero ya con 4000 hoplitas tuvo que acudir a ayudar a Esparta, cuya rebelión de hilotas (en el año 462 a. C.) los puso en jaque, perdieron el control. Los *Hilotas* eran los esclavos en Lacedemonia, y sus continuas revueltas sociales marcarán el declive definitivo de Esparta. Las posteriores Guerras Serviles de Roma son por el mismo motivo, los esclavos sicilianos tratados con inclemencia debido a su procedencia cartaginesa tras arrebatarles la isla. Es incluso probable que Espartaco, el famoso liberador de esclavos de la 3º Guerra Servil (73-71 a. C.), fuese llamado así —*Spartacus*— por el descontrol total, por vencer a los opresores, como con los hilotas de Esparta en el 462 a. C. Es decir, Espartaco le recordó a los romanos la terrible derrota de Esparta frente a sus esclavos, y de ahí el apodo.

De modo que no debemos ser ilusos, los sistemas injustos provocan la decadencia social, mientras que la Justicia genera riqueza.

Los romanos fueron capaces de darse cuenta, nunca renunciaron a la Justicia, y antes que ellos los atlantes. Apio Claudio promovió por ejemplo a las clases bajas y la burguesía, permitió entrar en el senado a los hijos de nobles de otras ciudades, y formó un partido del pueblo con hijos de libertos (antiguos esclavos). Inició la construcción de obras públicas, calzadas, acueductos, y el calendario oficial lo quitó de manos de los pontífices. Fue estupendo.

Ahora bien, durante el Helenismo las nuevas sectas y religiones precisamente trataban de ayudar en esta situación insostenible de las clases bajas, el Estoicismo desde el 310 a. C., y el Hermetismo poco después (200 a. C.). Por el otro lado, fijémonos en que Evémero de Mesina, que vivió hacia 370-290 a. C., es otro autor al que podemos considerar dentro de la Escuela Cartaginesa, porque la ciudad de Mesina en Sicilia fue ocupada por los cartagineses a partir del año 396 a. C. Dionisio I de Siracusa la recupera, pero Magón de Cartago la saqueó y ocupó definitivamente en el 393 a. C.

Mesina se mantuvo en poder cartaginés hasta el año 288 a. C. en que los mamertinos la capturaron con una traición, y como ya hemos visto otras veces, mataron a todos los hombres para casar con las mujeres. Pues bien, Evémero de Mesina, hacia 370-290 a. C., vive de manera precisa en el siglo que estuvo ocupada por los cartagineses, o bajo la hegemonía de Cartago. Puede que él escribiese en griego pero se halla en la esfera de influencia de la Escuela de Cartago, y debió conocer la obra de Sanchuniathon, que si recordamos, ya afirmaba: «*Los dioses eran originalmente los seres humanos que llegaron a ser adorados después de su muerte*». Ésa es la misma doctrina que el Evemerismo, pero mencionada y defendida setecientos años antes de que el siciliano viviese. Además, el fenicio añadía que esta verdad fue encubierta más tarde por alegorías y mitos inventados. Y lo decía basándose en mitología transmitida por otro autor fenicio anterior a él, Hierombalus, el sacerdote de Ievo (Jovi, Yahvé), de tiempos de Moisés. Estas referencias al dios hebreo y a Moisés, su nombre (Sanchuniathon) terminado en -Athon, etc, nos hacen pensar que el Orfismo inicial se basaba en el Monoteísmo de Akhenatón, 1351-1333 a. C., el faraón hereje de Egipto. ¿Y por qué razón hereje? Pues porque renegó de los antiguos dioses.

Aquí puede pensarse que fue la incipiente metafísica egipcia la que provocó estos avances, pero más bien, habiéndose contrastado la historia de José con el faraón Tutmoses III (1479-1428 a. C.), fue el Monolatrismo atlante el que provocó este proceso en Egipto. Es decir, aquí hay que conocer varias cosas: 1º que cada reino atlante estaba consagrado a un tetramorfo, ejercían oficialmente una Monolatría (culto único) en cada uno de ellos. Era tradicional entre los atlantes rezar sólo a tu dios, mientras que en Egipto se rezaba a todos. 2º los hebreos eran íberos (del Ebro), por eso *Sepharat* (España) era su tierra sagrada en el extremo Occidente. Sus mitos decían que ellos procedían de allí, y ese nombre, *Sepharat* (SPRT) es Speria, es decir Hesperia, la denominación de España en la Edad del Bronce. Se escribía SPRT porque la T del final es la Ta marbuta, que suena A en el singular: *Speri-a* (Hesperia). Pero se nos transforma en T en el plural: *Spéri-te* (Hespéride). Solía mencionarse precisamente su nombre en plural, las Hespérides, porque la Península Ibérica se componía en aquél entonces de los Cinco Reinos Originales de la Atlántida, los cuales ya los conocemos: Oestrymnia, Lemuria y Tartessos en la Corona Azul, e Iberia y Libia en la Roja. En el idioma hebreo posterior esa T final se suavizó: *Sefarad* (ספרד).

Al contrario de lo que pueda parecer por la fama de Esparta, el topónimo SPRT aparece en Occidente mucho más que en Grecia; por ejemplo, en el Estrecho de Gibraltar tenemos el *Cabo Spartel* (Espartel), el *Campus Spartarius* era la llanura de Cartagena en el Reino de Libia, y hay ciudades llamadas *Esparta* en España, como un pueblo al sur de Amorebieta en Vizcaya, su nombre es *Esparta*, o incluso varias *Esparza* en Navarra, o islas de *Spartar* en Ibiza. En general, todas estas «*Sparta*» se hallan hacia la zona de levante por la Corona Roja, ya que la palabra SPRT se pronunciaba en el idioma de los tartessos como «*Hesperia*», con sonido A, y en el idioma libio decían «*Sparta*», con sonido T; pero ambas palabras indicaban la Península Ibérica, y eran la misma. Como la ciudad de Esparta en el Peloponeso se decía Σπάρτα («*Spárta*»), pero ellos eran dorios, eso se debe a que primero esa ciudad había sido de los libios (lobos), quienes poseyeron todo el Peloponeso antes de las invasiones helenas, y antes de la reconquista doria.

Como sea, gracias a la legislación de Solón, Atenas le ganó la batalla social y cultural a la Esparta doria, por lo que no es aventurado decir que sin estos políticos tan excepcionales, Solón en Atenas, y Ocelo junto a Apio Claudio en Roma, pues ni el idioma ático ni el latín habrían llegado a convertirse en las dos lenguas universales. Sin embargo, Esparta acabará venciendo a Atenas, y la labor revolucionaria de Apio Claudio fue anulada en muchos aspectos tras su muerte, de modo que no es todo blanco o negro, pero sigue siendo la impresión general. Por su lado, es la llegada real de los hebreos a Egipto la que produce la revolución religiosa de Akhenatón en el siglo XIV a. C., y no al revés. Además, su Monolatrismo no era igual que el Orfismo fenicio, pero favoreció la metafísica, redactada ya en los *Ammouneis* (s. XI a. C.). En cuanto a Evémero, de él nos escribió con dureza Plutarco, con lo siguiente:

> «*temo mover cosas que no deben ser movidas [...]; temo profundamente aniquilar esta creencia, este culto que se halla arraigado en lo más profundo de la mayoría de hombres desde el origen mismo de los tiempos, abriendo así las puertas a todo el ateísmo atroz de León que reduciría la gloria de los dioses al nivel y medida de los hombres, dando así beneplácito a los discursos mentirosos de Evémero de Mesenia*» (Plutarco, Misterios de Isis y Osiris XXIII, ed. Índigo, 2002).

Tengamos en cuenta que Plutarco fue restaurador del Oráculo de Delfos (culto atlante), y muy cercano y amigo del emperador español Adriano, por lo que vivía ya en la época de la reinstauración del culto y divinización de los césares. Eso significaba volver a la Atlántida, por eso ataca a Evémero entendiéndolo como un «*ateísmo atroz*», pues su teoría órfica indicaba que no eran dioses sino hombres. Le arrebataba al *imperium* lo que tenía de divino.

No obstante, cuando le llama mentiroso, se refiere en especial a la extraña doctrina de la isla Pancaya:

> «*Este hombre escribió todo un relato mitológico sin la menor base ni verdad y diseminó el descreimiento sobre la faz de toda la tierra, llevando al olvido los verdaderos nombres de los dioses, trocándolos por los de generales, almirantes y reyes que, según su decir, existieron hace mucho tiempo, y están inscritos en doradas letras en la isla de Panqueos; según parece, no obstante, salvo Evémero, no hay bárbaro ni griego que haya estado jamás en Panqueos ni en Trifilos, pues estos pueblos no están en ningún lugar, y no existen ni han existido nunca*» (Misterios de Isis y Osiris XXIII).

Bien, en realidad esto no es así, Evémero habla de su propio viaje hasta la isla de Pancaya (o Panqueos) no está mintiendo. Seguramente se trata de Cádiz, la isla Eritrea, y al hablar del *Mare Erythraeum* se refería al mar de Cádiz, el «*Mar de Eritrea*», y no al Océano Índico (Fig. 12). Lo que ocurre es que ese nombre era ambivalente ya que el Océano exterior era un gran anillo que rodeaba las tierras emergidas, tanto el Océano Índico como el Atlántico son ese mismo mar exterior, y los fenicios sabían que estaban conectados en uno solo, por el sur de África. Evémero de Mesina era ciudadano del Imperio Cartaginés, por eso pudo viajar a Cádiz. Lo que ocurre es que también era amigo del rey Casandro de Macedonia (301-297 a. C.), y llevó una embajada suya hasta Arabia, y de nuevo otra vez, al *Mare Erythraeum* —siendo esta vez el Índico—. Quizás fue hasta Ormuz, a llevar una misiva a los reyes Seléucidas, y quiso recrear la ruta fenicia anterior si oyó hablar de ella.

Fue un gran viajero, aprovechó que era griego por raza (los Tolomeos en Egipto le van a dejar pasar) y cartaginés de nacionalidad (le hablaron de esa ruta naval); de ahí vienen todas las confusiones, mientras que las críticas, muy ásperas, que recibió siempre, empezaron porque cita dioses atlantes desde fuentes fenicias. En este sentido fue muy atacado por Calímaco, el jefe del Museo de Alejandría hacia 255-235 a. C. Pero en definitiva, ¿qué decía la obra de Evémero que tanto molestaba a los griegos? ¿Por cuáles motivos Calímaco y Plutarco se ensañan con él? Su obra se titula Ἱερὰ ἀναγραφή (*Ierá anagrafé* «Inscripción sagrada»), y nos habla de una inscripción hallada en el templo de la isla Pancaya, escrita con letras de oro. Contiene un himno que da las gracias a los primeros «*reyes de la isla*», nada menos que Urano, Cronos y Zeus. Unos reyes que, según eso, fueron humanos hace muchísimo tiempo.

Esta noticia sólo la pudo leer en Occidente, en un texto fenicio de origen órfico; por eso lo situamos en Cádiz. Coincide además con lo que nos contaba Diodoro Sículo, que «*Urano fue el primer rey de los atlantes*». Y luego, van Cronos y Zeus, también occidentales; pero hemos de caer en la cuenta de que esta fuente de noticias, la tabla con la *Inscripción sagrada*, estaba ya en España y no en Sicilia, eso es muy importante. Y asimismo, se nos habla de una isla, quizás confundida ya con Cádiz porque Atlantis llevaba muchos siglos desaparecida. Por eso Evémero habla de que él llegó personalmente a Pancaya, cosa errónea a no ser que *Pancaya* fuese el país; pero en cualquier caso no creemos que intentase mentir, y entonces... ¿dónde se podrían situar estas inscripciones? Pues lo razonable es pensar en el santuario más importante que les quedaba en la zona, el Oráculo de Gadeira. Y esta isla tenía muchos nombres, Kotinussa, Eritrea, Didýme, Gades, etc, por lo tanto pudieron asignarle también Pancaya, no tendría nada de raro.

Esa denominación, Pancaya, proviene del dios Pan, otro dios occidental padre de los linajes dorios, los *Pánfilos*. Este último nombre significa «raza de Pan» (Φύλον *Fýlon* «tribu», «raza») y ya sabemos con lo que llevamos visto, que con seguridad los dorios (TR) eran los atlantes azules. No nos confundamos entonces, *Pánfilo* no significa «amante de todo», ésa es una etimología errónea imaginada más tarde, un tipo de error que fue muy abundante (las *Etimologías* de San Isidoro fallan al menos la mitad, *Nápoles* venía del dios Apolo, *N-apoli*, y eso precedió al griego *Néa Pólis*, etc). En general, para que *Filo-* designe «amante» va prefijado, como en *Filósofo* y *Filómito*, pues detrás va el nombre básico.

Por eso, Evémero hablaba también de los *Trifilos* («raza de Troia», los TR), palabra formada igual que *Pánfilos*, y que sería ridículo entender como los «amantes del tres», o «amantes del Toro», o «amantes de Troia». De modo que viene de «raza», y Evémero estaba diciendo cosas con mucho sentido. Por lo tanto, se equivocó Plutarco, ya que estos dos pueblos, Pánfilos y Troyanos, han sido reales. Además, significa para nosotros que el dios Pan también era un atlante azul. Y aunque es conocido que los Pánfilos fueron a Chipre, durante las invasiones dorias (TR), no podemos negar tampoco que eran occidentales ya que los tenemos en muchas familias italianas, por ejemplo los *Doria* y *Pamphili*. ¿Quién no ha oído hablar de la familia de Inocencio X y del *Palazzo Doria-Pamphili* en Roma? Nos combina además los dos nombres, los Dorios y Pánfilos, por lo que la asociación es segura, pero estas familias primero estaban separadas y no provenían de Grecia.

¿Qué hacen en Italia los invasores dorios? Ya sabemos que es porque eran occidentales, y concretamente los etruscos —que hablaban un idioma parecido al vasco— eran de este linaje. Esos etruscos llegados en el siglo XV a. C. son dorios y hablaban como decimos un idioma vascuence, pero durante las Invasiones Dorias (siglo XII a. C.) se llenó el sur de Italia de dorios de origen tartesio, que hablaban la lengua doria (protogriego). Vimos a este respecto con Stesichorus que Italia tenía dorios en el siglo IX a. C., antes de iniciarse las colonizaciones griegas. No olvidemos este asunto, los Dorios son los atlantes azules, pero abarcaba esa acepción a los tres pueblos, es decir, a los tartessos, los lémures y a los oestrymnios. Lo mismo nos ocurre con la separación de Roma en tres tribus por Rómulo hacia el año 753 a. C., fue tan sólo por la tradición atlante doria, y cabe decir exactamente igual con los trescientos senadores blancos, los *Albanique patres* («padres de blanco») como decía Virgilio en el inicio de su *Eneida*. Por su parte, Evémero nos habla de la isla de Pancaya (Pancaia) porque el dios Pan amó a la ninfa Eco, por lo que el nombre de la isla combina el de ambos: *Pan-Eco > Panqe*. Y se le añade un femenino -A para significar la isla: Panqea. Pero eso no es todo, se le infija un genitivo vocálico —Ai— para indicar el origen de la isla: *Panqea > Panqeaia*, que significa «la de Pan y Eco». De ahí viene el nombre, y también sus variantes (*Panqueos* para los habitantes, *Pancaya* la isla); pero ha sido compuesto con una gramática muy antigua, primitiva, desde luego Evémero no se lo ha inventado, las palabras de Plutarco fueron precipitadas.

De hecho, la razón principal del ataque feroz que sufrió el siciliano fue siempre la política: 1º con Calímaco, hacia 255-235 a. C., es porque defendía los dioses atlantes, en un tiempo en que —tras Aristóteles— ya estaban condenados. Y además, basándose en fuentes fenicias. Pero en 2º lugar, con Plutarco, 50-125 d. C, han pasado los siglos y ya no es por eso, ahora los emperadores y el propio sabio defienden también a los atlantes, ¿pues qué es? Lo que ocurre es que ya para entonces el Cristianismo había comenzado a utilizar a Evémero como desmitificación de los dioses. Porque decía que eran sólo hombres. De ahí la queja de Plutarco: «*diseminó el descreimiento sobre la faz de toda la tierra*», y además él creía que inventó los nombres de *Panqueos* y *Trifilos* tal como se ha visto. Pero el principal problema es que Evémero se convirtió en una herramienta de los cristianos, y de hecho, fue conservado por eso.

Aunque esto ya son otros tiempos y se requiere un periodo distinto anterior en el cual Evémero gozase de una buena fama; lo que tenemos entre ambos ataques, el de Calímaco y el de Plutarco, fue el éxito de la doctrina evemerista. Evémero logró por lo tanto tirar abajo en buena medida el escepticismo aristotélico anterior. Debió ser porque trató de racionalizar los mitos, creando explicaciones verosímiles para todo lo que sonase fabuloso. Por ejemplo, ante la Hydra de Lerna, la de renacientes cabezas, nos dirá que fue el pantano pestilente que el héroe Heracles se esforzaba por desecar, pero no podía lograrlo porque las fuentes de alrededor volvían a llenarlo incansablemente.

Según Pierre Grimal en su diccionario (1951), este ejercicio fue precisamente bien recibido en Roma:

> «*Se trataba de un juego estéril, sin ningún fundamento en la realidad, pero que tuvo gran repercusión en el pensamiento clásico. Del historiador Diodoro de Sicilia, del siglo I antes de Jesucristo, se han conservado gran número de estas «racionalizaciones», que habían seducido al alma romana y de las que se hará cargo el simbolismo de los filósofos, tanto epicúreos como los estoicos*» (Dic. Mit. Grimal, 1951).

Como se puede apreciar, Grimal mantiene el desprecio posterior de Plutarco, pero la corriente evemerista fue muy importante y ya dijimos que el Estoicismo fue uno de sus protectores, a causa de ser ellos también defensores de la historicidad de los mitos. Y lo curioso es que Plutarco igualmente, lo que ocurre es que en efecto las explicaciones eran muy malas, y nunca llegó a construir demostraciones que pudieran dar una verificación de esas hipótesis. Además, Plutarco defendió los mitos tal cual, y Evémero era órfico, y los está desacralizando del todo.

En general es rechazado por Grimal y otros porque sus racionalizaciones son como decimos muy malas, pero el camino abierto por Evémero era el correcto, se trata precisamente de hacer eso pero haciéndolo bien. Por su parte, sedujo a los romanos porque ofrecía al menos una explicación, pensemos en que la cosmogonía alegórica de Aristóteles no daba cuenta de todas las complicadas aventuras de los personajes. Este héroe mató a este otro por envidia, pero su hermano se vengó, luego el amante del primero repitió la venganza en dirección opuesta, tras oír los consejos de un viejo, etc; hilvanándose así historias rocambolescas, pero muy humanas. ¿Cómo interpretar una alegoría cósmica con todo eso? Tras Evémero bastantes autores lo van a intentar también con su método. Se puede decir a modo general que el escepticismo antiguo comienza con el Orfismo fenicio hacia el 1000 a. C. y llega a su punto culminante con los griegos en tiempos de Aristóteles, siglo IV a. C.; pero entonces, a partir de aquí faltan respuestas, y la corriente historicista siguiendo a Evémero consigue poco a poco nivelar la balanza, e incluso ganar cuando la política romana del Imperio les dé por fin un apoyo de gobierno.

Es decir, con Aristóteles reinaba el escepticismo y dio comienzo el análisis crítico de la literatura, incluidos los mitos. Pero el resultado de ese análisis, al contrario de lo que pudiera parecer, fue que muchos eruditos se volvieron a convencer de que eran sucesos históricos. La alegoría aristotélica no se sostenía.

La explicación para la Hydra de Lerna que hoy día manejamos es muy distinta a la de Evémero (errónea), y al mismo tiempo ha sido posible contrastarla, incluso por arqueología se puede verificar el relato; por lo cual sabemos que es cierto que existió ese monstruo —se trataba de una base naval, por supuesto no era un dragón de verdad—. Sin embargo, sigamos mejor con el mito de Pan, en el propio diccionario de Grimal se nos cita un himno homérico:

> «*cuenta que es hijo del Hermes del monte Cileno y de la hija de Dríope. Cuando nació, su madre se asustó ante el ser monstruoso que acababa de dar a luz. Pero Hermes envolvió al recién nacido en una piel de liebre y lo llevó al Olimpo. Lo instaló cerca de Zeus y mostró su hijo a los demás dioses; al verlo, todos se regocijaron, particularmente Dioniso*» (Dic. Mit. Grimal, 1951).

Es en esta clase de mitos donde las interpretaciones alegóricas al estilo de Aristóteles fallan, pues, ¿qué clase de cosmología podría ser esto? ¿Se trata de algún mensaje astronómico? ¿Tal vez la creación del Universo? En realidad una princesa ha tenido un hijo del rey, y el encargado de cuidarla (Hermes) lleva el niño cuando nace al padre, el rey (Zeus), y todos en la corte lo celebran, en especial Dionisio, que como dijimos es un título que suele indicar al regente de Tartessos, o sea, el rey secundario de Tirsenia.

Fijémonos en el aparente contrasentido, primero Pan es «*hijo del Hermes del monte Cileno*», pero luego es hijo de Zeus, pues es a Zeus a quién se lo llevan y lo celebra en su corte. ¿Un error? Pues no lo es, como ya se ha dicho, hay que saber leer los mitos. Primero es hijo de Hermes ya que Hermes es la forma griega de mencionar al 3º tetramorfo (Mercurio, Neptuno), por lo tanto, nos está indicando que es un príncipe imperial de Atlas, el imperio del mar. Pero en segundo lugar, cuando llevan el bebé a la corte, es su padre, el rey, quien lo abraza, y ese significado de «rey» casi siempre se expresaba con Zeus, y más aún situados en el Olimpo (¿Atlantis?).

Como en este ejemplo, los mitos muchas veces en plena acción, de una línea a otra, te transforman el personaje mencionándonos un dios distinto, por motivos teológicos. No se trata de errores. Aún así, cuando hay sospecha de error hay que leer mucho más. Lo usual suele ser encontrar una confirmación del error si es que lo hay. Si sabemos cómo leerlos, los mitos siempre son muy claros, y en este caso un heredero al trono ha sido presentado en la corte, la del Olimpo. Y debe de ser Atlantis, porque, sabemos que Pan es el Peán, un dios Apolo antiquísimo, pero Apolo siempre es atlante.

Su isla de Pancaya en el Océano exterior (*Mare Erythraeum*) sólo puede ser Atlantis en Occidente, pues sabemos que fue rey de los dorios, porque su linaje son los Pánfilos (importante estirpe doria). Y los Dorios (Toros) son los atlantes azules, de eso no hay ninguna duda. Los dorios no provenían del Océano Índico, sino que son de Tartessos, ese Océano exterior de Pancaya refiere al Atlántico. Todavía en tiempos romanos a la costa portuguesa se la llamaba *Sinus Durius* («costa doria»). No estamos pues, en este texto, ni en Grecia ni en el Océano Índico; tenemos ya con este bebé divino la igualdad segura entre Atlantis y el Olimpo.

Olimpo → Pan → Pánfilos → Dorios → Atlantis

Por supuesto la prueba no se basa únicamente en esto, sino en que sistemáticamente vamos a encontrar una y otra vez la misma indicación a través de todos los mitos, y eso sí es concluyente. Nadie lo ha podido falsificar y no podría ser casualidad.

Así, a modo de ejemplo, Urano se nos cuenta que es *el primer rey de Atlantis*, pero ese dios es el Cielo, y la casa del Cielo es el Olimpo. De nuevo se nos unen los dos conceptos, Olimpo y Atlantis, lo mismo que con Pan, y para mayor enjundia, el signo del Olimpo es los Anillos Concéntricos (Fig. 36), o sea, Atlantis. Ese mismo signo del escudo de los soldados tartessos, atletas olímpicos.

Igualmente Didýme es otro nombre histórico de Cádiz, y resulta que Δίδυμο (*Dídymo*) es «gemelo» en griego, el mismo nombre del gran santuario de Dídyma junto a Mileto (Fig. 33). Y Cádiz es Gadeira (ἡ Γαδείρα), y ese nombre viene de Gadiro, el hermano gemelo de Atlante según los diálogos de Platón. ¿No es demasiada casualidad? Notemos que también lleva esa palabra el infijo del primitivo genitivo vocálico —Ei— que indica el origen: *Gadiro > Gadeira*, («la de Gadiro»), el infijo va masculino porque Gadiro es un hombre, pero luego el género final es femenino -A porque la nueva palabra es una ciudad. Por ejemplo, en el templo del *Erecteion* («el de Erecteo») de la acrópolis de Atenas, la palabra acaba en -On porque los templos van en neutro (τὸ ἱερόν «templo»). Pero ésto, aunque muchas cosas las heredase el idioma griego —como el género neutro en los templos—, es gramática de la *Lengua de Agenor*, muy primitiva. Confirma la palabra *Gadeira* («la de Gadiro») que hubo un rey de ese nombre, y lo mismo que hubo un Erecteo en Atenas hubo un Gadiro en Cádiz. La formación de la palabra lo exige. En cualquier caso, el mito de la Atlántida nos habla de la Gadírica en el Occidente extremo, y del rey gemelo Gadiro; y luego, al fijarnos, encontramos en ese Occidente extremo la ciudad de Gadeira, la cual tiene otro apelativo que es *Didýme* («gemela»). ¿Puede haber mayor exactitud?

Coincide el lugar, coincide el nombre, y coincide el apelativo, desde luego Platón no se lo inventó, es imposible; todo ello en el mar *Atlántico*, donde los atlantes. Pero es que además los otros reyes que nos cita el filósofo coinciden con otras ciudades de la Península Ibérica, de este modo, el rey *Elasippo* (Ἐλάσιππον) es seguramente el epónimo de la posterior ciudad romana de *Olisippo* (Lisboa). Y que además no sea un rey sino una reina, *Leukíppe* (*Leucippe*), la esposa de Evenor, la abuela del Rey Atlante.

Así que no se trata sólo de una coincidencia que se pueda deber al azar, sino de muchas, la toponimia refleja lo que dijo Platón, el reino tuvo que existir; pero el imperio por el Mediterráneo está también demostrado, pues tenemos una igualdad a lo largo de ese mar, que además es de la Edad del Bronce.

Porque en Gadeira (Didýme) estaba el Heracleion con el Oráculo, un tipo de religión anterior al Orfismo fenicio, es decir, anterior al Cataclismo (1069 a. C.). Es verdad que ese templo se levanta en el siglo X a. C. pero el Oráculo era más antiguo, y había sido trasladado allí desde el cercano Oráculo Menesteo (Puerto de Santa María), donde residía desde el 1910 a. C. De hecho, es otro Oráculo idéntico al que había en la Dídyma de Mileto. Pero claro, estemos atentos, porque resulta que Cádiz nunca fue una colonia griega, y menos aún en esas fechas del 2º milenio a. C.; todo esto —por lo tanto— no lo hicieron los griegos, y tampoco los fenicios, entonces, ¿cómo lo explicamos? ¿Cuál es la justificación?

Coincide a ambos lados del Mediterráneo el mismo nombre (Didýme), el mismo tipo de Oráculo, y la misma referencia a los Gemelos. Incluso los linajes coinciden, pues en la Dídyma de Mileto había muchas Medusas (Fig. 33), y esa reina es la abuela de Gerión, otro rey español. Si no es porque se trate de un origen común atlante carecería de explicación; si nos empeñamos en negar la Atlántida esta quíntuple coincidencia tan singular sería un verdadero misterio a resolver, porque coincide todo (lugar del mito, su linaje, oráculo, nombre, y referencia a los gemelos), pero admitiendo los atlantes queda arreglado perfectamente, y eso importa. La prueba también es material, porque el bronce que se fabricaba en Chipre

—en tiempos arcanos— usaba el estaño de las Islas Cassitérides del Occidente. Con seguridad eran ellos. Y de igual modo nos ocurre con el Olimpo, pues Hestia (Vesta) es la diosa que nunca salió de él, y es la hija de Cronos, quien resulta ser un rey muy antiguo de Pancaya. No se trata por tanto sólo del mito de Pan que nos sitúa el Olimpo en España, sino que todos los demás hacen igual.

Algún incauto podría pensar que es una influencia común fenicia, ya que estuvieron en Cádiz y en Jonia. Pero el santuario de Dídyma en Jonia remontaba a la Edad del Bronce, era muy anterior a la llegada fenicia (850 a. C.). El Oráculo de Gadeira también, de hecho, todos los oráculos eran muy antiguos. Y con esa idea no se explicaría tampoco el suceso en sí, ¿de dónde salen estos mitos? ¿Alguien relacionaría a Gadiro —hermano de Atlante— con los reyes gemelos —Dídyme— propios de los atlantes según los diálogos de Platón? ¿Y se tomaría el trabajo de llevar esa igualdad a distintas puntas del Mediterráneo? ¿Por capricho?

Aquí hay dos opciones: 1º si aceptas que la Atlántida existió todo queda resuelto sin problema, 2º si no admites su historicidad tienes que pensar que, una vez que Platón se inventa el mito, Gadiro, Atlas, reyes gemelos (Dídymo) etc, en torno al 360 a. C., rápidamente los fenicios, antes de desaparecer ellos un siglo después derrotados por Roma, lo copian de Platón detalladamente, y se empeñan en ponerlo en todos los oráculos de origen arcano. ¿Eso es creíble? Pues no lo es en absoluto. ¿Cuál sería la razón para hacer eso los fenicios? ¿Qué se les ha perdido a ellos con Platón? Nada de nada. Además, implicaría cambiarle el nombre a esos santuarios olvidando el que ya tuviesen antes, cambiarle la advocación, etc. Pero eso es una cosa muy inverosímil, porque eran advocaciones sagradas.

Pensemos por ejemplo en los santuarios megalíticos de la isla sagrada de Malta, son enormes e independientes a cualquier cosa hallada en Egipto o Sumer. Dejan claro que existían importantes lugares de culto arcano en Occidente, y algunos santuarios como el de Gadeira (Dídýme), el de Delfos (con los gemelos Apolo y Artemisa), o la Dídyma en Jonia junto a Mileto, todos ellos Oráculos e insistentes con la idea de los Gemelos, aún permanecían en uso en tiempos antiguos. Los fenicios, por mucho que ellos quisieran, no podrían ir por todo el Mediterráneo cambiando a su gusto el culto de estos lugares. Sólo podrían destruirlos, porque ellos eran órficos, y eso es lo que hicieron por ejemplo en las Guerras Sagradas de Delfos, atacaron el sitio. Pero eso es todo, los santuarios eran sagrados cada uno por sucesos históricos ocurridos en su paraje, y eso después no se podía cambiar. Y menos aún en tantos lugares.

De entre estas dos situaciones, 1º aceptar la Atlántida, o bien, 2º no admitimos su historicidad, la que es en verdad ridícula es la segunda, y hay que ser muy negado o muy torpe para creerla. De hecho, hay que ser irracional, empeñarse en el «No» solamente porque yo no quiero. Esta situación es muy penosa porque vemos a menudo a personas reírse y despreciar la Atlántida con un gran tono de suficiencia, jajaja, como si eso les hiciera rigurosos, pero nunca hemos oído a estas personas razonar.

| RAMSÉS III | SANCHUNI | HOMERO | SOLÓN | HERODOTO | PLATÓN | DIODORO |
| 1210-1151 aC | 1030-965 aC | 870-785 aC | 640-558 aC | 484-425 aC | 427-347 aC | 90-5 aC |

Fuentes de la Atlántida durante la Antigüedad (Fig. 72); bien podríamos haber puesto a Evémero en vez de Platón, pues la fama de éste con Atlantis se debe a que publicó los trabajos de Solón, pero no son suyos. Todos los demás presentes, salvo Ramsés III, fueron grandes mitógrafos que investigaron el tema de los dioses. Antes y después de Platón existieron multitud de autores citando a los atlantes.

Ahora bien, además sabemos seguro que Platón no se lo inventó, y no sólo porque no le daría tiempo a los fenicios de copiarlo y distribuirlo por todo el Mediterráneo, sino porque eran documentos de Solón. Pero el problema sigue igual si les dejamos más tiempo, eso no va a cambiar nada, pensémoslo: ¿porqué los fenicios se dedicarían a difundir una mentira de Solón? Por esas fechas en vez de difundirla los órficos estaban destruyendo Delfos. No tiene sentido, pero en cualquier caso sabemos que tampoco es de Solón esa «mentira», pues existía el mito del *Rey Atlante* en Occidente en una isla con forma de Anillos ya con Homero, y lo vimos con la *«isla de dobles riberas»* (Fig. 36). Su descendiente la reina Calypso es todavía llamada *«diosa»* en la *Odisea*. No obstante, el problema no cambia de todas maneras: ¿qué razón tendrían los fenicios para difundir una mentira de Homero en los santuarios? Podríamos pensar por último que es una mentira fenicia, pero los autores fenicios como Ammoun (s. XI a. C.) y Sanchuniathon (s. X a. C.) lo que están difundiendo es otra cosa, el Orfismo, que iba precisamente en contra de la divinidad de los reyes. Para esas fechas los fenicios ya están investigando los mitos, no los están creando, sino tirándolos abajo. Es absurdo que se pusieran a difundir la «mentira».

Y si remontamos más la idea de la invención carece de sentido, pues los mitos y leyendas arcanos eran siempre verdaderos (no se había desarrollado la literatura de consumo, de usar y tirar, era siempre literatura sagrada). En este tema de la Atlántida, incluso mirándolo por todas partes, no hay manera de convertir en ficción ese relato de los dioses occidentales, aunque nos empeñemos. Queda confirmada pues, la veracidad mitológica de la Atlántida sobre la cual habló Platón en sus diálogos. Por su parte, Ramsés III y otros faraones (Merenptah) nos confirman la existencia real de esos invasores occidentales, que en una gran confederación arrasaron el Mediterráneo. El conjunto total de todas las fuentes que hoy día manejamos no se reduce en cualquier caso a unos pocos autores (Fig. 72), sino que ya son unos 130 autores importantes anteriores a Platón; luego, previos al año 1720 d. C, previos a la Edad Moderna, la lista de los importantes suma 370 autores. Eso entre los que estamos manejando nosotros, pero hay bastantes más. Y ya en la Modernidad, basados en arqueología… muchísimos.

Por eso, reducir la Atlántida a Platón, como si fuese la única fuente de información, sólo demuestra que quien hace eso no tiene idea. Por ejemplo, antes del filósofo, un historiador llamado Helánico de Militene, 490-405 a. C., de quién ya hemos hablado, fue el primero en recoger y publicar la documentación de Solón. Se sabe que publicó en Atenas un libro titulado *Atlantis* (450 a. C.), nada menos que *Atlantis* y hablando del Imperio Atlante. Asimismo, el topónimo Ἀτλαντίς (*Atlantís*) es un femenino, por tanto sólo puede ser el nombre de un país o de un lugar, también vale para una ciudad. Y Helánico de Militene era historiador, no tenía más intereses que la Historia, no cabe duda por ello de que estaba hablando de un tema que él consideraba histórico. De modo que había un país o una ciudad con ese nombre, y era histórica, y esto, es también antes de Platón. Todas las otras obras de Helánico son rigurosos asuntos de Historia primitiva, y se sabe que esta de *Atlantis* también lo era. Por desgracia es una obra perdida, sólo conocemos que hablaba de las «*Atlantiás*», es decir, las Pléyades y otras hijas del Rey Atlante que determinaron la sucesión de su herencia. Hoy día las llamamos Atlántides, y en efecto son cruciales en la comprensión de lo que pasó después en el imperio occidental. Para empezar, su hija Electra es quien heredó la Corona Azul, entre 1440 y 1405 a. C.

Las siete Pléyades hijas del Rey Atlante (Fig. 73); abajo a la izquierda la estrella de Atlas y la de su esposa Pleione, luego más arriba a la derecha, las siete estrellas más brillantes del cúmulo son: Electra, Alcyone, Maia, Asterope, Taygeta, Celaeno, y Merope. Se decía que los atlantes eran los mejores astrónomos de su tiempo, este cúmulo y el de sus hermanas las Híades se encuentran en la constelación del Tauro.

Se han encontrado fragmentos egipcios en papiro (en la localidad de Oxyrhynchus) con el nombre de *Atlantiás* escrito; han sido recompuestos y se ha propuesto que pertenezcan a la obra perdida de Helánico, o tal vez, a otra obra desconocida anterior. Puede ser las dos cosas, es factible que Helánico no fuese el primero que publicó algún trabajo con la documentación que reunió Solón. En cualquier caso, esos papiros parecen fragmentos de su obra, y el libro *Atlantis* (450 a. C.) se basaba en efecto en lo que Solón pudo reunir en Chipre y otros sitios. ¿Cómo lo sabemos? Porque casi todo lo que hizo Helánico fue una continuación. Así, en su obra *Atthis* contenía la historia del Ática desde el 683 a. C. porque es cuando comienzan los problemas del Areópago que Solón trató de resolver, e incluyó en el anexo las listas del legislador con los arcontes y reyes hasta Cécrops, 1556 a. C., el primer rey heleno de Atenas. Todo esto es material de Solón, y con lo que sabemos —de su viaje— no cuesta mucho pensar que con la Atlántida hizo lo mismo.

Las listas de arcontes y reyes atenienses hasta el año 1556 a. C. son una de nuestras mejores fuentes para la datación de personajes. Es plausible que llegase en el libro de *Atlantis* hasta Electra y su padre el Rey Atlante (1480 a. C.) porque son dataciones similares. Incluso pudo llegar a Evenor (1540 a. C.) el abuelo de Atlante. Por desgracia esta obra se ha perdido, fue destruida, en tanto que *Atthis*, la de los reyes atenienses, se ha conservado. ¿Casualidad? Pues no lo es, ya sabemos que hubo persecución con el tema de la Atlántida, y el propio Platón tuvo un siglo después que detener sus trabajos cuando iba a recomponer esta labor. Todo esto son intereses muy evidentes, a los atenienses les convenía recordar sus propios reyes, con unos linajes tan antiguos, porque eso le daba gloria a su ciudad, pero no les beneficiaba recordar los linajes y triunfos de los atlantes, que fueron precisamente sus enemigos.

Por ejemplo, Helánico escribió sobre las sacerdotisas de Hera en Argos (*Hiereiai tes heras en Argei*), porque pudo recuperar sus listas cronológicas en el templo de Hera; debían ser las más precisas en aquel momento, y siempre se esforzó este autor, fue uno de los primeros tras Solón, en desarrollar una cronología científica. Se basaba también en las genealogías lo mismo que el legislador. Pues bueno, Argos cayó en manos de los aqueos en el 1405 a. C., arrebatándosela a los atlantes, así que tuvo necesariamente que hablar otra vez de ellos (todas las sacerdotisas anteriores a esa fecha eran occidentales). Esta obra fue destruida.

Asimismo, escribió *Phoronis*, con las genealogías de los Heráclidas —tribus dorias occidentales—, y hemos aquí de recordar que Solón le remontó los linajes a Sonjes en Sais hasta precisamente Foroneo que era el más antiguo que él recordaba (hacia 1720 a. C.), un personaje de tiempos de Deucalión. Esta coincidencia singular, más la del 683 a. C. para empezar su obra *Atthis*, y las genealogías usadas de los Cecrópidas, las tres cosas, nos señalan con seguridad que Helánico usó material de Solón (aquellas partes distintas a las que luego usará Platón, como si se hubiera repartido el corpus que el legislador reunió). Pero Foroneo era atlante, fundador del Oráculo de Dodona, cuyo nombre Δωδώνη (*Dodóne*) no significa nada pero recuerda a todas esas *Didýme* (Gadeira), *Dídyma* (Mileto) y *Dídymo* (Delfos). Puede que la pronunciación se corrompiese en el Epiro, por estar habitada esa región por pelasgos, pero el lexema es el mismo: DDN en vez de DDM, algo muy propio si lo pronunciaban /dodón/. En definitiva, ya tenemos cuatro santuarios atlantes, todos ellos en forma de Oráculo, y con el nombre de «gemelo». Son santuarios establecidos por la misma cultura. Y es muy importante fijarnos, a Dodona nunca llegaron los fenicios, por lo que no son ellos quienes difundieron este culto, el cual, con estos rasgos, ha de pertenecer a una cultura anterior a las colonizaciones fenicias de la Antigüedad. Y la palabra atlante de lexema DDM acabó significando «gemelo» en todas partes por los Reyes Gemelos de la Atlántida, por ejemplo los gemelos Apolo y Artemisa en Delfos; pero, en principio DDM debió significar otra cosa con toda probabilidad.

Quizás era una mención del dios Thot (Thoth, DD), llamado Θεύθ (Theuth) por los griegos; porque los oráculos se escribían y Thot es la divinidad de la escritura, así como de los muertos con los que se va a hablar. Sería algo muy antiguo; junto a Dodona tenemos un río llamado Aqueronte, que parece corroborarlo ya que es el río de los muertos, y en su desembocadura, no muy lejos, hay otro santuario, el Necromanteion (el de la adivinación con muertos). Por esto, sabiendo que *Oráculo* es palabra latina que procede del Heracleion en Cádiz (la etimología basada en *Orare* más el diminutivo -*culum* es errónea), y que en griego es το μαντείο («el oráculo»), lo más seguro es que la palabra *Didýme* fuese «oráculo» en la *Lengua de Agenor*. Y se decía en femenino porque era un lugar. En el caso de Dodona es un paraje mágico, y el Aqueronte nace de su misma montaña (el Tomaros, su nombre TM es «temor», «muerte»). El sitio se dedicó a *Zeus Uranio*, es decir, un Zeus occidental, cuya esposa no era Hera sino Diana (*Dione*, forma femenina de Zeus, acabó ocupando el 2º tetramorfo, o sea, el de Tartessos).

Notemos otra cosa, en 1710 a. C. Egipto fue invadido por los Hicsos (CS), es decir, los Casitas, pues en egipcio se escribe *Kesewt* (CST) o *Khaseshet* (CSST), y éstos son los oestrymnios de la zona de los Picos de Europa tal como dijimos más atrás al hablar de la isla de Quíos, los pulpos y las lágrimas. Es por los Casitas que las islas Cassitérides (Inglaterra e Irlanda) se llamaban así. A estos invasores desconocidos («*soberanos de países extranjeros*») les ocurre lo mismo lo que a los siguientes *Pueblos del Mar*, estaban más desarrollados que los propios egipcios e introdujeron allí el uso del caballo, del carro de guerra, de las armaduras de escamas, sables de metal, y muchas más cosas. Pues bien, en esa zona de Cus —la Costa— nace el río Ebro, son íberos, y fundaron en Egipto una nueva capital: Ávaris («íbera»). En los reyes egipcios inmediatos a eso, como Dudimosis I (1685 a. C.) y Dudimosis II (1674 a. C.), que gobiernan desde Ávaris, tenemos de nuevo el lexema DDM, aún cuando esté mezclado con Moses (Museo, de las Musas), nombre que aparece entonces por primera vez en Egipto. Y la leyenda del oráculo (*Didýme* «gemelo») de Dodona nos dice que se formó porque desde Tebas en Egipto, los *fenicios* —los atlantes rojos— secuestran a dos sacerdotisas gemelas, y a una de ellas la mandaron a Libia —seguramente España—, y la otra es enviada a Dodona. Y que en esos dos lugares se formaron dos oráculos, el de Amón en Libia y el de Zeus Uranio en Dodona. Claro que, más bien, fundaron en Tebas un oráculo porque esa era su religión, y Amón (Zeus) es el dios de Tebas; pero le dieron orden a Foroneo de hacer lo mismo en Grecia con otro Oráculo imperial.

Los invasores Hicsos («Khaseshet» Cassitas) en Egipto (Fig. 74); en las pinturas de Beni Hassan se les puede diferenciar muy bien de los egipcios autóctonos, tienen la piel pálida —son blancos— llevan pelo largo y barbas. El grupo de mujeres a la derecha viste túnicas con grecas o escamas de dragón, en Azul y Rojo (la Doble Corona). Van también con lunares, como los trajes de sevillanas españoles. Y en la cabeza llevan todas la ínfula, una cinta que era típica de los atlantes y luego en Grecia. Hemos de suponer que los atlantes de España vestían parecido.

Las dos muchachas, enviada una a España y otra a Grecia, lo que hacían era dar la feliz noticia de la invasión exitosa en Egipto, que siempre fue, recordemos, un gran enemigo. Y esta relación con los oráculos gemelos (*Didýme*) es la que se nota en Dudimosis I. Es posible que usasen a Thot (DD) por causa de Egipto, e incluso el que la palabra adquiera el significado «gemelo» por los dos oráculos que fundaron al mismo tiempo, llevando la orden a Dodona una de las dos sacerdotisas gemelas. Que debía ser desde luego una princesa, quizás Telédica, la segunda esposa de Foroneo; ella suplantó a la primera, llamada Cerdic, y fue la que le dio su descendencia divina. Porque la ninfa que vino «*de lejos*» es Telédica (Τῆλε *Tele* «lejos»), pero su lexema TL no viene desde luego del indoeuropeo **Kwel-2* como se afirma, ni era ese tampoco su significado original, sino que se relaciona a Atlas, era una Thulia («atlante») pues Thule fue el nombre original del Imperio Atlante.

De esta manera es como se forman palabras nuevas, y el lexema TL en Grecia pasa a significar «lejos», porque la que vino de lejos es Telédica, pero es que de cualquier manera, también Thule estaba siempre lejos (se refería a España); mientras que DDN (Dodona) será «gemelo», porque era el santuario de la gemela, o bien de los Reyes Gemelos. Y como fue el primer Oráculo de Grecia, a partir de entonces a todos los oráculos los llamaron *Didýme*, y así se extendió su uso. Pero más bien, el lexema modificado es DDM ya que la N inicial nominaba en tartesio al dios, o sea, a Thot (Thothón > Titán). La obra *Phoronis* de Helánico hablaría por supuesto de una manera más sencilla de estos linajes dorios, con las genealogías tal cual, sin lingüística ni información de los Hiscos.

Pero esta obra de Helánico también se perdió, por supuesto eso significaba demasiada gloria y recordar una época en la cual los helenos ni siquiera habían llegado a Grecia. No era bien recibida esta clase de noticias. Jacob Burckhardt, en su magna obra *Historia de la Cultura Griega* de 1898, en la primera página del capítulo *Los Griegos y sus Dioses*, nos dice así: «*sabemos de ocupaciones fenicias antiquísimas, pero nada podemos añadir sobre la población primitiva que encuentran aquellas estirpes que luego serán las griegas*». Está hablando de los carios, tirrenos, léleges, etc, es decir, precisamente los atlantes. Y nos añade la anotación siguiente: «*Suponiendo que hayan inmigrado de verdad. Una leyenda nos indica que los dioses vinieron de fuera; así, la creencia de los atenienses, que recibieron a Zeus y a Apolo en el país y les ofrecieron sacrificios. Pero la creencia general era la autoctonía de los dioses*».

Esos atenienses iniciales ni siquiera son los helenos sino los pelasgos. En definitiva, los eruditos griegos, y los sacerdotes, conocían leyendas sobre el origen extranjero de sus dioses, que precisamente venían de lejos (Thule) en el Occidente. Pero eso naturalmente al pueblo no le gustaba, ellos preferían pensar que el Olimpo de Grecia al norte de Tesalia era el original y auténtico, y que sus dioses eran sólo suyos. Sin embargo eso no es verdad, y si comparamos los panteones, podemos ver que Zeus se corresponde a Zas en el panteón fenicio —atlantes rojos—, que Astrea (Afrodita) se corresponde a Astarté, llamada Milita (Malta) en Siria; que Gea es Ge, Urano es Anu en el panteón fenicio, y Ore en el ibérico, Cronos equivale a Crom, Ceo es Occa, Apolo es como el Apolo romano y el

Pol occidental, etc. Todas estas igualdades dejan muy claro que no se trataba sólo de dioses griegos, si los panteones comparten esos nombres es porque habían compartido sus pueblos las historias de los reyes que les habían dejado esa identidad.

Pero el pueblo, la plebe desenfadada, prefería creer que eran sus dioses, y sólo de ellos. Por último, Helánico escribió *Carneonikae* donde incluyó las listas de vencedores musicales en los Juegos Carneos de Esparta; y también fue destruida. Porque todo esto era atlante y antiguo, además de que se estaba generalizando el Monoteísmo y la condena a los «*dioses falsos*». Lo más seguro es que el historiador, en su ánimo de conocer el pasado remoto, no le importase escribir sobre los atlantes. Además, Helánico procedía de Militene, una población de Lesbos, isla situada enfrente mismo de Troya. Militene lo mismo que Mileto, Malta o Melilla (MLT) es un nombre atlante. Hemos de creer que este seguidor de los trabajos de Solón era él igualmente de linaje atlante, y por eso no le importó escribir sobre esa civilización. Pero lo único que se salvó de todos sus trabajos, tomemos nota, es lo que escribió de Atenas.

Aún así, a él le debemos, en los fragmentos rescatados de la *Troica y Pérsica*, una mención sobre la fundación de Roma por los troyanos de Eneas, huidos en el 1183 a. C. tras la destrucción de su ciudad. Su rigor está fuera de duda, pero por las causas que estamos viendo —glorificaba a los atlantes— los helenos contemporáneos le calificaron como un «*escritor poco fiable*». Eso era mentira.

Pasemos a Herodoto, 484-425 a. C., era tan sólo seis años más joven que Helánico, sin embargo todos sus nueve libros de *Historia* (Ἰστορίαι *Historiae* «exploraciones», o mejor, «averiguaciones») se han conservado, porque consisten en una aclamación de las victorias griegas contra los persas en las Guerras Médicas. Herodoto nació en Halicarnaso, una ciudad de la costa Jonia dominada por los persas en aquél entonces (484 a. C.); con unos 20 años (464 a. C.) y vocación intelectual marchó a la vecina ciudad de Mileto, la cual tan sólo distaba unos 50 o 60 km más al norte. Allí estaba la famosa Escuela Milesia pero Hecateo 2º había muerto en el año 476 a. C., y estaba prácticamente desolada. No conocemos quién era el jefe entonces pero se educó Herodoto en aquél lugar, lo sabemos porque Halicarnaso era una ciudad dórica pero él acabó escribiendo en jónico milesio toda su vida. Y pasó a ser él quien se ponga al mando de la Escuela Milesia; debió ser hacia 454 a. C. cuando ya tenía 30 años. Según su propio testimonio tuvo en su poder los mapamundi elaborados por Anaximandro, y los siguientes, mejores, de Hecateo 1º que cartografió hasta España, y con los añadidos de Hecateo 2º al incorporar las exploraciones de Escílax.

Todas estas cosas son las que había salvado Hecateo de la destrucción persa, y parece derivar de ellas el interés etnográfico y universal de Herodoto. Pero ya tras la batalla de Eurimedonte (466 a. C.), cuando Herodoto tenía 18 años, se desmoronó el poder persa en la zona. En torno al 454 a. C. está en pleno apogeo la Liga de Delos dirigida por Atenas, y todas las ciudades de Jonia han sido ya liberadas; es entonces cuando Herodoto comienza a escribir sus libros de *Historia*, aclamando las victorias griegas, y cuyo relato finalizará precisamente en la liberación de Jonia. La idea de su obra le nace por lo tanto en ese momento. Aunque como Atenas era ya la capital de todo, marchó allí, y publicó entonces el famoso mapamundi (Fig. 12) en el 450 a. C.

En fin, se llevó a Atenas el material que quedaba en la Escuela Milesia. Por eso pudo publicar él, sin haber explorado ni navegado, un mapamundi así. No cabe duda de que es el de Hecateo. Y nuestro nuevo héroe pasó en Atenas varios años, hasta que publica su mapa (450 a. C.) o mejor hasta que tiene lugar la Paz de Calias (449 a. C.) cuando los atenienses exigen a los persas que no naveguen en el Egeo y no se establezcan en ningún puerto de la Costa Jónica. Quizás fuese a petición del propio Herodoto que los atenienses forzaron este acuerdo con los persas.

A continuación, imita la idea de Solón y se marcha al país de Egipto, donde estuvo 10 años, entre 449 y 439 a. C., aprendiendo su idioma, y escribiendo su obra, con la invasión de Cambises que ya hemos visto, etc. Su tono de epopeya —a veces imita a Homero— era voluntario, porque Herodoto quería hacer una memorable obra que ensalzara las Guerras Médicas (Persas) de su época a una categoría equivalente a la de la Guerra de Troya. Y lo logró.

> «*Herodoto de Halicarnaso presenta aquí los resultados de su investigación para que el tiempo no abata el recuerdo de las acciones humanas y que las grandes empresas acometidas, ya sea por los griegos, ya por los bárbaros, no caigan en olvido* [...]» (Historias).

Tras los diez años en Egipto marchó a Italia, se instaló en la ciudad de Turios (Dorios, Toros), recordemos que él era un dorio de Caria. Seguramente hablaba tres lenguas, el dórico, el jónico, y el egipcio. Allí terminó de escribir su gran obra, nueve años después, hacia el 430 a. C. Toda esa obra la escribió en jónico con algunos aticismos, porque supo ver que era ya la lengua de cultura. Eso, y dedicarse a aclamar a los griegos, garantizó su salvación; siglos después romanos como Cicerón lo consideraban el *«padre de la historia»*, en tanto que a Helánico de Militene, que aclamó a los atlantes... ¿quién lo conoce hoy en día?

Estátero de plata con las insignias de Turios (Fig. 75); situada esta ciudad en el golfo de Tarento a corta distancia de Síbaris, una era de origen dorio y la otra íbero, más antiguas que las colonizaciones griegas. Se puede ver a la derecha el Toro y la inscripción «Tourion», son dos emblemas dorios. Y a la izquierda Atenea lleva la palabra «Timo», una alusión a Temis la reina del Olimpo, hija de Urano. Fijémonos que sobre el casco hay un Tritón con cola de pez y portando el Tridente. De esta manera la ciudad doria recordaba orgullosa su origen atlante.

Es notorio evidenciar que otra obra de Herodoto, como los *Hechos Líbicos*, dedicada a los libios —atlantes rojos en general o quizás sólo los fenicios— se haya perdido. Y también otra sobre los asirios, sólo se ha conservado lo que aclamaba a los griegos, hemos de ser conscientes de la importancia que tiene este detalle. No es que no hubiese libros históricos sobre los atlantes, estamos viendo que sí que los hubo, y de gente importante, se trata de que han sido destruidos sistemáticamente, una purga, y sólo se salvó lo que le interesaba a los nacionalismos emergentes de turno. Lo que pasó con estos dos historiadores pasó en general con todos los demás, y hasta ahora hemos tenido muy mala suerte, porque Epiménides escribió sobre los atlantes, y mucho, pero se ha pedido; luego Sonjes de Sais algo parecido, sin que pudiera acabar, y Solón en Atenas tampoco tuvo tiempo para acabar lo que empezó. Ferécides torturado con la lepra murió sin acabar, y además lo que hizo se ha perdido. Helánico, aunque fue muy bueno, lo difamaron empezando a decir que *«no era fiable»*, y al final sus obras desaparecieron. Y también las que hizo Herodoto al respecto de los libios. El poeta

Hermipo, fuente de Plutarco —anterior a Platón— sobre los trabajos de Solón, también se ha perdido. Luego Platón bajo amenazas tuvo que detener la redacción del *Critias*, y ni siquiera se atrevió a empezar el *Hermócrates*. ¿Qué pasaba aquí?

Cada vez que un investigador defendía la Atlántida lo machacaban y lo hacían desaparecer. A menudo, publicar una obra mencionando nuevas fuentes de información, como Helánico, sólo servía para que los desaprensivos fueran a los santuarios y destruyeran esas fuentes. Ya de paso podían saquear sus tesoros, pensémoslo, ¿a quién no le gusta enriquecerse bajo cualquier excusa? A veces eran los políticos y otras veces los religiosos, mientras que los autores de teatro —herederos de los aedas— no paraban de usar los mitos inventándoselo todo hasta desprestigiarlos por completo. Este periodo, entre el 650 y 320 a. C. coincide con las Guerras Sagradas, una revolución teológica en contra del pasado, y en ella los «*dioses falsos*» perdieron su derecho a existir. Por el mero hecho de ser engaños malignos se convirtió en una virtud su destrucción. En su transcurso, no lo olvidemos, muchos filósofos sufrieron además persecución, y dependiendo de la mayoría, primero la sufren los «ateos», pero luego los «paganos».

Por ejemplo, Anaxágoras fue el primero que abrió una escuela filosófica en Atenas, no hacía daño a nadie, pero como decía ciertas verdades que no eran a favor de la gloria de Atenas, lo acusaron de apátrida, y tuvo que irse. A continuación Diógenes el de Apolonia fue perseguido por ateo, aunque consiguió escapar, cosa que enfadó mucho a los atenienses. Por eso, cuado Protágoras, acusado de ateo de la misma forma, huyó de Atenas en un bote por el mar, las trirremes de la ciudad le dieron caza, y no escapó. En vista de lo cual, cuando acusaron a Sócrates de lo mismo, decidió no intentar huir. Cada vez se estaba poniendo peor el asunto, y murieron bastantes más. Cuando amenazaron a Platón porque estaba escribiendo cosas inadecuadas, el filósofo obedeció sin rechistar para que no le hiciesen beber a él también la cicuta. De hecho, ya lo habían amenzado en el 366 a. C. —seis años antes— cuando defendió a Cabrias, le dijeron: «... *aún queda de la cicuta de Sócrates para ti*»; aquella vez ganó, pero Platón no tentó la suerte más veces. Por su parte, Aristóteles, siempre prudente, jamás dijo nada e incluso aceptó el escepticismo ateniense hacia la Atlántida, pero como era macedonio también fue amenazado —a la muerte de Alejandro—, y tuvo que huir de la ciudad. Aquello era xenofobia.

Y si los atenienses llegaron a tener esa xenofobia hacia Aristóteles y otros ciudadanos que vivían entre ellos como uno más, ¿nos extraña que tratasen de borrar del mapa cualquier recuerdo de la Atlántida? Más bien es lo lógico.

Acontece en este deliquio que aunque nos deje sin duda abatidos por todo lo que se destruyó, lo cierto es que también se salvaron suficientes cosas. ¿Qué queda hoy en día de la Antigüedad? Todo son ruinas, la Antigüedad fue destruida, y a su vez, ella misma se encargó de destruir el mundo anterior de los atlantes. Quizás este sea el destino de la Historia, pero siempre quedan restos suficientes para reconstruir el olvido, si es que fue verdadero. Pongamos por caso a Herodoto, 484-425 a. C., sus trabajos sobre los *Hechos Líbicos* fueron destruidos, sólo se salva las *Historias* porque glorificaba a los griegos; bien, de acuerdo, pero la censura no puede eliminar línea por línea todas las citas. Así, en las obras supervivientes hay citas, y Herodoto es prolífico en ellas. Hemos visto que Helánico tenía una obra titulada Ἀτλαντίς (*Atlantís*), palabra femenina e indicadora de un país, lugar, o ciudad. También nos sirve para una isla, y se conocía como tal, Ἀτλαντίς νῆσος (*Atlantís nesos*) la «*Isla de Atlantis*», aunque eso era así porque se estaba mencionando la ciudad. Pues bien, Herodoto también la escribe como Ἀτλάντις (*Atlántis*), con el acento en medio tal como solemos pronunciarla en la actualidad.

En este punto ya nos está enriqueciendo, y sabemos que había muchas formas de pronunciar todos estos nombres, incluso sólo entre los griegos. Helánico hablaba de las Ἀτλαντιάς (*Atlantiás*) para referirse a las hijas del Rey Atlante, pero hoy día las llamamos *Atlántides*, y esta otra versión ya se encuentra en Eratóstenes: αἱ Ἀτλαντίδες (*hai Atlántides* «las Atlántides»). Fue seguido en esta forma por Estrabón y casi todos los demás. Herodoto, se afincó en Italia pero no pudo ir más allá, visitar España, debido al bloqueo cartaginés contra los navíos griegos, y escribió:

> «*Siendo así que el mar en que navegan los griegos y el que está más allá de las Columnas de Heracles y llaman Atlántico, como también el Eritreo, vienen todos a ser un mismo mar*» (Historias I.203.1).

Es en estas frases donde vamos descubriendo pistas, y precisamente aquí tenemos la confusión que luego ocurre con Evémero y el *Mare Erythraeum*, pues se refería al Atlántico cuando ubicaba la isla de Pancaya, y no al Índico (el *Erítreo* es según Herodoto el mismo que el *Atlántico*, porque están conectados, ambos son el Océano exterior, y las isla de Cádiz era también conocida como *Erytrea*). Pero fijémonos en la versión original:

θάλασσα ἡ Ἀτλαντὶς καλεομένη
Thálassa he Atlantís kaleoméne

Literalmente dice: «*mar la de Atlante llamada*», es decir, está mencionando al Rey Atlante de manera explícita; y para facilitar podemos poner esta misma frase cambiando el artículo de posición: «*la mar de Atlante llamada*». Aunque es más poética la forma griega de hablar; en cualquier caso, no siempre son correctas las traducciones modernas, pues se empeñan a menudo en eliminar el nombre de *Atlante* y lo traducen por *Atlántico*, *Atlas*, o lo que sea, pero no ponen algo que sea idéntico a lo que decía Platón. Con ello dejan constancia de no ser crédulos de las fantasías platónicas, y se cubren contra cualquier ataque académico actual.

Esto es tan necesario hoy día como en los tiempos de Aristóteles, pues ya hemos mencionado que la Atlántida continúa siendo un arcano prohibido, y no se puede hablar de ella. Para entender la traducción es necesario conocer la génesis de la palabra: 1º el lexema T significaba al dios Eta o bien sin personalizar «dios» (Teo), ya desde la prehistoria ancestral; y su uso como sufijo indicaba el femenino o el aspecto acabado. 2º adquiere una L formando TL «espíritu de dios», que en el caso de Eta era ya el Dragón (*Etel*). 3º si se le quita la vocal inicial forma el reino de *Thule*, que significa «Dragonia» o «del Dragón». 4º cuando más tarde se desarrollan los sufijos nominales, en tartesio forma *Atlán*, y en libio *Atlas*, ambas son lo mismo, y fueron usadas con un rey al principio pero pasó a ser un título. 5º para formar derivados se le añade una nueva T, y el sufijo desinencial correspondiente, de tal manera que nos queda, a partir de la forma tartesia *Atlán*, lo siguiente:

Atlán → *Atlantos* mas. «atlánido»
　　　　Atlante fem. «atlánida» (ciudad) → *Atlantis* gen.
　　　　Atlanta neut. para cosas.

El nuevo lexema es Atlant- pero le falta la desinencia, tal que con el masculino -Os significa «atlánido», porque la T es como la D del participio actual español (que en muchos casos sigue siendo una T). Con la desinencia del femenino -E aparece *Atlante* y significa «atlánida», y el neutro con la -A servía para cosas o niños. Todo esto es con las desinencias libias que pasaron al jónico griego, pues ésta era ya la lengua común del Mediterráneo en tiempos de la Edad del Bronce. Eso fue fundamentalmente debido a los Lobos de Mar (atlantes rojos). Ahora fijémonos, si de un rey llamado *Atlán*, que pasó a ser el título de los emperadores de Thule, derivamos una ciudad relativa a él, la ciudad del emperador, eso va a hacerse en femenino, por lo tanto, la conoceremos como *Atlante* («Atlánida»). Y eso se va a convertir en un nombre propio, por lo que si queremos mencionar la isla de esa ciudad, lo tendremos que decir en genitivo, y el genitivo femenino es en esta lengua -ης *-Es*) y a veces como en latín *-Is*. Por lo tanto, la palabra Ἀτλάντις (*Atlántis*) es un genitivo femenino que significa literalmente «de atlánida». Pero esta traducción ya no tiene sentido porque *Atlante* se ha convertido en un nombre propio, por lo que la traducción correcta es «de Atlante».

Al menos cuando ya tengamos constancia de haberse creado el nombre propio con el derivado. Lo cual, en tiempos clásicos de los griegos es algo seguro; pero también mucho antes, ya en tiempos de la Atlántida se fosilizó. Por lo tanto, la ciudad se llamaba *Atlante*, y nosotros en la actualidad, como eso nos parece un adjetivo, preferimos *Atlanta*, como la capital de Georgia en Estados Unidos. Pero para ellos era *Atlante*, y decían en consecuencia Ἀτλαντὶς νῆσος (*Atlantís nesos*) la «*Isla de Atlante*». ¿Y qué ocurrió? Pues que se volvió a fosilizar la expresión, y ya con los griegos el nombre de la isla era *Atlantis* (la «de Atlante») y con los romanos el nombre de la propia ciudad era *Atlantis*, por lo que van a declinarlo en consonante.

En general sufrió una declinación irregular y hasta depende de cada autor el cómo van a tratar el nombre. Es como en la actualidad el nombre de los dioses, en España se usa la forma fosilizada *Plutón* con el nominativo en -N, mientras que los ingleses lo suprimen (*Pluto*). Podemos decir *Argos* con el nominativo -S, o tan sólo *Argo*. De esta manera *Atlantis* se fosilizó con su genitivo incluido, y hay griegos que tomaron Ἀτλάντις (*Atlántis*) como nominativo. Pero esto no es todo porque el Rey Atlante, aunque Platón lo cita a veces como Ἄτλαντος (*Atlantos* «atlánido») en masculino, la verdad es que suele ser mencionado con el femenino Ἀτλαντη («atlánida») convertido en un nominativo masculino irregular.

La razón es que los gentilicios muchas veces van en femenino, y por eso no nos suena mal. De este modo, vemos escritas expresiones como οἱ Ἄτλαντες (*hoi Atlantes* «los atlantes») que están en plural, y se le ha añadido un plural neutro -ες (*-Es*) debido a que no es un masculino usual, aunque el artículo muestra su género. En fin la palabra es algo complicada por la nominalización que han sufrido varias veces sus formas derivadas. Lo cual es un indicativo de su enorme antigüedad (es arcana). En cualquier caso hemos de cuidar más las traducciones, y si recordamos la frase anterior, Θάλασσα ἡ Ἀτλαντὶς καλεομένη (*Thálassa he Atlantís kaleoméne*), la traducción correcta no es «Atlántico» ni nada por el estilo, sino «de Atlante», se trata de una «*mar la de Atlante llamada*», y la referencia es doble, puede ser al Rey Atlante, o a la ciudad (Atlantis). Si no se sabe cuál de las dos es, porque el contexto no dice más, sería correcto también traducir «la de Atlantis».

Pero como estas dos opciones, ya sea el Rey Atlante o la ciudad de Atlantis (o incluso la isla), son exactamente lo que contaba Platón, nos mete en un problema. Porque el mundo académico hoy en día dice que eso es mentira, que ese mito se lo inventó el filósofo Platón, por lo cual, los traductores modernos no pueden arriesgarse a decir algo que lo contradiga. Se pondrían a sí mismos en evidencia, si traducen eso quedarían al margen del mundo académico. ¿Qué hacen entonces cuando antes de Platón aparecen citas como ésta de Herodoto? Lo que solemos notar es que se cubren las espaldas y traducen por «Atlántico», para que no les echen en cara que —ellos— alimentan la leyenda falsa. Al fin y al cabo, ese nombre, Atlántico, sigue usándose en la actualidad, y el Atlántico es el Occidente, por lo que al hablar así no hay peligro. De esta manera, todas las citas que no destruyó la censura antigua se pierden igual por culpa de las traducciones, al no ser fidedignas.

Pero cuando los griegos quieren decir «Atlántico» usan esa palabra directamente: Ἀτλαντικός (*Atlantikós*). De este modo tenemos los Τέρμονες Ἀτλαντικοί (*Térmones Atlantikoí*) que nos indica los «confines atlánticos», y también se puede usar este adjetivo para las gentes, Τερμονων τ᾽ Ἀτλαντικων (*Termonoon t' Atlantikoon*) traducible por «de los confines de los atlánticos», donde ya no tienen porqué ser atlantes, sería lo propio pero podrían ser otras gentes en Occidente, por ejemplo los celtas. Porque en este caso sí se está refiriendo al Atlántico, y el Atlántico es el mar. Eurípides en sus tragedias nos habla de ἐξ Ἀτλαντικῆς ἁλός (*ex Atlantikes halós*) que es «desde la mar Atlántica»; y allí se situaban las Μακάρων νῆσοι (*Makároon nesoi*) las «islas Makaron», o si se prefiere, las «islas Afortunadas». Esta leyenda famosa de los difuntos bienaventurados era en latín *Fortunatae Insulae,* y fijémonos, la diosa Fortuna —3º tetramorfo— es la misma que Aker (Makaron), dios del mar. Por lo tanto usa una teología arcana la cual sólo puede proceder de los propios atlantes. Es que el mismo nombre de *Makároon* es un derivado, un participio atlante M— de un dios español, Aker (el de Carpetania). Se situaba el archipiélago sagrado más allá de los confines occidentales de la Libia, hoy día se conoce que eran las Canarias.

Y claro, asociado al Atlántico, ¿cuándo los griegos fueron hasta las Canarias? Pues nunca, absolutamente nunca. ¿Y entonces cómo lo sabían? ¿Por qué razón las llamaron así con una gramática ajena? Curioso es que «sus falsos mitos» lo saben, pero sus geógrafos posteriores ya no lo sabían, como en el mapa de Herodoto, donde ya no salen las Canarias ni nada por el estilo. Significa que esos mitos con total certeza no pueden ser griegos, no fueron inventados por griegos, pues la gramática de los nombres, los dioses, y la geografía son ajenos a los helenos. En este tema tan sólo hay que distinguir lo básico, si nos escriben Ἀτλαντικων (*Atlantikon*) «de los atlánticos» no es lo mismo que Ἀτλάντων (*Atlánton*) «de los atlantes», y esta última palabra debe traducirse así, porque está hablando de los atlantes. Si lo convertimos todo en «atlántico» podemos disimular pero el problema permanece porque, ¿de dónde ha salido la palabra *Atlántico*? No se resuelve el misterio por adjetivar los nombres, y *Atlantis,* tal como escribe Herodoto, sólo significa la Isla de Atlantis, y cuando se habla del mar usan todos ellos el adjetivo *Atlántico/a.* Esta tradición remonta a antes de Herodoto, por ejemplo Epicarmo de Siracusa, siglo VI a. C., o Eutímenes de Marsella, que fue contemporáneo a Solón, siglo VII a. C.

No deja de todas formas, *Atlántico,* de proceder de un rey llamado Atlante, el que según Homero, siglo IX a. C., «*sabe cuáles son las honduras del ponto*»; todo ello suena a que navegó ese mar con éxito y le dejó su nombre propio. El cual ya era para entonces un apodo derivado, hemos de recordar que él se llamaba Agenor. Baste para esto el ejemplo de Herodoto pero es muy abundante hoy día este tipo de correcciones en que nos traducen *Atlas* cuando pone *Atlantis,* etc. Aquí el misterio es fácil: 1º si la Atlántida existió ya sabemos de dónde procede el nombre de todo, y la evolución de la palabra desde sus orígenes con el lexema T (Teo); 2° pero si no existió, entonces debemos explicar de dónde proceden las palabras *Etel, Thule, Atlas, Atlantis, Atlántico, Gadeira, Didýme, Olisippo, Makaron)*, etc, además del porqué se sitúan todos estos topónimos en el extremo Occidente, porqué las montañas occidentales se llaman así, todas las *Atalayas* de España, los montes Atlas, el Océano, etc. Estamos viendo a los pueblos Cassitas (Fig. 74), invasores de Egipto, con trajes blancos y rojos de lunares como en los vestidos faralaes de Sevilla, luego las islas *Makaron* se llaman como la Macarena, también de Sevilla. Son dos cosas muy particulares de la cultura andaluza, los trajes de lunares y la Macarena. ¡Por todos los dioses! ¿Dónde vamos a situar el núcleo de esta gente atlántica? Pues en Sevilla, lo lógico es que saliesen de Sevilla.

Toponimia europea con el lexema TL de Thule (Fig. 76); no están todos pero la cantidad es proporcional, donde más hay es con diferencia en España, país que era la propia Thule (Dragonia). Trazamos el viaje de Piteas de Massalia desde su ciudad hasta la «Última Thule» (Islandia). Y también se ven cinco montañas blancas que fueron el Olimpo.

Es tan gigantesco el problema que nos supone eliminar la Atlántida, nos dejaría tal número de coincidencias inexplicables, que hablando con franqueza tampoco desde este lado podemos hacerlo. Desde luego tuvieron que existir civilizaciones en España, era una tierra rica, con agricultura, metales, bosques, caza, mucho más que Egipto o Grecia, ¿por qué motivo no iban ellos a prosperar? Es ridículo, y sabemos que había viajes continuos de un lado al otro del Mediterráneo, llevando metales y de todo, no vivían aislados; de este modo, tuvo que haber atlantes, unas gentes con ese nombre que dejaron esos topónimos (*Thule, Atlas, Atlántico*, etc). Y como estos nombres se expandieron por muchos lugares (Fig. 76), pues significa que también tuvo que existir el imperio.

El topónimo TL nos informa de mucho, si nos fijamos, apenas lo tenemos en el norte de África (Libia), ni en el Líbano, ni en el Peloponeso, ni en Sicilia, es decir, las regiones que ocupaban los atlantes rojos (libios). Eso indica que es un topónimo de los atlantes azules, allá por donde lo veamos predominar era territorio de los dorios. Aunque muchas veces los colonos atlantes iban mezclados, así por ejemplo, en Carelia hallamos *Tulivaara*, y es la misma palabra que en España *Talavera*, la cual, combina el dios Atlas de los azules con el dios Íber de los rojos. Y no importa en esto lo que *Vaara* acabe significando en aquella zona, pues las palabras cambian de asociación (indica en finés «peligro», así les veían los nativos).

En el mapa de los topónimos TL de Europa (Fig. 76) todo lo que vemos es vocabulario atlante, aunque pase a otros idiomas, como el germano *Etel* («dragón»), o el árabe *Tell* («colina»). Su expansión por el norte de Europa indica que la cultura vikinga es de origen atlante, por eso los cascos con cuernos igual que los tartessos, y los barcos con las barras rojas en las velas como los Lobos de Mar (libios). Este mapa coincide además con las zonas donde hay megalitismo, es un rastro indeleble que dejaron. Y como los dorios son los Toros del dios Artá, y su color (2º tetra) y el de la Corona Azul es precisamente el Azul, pues el lexema acabó significando ese color: TL > ZL.

La letra griega Theta (Θ) que equivale a la T o TH tenía varios sonidos según el idioma que la pronunciaba, y cada pueblo tenía el suyo; oscilaba desde el sonido T fuerte, el sonido D suave, y el Z. Por este motivo, del lexema TL surge un adjetivo que es ZL (*Azul*). Y la palabra *Azul* es española, en latín es *Caeruleus -a -um*, de donde viene *Cerúleo*, pero no *Azul*. Mientras en griego es Γαλαζω (*Galazo*) o bien Μπλε (*Mple*), ambas proceden correctamente del dios Apolo, pues *Mple* es un participio del dios, y *Galazo* una desinencia ablativa del Águila Azul (GL), el Sol Azul de Apolo. Estas normas gramaticales no son del griego clásico por supuesto. Como sea, *Azul* (TL) es solamente española, y procede de Atlas. Le ocurre igual a *Azur* (TR), en este caso viene de los Toros. ¿Lo notamos? Atlas y Toro.

En un diccionario etimológico actual nos dicen que *Azul* viene del árabe vulgar *Lazurd*, a su vez del persa *Lazawárd* («lapislázuli»), pero la historia es más bien al revés, *Lazurd* viene de *Azur* (TR) por los Toros atlantes. De hecho, esos nombres están bien puestos en relación al 2º tetramorfo, pero el latín *Caeruleus* viene de los Carios, los de Coria, a su vez éstos proceden del dios Aker el de los lémures (3º tetramorfo), por lo que el color azul no le corresponde; entonces, si lo asocian es porque Lemuria integraba en la Corona Azul. Y lo mismo pasa con *Azul* en español, viene de Atlas, y aunque es el 3º tetramorfo de Poseidón, se le asocia el azul por los Tartessos.

La potencia específica de este sistema teológico en la hermenéutica es que nos permite explicar y entender el origen de *Azul, Azur, Caeruleus, Mple, Galazo, Lazurd, etc.* Entendiendo su origen verdadero, más allá de afirmar que procede de otro idioma, esto es, superando lo que se ha estado haciendo hasta ahora que era nada más implicarlo a otro idioma. Y ninguna de estas palabras es indoeuropea. Sólo nos faltaría explicar, ya que estamos, la palabra Ἀτλαντίδα (*Atlantída*) que en este caso es un pleonasmo, porque *Atlante* ya significaba «Atlánida», y lo que hacemos es repetir la desinencia T. Ocurre como en αἱ Ἀτλαντίδες (*hai Atlantídes* «las Atlántides»); consiste en que el Rey Atlante ya está nominalizado, como tal es ya un nombre, y se le puede volver a derivar un patronímico, coadyuvante para romper la igualdad semántica entre ellos. *Atlánida* y *Atlántida* son lo mismo lo que ocurre es que el primero deriva de Atlán, y el segundo de Atlante.

La irregularidad de este proceso formativo hace que en los diálogos de Platón Ἀτλαντίδα (*Atlantída*) actúe como de acusativo, en tanto que Ἀτλαντίδι (*Atlantídi*) es el dativo, ambos femeninos pero usando la declinación neutra, y eso se debe a que la palabra Ἀτλάντις (*Atlántis*) se ha nominalizado también y se está usando de nominativo; pero claro, resulta que en esa nueva situación, en ese nuevo uso, su desinencia -*Is* es neutro (ya no es un genitivo femenino). No obstante, atención, no ha dejado de ser una palabra femenina porque indica una ciudad, lo único que ocurre es que usará el juego desinencial del neutro.

Por eso en fin, *hai Atlantídes* declinan en neutro aunque deriven de *Atlante* (el rey), y sean un femenino. Mientras *Atlantída* es un acusativo femenino declinado en neutro desde *Atlantis* (ciudad). Ambas con la nueva T. Pero la incomprensión de los mitos, el no darse cuenta de que el titán Atlas y el rey Atlante fueron dos personajes distintos, provocó que los fusionaran. Acabó creándose así una declinación que imita el participio, con el propio nombre del Rey Atlante; en nominativo es Ἄτλας (*Atlas*) y en genitivo Ἄτλαντος (*Atlantos*), copiado en latín como *Atlas -antis*. Es decir, la forma libia de nominativo -S del emperador (*Atlas*) pero con un genitivo neutro del tartesio *Atlante*.

Eso hace que muchas veces se traduzca *Atlas* en vez de *Atlantis* al pasar documentos a lenguas modernas, pero en muchas ocasiones no es correcto, porque no se está hablando de las montañas del Atlas, del titán, o del Atlántico, no es un mensaje cosmológico, o geográfico, sino que se está hablando de la ciudad de Atlantis, y del rey Atlante. Para saber qué debemos traducir hay que observar de qué están hablando los textos, y teniendo en cuenta que cada autor declina a su manera, además de que los propios mitos mezclan las historias de estos dos personajes, es muy difícil concretar. Pero sigamos adelante.

La palabra *Olimpo* por su lado procede de *Olum-Ba* («alma de Olum»), y aparece ya en Sanchuniathon, quien llama con ese nombre, *Elioun*, al Cielo. Pero ese nombre viene del dios El (el Dragón). Los atlantes descubrieron una línea de montañas blancas que seguía el recorrido del Sol y del Dragón de este a oeste, a saber: 1º el monte Ararat en la zona del Cáucaso, una zona —Iberia— que se ocuparon de conquistar; 2º el Uludag de Anatolia, en la Propóntide, no lejos de Troya (Ilión), también conquistaron esa zona los atlantes, y llamada *Misia*, recuerda las Musas; 3º el Mitikas al norte de Tesalia, en Grecia, es el más famoso Olimpo de todos; 4º el Mont Blanc en los Alpes que separan Francia de Italia, su nombre indica que era sagrado, y los grabados rupestres a ambos lados, de Val Camonica y el monte Bego, lo atestiguan (toda la cordillera es el monte); de hecho, Chamonix —el valle del Mont Blanc— es el mismo nombre que Camonica. Por otro lado, la leyenda local dice que en esta enorme montaña habitaba la «diosa blanca», la reina de las hadas, que hilaba el destino de las personas, muy similar a una Moira. El Cristianismo lo condenó y desde entonces fue la *Montaña Maldita*; y 5º por último el Naranjo de Bulnes en el norte de España, el *Mons Vindius* («monte blanco») de los celtas y romanos, su leyenda es ser el hogar de los dioses y el pilar del mundo.

Todos ellos eran la montaña más alta de sus áreas geográficas, prácticamente cada península mediterránea tenía su Olimpo (España, Italia, Grecia y Anatolia). La excepción es el Naranjo, no era el más alto pero sí era el más sagrado y el más antiguo de todos, desde tiempos ancestrales. Con esto queremos dejar constancia de que la mitología «griega», con sus Musas, y sus Moiras que hilan el destino, empieza desde Occidente y llega a todos los sitios adonde llegaron los atlantes, no los griegos; y eso se aprecia muy bien con los topónimos TL. Por ejemplo, el Uludag es en realidad *Ulu Dag* y no significaba antaño «Montaña Grande» como actualmente se traduce, sino más bien «Montaña de Ulu», y Ulu es el dios El (Elioun). Bueno, ésa era la montaña sagrada, *Olum-Ba*, de los bitinios, pero tenemos otra montaña cercana, el *Mons Arganthonium*, y ambos nombres, Argantonio y Bitinios, los tenemos primero en su región de origen, en España: *Mons Argentarius* y Vettones.

Los Argonautas hacia el Mar Negro (Fig. 77); saliendo de Yolcos en Tessalia, atravesaron los Dardanelos y avistaron el «Mons Arganthonium» en el Mármara (Propóntide), luego esquivaron las «Rocas que Chocan» cuyo mágico unirse era la guardia de los Bebricios (ibéricos), ya en el reino de Bitinia, y que debían llegar hasta el río Ebro en Tracia. Artacia es como los Artabros españoles, los Dolones son los Thulios (de Atlán), la Tróade y Tracia llevan la TR del Toro, la colina Eta de Troya es el Dragón (Etel). En general, hay una duplicación a ambos lados del Egeo, hay un Olimpo, un Ossa, y un Eta en los dos. Todo son topónimos atlantes, los encontramos también en los Olimpos de Francia y en España, y por eso llamaban «asiáticos» a los Cassitas en Egipto, por estas Ossa.

De hecho, se nota que la fama del rey Argantonio hizo que confundiesen en Época Clásica el nombre del monte de Anatolia, pues su verdadero título era Argentario (se halla en un cabo dominando el Mar de la Propóntide, y ése es el nombre que ponían los atlantes cuando compartían un lugar las dos Coronas, en este caso el control del estrecho). Y esto es relevante, los griegos sabían que tenía una relación con España, pero el nombre español que oían en su época era el del longevo rey Argantonio, 650—550 a. C., y no sabiendo muy bien lo que hacían corrigieron el del monte: *¿Es que no lo oyes? No es Argentario, es Argantonio*. Podemos buscar otras explicaciones pero en cualquier caso esto es muy relevante porque corrigieron un topónimo de la Propóntide por un rey occidental lejanísimo. ¿Qué hace situado allí el *Mons Arganthonium*? Eso sólo puede ser por un ánimo de ajustarse a la verdad histórica, y esa verdad a la cual se están ajustando es el pasado atlante. Esto no tiene otra explicación, no hubo colonos tartessos en esa época que se marchasen a vivir a la Propóntide.

Tuvimos ocasión de ver otro monte Olimpo en Chipre, bien lejos de Grecia, y está por ver si el Etna de Sicilia o el Tubqal del Atlas marroquí eran otros dos. Este último también se acompaña de grabados, los de Ukaimeden, y la leyenda local árabe dice que los atlantes (الأطلنطي‎) son quienes los hicieron. En la actualidad existen 18 montañas con este nombre del *Olimpo*, en las Cícladas hay varias, y modernamente se ha extendido por todo el planeta y hasta por el espacio en Marte. Y éste es el detalle, el proceso era parecido con los atlantes arcanos, que iban poniendo ese nombre por doquier. Al final había un Olimpo principal en cada zona, el más alto. Allá donde vieran una montaña destacada, con nieves durante muchos meses, la llamaban Olimpo, y era la morada de los dioses. ¿Recordamos que en Atlantis iban vestidos de blanco? Pues es porque la ciudad con sus anillos representaba otro Olimpo sagrado, y es su color específico. De aquí procede también el nombre vasco primitivo de *Euskadia*, la «tierra de la buena diosa blanca», que se reduce a Skadi > SK-D, o sea, «diosa blanca»; es el 1º tetramorfo. Esta diosa habitaba en el *Mons Vindius* igual que la «diosa blanca» del *Mont Blanc* francés, se trata de la misma, es el nombre oestrymnio. Y los vikingos lo conservaron, la diosa Skadi.

La obra de Sanchuniathon era sin embargo órfica y nos dice que en las Hespérides (SPRT) se sitúan los dioses falsos (Atlas), pero lo importante con ella es que permite contrastar más aún la versión griega de los mitos. Se describe la mutilación de Urano por Cronos, y luego cómo Cronos iba matando a sus hijos al nacer hasta que Zeus lo vence; coincide por tanto la teogonía, e importa porque esto es anterior a Homero, y ni siquiera es griego. Nos ocurre como con los montes Olimpo. La única diferencia es que muchos de estos dioses se llaman diferente en la versión fenicia. Pero eso es circunstancial ya que los personajes se citan por sus títulos divinos, no dicen *Urano* como nombre propio sino que dicen «cielo» y si el dios del «cielo» en fenicio se llama *Elion* (Olüm) pues eso será lo que nos escriba Sanchuniathon. Pero es la misma historia.

Y además bastantes nombres coinciden, ya los vimos antes, *Zas* es Zeus, *Taautus* es Theuth, *Dagón* es Belus (también Dagón en versiones griegas), *Astarté* es Astrea, *Tanit* es Atenea, etc. Aparece un *Autokhthon* (Eta-kton) que coincide con Autóctono, uno de los Diez Reyes gemelos citados por Platón en la Atlántida. Es una prueba de su historicidad, aunque bien es cierto, que, con muchos otros dependemos del relato para identificarlos, y eso ya le ocurrió al traductor de Sanchuniathon, otro fenicio llamado Filón de Biblos, 64-141 d. C. Cuando traduce al griego los primitivos textos fenicios duda sobre qué nombre debe darles, por lo general los va identificando, porque son los mismos personajes, pero no es fácil, y su trabajo puede contener muchos errores. Esta profusión de nombres distintos es porque casi todos los personajes antiguos eran conocidos por motes y apodos muy vistosos, este héroe es el «Dorado» como *Chrysaor*, o ella es la «Buena Reina» como *Calírroe*, y sencillamente se solía traducir. Por ejemplo, en fenicio Calírroe podría ser *Milkahaira* (Melkora). Y así con todos los demás, de modo que no es fácil.

Por lo menos sabemos que Urano era *Elioun* (Olüm) y que de ahí viene el nombre *Olimpo*, pues incluso los cita así, los *Olüm-pe* («olímpicos»), o bien, los *Elohim* («celestes»). Este último nombre pasó a la Biblia designando a los dioses, pero convertido luego en plural mayestático se usó finalmente para Dios. Eso ocurrió porque a medida que se hacían monoteístas con el avance de los filósofos, no se atrevían a destruir sus viejos textos sagrados. Tal que le cambiaron el sentido a la palabra y asunto arreglado. Casi todos los salmos bíblicos se pudieron salvar así, inventando esa cosa que se llama *plural mayestático* para Dios.

La identificación de personajes es tarea ardua, conque tan sólo citaremos una noticia que Filón de Biblos traduce de la siguiente manera: «*por los consejos de Saturno (la Muerte) se abisma a Atlas bajo tierra*». Este pasaje ya ha sido identificado por varios autores como que alude a la inmersión de la Atlántida. Y tiene mucho sentido puesto que en las Hespérides, recordemos, se sitúan los «*dioses falsos*», y que Sanchuniathon está reescribiendo la teogonía pero corrigiendo este pequeño detalle general. Todo ello en los tiempos del rey Abibaal de Beirut, 1010-980 a. C., cuando aquellos Lobos de Mar son ya fenicios independientes.

Pero el desprecio hacia los dioses humanos acabará generando un desprecio hacia el politeísmo en general, y por último incluso se negará que existieron; Herodoto se pasa todo el tiempo en sus *Historias* manifestando sus dudas y avisando siempre: «*me veo en el deber de referir lo que se me cuenta, pero no a creérmelo todo a rajatabla; esta afirmación es aplicable a la totalidad de mi obra*» (Historias VII, 151, 3). Por fortuna, a pesar de ello no dejó de recoger todo lo que oía, y son noticias que aunque parezcan extravagantes tienen gran valor. Lo que ocurre es que en la consideración general del acontecer histórico, Herodoto continuó dejando el resultado en manos de los dioses. No se hizo cargo pues, de la nueva manera con que Esquilo, 525-456 a. C., denunciaba a las divinidades: los dioses no cumplen, y las gentes sufren destinos injustos.

Con Sófocles, 496-406 a. C., el ser humano ya toma en sus manos su propio destino, la Predestinación del linaje no se aceptaba desde la vieja Guerra de Troya, pero ahora ni siquiera la Providencia. La culpa ya es de la persona, y el dilema es el asunto de hasta dónde, es decir, si los dioses hacen algo o no. El escepticismo griego lo llegó a negar del todo, aunque para el común de las gentes era inaceptable que los dioses no hiciesen nada. Tucídides, 460-396 a. C., eliminó del todo esta carga moralizante que todavía tenemos en Herodoto (los griegos vencen porque se han comportado mejor y los dioses les dan su bendición). Para Tucídides lo que importa en la victoria es solamente la estrategia militar y el número de lanzas. Tenía razón en eso pero agregó más leña en el fuego del olvido, porque se dedicó tan sólo a la Guerra del Peloponeso, despreció a Herodoto como un mero logógrafo (cosa falsa), y de los hechos más antiguos, sentenció diciendo así:

> «*En cuanto a los hechos más antiguos, no podían sernos exactamente conocidos, dada la distancia de los tiempos. Sin embargo, después de haber llevado lo más posible mis investigaciones, y a juzgar por los indicios más dignos de fe, no he hallado allí grandes acontecimientos, hechos de guerra ni de otra clase*» (Tucídides I, i).

Su concepto de Autopsia, donde sólo se puede escribir sobre lo que se ha visto en persona, directamente dejaba fuera de la ciencia histórica todo el pasado remoto, del que ya no quedaban testigos para poder consultar nada. Es una postura radical que mucho daño le hizo a la Atlántida, además de llegar a decir —como vemos— que allí no había nada interesante. Tucídides era un ateniense heleno, en su negación del pasado hay intereses nacionales, no estaba siendo sincero, ¿cómo no iba a haber guerras en el pasado? Por supuesto que las hubo, y por supuesto que ese pasado era interesante, y no sólo por las guerras. El hecho de que llamase «logógrafo» (recopilador de mitos) a Herodoto indica su afán de desprestigiar, porque los mitos ya estaban desprestigiados. Pero aunque Herodoto remontaba al pasado con leyendas, fue un historiador, interpretaba los acontecimientos, y además muy escéptico con todo lo fabuloso. De hecho, su manera de alegorizar la Historia, de buscarle un significado moral, es el antecedente de lo que luego desarrollará Aristóteles, tanto al alegorizar los mitos como en su idea de la Teleología (las cosas tienen que tener una razón de ser). Tucídides empero representa la Escuela Escéptica, enfrentada a los alegóricos. Su inmenso prestigio se lo ganó por su rigor, pero respecto al pasado remoto erró. Así es como llegamos a Platón, 427-347 a. C., que sale de nuevo a la contra, y aunque fue amenazado, y también negado por todos, hizo mella en las conciencias; lo que ocurre es que sólo unos pocos van a investigar el pasado lejano sin escuchar los menosprecios de Tucídides.

Explicamos más atrás que según la doctrina filosófica o la religión, de cada autor, la Atlántida iba a ser tratada de una manera u otra; al final se decantaron cuatro posturas básicas, de acuerdo a las Escuelas, así:

Pérgamo: Escepticismo → niegan todo, son teatro.
Alejandría: Epicureismo → alegorizan cosmogonías, etc.
Cartago: Evemerismo → racionalizan sucesos humanos.
Roma: Estoicismo → aceptan su divinidad como dioses.

Los epicúreos adoptaron en muchas cosas la postura aristotélica, son su continuación, y así fue respecto a los mitos. Los estoicos también se instalaron en Pérgamo, la Stoa Ecléctica, pero eso fue más tarde. De entre estas cuatro escuelas, el Evemerismo y el Estoicismo proceden de los fenicios, no son griegas. Es verdad que Zenón enseñó en Atenas, pero lo que hizo fue introducir allí una doctrina que ya existía, y que además allí no fructificó. Por supuesto hay excepciones por todos lados en este esquema, cada autor era libre; Crates de Mallos por ejemplo en Pérgamo, era ya estoico, y salió defendiendo la historicidad de los viajes de Ulises por el Atlántico. Pero eso fue como decimos más tarde (siglo II a. C.) y en general, la tendencia común de cada país es lo que mostramos en el esquema, con Pérgamo nos referimos a la región de Grecia. Indica que las posturas griegas son propiamente el Escepticismo radical (Tucídides) y el Epicureismo (Aristóteles). La total negación de los mitos ya venía desde Hecateo, y empujado por ella, el escepticismo hacia cualquier conocimiento se inició con los sofistas (como el nihilismo de Gorgias, la relatividad de Protágoras, etc); los cínicos pueden ser consideramos muy escépticos también, Antístenes incluso renunció a la filosofía. Aún así, no fue fundada como tal, una Escuela Escéptica, hasta la labor de Pirrón de Elis, 360-270 a. C., contemporáneo de Evémero. Este autor atacó los silogismos de Aristóteles, y fue muy odiado luego en la Edad Media por tal motivo, por eso destruyeron todos sus libros.

Es fácil de entender, la lógica aristotélica era la base de la teología escolástica, Pirrón era por eso indeseable. Pero tuvo un discípulo, Timón de Fliunte, 320-230 a. C., que acabó enseñando en Atenas. Fue Timón muy brillante de ingenio y estimado por todos, incluso los reyes, aunque escribía obscenidades y atacaba todos los dogmas; lo que nos interesa ahora es que en sus diálogos los interlocutores eran él mismo y Jenófanes. Este último le hacía las preguntas y Timón contestaba. Pues bien, ¿Jenófanes? Se trata del mismo que atacó a los dioses, el que desprestigió todo el politeísmo como falsedad, sin distinguir los reyes antepasados. Si Timón usa a Jenófanes para dialogar es sin duda porque le cae bien, y por su influyente labor comenzó en Atenas la Academia Escéptica, a partir de Arcesilao en el 270 a. C. De modo que a pesar de Platón siguieron adelante en esta tendencia radical.

Todo era escéptico en Grecia, es el rasgo de su zona, pero se equivocaron con la mitología. Herodoto ya se mostraba bastante escéptico incluso hacia las leyendas fundacionales de pocos siglos, y Tucídides subió la cota negándolo todo; el Escepticismo posterior, ya en tiempos de Aristóteles, era tremendo. Y siguió creciendo ahora en los tiempos de Evémero (Pirrón, Timón, Arcesilao, etc), por eso al final los griegos no lograron nada. Quedaron abocados a una conclusión errónea y sin salida. De entre las cuatro escuelas de la época, la más acertada es el Evemerismo de Cartago, pero no hay ninguna que no tenga algo de verdad, y todas reflejan una actitud distinta hacia la religión tradicional de los atlantes y otros pueblos arcanos. Aún así todas ellas se influyeron mutuamente, porque esa parte de verdad que cada una contenía era convincente: 1º es cierto que los mitos son para entretener y se decoran con fantasías, 2º asimismo es cierto que nos alegorizan a veces significados morales o cósmicos, 3º es verdad que son sucesos humanos de antiguos reyes, 4º es indudable que tienen algo de sagrado, no ya por ser base de una religión antigua sino porque la Historia es importante. La Historia conlleva nuestros valores, sociales y personales, por lo que si perdemos eso quedamos pobres. Se debe cuidar.

Aristóteles pensó en alegorizaciones porque en el teatro de su época eran ya una norma común, y en el coro y otros personajes aparecían alegorías constantemente. Pero esto es literatura de la Edad Antigua, no mitos. Y ojo con esto, no existía todavía la concepción evolutiva de las cosas, el Estagirita no podía imaginar el progreso humano más que con invenciones radicales (inventos), pero no evolución en sí de los valores literarios. En su libro de *Poética* no se puede encontrar rastro alguno de esta idea, ni siquiera de que lo imaginase, y esto es lo lógico, pues se trata de un logro efectuado en tiempos modernos. Por eso, para Aristóteles los mitos eran como el teatro de su época, no había diferencia, y los valoró con el mismo nivel de alegorización que tenía el teatro que conocía. Pensemos que un seguidor de Aristóteles, Éforo de Cime, 380-330 a. C., en su *Historia Universal*, negó ya incluso la Guerra de Troya, y empezó con las Invasiones Dorias (eso sí, para él los dorios eran occidentales, una buena pista para no olvidar).

Desde el lado opuesto, en general fuera de Grecia, Evémero de Mesina, 370-290 a. C., no es el único que optó por seguir las tesis de Platón, también lo hizo Piteas de Massalia, -290 a. C., porque era un fóceo de origen atlante y un príncipe de la familia de los Pithaidas. Su famoso viaje ocurrió entre el 320 y 306 a. C., así que atravesó el bloqueo cartaginés en la década siguiente al regreso del ilustre Evémero de España en el 330 a. C. Pero si el viaje de Evémero iba destinado a los Tartessos, el joven Piteas se marchó a cartografiar todas las costas de Thule, esto es, las costas occidentales de Europa, llegando, como es sabido, hasta la «*Última Thule*» (Fig. 76). Una de las cosas que se aprenden del periplo de Piteas, es que, regresando por las costas de Escandinavia, allí los pueblos le dijeron que eran descendientes de Thule. Esto nos contrasta y nos confirma algo que ya sabíamos, que los atlantes llegaron hasta Escandinavia y que la cultura marinera de los vikingos, los «*reyes del mar*», es propiamente atlante.

No obstante, todas sus noticias cuando las publicó (hacia el 306 a. C.) fueron negadas y a Piteas lo acusaron de falsario. Levantó gran polémica, sobretodo debida a su descripción de auroras boreales y soles de medianoche, pero también el tema de Thule estaba por medio, asunto siempre escabroso en Grecia, y sencillamente lo difamaron negándolo. Se repitió con Piteas lo que había ocurrido con Helánico, o con Platón. De todas formas fijémonos en el detalle, las auroras boreales, los soles de medianoche, y todo lo demás fantástico que narró, ha resultado ser cierto. Y volvemos a la pregunta sobre Thule, ¿es lícito no creer que sea cierto lo de afirmó de Thule? ¿Va a ser verdad todo lo que dijo menos precisamente lo de la Atlántida? Se le acusó de todo pero resulta que no mintió en nada, y si lo de Thule es también cierto, entonces tenemos ahí contrastada y demostrada la historia de la Atlántida. Y es que de hecho contrasta con los topónimos en TL (Fig. 76) y con el megalitismo, no hay duda ya en este tema.

¿Y porqué tanta negación? Pues es porque hemos dicho que la Historia conlleva nuestros valores, es sagrada por ese motivo, y ya hemos visto que ni griegos ni romanos, y casi tampoco los fenicios, estaban dispuestos a ceder sus pretensiones al *imperium* por motivos históricos. Todos ellos habían negado ya la historicidad de los reyes de la Atlántida, y no iban a dar media vuelta por Piteas. Los más correctos en este tema eran los cartagineses, a causa sin duda de que eran ya dueños de Tartessos, y tal como vimos con sus puertos en forma de Olimpo (Fig. 52), los dos «cothon», se proclamaban como sus herederos. Razón de más para negarlo los otros, griegos y romanos. Por este motivo específico, en fin, nos interesa examinar un poco el viaje de Evémero a Tartessos. Entre el 340 y 330 a. C. viajó este autor hasta España, como se aprecia, ocurrió unos veinte años después del escándalo sobre la Atlántida que comenzó con Platón (360 a. C.), que con ello le dio muy buena contestación a los desprecios de Tucídides cuando el historiador dijo que no se podía saber nada y que no había nada interesante en los tiempos pasados. Pues toma, el *Timeo* y el *Critias*, sin llegar a acabar el proyecto porque no le dejaron. Y para eso, Platón mismo había viajado a Sicilia en el Occidente, hasta en tres ocasiones (390, 366, y 361 a. C.) y había gastado una fortuna para poder comprar las obras de Filolao de Crotona, Timeo de Locres, y otros autores italianos. Con esto deseamos indicar que Platón no sólo heredó documentos de Solón sino que buscó por su cuenta nuevas fuentes informativas. Incluso Arquitas le estará enviando después las obras del etrusco Ocelo.

Teniendo en cuenta la censura de la época, por ejemplo que los libros de Protágoras ardieron públicamente en el ágora de Atenas en el 411 a. C., y que los agentes públicos llegaban incluso a confiscar las copias privadas de los particulares, es normal que Platón necesitase recurrir a autores occidentales. De Ocelo, 640-580 a. C., sacó buena parte de las tesis políticas que iba a redactar acerca de los atlantes, de Filolao de Crotona, hacia 500-430 a. C., su cosmología, la cual era la más avanzada en aquel momento: «*es aquel que Platón, habiendo pasado a Sicilia a estar con Dionisio, compró de los parientes de Filolao por cuarenta minas de plata alejandrinas, y que de este libro copió su Timeo*» (Laercio, VIII 7-2). Finalmente del propio Timeo de Locres, hacia 460-390 a. C., debió sacar algunas ideas sobre el Demiurgo y el alma del mundo.

Estela de Sinarcas y el Bronce de Cortono (Fig. 78); la primera es de la zona valenciana en tiempos recientes, posteriores a la invasión cartaginesa de Tartessos del 509 a. C. El uso de la piedra en inscripciones comenzó no obstante a partir de la invasión libia de Egipto, del 1070 a. C. El bronce a la derecha fue hallado cerca de Medinaceli, está escrito en el signario celtibérico (antigua Lemuria). La mayor parte de las primitivas inscripciones atlantes se hacían como ésta en bronce, en los templos, y como el metal es muy valioso y reciclable no han sobrevivido.

Todo ello está en su diálogo del *Tímaios*, donde se reúne la cosmología platónica, pero falta la parte política que iba a estar en el *Kritías*, y que nunca llegó a escribirse. Suponemos que la publicación previa del *Tímaios* provocó agitación social porque mencionaba muy claramente a la Atlántida, y la amenaza de las autoridades no se hizo esperar. Platón actuó entonces con corrección según cómo se le estaban presentando las cosas, y detuvo el proyecto (arriesgaba la Academia si no). Por eso el *Kritías* se quedó a medio hacer, por desgracia para nosotros.

Ahora anotemos que Timeo de Locres fue un gran historiador de origen brucio (la actual ciudad de Locri se sitúa en Calabria, antigua Brucia, Bretia), o dorio, y ambos orígenes son de los atlantes. Un descendiente suyo fue casi seguro Timeo de Tauromenio, hacia 345-260 a. C., que vivió en Sicilia y fue una fuente de Diodoro Sículo con el tema de la Atlántida; y también le sirvió como fuente para Roma, pues se ocupó de la toda historia del Occidente. De modo que estos tres (los dos Timeo y Diodoro) son en la zona de Sicilia los historiadores que conservaban la tradición, y Evémero, 370-290 a. C., se suma a este grupo. Y todos estos autores los conocemos nosotros porque llegaron a escribir en griego, no porque ellos fuesen griegos sino porque escribieron en ese idioma (la influencia de Grecia llegaba hasta Sicilia). Ahora bien, ni Herodoto ni Platón pudieron acercarse o viajar hasta España, se tuvieron que contentar con esta zona del sur de Italia debido al bloqueo púnico, que no dejaba pasar a los griegos; pero se ve que poco a poco, primero con Evémero por ser ciudadano cartaginés, y luego Piteas, empezaron a pasar. Eso fue quizás debido a la severa derrota que sufrieron los fenicios en la Batalla de Krimisos (341 a. C.). Pero, ¿qué había ocurrido en el Reino de Tartessos desde que fue invadido por los cartagineses 168 años antes?

En un primer momento, entre el 509 y 505 a. C., se perdieron las obras de Habis, el gran legislador, y las del Maestro de Letras, su *Descripción* era un libro de geografía que contaba las antiguas exploraciones atlánticas, con noticias de Odiseo, Teucro, etc, tal como nos cuenta Estrabón (Geografía III 4-3). Se perdieron las obras del propio Argantonio que fue escritor y sabio, desaparecieron también las leyes, los anales, las crónicas de 6000 años de antigüedad versificadas, los poemas, etc. Todo desapareció, y los templos ardieron. ¿Y a continuación?

Se convierten en Turdetanos, y este nombre proviene de Tirtanos (Dardanos), que era el verdadero gentilicio de esas gentes que hoy día llamamos Tartessos. Lo sabemos porque Dardanio fue el hermano menor de Yasión, es decir, un príncipe tartesso que marchó fuera del reino, y fue apodado así por ello. *Dardanio* significaba «el tartesso». También se adivina por topónimos occidentales muy claros como Dordogne (Dorduña) en Francia, que son «Dardania» y vienen de ellos. Y los Dardanelos de la zona de Troya se llaman así por ellos también. Lo que ocurría en el idioma tartesio, es que se escribía con dos T para indicar la acentuación esdrújula, de modo que escribían TRTTN (Tirttanos) para leer /Tírt-tanos/, acentuada en la i, y sin que la primera T llegue a sonar, porque sólo marca. Esta palabra si nos fijamos significa «Tritones» (Fig. 75).

La duplicación para indicar la tilde era una grafía muy importante porque no tenían otra forma de indicar la pronunciación vocálica, y la alternancia vocálica era básica en sus idiomas. Ocurría en muchas más palabras, como *Vettania* que es /Vét-tania/, o *Battea* que es /Bát-tea/, y no era /Vetánia/ ni tampoco /Batéa/ como suele ser pronunciado hoy día. Lo que ocurrió con la invasión de los cartagineses del 509 a. C. es que los fenicios corrompieron precisamente la pronunciación al leer el nombre con dos T, sin la cesura en medio de la palabra: *Türtetani*. Como eso sonaba muy fuerte, pues al mismo tiempo suavizaron la primera T en una D, y de ahí: *Turdetani* (Turdetanos).

Así que la invasión cartaginesa es la que cambió el nombre, no se trató de ninguna etnia nueva como los celtas sino que siguen siendo los tartessos de siempre. Podemos considerar que hubo cierta mezcla con los cartagineses, en especial por sus ejércitos asentados, pero no fue una migración masiva en plan celta. En cuanto a nuestra palabra actual, los *Tartessos*, viene de la ciudad de ese nombre, con el sufijo *-ssos*, o *-issos*, aplicado al dios Artá (Baco, el Toro). Como era la capital las fuentes griegas suelen mencionarnos el país como *Reino de Tartessos* (Τάρτησσος), cosa muy coherente, y luego los historiadores posteriores han usado ese nombre para el reino, que en realidad era Troya (escrita TRT), y asimismo para sus gentes, que eran los Tirtanos (TRTTN). De este último nombre derivan también los *Tirsenos*, al suavizarse la segunda T en una S. Pero ojo, los tirsenos acabaron siendo un país distinto de los tartessos del Guadalquivir, eran sus vecinos más al occidente. En fin, al desconocerse todo esto se perdió su uso y se creó un nuevo gentilicio con la ciudad de Tartessos. El que usamos actualmente.

Respecto al sufijo *-ssos* o *-issos*, hemos leído varias opiniones, se está de acuerdo en que es prehelénico, García y Bellido informa que es muy abundante en las zonas de Asia Menor (Caria), Creta y en Sicilia, todas ellas las que dominaron precisamente los atlantes: *Telmissós* (TL), *Halicarnassós* (L-KR), *Karmilessós* (KR-ML), *Sagalasssós* (SG), *Tylissós* (TL), *Herbessós* (RB), *Telmessós* (TL), etc. Se reconoce en los topónimos el lexema TL de Thule, KR de Aker,

ML de Melo, SG de Suge, etc. Atlantes sin duda, y refiere a dioses, Thule, Aker y Suge son el Dragón. Algunos nos dicen que el sufijo *-ssos* significaba «isla» o «península», lo cual es acertado en cuanto a que muchas de estas ciudades costeras se hallaban en promontorios o incluso en cabos. En cuanto a la vieja capital Tartessos se hallaba también en una península sobre el río Guadalquivir, asomando altiva desde la meseta del Aljarafe; de hecho, actualmente su yacimiento está debajo de Valencina de la Concepción tal como ya hemos mencionado, y es algo impresionante.

Tartessos significaría entonces «isla de Artá», y se sabe que estaba aislada con canales; aún así, un topónimo descriptivo —al estilo de *Peloponeso*— no es lo propio en una ciudad que remontaba 6000 años, lo más seguro entonces es que el sufijo *-issos* tenga que ver con la diosa Isis, la Vaca, la esposa de Artá en el 2º tetramorfo. Es lo mismo que todas esas *Assos* y *Ossa* de la toponimia atlante, situadas en cabos y montañas, por lo que nada tiene que ver con «isla». Al menos inicialmente, pero luego, al hablarse tanto de la *Isla de Tartessos*, confundida además con Atlantis, empezaron a aparecer esta clase de usos y etimologías. Es muy posible que *Isla* (S-L) provenga de la diosa *Isis*, pero lo cierto es que debió ser un topónimo teológico, una diosa como decimos, o un pueblo de esa diosa, por eso los «asiáticos», los «ases», eran los atlantes azules —vikingos— que iban con los cuernos de la Vaca (Isis) en sus cascos. Incluso las sirenas del mar eran seres cornudos por Isis (en la iconografía más antigua). Y recordemos el apotegma atlante: «*mayor que Asia y Libia juntas*». Ya sabemos que se refiere con eso a las Dos Coronas, donde *Asia* serían los atlantes azules y *Libia* los rojos.

La doble S indicaría aquí también la tilde, siempre en la vocal anterior a la consonante duplicada. Por lo tanto, TRTSS se debe pronunciar /Tartésos/, y no como hicieron más tarde los griegos, Τάρτησσος (*Tártessos*), en una clara sobregrafía ajena a la idea inicial. Lo más seguro es que la pronunciación original se deba al dios Artá > Tartá, y a la propia Isis, que se acentuaba en la primera i.

Tartessos sería por tanto *T-Art-Issos*, la ciudad de Osiris e Isis (Artá e Issos), dioses del 2º tetramorfo, también conocidos como Dionisos y Démeter. A este respecto es bueno que recordemos la colección de *Himnos Homéricos*, los cuales son 34 composiciones a dioses, pero empiezan curiosamente con el *Himno a Dionisio* (nº 1) y el *Himno a Démeter* (nº 2); sus textos son además los más largos e importantes. ¿Todo esto qué significa? Pues que no es una colección helena, donde los dioses iniciales serían Zeus y Hera —4º tetramorfo—, sino que es atlante y además de la Corona Azul, es de los tartessos. No importa que esa Démeter que aparece en el himno sea la de Eleusis, una localidad cercana a Atenas, pues indagando en los linajes se puede llegar a saber que la reina que la encarnó allí, Eurídice, 1370 a. C., la esposa de Acrisio, resulta ser una princesa atlante con la cual casó el rey heleno; por eso se narra su historia en una colección cuyo origen es claramente occidental. De hecho, Eurídice era hija de Dardanio, una tartessa de pura cepa, y un hermano suyo fue Himero, el fundador de Himera en Sicilia (la ciudad doria donde luego nació y vivió Stesichorus). El apelativo *Himero* significa «moro», y ya sabemos que los moros azules eran los tartessos del Mar (MR), en el Occidente. Son los mismos *Mireos* de los que hablaba Platón en sus cartas.

Para apreciarlo con más claridad pensemos en un disco de bronce para lanzamientos deportivos conservado en el British Museum, hay en él una inscripción en espiral muy curiosa (Fig. 79). Algunos dicen que es una inscripción en griego del *Himno Homérico a Démeter*, pero que no utiliza el alfabeto griego sino letras del silabario ibérico, mezcladas con algunas del tartesio. Eso es fácil de confundir porque los sistemas de signos arcaicos son muy parecidos, iguales, entre los de España y Grecia, a diferencia de por ejemplo Italia, Fenicia, o cualquier otro lugar, que son mucho más distintos. Y esos signos estaban en España bastante antes de establecerse las colonias griegas, de modo que viene a ser otra prueba.

En cualquier caso la escritura del disco puede ser sólo griega porque allá en Grecia también había varios signarios distintos entre sí. Lo cual, ya de por sí es singular, en este caso es muy arcaico (aún no se habían separado ambos sistemas en España, el tartesio del ibérico, cuando llegó ese modelo a Grecia). Nadie menciona de dónde procede este disco pero su origen seguramente es griego y más moderno porque ya usa una lectura alfabética en vez de silábica. Su fecha tiene que ser entre el 850 a. C. en que aparece el Alfabeto en Grecia, y el 530 a. C., porque a partir de esa segunda fecha no se usan en Grecia algunas letras ibéricas que tiene el disco (la M, la N, etc). ¿Y cuándo llegó esta escritura a Grecia? Pues como el Lineal B —que es muy diferente— se mantiene en uso en el Egeo hasta la total caída micénica, hacia 1100 a. C. o incluso 1050 a. C., ha de ser entre esa fecha y el 850 a. C.; porque, con posterioridad, ya en el siglo VIII a. C. en España las estelas de piedra y las láminas metálicas muestran separados los dos signarios, el ibérico y el tartesio. Tuvo que llegar a Grecia antes de haberse producido esa separación.

Hasta el 1070 a. C. los atlantes publicaron siempre sus carteles en metal, porque en madera se deterioraban muy pronto a la intemperie; esta costumbre occidental proviene de su abundancia de metales, y la vemos en la tradición hispana (Fig. 78), etrusca, romana y griega. Pero como el metal es reutilizable y muy valioso, con el tiempo siempre acababan fundiéndolas y desaparecían. Cuando invaden Egipto en el 1070 a. C. es cuando descubrieron los europeos que en piedra duraban mucho más las inscripciones, porque este material no es tan valioso y reutilizable como el metal, y las estelas en piedra no suelen reaprovecharse.

Detalle con letras del Disco Homérico (Fig. 79); los discos en forma de Torta (T-Artá) siempre eran una ofrenda a los Curetes, se han hallado bastantes en Creta, y estos Curetes son un pueblo de Tartessos no lo olvidemos. Los dos versos van seguidos y no hay separación con puntos entre las palabras, como en las escrituras hispánicas posteriores. Ese detalle y que sea una escritura bustrófedon, indica un gran arcaísmo. Las letras se voltean según la dirección de lectura e incluso se ponen boca abajo al girar, tal como vemos aquí las A. Hemos seleccionado la palabra KEFALANAS, y tras ella va MEGATIMOS (no sale entera). Notemos que se ponen todas las vocales, incluso en oclusivas, esto es alfabético.

Según la *Vida de Homero* escrita por Herodoto, o más bien reunida por Herodoto —ya que se nota que buena parte no es un texto original de su propia mano—, el rapsoda de Quíos vivió cuatro siglos antes que él, a mediados del siglo IX a. C. Pero más importante aún, nos cuenta Herodoto que la madre de Homero se llamaba Creteida («de Creta»), eso tiene relación con los Curetes, y asimismo que cuando se hizo mayor recorrió el Mediterráneo en compañía de un marinero llamado Mentes, llegando hasta España. ¿Homero en España? ¿Con un amigo? Pues eso es exactamente lo que afirman sus datos biográficos, históricos, ya que esto no es mito pero es que ni siquiera es una leyenda. Además tiene mucho sentido, porque antes de la Caída de Tartessos (509 a. C.) los occidentales mantuvieron muy buena relación con los fóceos, los samios, y los jonios en general. Y Homero de la isla de Quíos es un jonio. Antes de que Cartago bloqueara Tartessos todavía se podía viajar allí. Quizás normalmente primero desembarcaban en el Reino de Iberia, y de ahí que llamasen *Iberia* a España. El Disco Homérico (Fig. 79) parece celebrar este desembarco, porque los versos seleccionados resaltan una relación específica con Iberia. Veámoslo, son los siguientes:

EKSOIDA M ANETEKE DIOO PPOPOIN MEGALOIO
XALKEON HOI NIKASE KEFALANAS MEGATIMOS

Eso es lo que pone en el disco exactamente, aunque sin separar las palabras; además usa el sistema alfabético, con letras ibéricas y tartesias mezcladas. Ahora ponemos en griego los dos versos, para comparar el texto:

Εχσοιδα μ, ανεθεκε Διοο ρροροιν μεγαλοιο
χαλκεον οί νικασε Κεφαλανας μεγαθιμυς

Salvo alguna letra, que en el disco es K o C y en griego es G, y la aspirada, escrita H en el disco en vez del signo diacrítico griego posterior (ʽ), es prácticamente todo igual. No cabe duda del origen griego del texto, y la traducción es:

«*Ejsoida me, dedico para los hijos míticos de Zeus;
éste bronce que victorioso (da) a los magnánimos de Cefalonia*».

La primera locución, *Ejsoida me*, podría traducirse como «escúdame», «protégeme», o incluso «lánzame» ya que es un disco de lanzamiento (desde luego no se trata como a veces dicen de un atleta llamado Exoidas). Lo curioso es que «de Zeus» lo pone en genitivo masculino -oo (Διοο) que en el griego posterior ya era irregular usando el neutro -os (Διός). Se trata de otro rasgo muy arcaico, mucho antes del 530 a. C. en que a menudo se fecha la pieza. Y se afirma en algunos sitios que estos versos son del *Himno a Démeter*, uno de los *Himnos Homéricos*; o también del *Himno a los Dioscuros*, de esa misma colección. Los hemos buscado en esos poemas y no los hemos encontrado, en ninguno de los dos a nombre de Démeter, ni tampoco en el de los Dioscuros, parece un error. Aunque hay concomitancias de frase en este último (Διὸς κούρους μεγάλοιο). En cualquier caso, el genitivo micénico era -oio, alrededor del siglo XIII a. C., y se redujo a la forma -oo a partir del 1050 a. C., sin que apareciese la forma clásica -ou /u/ hasta el 700 a. C. más o menos. Significa que este Disco Homérico se fecha entre el 1050 y 700 a. C., realmente es de tiempos de Homero.

Al aparecer también el genitivo micénico -οιο, tanto en el disco como en los himnos, significa una tradición que remonta a aquellas fechas (siglo XIII a. C.), pero los rasgos modernos, -οο (Διοο), al menos en el disco, y su uso del alfabeto, reducen la datación hasta Homero. De modo que es contemporáneo al gran rapsoda, y para que esté escrito usando la idea del alfabeto tiene que ser del círculo cercano a Homero, los primeros en usar el alfabeto en Grecia a partir del 850 a. C. Podría ser incluso del propio Homero compuesto para unos juegos, porque es un dístico homérico usando el alfabeto, el nuevo invento de la época. Y su viaje a España es interesante, ¿por qué motivo los jonios no usaron las letras fenicias? ¿Cuál es la razón de que los jonios usasen exactamente las tartesias? Todo apunta a que hacia el 910 a. C. los griegos del Peloponeso se independizan de Tartessos, con Pritanis de Esparta, pero que los jonios y los cretenses mantuvieron su lealtad. Y van a copiar el invento fenicio, pero con letras tartésicas. Los invasores dorios del 1100 a. C. ya debieron de todas maneras de introducir el silabario occidental, al tiempo que se iba abandonando definitivamente el Lineal B. Pero fue Homero quien dio el impulso final al proceso, gracias al Alfabeto, invento fenicio llegado con Cadmus en el 850 a. C.

De modo que este invento es fenicio, pero las runas son occidentales —incluidas las fenicias—, y ya eran letras con valor silábico siglos antes de la aportación fenicia. Homero y su maestro Femio lo que hacen es modernizarlas con este último sistema, pero los jonios y cretenses seguían siendo leales a Tartessos, y por ello sigu- siguen usando las letras tartesias. Además, Homero viajó a España, según las crónicas, con independencia a los fenicios. Decimos que los versos del disco parecen recordar el desembarco del rapsoda en Occidente porque habla de los Curetes y él era hijo de Creteida («de Creta»); los «*hijos míticos de Zeus*» asociados al lanzamiento de discos son los Dioscuros, dos gemelos que eran los héroes dorios por excelencia: Castor lleva nombre ostrymnio (la Costa), y Pólux el de Apolo, siendo éste último campeón en el lanzamiento de disco, allá por el 1225 a. C. (s. XIII a. C.). En la colección de los *Himnos Homéricos* el último de ellos termina en los Dioscuros precisamente, y aún conserva rasgos gramaticales del siglo XIII a. C.

Los Dioscuros eran de linaje Curete, a pesar de que fueron invadidos en Esparta por los helenos; y tengamos ojo aquí, podría tener relación toda esta actuación con la independencia poco antes de Pritanis en Esparta, pues invocar a los Dioscuros era algo así como invocar la lealtad hacia el linaje. Los Curetes en general, habitantes del Guadiana y de Creta, son los tartessos de cascos cornudos, de ahí que en griego surja la palabra Κέρας —ατος (*Ceratos* «cuerno»). Si la madre de Homero era de Creta es lógico que Homero hiciese una ofrenda a los Curetes en España, le era familiar, o que compusiese dísticos a estos dos personajes si resulta que la región de jonia permaneció fiel a Tartessos. Recordemos que los Dioscuros también eran adorados en Italia de ese modo. Además, Homero era una persona rica, su nombre Melesígenes indica que era hijo de reyes, y el río Meles discurre por su ciudad natal, Esmirma. Por lo que perfectamente pudo costearse el viaje este autor.

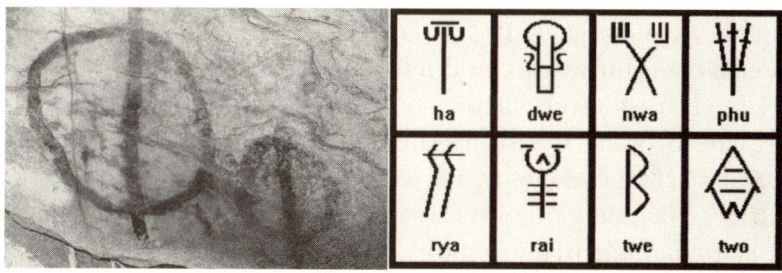

Letra Phi (Φ) en un mural español y signos del Lineal B (Fig. 80); todo el alfabeto griego, latino y fenicio se puede encontrar en las pinturas prehistóricas españolas, como ésta del 6000 aC, por lo que se puede asegurar que todos los sistemas rúnicos proceden de los atlantes, incluido el vikingo. En tanto que en Grecia existía el Lineal A y luego el Lineal B, los cuales eran jeroglíficos con dibujos (de valor silábico o ideogramas), inspirados en los de Egipto, y que no se parecen nada al posterior alfabeto griego (véanse a la derecha). La escritura griega clásica de toda la vida, desembarcó pues, en Grecia, llegando desde Occidente también.

Aparenta en los versos que se celebraba una victoria reciente: «*éste bronce que victorioso (da) a los magnánimos de Cefalonia*». Conocemos la tradición antigua de ofrecer piezas de bronce —cascos, copas, patenas, discos, escudos, etc— en los santuarios como acción de gracias tras una victoria. Estamos en los tiempos anteriores al uso de la moneda. Sería por lo tanto alguna batalla en la que vencieron los dorios tartessos y sus aliados los íberos, pues ya estamos en la época en que comenzó la guerra con los fenicios, y el rey Mattán I de Tiro fue muerto por el rey Sol (Sila) de Tartessos en torno al año 821 a. C., en una batalla naval. Podría ser la misma que vimos retratada en las cerámicas (Fig. 51). Es por tanto una buena fecha para que Homero, ya mayor, acuda a España. Lo hizo quizás como embajador, el rapsoda tenía por entonces 49 años, y según el relato de Herodoto, fue en el regreso de este viaje que se quedó ciego, porque contrajo una enfermedad que le afectó a los ojos. Son todo ello datos biográficos muy claros.

Este disco de bronce es por tanto una inscripción griega muy antigua, hacia el 820 a. C., comparable al vaso del Dípilon o la Copa de Néstor, aunque usa letras ibéricas en vez de inspirarse en las fenicias. Fue elaborado en unos juegos organizados para celebrar una victoria militar, es de tiempos de Homero, contiene un dístico homérico, y pertenece al bando de Tartessos enemigo del fenicio, siendo ellos los que ganaron entonces una gran batalla.

Ahora bien, fijémonos, ¿quiénes son, situados en España, los magnánimos de Cefalonia? Porque la isla de ese nombre se encuentra en la costa oriental de Grecia, junto a Ítaca que es donde precisamente se quedó ciego, y también donde se piensa que fue encontrado el disco; eso es otra coincidencia entre el disco y Homero, seguirle el rastro al disco es como seguírselo a él. Donde vivió el poeta mucho tiempo es donde se encontró el disco.

Pues bien, en griego moderno aún se le llama Κεφαλλωνια (Kefallonia) a la isla, y hay una ciudad llamada Cefalú en Sicilia, pero ésta nunca fue colonia griega; y además, forma pareja con Himera. Era la antigua Cefaledion (Κεφαλοίδιον), cuyo origen se desconoce. Esto nos importa porque son nombres occidentales, no son de Grecia. Nos sucede de igual modo con otra isla un poco más al norte de Ítaca, llamada Kérkira (Κέρκιρα), pues tiene su paralelo occidental en Córcega (KRKR). Todo esto es toponimia prehelénica, y por lo que vemos, también había una *Cefalonia* en España. ¿Cuál? Pues tiene todo el aspecto de ser Cataluña (Katalonia), en el Reino de Iberia. Si nos fijamos en la escritura del Disco Homérico (Fig. 79), la palabra KEFALANAS tiene la letra F escrita con un círculo atravesado verticalmente por un trazo, como en la letra mayúscula Φ (Phi) del griego. Por eso en griego se lee /Kefalanas/, sin embargo, esa misma letra en el signario tartésico era una T, y en el ibérico una D. Por lo tanto, la lectura correcta es: «*éste bronce que victorioso (da) a los magnánimos de Ketalonia*». Está diciendo Cataluña.

Barco tartesio victorioso y el Disco Homérico (Fig. 81); la cerámica ibérica que contiene esta pintura —que ya hemos visto—, es una ofrenda de agradecimiento a los dioses por la victoria sobre el rey libio (fenicio). No importa que la cerámica se hallase en territorio ibérico, pudieron hacer el homenaje cerca de la zona de la batalla, o donde quisieran. Pero al otro lado del Mediterráneo la ofrenda del disco es lo mismo, tan solo se evidencia que además hicieron unos juegos atléticos para festejarlo. Ambas ofrendas son por el mismo acontecimiento, una gran victoria naval de los tartessos en Cefalonia (Cataluña) sobre sus enemigos.

Esto significa varias cosas importantes: 1º el verso homérico a los Dioscuros no fue compuesto en referencia a la isla de Cefalonia tal como usualmente se piensa, sino en referencia a Cataluña en Iberia (que es donde sucede la batalla). Puede jugar con la doble idea ya que él estaba viviendo allí y los Dioscuros estuvieron en Calidón, cerca de esa isla; pero la ocasión y la batalla por la cual ahora se están haciendo ofrendas ocurrieron en España. En 2º lugar podría haber sido compuesto directamente en España con ocasión de esa victoria militar, Homero también estuvo en España. En este caso Homero sería no sólo el autor de este dístico, sino quién recogió los *Himnos Homéricos*, con los que comparte el disco tanta similitud. Porque los himnos están trasladados a un lenguaje griego del siglo IX a. C., como el disco, pero se sabe por los dioses citados, tales como Dionisio y Démeter, que la colección de himnos es occidental (son los reyes de Tartessos). En 3º lugar esto confirma de hecho la historicidad de Homero, si se llevó los himnos de Occidente tuvo que existir ese viajero; y parece que desembarcó primero en Iberia. Seguramente desde tiempos de Homero llamaron los griegos Iberia a España, las viejas Hespérides, a raíz de este suceso.

En este sentido, la batalla ocurre en Cataluña porque los fenicios intentaron entrar por el delta del río Ebro, para dominar su cauce. Querían conquistar Iberia para dividir en dos partes los territorios leales a Tartessos. Era una hábil maniobra si conseguían en efecto entrar y hacerse fuertes en esa zona, asunto que ya habían conseguido por ejemplo en Gádir y Olisipo. Pero lo que sucedió es que los tartessos acudieron presto a ayudar a su gente con toda su flota, interceptaron a los fenicios antes del desembarco, entonces hubo una gran batalla naval, una de las mayores jamás habida, y salieron victoriosos. En esta ocasión murió incluso el emperador fenicio, Matán I (831—821 a. C.). Entre las consecuencias directas de esta batalla (y otra más con el sucesor Shabon), está que el linaje de Matán I —Mattan— perdió el trono imperial en Fenicia, y la reina viuda tuvo que huir, se trata de la famosa Dido, fundadora de Cartago en el 814 a. C. Los tartessos por su parte fundaron la ciudad de Tortosa en un lugar del delta cerca de la batalla, para conmemorarla; esto nos demuestra la existencia de un Imperio Tartésico todavía pujante en tiempos posteriores al Cataclismo. Tortosa fue una especie de *Tartesso Nova*, y en el idioma popular una *Torta* referida a un golpe es porque fue allí donde se pegaron la torta las dos flotas. Y la palabra hispana *Matar* (ajusticiar) derivó quizá de Matán, aunque lo más probable es que fuese al revés, viene de la diosa Mut (Justicia), pero al ser Matán ajusticiado pues lo recordaron así.

Situación durante la Batalla de Matán I (Fig. 82); tras la independencia de los griegos y etruscos, estos últimos conquistaron la isla de Córcega a los lígures, causando una guerra por ese frente y que el reino de Liguria —antiguamente afiliado a la Corona Roja— se incorporase al Imperio Tartésico. Lo mismo le ocurrió a Auvernia e Iberia, y la estrategia fenicia fue atacar en Iberia para dividir en dos esa alianza. Mostramos la ruta de la flota fenicia, y la ruta de la flota tartesia que le salió al encuentro, se encontraron en la zona de Tortosa, en Cefalonia.

En la actualidad los *Himnos Homéricos* son una colección de 34 poemas de los que el *de Démeter*, uno largo de los dos que hay con ese nombre, se considera el más antiguo, remontándose su fecha al siglo VII a. C. (y eso ya se acepta con un gran esfuerzo); significa que los demás son fechados en los siglos siguientes, como el siglo V y el IV a. C., plena época de Platón. Son unas fechas ridículas porque en tiempos de Platón nadie componía himnos a los antiguos dioses. Ningún poeta griego del siglo IV a. C. creía en las primitivas divinidades. Incluso en el siglo VII a. C. tenemos ya a Solón y otros autores que no escribían los genitivos en -oo, -oio, como en el Disco, y menos aún himnos de estilo arcano, porque lo que estaban escribiendo todos era ya una poesía de tipo personal; lo hemos visto, en el siglo VII a. C. se están ya destruyendo los santuarios, además, este Disco demuestra una mayor antigüedad en sus características. El número de 34 se acerca mucho a los 36 dioses del panteón primitivo, lo más seguro por lo tanto es que se trate de una colección de himnos sagrados que el propio Homero tradujo y se llevó de España, por eso se los conoció como los *Himnos Homéricos*, y por ello empieza también la colección con Dionisio y Démeter (los reyes españoles). Más tarde pudieron ser otra vez modernizados en el idioma, y retocados, pero el conjunto es primitivo porque narra un sistema de valores de la Edad Arcana.

Muchas fórmulas de estos himnos luego se repiten en la *Ilíada*, y de este modo pues, vemos cómo incluso Homero tuvo que buscar sus fuentes; es algo obligado pues de lo contrario sus informaciones mitológicas no coincidirían con las fenicias (Sanchuniathon). Así que no podemos seguir creyendo que Homero se lo inventó todo, o que los *Himnos Homéricos* no tienen nada que ver con él; y es todavía más importante aún, fijarnos en el hecho de que sus informaciones mitológicas, esos himnos, procedían de España.

Hasta tal punto que es incluso posible que el apodo de «*Homero*» lo ganase el rapsoda por haber estado en España (Moria, la tierra de los Mireos/Moros). Lo mismo que ya vimos al héroe Himero nombrando a la ciudad de Himera, quién sabemos que era un príncipe tartesso, hijo de Dardanio, a su vez hijo de Electra, la hija de Atlante. Por otro lado, sabemos que *Troya* (TRT) era el verdadero nombre del reino de Tartessos, y en la *Ilíada* Homero llama a los troyanos como *dardanoi*, coincide con lo que dijimos antes sobre los turdetanos, y es también el nombre de los enemigos de Ramsés II en la Batalla de Qadesh (1278 a. C.).

Homero no solamente estuvo en Cefalonia (Cataluña) sino que por su apodo estuvo en Tartessos. En el regreso a Grecia se detuvo en la isla de Ítaca, lo sabemos porque lo cuenta la biografía de Herodoto, y debió de estar varios años también, recogiendo concretamente el relato de la *Odisea*. Eso lo sabemos porque es lo lógico, el primer narrador de la *Odisea* es el propio Ulises, quien cuando logró regresar a su hogar en Ítaca después de 10 años de periplos lo primero que tuvo que hacer es narrar a sus familiares y amigos todo lo que le había ocurrido. De modo que los primeros poetas que toman el relato y lo convierten en poema fueron vates helenos de la propia Ítaca, o de la vecina isla de Cefalonia que está adosada a Ítaca. Y eran helenos sin duda porque llenaron el relato de monstruos y fantasías como en los trabajos de Heracles, algo ajeno completamente al tono realista de la *Ilíada*. Ese realismo es de los atlantes, y los monstruos de los helenos.

Autores como F. Javier Pérez, en su edición de la *Ilíada* lo comentan sin llegar a darse cuenta, así: «*Partiendo de la base de que en general la Ilíada —no tanto la Odisea— se esfuerza por mantener en el relato un tono objetivo y realista que huye de lo maravilloso (además de lo dicho de su geografía, no hay en ella descenso a los Infiernos, héroes convertidos en cerdos por hechiceras, gigantes caníbales, o cosas similares)*». En fin, eso es así, pero no por decisión de Homero, sino porque la tradición de los monstruos estaba ya presente en el poema que él copia, y se debía a que los helenos estaban acostumbrados a difamar a los atlantes; es este detalle el que nos garantiza de hecho el origen del poema, y que Homero en Ítaca lo que hizo fue copiarlo, a lo sumo reunir las varias partes o versiones que pudiesen existir. Por eso es de suponer que estuvo varios años, pero entonces sufrió una enfermedad la cual le afectó a los ojos y acabará dejándole ciego. Estuvo en Ítaca al cuidado de Mentor, un amigo de su amigo Mentes (más bien, el que le cuidó fue su compañero Mentes, al que Homero agradecido incluirá en el poema con el nombre de Mentor).

Allí en Ítaca es donde se conservaba la historia, eran mitos (*mythos*) anteriores a Homero, es realmente él quien lo comienza a transformar en obra de autor; y respecto a la *Ilíada* Homero también obtuvo sus fuentes en Jonia. Eso fue antes de ir a España, pero en cualquier caso muchos epítetos y expresiones del poema los sacó de los himnos que se llevó de España, mejorando el poema.

Homero también utilizó las letras tartesias, como hemos dicho, y su viaje tuvo ocasión gracias a una victoria militar.

No pocos autores después intentaron repetir el viaje a España, pero no pudieron por el bloqueo cartaginés; aquí es donde volvemos a Evémero, cuando llegó a España en torno al año 340 a. C., tras una nueva derrota de los fenicios en Krimisos del año anterior (341 a. C.), ¿en qué situación estaba España en ese momento? Ya hemos visto que toda su literatura y sus templos han sido destruidos, y encima los llaman Turdetanos. Sin embargo la guerra no había terminado, los reyes tartessos (tirtanos) habían huido a las tierras altas de sus ríos, hacia el nordeste, en especial a la zona de Oretania, correspondiente a la actual provincia de Ciudad Real y un poco de Albacete. Notemos que su nombre, *Oreithania*, es igual que *Erytheia* en la Gadírica, por ello es posible que recibiese la región este título cuando los fugitivos reyes de Tartessos se atrincheraron en la zona con todos los ciudadanos que les siguieron. Ocuparon también la parte norte del Reino de Libia que les había permanecido fiel (por la Vasquización de esa zona durante la Invasión Celta), hoy en día se corresponde a Albacete, Alicante y Valencia, regiones que entre los años 509 y 330 a. C. albergaron el esplendor de la cultura ibérica. Estatuas como la Bicha de Balazote (todavía un Toro), y las Damas del Cerro de los Santos y otros lugares muestran una progresión hacia lo ibérico de estos reyes. Eso es lo lógico porque aunque primero sean tartessos, al final han perdido ese reino (la Bética) y lo que les queda lo van a agrupar dentro del Reino de Iberia, el cual extenderá sus fronteras hasta la zona de Elche en Alicante.

Es en esa zona justamente, en Alicante, donde aparece la escritura Greco-ibérica (véase Fig. 30), y es a causa de la llegada de los reyes de Tartessos, de lengua protogriega, cuyos aliados seguían siendo únicamente los griegos, por lo que adoptar su escritura era una estrategia política acertada dentro de esa delicada situación (los sistemas de escritura no dejaban de evolucionar, Homero usó la occidental de ellos y ahora los tartessos usan la oriental). Sólo hay una treintena de inscripciones usando el Greco—ibérico, y son de la población tartessa que emigró a esa zona con sus reyes. En cambio, la escritura tartésica ha desaparecido, pues el país bético está ocupado por cartagineses que no la usan. Además, para los reyes situados en Alicante, a su alrededor tienen los libios vasquizados e íberos que no hablan el protogriego, por lo que lo usaron muy poco (tenían que adaptarse a su población). Las inscripciones utilizaron en su mayoría la escritura ibérica, y como es el reino que sobrevivió hay unas 2000 inscripciones halladas hasta hoy.

Damas de Guardamar y de Elche (Fig. 83); se trata de dos obras maestras de la estatuaria ibérica, la cual, es la única en el Mediterráneo que alcanzó notoriedad, calidad, y al mismo tiempo una originalidad ajena a los estilos egipcio o griego. Halladas estas dos piezas a unos 20 km de distancia una de la otra, es la zona de Alicante donde se situó la frontera con los cartagineses y donde también estuvieron los reyes tartessos.

Ahora sí que sí, los griegos a España la van a conocer como «Iberia», pues es el único reino que queda y con el que ellos tienen contacto. En cuanto a la monarquía tartessa —ahora ibérica—, por la indumentaria que muestran las Damas está claro que todavía se consideraban la encarnación de Atlas (el Dragón) y no había nada que les hiciese renunciar a sus títulos. Se entiende entonces más aún que los cartagineses negasen su divinidad, y que los romanos y griegos negaran incluso la historicidad. Este no es, desde luego, el aspecto de los antiguos atlantes, se han convertido en ibéricos, una nueva mezcla, pero al menos nos refleja que no se desprendieron de sus tradiciones. Los collares que portan estas reinas son tartesios como los de Aliseda (Cáceres) pero los famosos rodetes de las orejas son una costumbre de la zona libia que ahora ocupaban, pues equivalen a los dilatadores de oreja de Almoloya (Fig. 62). Pero ya no son las orejas del Lobo, su reino ahora es Iberia y lo han transformado en Ruedas Solares, o si se prefiere, los Dos Ojos del Dragón, explícito por el punteado.

Notemos que la costumbre de los dilatadores debía ser nada más que libia, porque los Lóbulos de la oreja es lo que se dilataba, y esa palabra, *Lóbulo*, procede de *Lobo* (Libios). La palabra es atlante, por eso en griego quedó como Λοβός (*Lobós* «lóbulo»); pero el lexema LB sólo permaneció en España, en el norte quedó LF (*Wolf*), en Italia LP (*Lupus*), y en Grecia LK (*Lýcos*), no procede pues del griego clásico, mientras que sí procede con seguridad de los *Lobos de Mar* atlantes. Por lo tanto, *Lobo* en español no procede del latín *Lupus*, cuidado porque el camino es al revés, y por eso tenemos —con el nominativo tartesio— el *Líbano*.

Sin embargo, los reyes tartessos se llevaron a su nueva zona algunos recuerdos, fundaron un santuario a Denia (Diana, Démeter, 2º tetramorfo) en la punta del cabo de esa región, ese santuario era famoso en la Antigüedad, y lo menciona incluso Florián de Ocampo. Luego llamaron al cauce del río Girona como *Barranco del Infierno*, una zona sagrada ya desde el Neolítico tal como se sabe por las pinturas. Es un paraje, al oeste de Denia, con ríos subterráneos, causa probable de su denominación (siempre se asociaban al Aqueronte, y *Girona* es Gerión —Aquerón—). Pero atención, porque el *Infierno* se constituía por los reinos arcanos de Oestrymnia, Lemuria y Tartessos, en la Corona Azul, y no le corresponde esta región levantina. Creemos por eso que el nombre se lo ponen los reyes tartessos fugitivos, instalados ahora aquí. Pues además, todos los otros topónimos de la zona son de los atlantes rojos, como por ejemplo Gata de Gorgos, Calpe, Pego, Polop, Alcoy, Aitana, Gorga, etc. No es difícil hallar en ellos el eco en los mitos «griegos», ya sean las Gorgonas, Calíope, Pegaso, Pélope, Licaón, etc.

Cuando Evémero hacia el año 340 a. C. llega a España no desembarcó donde los reyes íberos, sino que, al arribar en algún barco cartaginés debió ser llevado al *Campus Spartarius* de Mastia (la futura Cartagena), y allí pudo ver el domo del volcán extinguido de *Tallante* (Atlante). Luego a continuación la ruta le llevaría por las Columnas de Heracles, y debió bajarse en Gádir (Cádiz). Una vez allí el templo más importante era el Heracleion, el Oráculo se salvó de las destrucciones porque había sido construido por Hiram I de Tiro junto con Habis, de modo que los fenicios siempre lo consideraron suyo. Otros dos templos al otro lado de la isla eran el de Astarté (Afrodita) y el de Baal-Hammón (Cronos), formando entre los tres un gran complejo sagrado. La isla de Gádir tenía varios nombres como sabemos, Eritrea, Didýme, Kotinussa, y a partir de Evémero también Pancaya. ¿Cómo surgió este error?

Suponemos en primer lugar, para que esto suceda, que fue en alguno de los templos de Cádiz donde Evémero observó la dicha Ἱερὰ ἀναγραφή (*Ierá anagrafé* «Inscripción sagrada»), porque cuando eso sucede él se encontraba personalmente en la isla de Pancaya, de modo que confunde la isla de Cádiz donde él se encuentra con la isla de la cual habla la inscripción. Debía ser una lámina de metal como en el Bronce de Cortono (Fig. 78). Pero claramente el himno con letras de oro que está leyendo menciona que en Pancaya vivían los *«primeros reyes de la isla»* citando a Urano, Cronos y Zeus. Por lo tanto, habiendo un *Templo de Cronos* en Cádiz, donde él mismo está leyendo el texto, es lógico que Evémero pensase que se trataba de su tumba o de su lugar de culto por estar ya en la isla Pancaya. Lo dedujo y lo creyó, eso es todo. Es un simple error, y como la isla también se llamaba Eritrea —tenía muchos nombres—, y el *Mare Erythraeum* está a su alrededor, pues los posteriores lectores que sólo conocen el mapamundi de Herodoto van a creer que se refiere al Océano Índico; otro error que se acumula, pero igual de natural. Como sea, la inscripción menciona como «reyes» a los antiguos dioses, y Evémero conoce la doctrina órfica de Sanchuniathon, por lo cual, lo que ve lo considera una buena confirmación (que incluso es correcta, la inscripción sagrada no mentía). En adelante, lo único que va a hacer es racionalizar los mitos, buscarles explicaciones que eliminen las fantasías. Bien, hasta aquí ya lo sabemos, pero existe una colección de *Himnos Órficos* que nos dicen algo muy parecido, o igual, a la inscripción de Evémero, y sospechamos que podrían ser precisamente esa misma inscripción, a saber:

> «*Soberano Zeus... al grandioso Pan y a Hera... a los Curetes... a Temis, profetisa de los hombres. Invoco, igualmente, a la Noche anciana y al Día que trae la luz, a la Confianza, a la Justicia y a la Irreprochable Otorgadora de leyes, a Rea, a Crono, a Tetis de azulado peplo, y también al gran Océano, juntamente con sus hijas; al grande y extraordinario Atlante y a Eón, al perenne Crono y a la resplandeciente agua de la Estigia*» (Himnos Órficos, Proemio 25).

Queda claro que Atlante debió ser un gran rey, pues lo equiparan a Zeus, Cronos, Océano y otros importantes dioses; además, lo califican como *«grande y extraordinario»*. En este texto, donde se invocan dioses, Atlante es otro dios más, está divinizado. De

Urano hablan poco después, con lo que ya tenemos las citas de los más famosos que son los que luego mencionaba Evémero (Urano, Cronos y Zeus). Este Proemio de los *Himnos Órficos* incluso parece avanzar en el tiempo, pues Atlante es uno de los últimos personajes en aparecer. Todos ellos se muestran ubicados en el Occidente, donde las aguas de la Laguna Estigia, y eso pertenece a los Infiernos. Ya sabemos que la dicha laguna era el posterior *Lacus Ligustinus* de los romanos, en el actual coto de Doñana. El «*azulado peplo*» de Tetis, la esposa de Océano (el *Cian* «azul»), hace una clara referencia a la Corona Azul (TL) de Thule. De hecho, todos los himnos de esta colección hacen referencias continuas de ello: a Urano lo llaman «*azulado*», a Hera nos la aposentan en «*azuladas oquedades*», a Tetis otra vez en su himno nos lo repiten, «*de azulado peplo*», Nereo vive en la «*azulada comarca*» en el «*término de la tierra*», Leto la madre de Apolo es también vestida con «*azulado peplo*», por su parte su hijo equilibra «*todo el cielo según el orden dórico*» (TR), Afrodita se deleita con «*ninfas de azulado rostro*» y se alegra con «*las evoluciones circulares de los seres marinos*».

Asimismo, Poseidón es de «*cerúleos cabellos*». Esta insistencia en los círculos, los seres marinos, y en el azul, es tan grande que no puede ser casual, y lo que tenemos en esta colección de himnos sagrados son invocaciones a los reyes divinizados de la Corona Azul de la Atlántida.

Son 87 himnos en total, abarcando a muchísimos personajes, normalmente atlantes azules, son muy pocos los helenos mencionados (por ejemplo Heracles porque el héroe fue identificado al rey Habis, o Perséfone porque acabó siendo reina del Hades), y prácticamente no hay ningún atlante rojo, aunque aparecen Hefaistos y Asclepio. Vemos igualmente a algún frigio como Sabacio. Y ya está, ninguno de otros países (Italia, Egipto, Siria, etc). Son todos muy occidentales, veamos por ejemplo las Ninfas:

> «*Ninfas, hijas del magnánimo Océano que habitáis en los recónditos cursos de agua de la tierra, de secretos pasos, nodrizas de Baco, infernales...*» (H. a las Ninfas, LI 1, Gredos).

Nos lo relaciona todo, Océano (el Mar Occidental) y a Baco (el dios Toro de Tartessos), con el Infierno (Occidente). Y añade: «*doncellas que os relacionáis estrechamente con las encinas*», las cuales en griego se mencionan como *Hamadryádes* («encinas»), y esto tiene que ver directamente con el *Oso y el Madroño* de Madrid, y de otras localidades homónimas en la Península que nunca estuvieron ocupadas por los árabes, como el pueblo de Madrid, al norte de la provincia de Burgos (cercano a Oña). No olvidemos en este asunto que los Osos son un animal que significaba la jefatura militar suprema, son los *Aesires*, los *Ases* (Ossa), y se trataba de los atlantes azules.

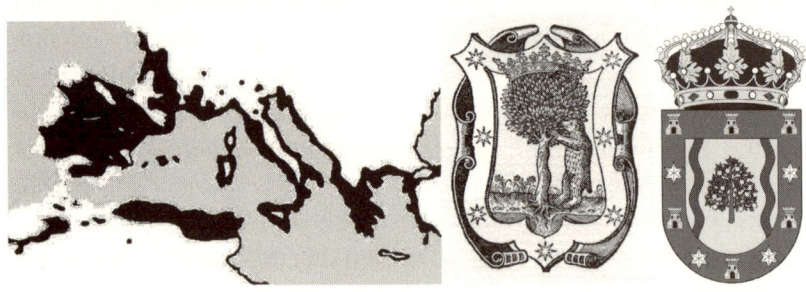

Distribución de la Encina, y escudos de las Madrides (Fig. 84); se aprecia que las encinas «Hamadryádes» es un árbol mediterráneo pero muy occidental. No se descarta que los atlantes lo plantasen en Grecia. El escudo de Madrid capital muestra el Oso rampante, y las 7 estrellas de la Osa Mayor; mientras que el de Madrid de Burgos (municipio Rucandio) sólo muestra el Árbol, con manzanas de oro. Había una relación entre los reyes del Olimpo (Osos) y el Árbol Cósmico (Olimpo) en cuyo eje giraba el Cielo, por ello aparecen juntos en muchos escudos españoles.

La forma *Aesir* (SR) viene igual que *Sirio* (SR) del dios Osiris (SR, el 2º tetramorfo), y la estrella de Sirio es su esposa Isis. Pero hay que distinguir las dos palabras, de Isis viene *Ases* (Ossa). Para ser estrictos, no es un Oso y un Madroño, sino una Osa. Por otro lado, el Árbol cambiaba dependiendo del reino, en el Reino de Lemuria era un Madroño, en Oestrymnia un *Quercus* (Roble o Encina). Si miramos un mapa de Europa no hay región que tenga mayor cantidad de encinas que España (Fig. 84), es el árbol propio más español. Es decir, palabras como *Madrid* de la capital española no provienen de los árabes, y la palabra árabe *Magerit* en esa ciudad es tan sólo una corrupción mal pronunciada, a la cual, poco caso le hicieron los habitantes locales porque siguieron pronunciando Madrid. Su origen real es de tiempos míticos, las Ἀμαδρυάδες (Amadrídes) son ninfas, pero pierden la vocal inicial si mencionamos cosas, y quitamos el plural -*Es* si la tal cosa es sólo una: Madrid. Su relación con el Árbol lo deja muy claro. Y en el *Himno a Delos* de Calímaco se nos dice que viven largo tiempo, «*diez vidas de palmera*», es decir, 9720 años. Y eso es muy parecido a las fechas de la Atlántida que citaba Platón, con los 9000 años antes de Solón (hacia el 9600 a. C.). Desde luego son fechas aproximadas pero es lo mismo; y no es la vida de una encina real, la más grande del mundo, en el pueblo cacereño de Zarza, tiene sólo 800 años.

Podríamos explicar este asunto mucho mejor, hay incluso leyendas locales en Madrid citando un héroe griego, Ocno Bianor, como fundador; lo cual, no es demasiado descarriado según lo que estamos viendo: *Ocno* parece Océano, es el título del emperador, y *Bianor* acaba en -Or como muchos nombres atlantes (Agenor, Gelanor, Amintor etc). Y resulta que las Hamadríades son hijas de Océano, recordemos el himno: «*Ninfas, hijas del magnánimo Océano que habitáis en los recónditos cursos de agua de la tierra, de secretos pasos, nodrizas de Baco, infernales...*». Está por ver si este Bianor no sea Evenor el abuelo de Atlante. Pero centrémonos en Evémero, ¿qué hizo ante una colección tan fascinante de himnos como la que halló? Pues se dedicó a traducirla y a copiarla; aparte del Proemio que asociamos a la *Inscripción Sagrada* en metal, los demás textos debían estar guardados en algún archivo de los templos gaditanos; todo ello en un protogriego dórico no demasiado alejado de los dialectos dóricos de Sicilia que Evémero conocía. La separación de esos idiomas sólo remontaba a las Invasiones Dóricas (1150 a. C.), unos ochocientos años antes. Era un idioma distinto pero no demasiado, y Evémero parece que estuvo cerca de diez años en España, aprendiéndolo. En este caso no hay ningún problema con los nombres, son los auténticos: Urano, Cronos, Zeus, Pan, Atlante, etc.

Nuestro héroe también debía hablar cartaginés, para moverse en una ciudad que ya era púnica. Como mínimo sabía cuatro idiomas, algo extraordinario, y por su origen siciliano lo vertió todo a la koiné griega, el idioma de Atenas, gracias a lo cual se han conservado. Pensemos que los sicilianos eran casi todos de etnias atlantes, Tucídides nos cuenta que los troyanos huidos de Asia (Tróade) tras la toma de su ciudad, se instalaron en Sicilia, y allí se mezclaron con los Sicarios ibéricos, formando el pueblo de los Élimes (Tucídides VI-2). De modo que los autores más rigurosos de la Antigüedad ya nos están mencionando que en tiempos anteriores a la Caída de Troya (1183 a. C.) los pueblos españoles ya se habían instalado en Sicilia.

De hecho, eso representa unas fechas anteriores a las Invasiones Dorias (1150 a. C.) en esa región del sur de Italia. Todo esto encaja muy bien con el relato de la Atlántida, incluso los nombres, pues los *Elimos* o *Élimes* son los de los dioses de Elioun (Olimpo), los Elohim («celestes»). El dios El es el Dragón (Neptuno), dios del mar. Por su parte los *Sicarios* SKR son mencionados como ibéricos, lo más probable es que su origen fuese en el valle del río Segura, en Murcia. Y *Suge* (SK) es «dragón» en vasco, y un *Ségure* es el hacha atlante de doble filo, el Labrys. Justo al lado de los Sicarios de Murcia estaban en España según las fuentes antiguas un pueblo llamado *Sículos* (SKL), también igual que en Sicilia. Y ya tenemos con esto los tres pueblos de la isla: Élimos, Sicarios (Sicanos) y Sículos. Dos de ellos situados antes en el Reino de Libia español, eran por lo tanto atlantes rojos. Y éstos no estaban semitizados como los de Fenicia. Con ellos se juntaron los troyanos huidos, que eran atlantes azules (Troya Oriental), aunque buena parte siguió con Eneas hasta Roma.

De todas maneras aquí, conviene matizar para evitar equívocos; el lexema SK al principio significaba «blanco», ya que los Libios son los albos, y el Mediterráneo se llegó a llamar *Mar Blanco* por ellos. Si luego en los idiomas vascos significa «dragón» o «serpiente» es porque los libios eran la capital de la Corona Roja, el Dragón (véase Fig. 48).

En cualquier caso, en Sicilia estaban los españoles, incluso el más descreído de los griegos, Tucídides, nos lo está diciendo. Tienen que darse muchas circunstancias especiales para que aparezca entonces un personaje como Evémero, pues era siciliano, su etnia es atlante, pero de cultura griega clásica, y por azares del destino ciudadano cartaginés. Además era bueno con los idiomas, por todas estas cosas no hubo más historiadores como él, capaces de irse a España y traducir. Y por eso es gracias a él que hemos conservado una colección de *Himnos Órficos* los cuales nada tienen de órfico, y son de hecho lo contrario al Orfismo fenicio, porque están rezando y tratando a los reyes occidentales como dioses. Por lo tanto son himnos de religión atlante. Por eso, en realidad tienen que ser himnos tartesios, y por su tipología la mayoría de ellos remontaban a la Edad Arcana (3400-1200 a. C.), de modo que realmente son de origen atlante. Esto es muy importante, es la única literatura tartesia conservada, aunque esté traducida al griego. No sabemos cuánto tiempo exactamente permaneció Evémero en la isla «Pancaya», pero también tradujo unas *Argonáuticas Órficas*, un texto donde a los helenos les dan una paliza tras otra y acaban derrotados en el Estrecho de Gibraltar. Y siendo así, empezamos a entender porqué se ofendió tanto Calímaco cuando leyó estas historias.

Vamos a intentar ejemplificarlo; en las *Argonáuticas Órficas* el propio Orfeo es uno de los personajes principales, y eso explicaría el nombre de esta religión, el Orfismo. El Proemio de los *Himnos Órficos* es autógrafo de él, el que vimos antes: «*... al grande y extraordinario Atlante y a Eón, al perenne Crono y a la resplandeciente agua de la Estigia*». En él se acaba libando por muchos dioses atlantes. Orfeo era un príncipe tracio, así que era atlante, no sabemos las razones por las que acabó acompañando a los Argonautas helenos en aquella expedición contra su propia gente. El caso es que iba con ellos, y actuaba de intérprete además de mediador. Es conocido el viaje de Orfeo a los Infiernos rogando al Hades por su amada, a la que no le dejaron llevársela. Quizás se trate de eso, estaba despechado porque Hades, el rey del Tártaro (Tartessos) no le concedió a su querida amada, y por eso se unió al enemigo.

La expedición de los Argonautas fue hacia el 1250 a. C., primero comandada por Heracles, pero este jefe murió en el incendio de Troya, y continuaron al mando de Jasón. Tras una serie de aventuras, avistaron el *Monte Arganto*, en el Mármara (Fig. 77), notemos que en esta versión se cita bien el nombre del monte, *Arganto* significa «plateado», y no era *Argantonio* como se confundieron los griegos después. Luego atravesaron las *Rocas Ciáneas* («rocas azules») y ese apelativo para el estrecho de las Simplégades es porque todos los estrechos estaban controlados por atlantes azules o se asimilaban a las *Columnas Ciáneas*, o sea, el Estrecho de Gibraltar. Este era el nombre atlante verdadero, y no *Columnas de Heracles*. En cualquier caso los argonautas siguieron y llegaron a Cólquide, en el Cáucaso, que era un reino atlante (Iberia Oriental). Allí reinaba el rey Eetes, el texto dice: «*... el recinto y la escarpada muralla de Eetes aparecieron, y los bosques en donde el vellocino de oro estaba suspendido en una encina*» (Arg. Or. 766).

Naturalmente se trataba de una encina sagrada, una Hamadríade. Pero los invasores no lograban entrar en la ciudad, el texto nos dice así: «*los minias sintieron pesar en su corazón; tenían añoranza de Heracles, como es lógico, pues no resistían a la invencible nación de los colcos y a su impetuoso ardor bélico*» (Arg. Or. 855).

Esos *Minios* citados son los argonautas, usaron ese nombre por su disfraz de atlantes, y alude al rey Minos. Pero es de destacar cómo nos los ponen de apocados, en tanto que se ensalza a «*la invencible nación de los colcos y a su impetuoso ardor bélico*», o sea, a los atlantes. La princesa Medea era hija del rey Eetes de Cólquide, lleva el nombre de los vecinos Medos, pueblo que en sus inicios también fue atlante hasta que se barbarizaron. Medea era una mala mujer que sólo pensaba en sí misma, una persona odiosa que ya estaba allí enemistada con su familia. Gracias a su traición los helenos entraron y destruyeron la ciudad, pero a partir de aquí no fue un feliz regreso como en la versión helena del mito, sino una enorme serie de penurias.

La imagen del Dragón que guardaba el vellocino, y las tropas de Eetes nacidas de dientes de dragón, todo ello alude a que en efecto estos colcos eran atlantes rojos. La encina estaba protegida por «*siete círculos*», un Olimpo, y suponemos que como en Atlantis eran tres de agua y tres de tierra más la isla central. Era Atlantis en pequeño. Los helenos, una vez destruido todo, fueron al Lago Meótide (actual Mar de Azov en Crimea) y remontaron el río Don hasta el Volga, y luego el Volga hasta el norte de Europa. Tardaron 10 días según el texto, y para ello tenían que echarse los barcos al hombro, pero era una cosa que se hacía a menudo. Eran guerreros fuertes los que integraban aquellos ejércitos. El paso desde el nacimiento del Volga, a otro río que los lleva al Báltico, era de tan sólo 42 km con los barcos al hombro, lo podían hacer en otro día y medio. Así fue como los argonautas se vieron en el Mar Báltico, que era llamado entonces como Ponto Cronio o Mar Muerto (Cronos es dios de la Muerte), y podemos verlo aludido aún con ese nombre en el mapamundi de Herodoto (Fig. 12). En efecto, vemos *Mare Cronium* en el norte de Europa. ¿Cuál era la razón para algo así? ¿Porqué toman esa ruta?

Hemos de suponer que las Simplégades estaban muy vigiladas, los helenos las pudieron cruzar una vez por sorpresa, pero no podían ya regresar por allí. Por eso el control del estrecho suponía el control de la navegación por el Mar Negro. La idea audaz era regresar por el norte hasta Occidente, y atacar también Atlantis. Lo importante es que los ejércitos atlantes no supiesen dónde estaban. Pero estaban sufriendo muchas bajas, por ejemplo cada vez que atacaban para aprovisionarse. Tampoco se atrevieron a atravesar el Estrecho de Calais en las tierras Hiperbóreas, porque estaba vigilado, y rodearon Hibernia (Irlanda), de modo que rodearon las Islas Británicas (las arcanas Islas Hiperbóreas): «*soportad, amigos, esta fatiga, pues no espero que se presente nada peor*» (Arg. Or. 1145).

Constantes alusiones al cansancio de los hombres dejan claro que habían sido demasiado audaces: «*una ignominia debida a la imprudencia de los reyes! Pues ahora la Erinis nos persigue sin cesar por la muerte de Apsirto, que es de su misma sangre*» (Arg. Or. 1160).

Apsirto era hermano de Medea, al que ella asesinó vilmente mientras parlamentaba con Jasón para, ironías del destino, rescatarla a ella, pues pensaban los colcos que estaba prisionera. Medea lo apuñaló por la espalda. Pero aquí el detalle es que la diosa Erinis, de la sangre de Urano y madre de las Euménides, es «*de su misma sangre*», y se está refiriendo a Apsirto el príncipe de Cólquide. Por lo tanto, los colcos (íberos) eran de la sangre de Erinis y de Urano, es decir, los dioses occidentales.

Los soldados helenos de la flota estaban hartos ya de Medea, la cual por su comportamiento era indeseable. Para cuando llegaron a España (Hades) en el extremo Occidente pensaban que estaban malditos por su culpa: «*a los minias, como era de esperar, se les encogió su ánimo enteramente, por temor a que fueran a tener una muerte lamentable por culpa de los amores de Jasón. Y muchas cosas meditaban en su mente, o bien le daban muerte (a él) y como pasto la arrojaban (a ella) a los peces, a Medea de funesto lecho, y apartaban a la Erinis*» (Arg. Or. 1175).

Según el texto esto no ocurrió porque Jasón muy por los pelos logró apaciguarles, uno a uno. A continuación tenían que decidir si atacaban Atlantis según el plan, pero decidieron no hacerlo:

> «... *en los confines de Océano de plácido curso, no hubiera divisado (pues se veía de lejos) una isla cubierta de pinos y el espacioso palacio de la soberana Démeter, al que coronaba una enorme nube.*
>
> *De este tema, prudente Museo, has oído todo lo que se ha dicho: cómo, en una ocasión, sus hermanas engañaron a Perséfone, cuando recogía tiernas flores con sus manos, en un ancho y espacioso bosque; y cómo después Plutón, tras uncir sus caballos de azuladas crines, atacó a la muchacha, de acuerdo con la decisión de la divinidad, la arrebató y se la llevó entre las olas estériles. Entonces yo, naturalmente, le prohibí navegar junto a los rompientes de la isla y las brillantes mansiones donde ningún mortal había estado con su nave. Pues no tiene un puerto a modo de refugio de las bamboleantes naves, sino que en todo el entorno hay altas y escarpadas rocas*» (Arg. Or. 1190).

En definitiva, la isla con el palacio de la soberana Démeter y las brillantes mansiones era un lugar peligroso; Orfeo reconoció la costa, y ordenó al piloto doblar a la derecha y alejarse. Por cuestiones de dignidad dicen que había escarpadas rocas pero el peligro real era que la ciudad estaba muy bien protegida por sus murallas, y para llegar hasta ella había además que lograr entrar en la Laguna Estigia, algo nada fácil, pues sólo tenía un paso estrecho por la desembocadura del río

Guadalquivir. No les había ido demasiado bien —ya tenían muchas bajas— así que ya no tenían ganas de intentar emular a Perseo atacando Atlantis; los soldados estaban cansados y hartos. Como dice el texto, además temerosos: *«se les encogió su ánimo enteramente, por temor a que fueran a tener una muerte lamentable»*. Aquí es donde se fragua el fracaso final de la expedición, porque habían ido hasta allí para eso, y no lo hacen. El propio Heracles, su jefe, que lo estaba intentando por tercera vez, había muerto por el camino. Éste es el mismo ejército heleno que antaño robó los bueyes de Gerión. En cuanto a los «rompientes de la isla», son sin duda frente al mar la Barrameda de Sanlúcar que cerraba la Laguna Estigia, por lo que su situación es muy clara. Orfeo el guía tracio le prohíbe al piloto acercarse a ese lugar: *«indujo entonces a la embarcación a no seguir una trayectoria recta y cortó, además, su marcha a la derecha»* (Arg. Or. 1205).

Más que «*cortó*», la traducción correcta sería «*desvió*»; notemos cómo sigue siendo Orfeo, el guía tracio, el que prohíbe acercarse al piloto, y además el que cuenta el relato (a Museo). Y que, al hablar de Atlantis, la isla de «*los confines del Océano*», se refiere a este lugar como el sitio adonde antaño —antes del 1250 a. C.— fue llevada Perséfone por Plutón, tras raptarla. Y Plutón con sus caballos, los de «*azuladas crines*», ha de ser atlante forzosamente. La morada de Plutón está pues en el extremo Occidente del Océano. Ningún mortal ha visitado esas mansiones de Démeter y de Plutón porque son el Hades (Infierno), aunque en esta expresión sólo es una alusión poética, está claro que los atlantes eran personas normales.

Y sabemos con todo esto una cosa nueva sobre la isla «*arbolada*» de Homero, la de Calipso, y es que esos árboles eran pinos: *«una isla cubierta de pinos y el espacioso palacio de la soberana Démeter»*. Como conocíamos que el Tirso (*Thyrsus*), el cetro de Dionisio con una Piña en lo alto, era la insignia de Tartessos, pues tiene mucho sentido que la isla estuviese plantada con estos árboles. Y como el pino es un árbol mediterráneo nos indica el clima de Atlantis. Vamos a encontrar leyendas atlantes en las brumosas tierras celtas, donde abunda el roble, y el haya, pero Atlantis era mediterránea. Si ascendemos hacia el norte desde Tartessos los bosques pasan a ser de encinas y luego de robles. A continuación el bosque caducifolio europeo, finalmente nada más, otra vez pinos en el bosque de coníferas subboreal, pero eso es demasiado al norte.

Todos los signos encajan muy bien, las piñas con el Tirso, y éste con Dionisio y Démeter, los soberanos de esta isla de «*los confi-*

nes del Océano», a la que los argonautas no se atrevieron a atacar. Recordemos también que los *Himnos Homéricos*, los que parece ser que se llevó Homero de España, empezaban con Dionisio y Démeter. Y que Dioniso (Baco) es el Toro, y el Toro es el emblema por antonomasia de Tartessos.

Todo tiene mucho sentido, sigamos con la aventura; los argonautas en cambio asaltaron Cádiz, razón por la que esta historia de las *Argonáuticas Órficas* se guardaba en sus templos. Nos lo cuentan así: «*Al tercer día llegamos a la mansión de Circe*» (Arg. Or. 1208). Afligidos amarraron en esta otra la isla. Y como no hacen falta tres días para ir de la Barrameda a Cádiz lo que ocurre aquí es que se alejaron de la costa poco después de doblar la Punta de Sagres al sur de Portugal. Es entonces cuando se desviaron a la derecha. Eso era para no tropezarse los barcos de la costa y evitar una persecución. Y es llamada Cádiz como «*mansión de Circe*», algo que no es tan raro porque Circe era hermana de Calipso, y quizás nació en esta isla por estas mismas fechas, hacia el año 1240 a. C. O bien, como las ninfas se criaban en los Oráculos, pues fue llevada allí durante sus años juveniles. El texto la pone joven pero ya adulta, y dice: «*les salió de frente la doncella, hija del Sol, de la misma raza que el magnánimo Eetes*» (Arg. Or. 1215).

Aquí lo importante es que los argonautas aún no han atravesado las Columnas de Heracles, esto es, aún están en el Océano exterior del Occidente, y allí está Circe, la que luego vamos a ver en Italia con Ulises, y encima es de la misma raza que el rey Eetes de Cólquide. ¿Cómo vamos a entender esto? Podemos empezar a decir que no tiene sentido, o que son contradicciones, pero eso sería porque no entendemos nada; no es eso en absoluto, se trata de la Atlántida, linajes emparentados que gobernaron en muchos sitios, eran los *Hijos del Sol* (Apolos). Y los helenos atacan Cólquide dentro de su marco general de la guerra contra los atlantes. Directamente esto es un testimonio del Imperio Atlante, y de que la Iberia del Cáucaso realmente está emparentada con la Iberia de España.

Por eso tenemos en el Cáucaso, en plena región indoeuropea, idiomas occidentales parecidos al vasco (ibéricos). Según el relato Circe les dio todas las provisiones que los argonautas necesitaban —saquearon la ciudad— pero les dijo que estaban contaminados por una impiedad, que respetaran su casa —el Oráculo— si deseaban volver a su patria. A continuación, los argonautas llegan a Gibraltar:

> «*Entonces, soltando amarras de esta isla, llegamos, a través de las olas, a la embocadura del Tarteso y arribamos a las columnas de Hércules. Y, en torno a los sagrados promontorios del soberano Dioniso, permanecimos al atardecer, pues nuestro ánimo necesitaba comida. Y, cuando el resplandor que trae la luz se despertó por oriente, hendimos con nuestro remos la azulada agua del mar, desde el alba, y llegamos al abismo de los sardos, a los golfos de los latinos, a las islas de Ausonia, y a las costas tirrenas*» (Arg. Or. 1245, ed. Gredos).

Todo esto se refiere a la entrada en el Mediterráneo, el mar de los sardos, latinos y tirrenos. Ausonia es un nombre de Italia. De modo que está claro, y notamos que comen cuando han saqueado Cádiz, y que esperan a la noche para cruzar el Estrecho de Gibraltar, duermen, y lo cruzan por la mañana cuando aún no hay luz, con del alba. Eso es para evitar la vigilancia atlante. Como se aprecia, ya en tiempos de los argonautas, 1250 a. C., las Columnas de Heracles eran la «*embocadura del Tarteso*», pero al mismo tiempo son «*los sagrados promontorios del soberano Dioniso*», nos confirma que Dionisio es el rey de Tartessos, y todo lo que dijimos anteriormente de que eran un pueblo guerrero que controlaba ambas orillas del Estrecho.

El relato sigue con otras aventuras y varios fracasos más, frente a los «*ilustrísimos soberanos que poseen el control de las simas infernales*». Que ni en Italia, ni en Creta ni en ningún lado consiguen nada los helenos. Bien, ¿quién ha escrito este relato? Pues se trata de una aventura que tiene lugar en Occidente y los atlantes salen victoriosos, por eso esta versión es atlante y Evémero la puede recoger en templos de Cádiz («Pancaya»). Para traducir toda esta epopeya junto con los 87 himnos, aprendiendo primero el idioma local, es lógico que el historiador se pasase unos 10 años en España. Y como era un ciudadano cartaginés y defendía la versión cartaginesa de los mitos donde los reyes no son dioses, esto es, la versión de Sanchuniathon, pues estos trabajos de Evémero serán conocidos como «órficos». Aunque más bien es al revés; al ser el narrador Orfeo, tanto en la epopeya como en el 1º himno del Proemio, pues esta colección de textos se conocía en Cádiz como órfica. Ese 1º himno del Proemio parece ser el himno expiatorio que por sus impiedades los helenos dedicaron a los dioses occidentales.

La propia Circe se lo pide en el relato, y desde luego son textos de religión Tradicional atlante. Pero como el que los recoge es Evémero, un racionalista de mitos, escéptico en cuanto a la divinidad de los reyes, que sigue la religión de los fenicios, pues estos textos «órficos» le dieron nombre al Orfismo, la religión fenicia de Evémero. Y este nombre es un error, pero no lo podemos quitar nosotros porque es un nombre histórico, en la propia Antigüedad se conoció como Orfismo a la religión de los fenicios, por culpa como vemos de estos textos traducidos por Evémero en España.

De modo que vamos a seguir llamando Orfismo a la religión de las almas metafísicas que transmigran de unos cuerpos a otros eternamente si no consiguen romper el ciclo de reencarnaciones para subir al Cielo. Y donde la carne es signo de pecado, por lo que los seres humanos no pueden ser de ninguna manera dioses. El hecho de haber sido convertidas las almas en humanos, arrojadas a un cuerpo material, ya es una degradación. Esta religión se conoce como el Orfismo, de acuerdo, pero estos textos de las *Argonáuticas Órficas* y los *Himnos Órficos* no pertenecen a pesar de su nombre a ella, de ningún modo, y son claramente de la religión Tradicional atlante donde los antiguos reyes son dioses.

Lo único que explica el que se llamen así es que sea precisamente Evémero, un órfico, el que los traduce, y por eso pasaron a engrosar la colección de textos órficos que este autor escribió, explicando en la Ἱερὰ ἀναγραφή (*Ierá anagrafé* «Inscripción sagrada») su versión de los hechos, que en efecto era órfica del todo. El libro racionalizaba desde el punto de vista fenicio estos mitos «órficos», y el conjunto de textos contenía las traducciones originales junto al comentario de Evémero (*Ierá anagrafé*). Por eso todo se conoció como «órfico», aunque ya vemos que no. Si Evémero no hubiese estado a favor de la propaganda fenicia jamás habría podido tampoco dar a conocer esos textos arcanos. No le hubieran dejado traducirlos, pero como él era órfico, y creía en la religión fenicia, pues los cartagineses estuvieron de acuerdo en que pasase al griego los textos y los diera a conocer, porque iban acompañados del comentario desmitificador que favorecía a Cartago.

El hecho de que ocurrió por culpa de Evémero es algo seguro si nos fijamos en las coincidencias temporales. En primer lugar va a ser muy atacado desde Alejandría por Calímaco, 310-235 a. C., que dirigió el Museo. Calímaco fue el maestro de Apolonio de Rodas, 295-230 a. C., que siendo muy joven escribió *Las Argonáuticas*, hacia el 270 a. C., narrando la misma epopeya que Evémero, pero poniendo a los helenos de victoriosos en todo, y centrándose sobretodo en la destrucción de Cólquide y la captura del Vellocino, es decir, omitiendo toda la desastrosa expedición al Occidente. Como la obra de Evémero se publicó en el 330 a. C., pues está claro que el original no es la obra de Apolonio de Rodas, son más antiguas las *Argonáuticas Órficas*. Es al revés de lo que suele decirse, sin duda por torpeza, por sencilla y mera torpeza.

Pero Apolonio escribió una epopeya al estilo homérico, y entró en conflicto por eso con los postulados poéticos de Calímaco, por lo que fue ridiculizado, y el joven se enfadó y se marchó a Rodas (sólo regresará al morir Calímaco). Allí en Rodas fue puliendo su obra hasta la maestría, a lo largo de toda su vida. Y por eso es la obra famosa, célebre, no puede competir con ella la simple traducción de Evémero de una crónica primitiva, pero no olvidemos que el texto del siciliano es el original, y procede de España.

Cuando Evémero murió sus trabajos quedaron en manos de sus amigos, tal vez Dicearco de Mesina, 355-285 a. C., aquél que describió a Esparta como la mezcla perfecta de música, psicología y democracia. También se dedicó a la geografía, hubo por lo tanto una pequeña escuela en Mesina, aunque al final esos trabajos llegaron a la Biblioteca de Alejandría, donde Calímaco se enfadó mucho con ellos. Los helenos no podían tolerar un relato así, y tras atacar a Evémero, le encargó a su discípulo Apolonio una versión acorde que limpiara la imagen de los helenos. Calímaco era nihilista, realmente no le importaba el tema de los dioses, sino el nacionalismo. Él también escribió una colección de himnos, pero los *Himnos de Calímaco*, aunque tienen muchas noticias míticas, parecen compuestos por él, ya que a veces adula a los reyes Lágidas de Egipto: «*Pero las Moiras le han destinado otro dios, suprema estirpe de Salvadores*» (Himno IV a Delos, 165).

Se refiere en ese pasaje a Ptolomeo II Filadelfio, hijo de Ptolomeo Soter, donde la palabra *Soter* significa «Salvador». Los reyes Lágidas adoptaron en Egipto la identidad divina de los faraones arcanos, y aunque la mayor parte de los griegos no creían en esto, tenían que fingirlo. El caso es que coinciden muchas cosas, Calímaco critica agriamente a Evémero, luego Calímaco también escribe una colección de *Himnos*, y le pide asimismo a su discípulo que escriba unas nuevas *Argonáuticas*. En conjunto, es una corrección en toda regla. Por todo esto, y porque Evémero es órfico, sabemos que es él quien tradujo los *Himnos* y *Argonáuticas Órficas*. Y como Evémero estuvo en Pancaya (Cádiz), y la *Inscripción Sagrada* donde se menciona a los dioses Urano, Cronos y Zeus como reyes de la isla coincide con el Proemio de los *Himnos Órficos*, son demasiadas casualidades singulares. Esos textos son los más puros de religión Tradicional que hemos encontrado, aún más que Hesíodo u Homero, pues estos últimos crean ya «obras de autor», mientras que los *Himnos* son atlantes. Entendámoslo, también tienen un autor, y en este caso es Orfeo, pero actúa como vate, es decir, no es una idea literaria que él desee desarrollar, sino la verdad sagrada.

Los *Himnos Homéricos* también son arcanos, y la suerte ha querido que se salvasen las tres colecciones de himnos, junto a una cuarta de Proclo, en un corpus que los reunía. También estaban en este corpus las *Argonáuticas Órficas*, y es buena prueba de que en la Biblioteca de Alejandría los reunieron por su temática. Gracias a Proclo de Atenas, 412-485 d. C, se salvó este corpus sagrado tras la quema de la Biblioteca en el 415 d. C. Y añadió los suyos; pero de todo este corpus, al menos los de Homero y los Órficos fueron recogidos de santuarios en España.

Con seguridad había muchas más colecciones de himnos en España, y en otros países, pero sólo se salvaron éstos porque son los que se tradujeron al griego o latín, las lenguas que sobrevivieron. Añadiremos por último, que según la etimología tradicional la palabra *Pánico* procede del dios Pan (Πάν), a través del griego Πανικός («pánico»); todo esto es correcto pero no sabiéndose la causa del sufijo -ikós se ha pensado que viene de Οικος («casa»). Esto nos ofrece un problema porque, ¿qué hace que la «*casa de Pan*» signifique «pánico»? ¿Tan malo era ese dios? Según se ve en algunas enciclopedias, el dios Pan «*representaba a toda la naturaleza salvaje, de esta manera, se le atribuía la generación del miedo enloquecedor*». Pero la naturaleza salvaje era representada por muchas más divinidades, como los Titanes, y en realidad Pan es otro dios fauno que disfruta de la música tocando la siringa, y que en sus ratos libres persigue a las ninfas con un gran deseo, bastante juguetón, lo cual no le distingue de dioses benignos como Dionisio.

Por lo tanto, hay que buscar mejores razones para que nos derive de la «*casa de Pan*» el terrible Pánico. Recordemos entonces que la morada de este dios era el Olimpo:

Olimpo → Pan → Pánfilos → Dorios → Atlantis

Y que según Sanchuniathon, traducido por Filón de Biblos, esa casa se hundió: «*por los consejos de Saturno (la Muerte) se abisma a Atlas bajo tierra»*. Ya dijimos que este pasaje alude a la inmersión de la Atlántida. Si eso es así, la «*casa de Pan*» significa «pánico» por el terror y el miedo enloquecedor que causó el Cataclismo en la ciudad. Se convirtió en la *Isla de Pánico*, y por eso se asociaba a los miedos de causa desconocida que hacían su aparición por las noches. Todo ello coincide con el Cataclismo, ya que sucedió por la noche. Pero es posible que la terminación de la palabra, -ikos, no proceda de Οικος («casa»), sino de la amante del dios, la ninfa Eco, que dio lugar a Pancaya. Es decir, Pánico viene de Paniqeio, y tal vez, la palabra griega Οικος («casa») procede de la ninfa atlante Eco.

Todo esto confirma que Pancaya no era Cádiz como creyó Evémero, sino aquella «*isla cubierta de pinos*» que los helenos de Jasón no se atrevieron a atacar.

7. ROMANIZACIÓN Y CONDENA DEL CRISTIANISMO

Los trabajos del siciliano le dieron amplia fama a su autor, conociéndose con el nombre de Evemerismo a toda la corriente de racionalización de mitos. Por su parte, las exploraciones del galo Piteas de Massalia hasta la *Última Thule*, se publicaron a su regreso, hacia el 306 a. C., y en esto, nuestra opinión cambia una vez que hemos conocido la ruta de las *Argonáuticas Órficas* por el norte de Europa y por el Mar Báltico. Es muy posible que Piteas intentase comprobar esa ruta por Escandinavia, pues comenzó su viaje (320 a. C.) diez años después de la publicación de los trabajos de Evémero. Y Piteas contrastó que de hecho aquellas gentes del norte que acosaron a los argonautas decían todavía descender de Thule (Atlantis). Ambos autores occidentales, Evémero y Piteas, murieron hacia el 290 a. C., mientras que Dicearco lo hizo hacia el 285 a. C. A partir de entonces, conocidas sus obras ya en Alejandría, los griegos les calumniaron a todos ellos de falsarios, porque para estas fechas del siglo III a. C. todos los habitantes de Grecia y de reinos griegos se identificaban ya como helenos, con independencia de si su origen era atlante (griego) o realmente heleno.

La Caída de Tarento, en el año 272 a. C., marca el momento en el que Roma pasa a dominar toda Italia, y a ser por ello una potencia hegemónica dentro del Mediterráneo. Su confrontación con Cartago es inminente. La 1º Guerra Púnica empieza tan sólo diez años después (262 a. C.), y en esa lucha, Roma superó ampliamente a Cartago; ello fue gracias en especial a su *Derecho Romano*, porque en Roma el dinero y las propiedades estaban repartidos entre el pueblo, y en Cartago eran solamente de unos pocos. El ejército romano era un ejército de ciudadanos, mientras que el cartaginés se constituía pagando mercenarios; esa fue la causa de su derrota (dependía de fortunas familiares, etc). A partir de aquí el Orfismo fenicio empezará a menguar, y progresa el Sincretismo romano.

Pero todo arrancó de Mesina, dijimos que Evémero vivió en el siglo en que estuvo en posesión de Cartago, pues bien, tal dominio acabó en el año 289 a. C. por la intervención de los mamertinos, unos mercenarios oscos de la Campania que entraron en la ciudad pacíficamente para habitarla —decían—, y en una traición mataron a la guarnición cartaginesa, dirigida por un tal Hannón. También mataron a mucha población, está por ver si acaso Evémero (pro cartaginés) y Piteas murieron entonces en la carnicería que ocurrió, porque la fecha de la muerte de los dos coincide con ese momento. ¿Quiénes eran los mamertinos? Sencillamente mercenarios, habían sido contratados por el tirano Agatocles de Siracusa (317-289 a. C.) como guardia personal, junto a otra tropa de samnitas, que fueron, bien mirado, las primeras gentes itálicas en entrar en Sicilia. Pero a su muerte (289 a. C.) Hierón II los licenció. Muchos volvieron a sus hogares pero los mamertinos, los del dios Mamers —Marte osco—, se apoderaron como hemos dicho de Mesina.

En el 280 a. C. fue la invasión de Pirro, rey griego del Épiro, y en la ciudad de Regio pidieron ayuda a Roma, que envió otra tropa de mercenarios de Campania. A éstos se les ocurrió hacer lo mismo que los mamertinos y se unieron a ellos, dominando con las dos ciudades (Mesina y Regio) el estrecho de Sicilia, haciendo gran botín robando barcos. Mientras tanto Roma tomaba Tarento (272 a. C.), y en el 270 a. C. conquistó Regio y castigó duramente a los mercenarios rebeldes. La población de Regio les ayudó, y no escapó ninguno vivo sin ser luego crucificado. Eso debilitó a los mamertinos eliminándoles sus aliados, Hierón II entonces los atacó y venció en batalla campal; ellos, pidieron ayuda a Cartago (265 a. C.), de esta manera lograron los cartagineses volver a poner una guarnición en la ciudad. Pero lo único que les separaba en esos momentos de los romanos al otro lado eran los 3 km del Estrecho de Mesina.

Los mamertinos prefirieron entonces (264 a. C.) estar bajo la autoridad de Roma, en vez de Cartago, porque ellos eran itálicos y hablaban parecido a los romanos. En el Senado de Roma lo meditaron durante dos años, hasta que finalmente empezó la Guerra Púnica (262 a. C.). No querían la guerra con un imperio como el cartaginés, pero si en ese momento no ayudaban a los mamertinos era lo mismo que regalarle toda la isla de Sicilia a Cartago, lo cual suponía el control de la navegación mediterránea y de un granero que permitía pagar muchas tropas. Lo primero que hicieron fue un desembarco de dos legiones en Mesina, tomando la ciudad sin resistencia. Fue entonces cuando las obras de Evémero, con los *Himnos Órficos*, las de Dicearco, y puede que incluso las de Piteas, pasaron a su poder. Y esto es lo más importante en nuestra narración, la intelectualidad romana aceptó estos trabajos como buenos, además de que ampliaban sus conocimientos geográficos sobre el norte de Europa. Para los romanos Evémero se adaptaba bien a sus intereses, pero, ¿por qué razón ocurrió esto así?

El Foro Imperial de Roma (Fig. 85); su aspecto bajo el gobierno de los césares era en verdad imponente. En el centro podemos ver la estatua ecuestre del emperador español Marco Aurelio divinizado, y por detrás, el templo de Julio César, también divinizado. Los dioses de Roma eran sus emperadores, una «Nueva Atlantis» gobernaba el mundo. Y si todo esto sabemos que es verdad, y es algo histórico, ¿qué dificultad hay en que hubiese ocurrido antes? Es perfectamente posible. Desde luego el aspecto de las ruinas actuales no es comparable a lo que era, no es posible imaginarlo mirando los restos de los cimientos, y en este aspecto hay que ser prudentes con la Atlántida, nos ocurre exactamente igual.

Apio Claudio Cáudice fue el cónsul romano que capitaneó la guerra desembarcando en Mesina, y era nieto nada menos que de Apio Claudio el Ciego (Fig. 71), que había muerto en el 273 a. C. Este ilustre antepasado es quien inició la Escuela de Roma, de carácter estoico. Las obras de Teofrasto, las de Zenón de Citio, y en estos años (262 a. C.) las de Cleantes, se trasladaban a Roma por esta familia. Desde los tiempos de la Confederación Etrusca del siglo IX a. C. los romanos desarrollaron el Sincretismo, esta religión era igual que la Tradicional en prácticamente todo, escatología, panteón, rezos, ofrendas, etc, y tan sólo se diferenciaba en que aceptaba del Orfismo la negación de los dioses humanos. Pero rechazaba también las reencarnaciones sucesivas, el pecado de la carne, y el resto de las demás características del Orfismo (el cual, es ahora cuando empieza a ser llamado así, debido a los libros de Evémero que han capturado, acompañados de los himnos órficos). En otra cosa que se separaba de la Tradicional es que, al no haber dioses humanos, no había *Devotio*, obligación sagrada hacia ellos.

En España a esta circunstancia la llamaban *Devotio* (devoción), en Italia *Fides* (palabra dada divinizada), y en Grecia Ἄπωσις (*Aposis* «veto sagrado»), pero todo esto viene de los atlantes arcanos donde la lealtad jurada a los dioses era inviolable. El adjetivo Ἀπώμοτος (*Apómotos*) refiere a lo que está impedido por el juramento sagrado, y estas palabras eran rescoldos —ya sin uso social— que quedaban en Grecia de las antiguas costumbres atlantes. Como en España los reyes siguieron siendo divinos, la *Devotio* se mantuvo igual hacia los jefes, mientras que en Grecia desapareció. En Roma tenemos un intermedio, y supieron distinguir que el Honor y el Deber no son lo mismo. Que el Deber es solamente para con la Justicia; por ello, sin importar lo que hayas jurado, si la situación de Justicia cambia modificando lo que es razonable, entonces tu Deber cambia con ella. Y el Honor es solamente no quebrantar tu palabra sin motivo. En cambio para los españoles, dejaban de tener Honor si no cumplían sus juramentos de *Devotio*.

Y el Honor era muy importante respecto a nuestro destino después de la muerte, ya que el Honor es lo que nuestro espíritu, ya en vida, ya después de muerto, merece. Por este motivo, si morías con honor pasabas a los Campos Elíseos, tenías ese derecho; incluso los gladiadores, o los esclavos, lo tenían. Por el contrario, si como un cobarde que no protege a su pueblo, morías sin él, los dioses te degradaban a la oscura Caverna del Tártaro. La diferencia crucial es que para un romano todo el destino de su alma dependía de su rectitud (tener Honor), en tanto que para un hispano —que en el fondo conservaba un pensamiento más primitivo—, el destino de su alma dependía de cumplir la palabra dada.

En otros pueblos que no se basaban en este código del honor, el destino de las almas dependía de la realización correcta de todas las ceremonias religiosas, y ofrendas. La mentira era una impiedad en casi todos ellos, siempre era necesario agradar a los dioses, pero aún así quedaba muy lejos —eso de por sí— del carácter contractual del Honor occidental. Para mantener tu honor habiendo jurado una *Devotio* sólo podías cumplir hasta el final o ser dispensado por la persona devocionada. El romano, más pragmático, conserva su Honor Social si demuestra que no cumplir el mandato jurado era lo más Justo, o que no pudo. Aún así, los romanos necesitan *Casus Belli* para pelear, que les hace conservar su Honor, mientras que los griegos no. En la política de los helenos la Justicia no importaba, se aprovechaba fríamente cualquier ventaja si la había.

Esto deriva también de los previos tiempos arcanos, cuando los micénicos —que eran más débiles— tenían que usar todo tipo de embustes, trampas, razzias, saqueos, disfraces, etc, para batir a los atlantes. Los pueblos del mar occidentales les consideraban como gentes «sin honor». Es importante entender que el carácter heleno procedía de esto, y el romano por el hecho de carecer de *Devotio*, pues modificaba sus costumbres. A menudo sucedía sin que ellos fueran conscientes del proceso. Por ejemplo, los occidentales identificaban el Honor con el Deber (Justicia) y con la Palabra dada. Todo era una sola cosa, hasta el punto de que una persona sin palabra era una persona sin honor. Esta idea se mantuvo así desde los atlantes hasta los hispanos ibéricos. Y tampoco cambió con los romanos, la mantuvieron exactamente igual, lo que ocurre es que al no tener *Devotio* no daban su palabra a nadie, por eso en la práctica su Honor sólo dependerá del Deber, y acabará formando la costumbre en su cultura de ser así.

Es un resultado del azar, ya que los motivos iniciales en cada uno de estos pueblos eran completamente ajenos a un análisis ético: la debilidad inicial de los helenos micénicos, o la independencia de los etruscos respecto a los reyes occidentales. Pero en fin, el suceso que nos importa es que este Sincretismo romano (s. IX a. C.), bastante cínico sobre Historia, empieza a dar paso al Estoicismo en el siglo IV a. C. por Apio Claudio el Ciego, con lo que se revitalizaron los valores tradicionales, sacrificio, esfuerzo y honestidad; y que a partir de la toma de Mesina en el 262 a. C. comienza la influencia del Evemerismo. La razón por la que fue tan bien aceptada la nueva doctrina es porque al ser sincréticos, ellos ya consideraban nada más que humanos a los antiguos reyes, por tanto corroboraba su creencia y la explicaba por medio de las racionalizaciones.

No fue por tanto como pensó Grimal (1951) una cosa de superstición, ni tampoco un *«juego estéril»*. Todo lo contrario, porque más supersticiosos estaban antes los romanos, el Sincretismo había adoptado la postura radical de negar incluso la historicidad de la Atlántida —cinismo— y de los mitos (los linajes occidentales). O bien era todo teatro o alegoría, pero ahora el Evemerismo suavizó la posición de los romanos, y daba mucha mejor explicación de todos esos entreverados relatos. Así, el Estoicismo romano dejó de ser escéptico y se volvió evemerista, una postura mucho más correcta que la de los griegos. Pero es difícil llegar a entender bien todo lo que influyó en este cambio de dirección.

El Saqueo de los Gálatas (279 a. C.), que destruyó todos los archivos históricos de Roma, es una posible causa de su nuevo interés por recuperar la Historia. Por estos años comenzaban ya las reconstrucciones generales, tales como Beroso con la *Historia del Mundo* (280 a. C.), que se mostró evemerista también y su obra se ha perdido, o poco después Manetón el Sebenita con su *Historia de los Faraones* (250 a. C.). Estos trabajos se realizaban en Alejandría, por primera vez los historiadores estructuraban linajes, dinastías y periodos. La *Crónica de Paros* (264 a. C.) usa los linajes de Solón y Helánico hasta Cécrops, en una clara competición con los egipcios. Mientras tanto, Apolonio de Rodas estaba con sus nuevas *Argonáuticas* corrigiendo las de Evémero, y notemos que, al ver que aparecía Circe, y ser una hechicera que en la *Odisea* se sitúa en Italia (y no en Cádiz), pues que corrigió el texto original: 1º los argonautas remontan el río Danubio hasta Iliria, 2º salen al Adriático (supuesto *Ponto Cronio*) y remontan el Po, 3º cruzan andando desde allí los Alpes hasta el Ródano en la Galia (lo mismo que Aníbal con sus elefantes pero al revés), y 4º vuelven por la costa italiana y tropiezan con Circe, exactamente en el mismo sitio donde estaba en la *Odisea*. Todo esto son correcciones del autor pensando que, al estar Circe en Italia, la ruta tuvo que ser ésa; aunque lo que dice es inverosímil, no pudieron atravesar los Alpes con los barcos al hombro, ni tiene ningún tipo de sentido lógico esa ruta.

Todo lo que Apolonio corrige del texto original de Evémero son meteduras de pata, muy graves, sólo demostró con ello ser incapaz de comprender la ruta verdadera por el Atlántico, y al mismo tiempo su desconocimiento ya de la existencia de la Atlántida, así como de la situación política de aquella guerra micénica. Es decir, era un buen poeta, pero no tenía ni idea de lo que estaba haciendo a nivel histórico. Y esta situación se puede generalizar a muchos otros escritores en el siglo III a. C., porque ya han terminado las *Guerras Sagradas*, por lo que el «trabajo» ya estaba hecho, y habían perdido el conocimiento de todo su pasado. Ahora empiezan a proliferar los que no tienen ni idea. Por ejemplo los mitógrafos racionalistas, los educadores, al estilo de Paléfato, o *Palaíphatos*, cuyo apodo significa «*el que habla cosas antiguas*».

Este autor griego, contemporáneo de Evémero, adoptó su idea de la racionalización de los mitos, pero lo hizo al servicio del Escepticismo (esto es, al servicio del helenismo). De este modo, en el inicio de sus *Historias Increíbles* primero ataca a los crédulos: «*Pues la gente crédula hace caso de todo lo que se cuenta*». Luego ataca a los escépticos totales: «*los de naturaleza más sutil y mente inquieta dudan por completo de que haya sucedido nada de ello*». En ambas cosas tiene razón, y finalmente dice su opinión, que es evemerista: «*A mi me parece que todo lo que se cuenta sucedió (pues no surgieron por sí solos los hombres, sin que hubiese ninguna de las historias en que aparecen; antes bien, primero fue el acontecimiento y luego la historia acerca de ello)*». Eso es correcto, lo que ocurre es que destroza siempre los mitos para dar una explicación la cual, en el fondo, vuelve a ser un puro escepticismo.

Su forma de proceder es siempre la misma, tras decir algo del mito original para que lo reconozcamos, añade entonces la expresión: «*La verdad es la siguiente*», y nos interpreta a su modo ese mito. Así, a los centauros los explica como una manada de toros salvajes:

> «... *La verdad es la siguiente. Cuando Ixión era rey de Tesalia, se hizo a la vida salvaje en el monte Pelio una manada de toros, los cuales hacían también intransitables los montes, pues los toros bajaban a las zonas habitadas, asolaban los árboles y sus frutos y llegaban a matar a las bestias de labor*» (Historias Increíbles 1, Gredos).

De este modo apreciamos cómo, para Paléfato, los centauros no existieron nunca, y sólo se trató de unos toros. Pero su conclusión es errónea porque sí existieron los centauros, fueron la caballería tartesia, tenían hasta comicios como hemos visto, y lo que ocurre es que Paléfato ignora por completo el contexto de los mitos. Su error es el mismo que el de Apolonio cuando corrige a Evémero, no tienen ni idea de lo que están haciendo, y ésta es la triste situación en la que terminaron los griegos. Una nulidad.

Se conservan además muchos manuscritos de Paléfato porque su trabajo fue tomado como libro de texto en las escuelas de toda Grecia, esto es lo que se les enseñaba, tanto a los adultos como a los niños, y de esta manera es como se perdió cualquier posibilidad de conocer el pasado. Teniendo en cuenta que la cultura ibérica y la fenicia desaparecieron, la única opción que tendremos a partir de aquí es con los romanos. Paléfato, en sus *Historias Increíbles* (hacia el año 285 a. C.) se centra sobretodo en los monstruos, como los centauros, el Minotauro, los Espartoi, la Esfinge cadmea, Escila, etc, pero también banalizó personajes normales como las Hespérides (las convirtió en las dos hijas de un pastor de ovejas de Mileto), y el resto de mitógrafos que siguieron su estela fueron muy parecidos a él, nunca entendieron por desgracia los mitos.

Aún así, a veces aciertan en la interpretación local de un hecho (así le ocurre a Paléfato con la Hydra de Lerna, se da cuenta por el relato de que se trató de una fortaleza), y en cualquier caso sus libros siempre ofrecen informaciones buenísimas para nosotros. Entre todos ellos podemos citar al cirenaico Eratóstenes (siglo III a. C.) que fue un gran científico, a Dionisio Escitobraquión (s. II a. C.), al fenicio helenizado Aneo Cornuto (s. I d. C) que vivió en la Roma de Nerón, a un tal Heráclito de hacia 50-120 d. C, y el libro *Anónimo Vaticano* (s. V d. C). Todos estos se cuentan entre los «racionalistas equivocados», aunque siempre ofrecen en cualquier caso datos útiles para la investigación, y de entre ellos Eratóstenes y Escitobraquión son imprescindibles. El primero, 276-194 a. C., sucedió a Calímaco en la Biblioteca de Alejandría, y es quien establece la primera cronología segura de la 2º Guerra de Troya, la de Agamenón, situada entre 1193 y 1183 a. C. Por ejemplo en la *Crónica de Paros* (264 a. C.) estaba mal fechada en el 1209 a. C. El segundo compuso un libro titulado *Descripción Atlántica*, que de lleno se centraba en los atlantes.

Esta obra de Dionisio Escitobraquión (250-170 a. C.) se ha perdido, por supuesto, ya que la censura continuaba, pero Diodoro Sículo nos cita pasajes enteros. Va mucho más allá del episodio de las gorgonas y su guerra con los atlantes, habla por ejemplo de los «*etíopes hesperios*», habitantes de una isla volcánica; seguramente son los guanches de las Canarias, las islas Makaron, porque esa isla volcánica sólo puede ser el Teide, Sicilia o Thera, pero entre ellas el calificativo de «*etíopes hesperios*» es porque son etíopes (una raza diferente y más oscura de piel) y son hesperios (del extremo occidente). Hay además restos suficientes en las Canarias como para saber de la llegada de los atlantes allí, es decir, gentes en la Edad del Bronce desde España. Habla también este autor de la ciudad de Cerne (Guernica), las costas *Hesperíceras* en referencia a las costas occidentales africanas, menciona címbalos y timbales como instrumentos rituales de los atlantes, y que los dioses del Olimpo (reyes de Atlantis) solían visitar de manera periódica a los atlantes hesperios, esto es, que los reyes se movían mucho por el imperio con visitas oficiales, algo de lo que dejaron constancia arqueológica por ejemplo los carros votivos, y las armas votivas. Son cosas deducibles por arqueología, pero la citación expresa lo contrasta.

Arqueología de las islas Canarias (Fig. 86); la población guanche tenía diversos orígenes, algunos ancestrales, pero la mayor parte de su cultura era atlante de los primeros tiempos, por ejemplo su escritura (a la izquierda) es aún glosomática, y utiliza los signos de las pinturas del 4000 aC, como la Escolopendra del primer término. También hay estelas con los anillos concéntricos de Atlantis (foto central), y pirámides escalonadas, semejantes a la cultura más primitiva de los atlantes. No hay duda de su origen, pero mantenían un estadio primitivo sin evolucionar.

Aunque no se haya conservado esta importante obra, decimos que la postura ideológica de los romanos comenzó a suavizarse, en especial a partir de adoptar el Estoicismo (310 a. C.), el Saqueo de los Gálatas (279 a. C.), su adopción del Evemerismo (262 a. C.), y finalmente con su llegada a España. De todas formas, fue un proceso largo porque se parte inicialmente de un total descrédito, una persecución y destrucción en toda regla de cualquier mención, y un cinismo político sin precedentes hacia el pasado.

Es muy posible que Dionisio Escitobraquión fuese de origen español, aunque viviese en Mileto, o Militene; nos lo sugieren sus conocimientos del Atlántico, que no existían en Grecia, y su apelativo *Escitobrachíon* (Σκῡτοβραχίων «brazo de cuero»); porque es un mote, y en aquella época no existían las prótesis de cuero o algo así, seguramente derivó de un gentilicio hispano. Veámoslo, *Dionisio* (título de los reyes tartessos) y en especial su apellido *Escitobraquión*, *Scito* es gentilicio occidental, los *skotos* y los habitantes del río Cocito —el Duero—, y *Braquión* recuerda a Ubrique, esto es, «ibérico», lo más probable con ese apodo es que fuese un celtíbero. No es el único autor hispano que acudió a vivir e ilustrarse en Grecia, otro de ellos fue seguramente Alexameno Estireo (*Estireo* por el Estero —el río Tartessos—, o bien, Asturia), el primero en componer diálogos filosóficos en Época Clásica, según Aristóteles. Aunque parece que primero fue Solón tal como hemos visto. Otro autor hispano, mencionado por Diógenes Laercio, es un tal Teyo (*Tello*), cuyo nombre significa «tulio», y por tanto de Thule. Es un nombre que también era común en Roma, un gentilicio.

Entre estos tres autores, los himnos conservados (los *Homéricos*, los *Órficos*, etc), los clásicos ya conocidos como Habis, el Maestro de Letras y Argantonio, las leyes deducibles, etc, es posible dar inicio a un estudio de conjunto de la literatura tartesia. Unas terceras *Argonáuticas* fueron escritas por Escitobraquión, lo que a su vez parece una nueva corrección a la contra de la obra de Apolonio de Rodas, una reivindicación por parte de los occidentales, a quienes no agradaba la versión helena. De modo que comprobamos aquí lo que no podía ser de otro modo, también hubo autores españoles luchando por el recuerdo correcto de la Atlántida. Aunque sólo se conserven los que llegaron a escribir en griego.

Sigamos con los acontecimientos, dijimos que empezó la 1º Guerra Púnica (262 a. C.) con el desembarco en Mesina de Apio Claudio Cáudice. La lucha fue fundamentalmente alrededor de Sicilia, y después de veinte largos años de guerra, en el 241 a. C., los romanos se convierten en los dueños de la isla, arrebatada a Cartago, y titulada como la primera provincia romana. Durante el conflicto los romanos lograron grandes victorias navales, en Mylae y en Ecnomo, pero también sufrieron graves derrotas como la del cónsul Régulo en Túnez, o el desastre de Camarina (una tormenta marítima ahogó 100.000 hombres y 200 barcos). Por eso la indemnización de guerra fue enorme, para pagarla Cartago se dirigirá a España. ¿Y cómo estaba España entonces? La época del florecimiento ibérico había terminado en torno al año 330 a. C., fecha en la que los arqueólogos sitúan la destrucción de la Bastida de les Alcusses, un poblado ibérico fortificado 30 km al norte de Alcoy, la capital íbera. Como protegía uno de los flancos de la capital, nos señala el momento en que los cartagineses conquistaron la región de Alicante y Valencia. Por lo tanto, los reyes íberos no tuvieron más remedio que huir más al norte.

Se situaron estos últimos en la zona de Zaragoza, en poblaciones como Contrebia Belaisca, posible capital de este periodo final (330-237 a. C.). Por eso la mayor parte de las inscripciones en plomos y bronces pasan a esa zona en estos años, los famosos *Bronces de Botorrita*, enlazando ya con Roma (las inscripciones de Contrebia empiezan ibéricas y acaban latinas). La capitalidad queda remarcada porque, al conocerse como Botorrita la localidad, al mismo tiempo dio nombre a los comarcanos, los *Baturros*. Eso no hubiera ocurrido si no fuera una localidad emblemática.

Al sur, la frontera del reino ibérico quedó en Sagunto (Arse), una plaza fuerte desde donde se detuvo el avance cartaginés una y otra vez. La Estela de Sinarcas (Fig. 78), a la altura de Sagunto, es también de este momento. Y por ese motivo los saguntinos, enemigos que resisten a los invasores de Cartago, acabarán odiándoles a muerte. Porque la guerra siempre ocasiona un odio a muerte. Y ésta era la situación en España, los púnicos dominaban desde Huelva hasta Valencia, el antiguo reino tartesio y el libio enteros, y sólo quedaba ya la cuenca del Ebro.

Este último tramo de la invasión fue comandado por Amílcar II (330-309 a. C.), quien lo más seguro es que sea el abuelo del posterior Amílcar Barca, por lo que ya se está estableciendo la conexión de esta familia con España. El senado cartaginés, de 300 senadores como el romano, se dividía en tres facciones debidas a tres familias: 1º los Magónidas, 2º los Hannónidas, y 3º van a ser los Bárcidas. A continuación tuvieron lugar trifulcas en Sicilia, y al final la 1º Guerra Púnica; en la cual, antes de que terminase (año 247 a. C.) fue nombrado Amílcar Barca como comandante en jefe. Se anticipó la situación a lo que luego le sucederá a su hijo Aníbal, pues no recibió ayuda de su propio senado por la enemistad de las otras facciones, la guerra se alargó, y en un momento inesperado perdieron la Batalla de las Égadas. Quedaron sin flota, así que la rendición final no se pudo evitar. Tuvo él en persona —junto con Hannón— que pactarla en el año 241 a. C. Por eso es también Amílcar, jefe de las conquistas de su familia en España, quien inicia la gestión de los recursos hispanos para superar las indemnizaciones de Roma. Tras acabar con la revuelta de los mercenarios que se amotinaron por la falta de pago —cosa que logró de un modo brillante—, lo primero que hace es casarse con una princesa española, que le otorga la *Devotio* de numerosas tribus; y así, fue apodado como *Barca* («ibérico») que en fenicio significa «fulgor» por el Sol (Íber es la *Barca Solar*). Con este apodo declaraba a sus súbditos ser español.

Esta boda es seguramente la que le permite fundar Barcino (Barcelona) en el 237 a. C., una especie de concesión por parte de los reyes ibéricos en sus costas, los cuales vemos, se repliegan hacia el interior. Es más probable que la fundación sea de Amílcar que de Aníbal, su hijo, que era hijo de esa princesa española y nació en España (Ibiza), aunque otras fuentes afirman que su nacimiento ocurre en Cartago. Amílcar afrontó también una rebelión turdetana, pero al morir sus líderes, Indortes e Istolatio, los ejércitos sublevados abandonaron la lucha, porque la *Devotio* se disipa al morir los reyes a quien se jura. La sublevación se acabó a pesar de que iban ganando la guerra (el significado teológico de ser derrotados era muy importante, y notemos que fueron dos reyes gemelos según la antigua tradición atlante; volverá a suceder exactamente lo mismo con Indíbil y Mandonio). En cualquier caso, tras doblegar esa revuelta, a partir del 237 a. C. se inicia una nueva etapa en la historia de España, que es el absoluto dominio cartaginés de los tres reinos: Turdetania, Libia e Iberia. Pero los Barca («ibéricos») actúan más como linaje de reyes occidentales que como sufetes de Cartago, y sus clientelas hispanas son del todo personales.

Eso generó muchas envidias y tensiones con el senado cartaginés, razón de la falta de cooperación y derrota final de Cartago frente a Roma. La clave del éxito romano fue el rigor con el que respetaron sus instituciones políticas, que incluso en los peores momentos nunca se vino abajo (recordemos además, que eso es lo que acabó con el Imperio Atlante). En el 228 a. C. murió Amílcar, su ejército ya contenía a hoplitas turdetanos, los lanceros libiofenicios, mercenarios celtíberos, honderos baleares, etc. Muchos de ellos participaron de hecho ya en la 1º Guerra Púnica. Las minas de Hispania trabajan para esta familia más que para Cartago, y cuando a veces mandaban esas riquezas a la metrópoli los súbditos hispanos se rebelaban, pues ellos no se consideraban de ninguna manera vasallos de Cartago sino de sus reyes, y los Barca («ibéricos») eran sus reyes por su matrimonio. En este problema se vio varias veces Asdrúbal Bello, el fundador de Cartagena en el 227 a. C., pues él también se casó con otra princesa ibérica.

El reino de Libia será conocido a partir de ahora como la provincia Cartaginense. Mientras tanto, Roma ha invadido Córcega y Cerdeña, entre el 236 y 231 a. C., se las ha arrebatado a los púnicos y a los lígures porque no quiere volver a recibir ataques desde sus plazas fuertes. Desconfía mucho además del auge de los cartagineses en Hispania, por lo que en el 226 a. C. obliga a establecer con Cartago el *Tratado del Ebro*; los fenicios no pueden subir más allá de ese río, ni seguir ocupando ciudades de esa costa. Y para mayor humillación de las otras facciones, en realidad Roma no establece el tratado con el senado de Cartago sino con los Barca («ibéricos») en España. Además crean una alianza con Massalia, capital de Auvernia, que les informará de los movimientos cartagineses. Está claro que los auvernios no deseaban caer ellos también como sus hermanos los íberos en manos de los púnicos.

Amílcar Barca y el Palacio de Asdrúbal en Cartagena (Fig. 87); este líder supo entender la Devotio ibérica y con ella logró encumbrar a su familia. Notemos que lleva un casco corintio, eran usuales esos cascos con crin de caballo entre los atlantes rojos desde el siglo XIV a. C. Lo que ocurre es que en los primeros siglos eran de cuero. A la derecha, el Arx Asdrubalis, fue un palacio regio colosal para impresionar, y se levantó en terrazas escalonadas siguiendo una tipología occidental. Lo coronaba un templo a la diosa Atargatis (la Venus con cuerpo de Sirena), la diosa de los libios con una iconografía tartesia, pura ideología política. Atargatis fue la esposa de Dagón, el hermano gemelo del rey Atlante.

En el 225 a. C. se produjo una gran coalición de tribus galas, que invaden Italia; Roma responde con un ejército de 150.000 hombres, y los vence en Telamón, el resultado, sometimiento de la Galia Cisalpina. A continuación tras otra serie de batallas menores va a estallar la 2º Guerra Púnica, porque los cartagineses no han abandonado Barcino aunque esté al norte del Ebro, y los romanos se han aliado con Sagunto al sur de ese mismo río. En el año 221 a. C. muere asesinado Asdrúbal Bello, por un hispano que cumplía con su *Devotio*: el cartaginés había ajusticiado a un jefe porque le reclamaba que no enviara las riquezas a Cartago («*nosotros no somos súbditos de Cartago*»). Poco después de ajusticiar a ese lugarteniente íbero, Asdrúbal murió asesinado por el otro hispano fiel. Seguro que entonces Aníbal llamó a su caballo, uno de gran alzada y negro zaino —traído de Tesalia como Bucéfalo el de Alejandro Magno—, con el nombre de *Strategos*. Eso fue en recuerdo de su cuñado, porque a Asdrúbal lo conocieron como *strategós autokrátor*.

Notemos en todo esto el uso de la lengua griega de una manera común, junto a la admiración por Alejandro. Si tenemos en cuenta a sus esposas y madres, estos Bárcidas también debían hablar bien la lengua ibérica, tres idiomas, fenicio, griego e íbero.

En el 220 a. C., de nuevo, Aníbal se desposa con otra princesa ibérica, Himilce (MLK en fenicio es *Malika* «reina»), hija del rey Mucro de Oretania (MKR es como las islas Makaron, alusión del dios Aker). Con esa medida solventó la rebelión oretana que años atrás causó la muerte de su propio padre. La boda se celebró en Cartago, y aunque fue diplomática, surgió el amor sincero entre ellos, según cuenta la leyenda. El hijo que tengan se va a llamar Aspar (Haspar), y ese nombre es Hesperio, una clara reivindicación política para los hesperios (hispanos). Nos importa porque nos garantiza a nosotros por nuestra parte que el nombre de las Hespérides es algo relativo a España, y por supuesto, ellos lo sabían.

A continuación suceden muchas más cosas, la batalla de Aníbal contra los olcades, luego los carpetanos le plantaron cara a sus elefantes cerca del río Tajo (Toledo), después la toma de ciudades vacceas como Helmantiké (Salamanca) y Arbucala (Toro), y en el 219 a. C. el general asedia Sagunto durante 9 meses. La capital edetana cae sin recibir ayuda de Roma, nadie puede ya oponérsele en la Península Ibérica, nadie lo intenta; pero Aníbal prosigue su marcha hacia el norte porque su guerra con los romanos ha empezado para él. Sus duros enfrentamientos con los íberos de más allá del Ebro (zona pirenaica y auvernia), los últimos libres de la dominación cartaginesa, son porque tiene que someterlos para garantizarse el suministro de refuerzos posterior por esa ruta. Luego atraviesa los Alpes y bate a los romanos en Italia (218 a. C.).

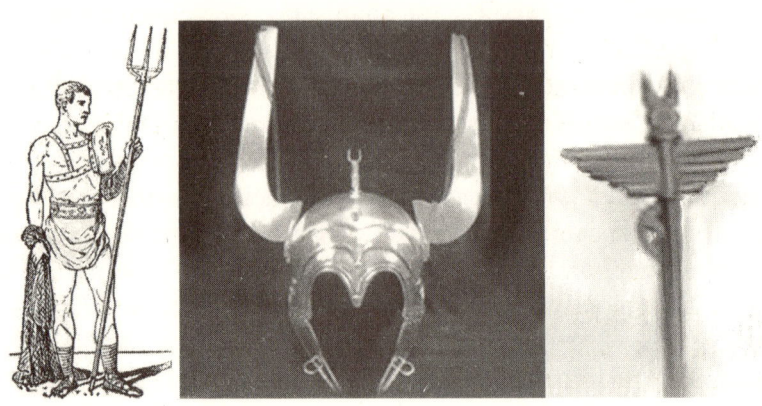

Retiario, casco ibérico, y Águila Azul (Fig. 88); los gladiadores romanos eran cada uno de un país conquistado: el Retiarius era de Rota, la arcana Eritheia, es decir, Tartessos, por eso lleva el tridente y la red de los reyes atlantes. En el centro un «casco calcídico» de los hallados en la zona del Moncayo, dotado de enormes cuernos, y en la cimera el enganche de la crin de caballo (que falta), en fin, Cuernos y Crines, los símbolos de la Doble Corona atlante. A la derecha el estandarte militar del Águila Azul, o águila con cuernos, emblema tartesio que los cartagineses usaron desde que invadieron la Bética en el año 509 a. C.

Con sus Águilas Azules de Tartessos el cartaginés venció en las batallas, casi todo su ejército era español, unas tropas disciplinadas y bien equipadas. Y lo que nos importa de todo esto es la enorme cantidad de elementos atlantes que incluso en esta época tan tardía aún siguen usándose: los Reyes Gemelos, la *Devotio*, los nombres (Barca, Mukro, Aspar, etc), los colores (vestían de azul y blanco, por Tartessos y Libia), las insignias (Águilas Azules, los Cuernos, la Barca Solar), la arquitectura escalonada en terrazas, o bien los puertos de Cartago en forma de Anillos (Fig. 52), los dioses (Dionisio, Atargatis, Dagón), etc. El sustrato subyacente a todo esto es la ideología imperial de la Atlántida, y la compartían todos ellos, los cartagineses, los íberos y los romanos. Todos estaban luchando usando esa misma ideología, y esto es importante.

Así, vemos a los jefes íberos con sus cascos dotados de cuernos y crines al mismo tiempo —la Doble Corona—, que además recordaban mucho los primitivos fabricados en cuero llevados por los propios atlantes (Fig. 88). Y Roma portaba Águilas Doradas en oposición a las Águilas Azules que los cartagineses adoptaron en el 509 a. C. Es decir, etruscos y fenicios habían sido aliados contra los tartessos desde el 850 a. C., y cuando cayó Tartessos se repartieron la Doble Corona. Los fenicios tomaron la Azul, y los romanos la Roja (la secundaria). Es gracias a esa alianza que su bloqueo naval llegó a ser tan eficaz, y no la rompieron hasta el inicio de la 1º Guerra Púnica. No obstante, los reyes ibéricos, aunque estaban en franca decadencia, seguían mostrando las insignias de la Doble Corona, porque cada cual insistía en sus derechos propios.

Es singular en Roma el caso de los gladiadores llamados *Retiarius*, que iban prácticamente desnudos, sólo les daban una red para capturar al enemigo y un tridente (Fig. 88). ¿De dónde creemos que ha salido esa idea? ¿Los romanos iban a inventarse esa tontería sin ningún motivo? No se trata de eso, consistía en que casi todos los trajes de gladiadores recordaban un país sometido a Roma. De este modo, los gladiadores *Samnitas* eran los más antiguos, su traje supuestamente era del Samnio (sur de Italia); los *Tracius* con rodelas llevaban un traje que supuestamente era de Tracia; los *Mirmillones* pretendían vestir como los Mirmidones de Grecia (Tesalia era conocida como la nación de los mirmidones, eran helenos), y los *Homoplachus* con Hoplon (escudo circular grande) eran un sucedáneo de sus enemigos los Hoplitas espartanos; los *Essedari* luchaban en carros al modo de los bretones, mientas que los *Secutor* llevan el nombre de los Scotos (Scitas). Y así con el resto sucesivamente. Respecto a España, los *Dimachaerus* se protegían con un peto circular de estilo ibérico, y su nombre recuerda de hecho a Mucro, el rey oretano aliado de Cartago (podrían ser los *Di-macrios* o «afortunados»). De modo que, ¿de dónde eran los *Retiarius*?

No debemos pensar en Retia del norte de Italia porque el tridente es un emblema de la Atlántida, sólo lo portaban los emperadores, la encarnación misma de Poseidón. Como lo más probable es que no faltase algún gladiador simbolizando el Occidente extremo, este nombre debe proceder de la región de Rota (Eritheia o Eritrea), la costa del Golfo Gaditano, la desembocadura del río Tartessos (Guadalquivir), y es por tanto una manera de nombrar a la Turdetania, con el nombre de su costa. Esto además confirma el relato de Platón, quien nos cuenta en sus diálogos que en cada lustro los Diez Reyes de la Atlántida se reunían en unas grandes celebraciones para jurar las leyes, pero que entre los juegos y ceremonias se desnudaban para cazar con redes a un toro bravo sagrado. Así nos lo cuenta:

> «*Rogaban a Poseidón que tomara la ofrenda sacrificial que le agradara de entre los toros sueltos en su templo y ellos, que eran sólo diez, lo cazaban sin hierro, con maderas y redes*» (Kritías 119-e).

Seguro que se desnudaban para no manchar sus trajes regios; ese «Poseidón» que estaba entre ellos era ni más ni menos que el emperador, que portaba el tridente, y la red para el toro. Por eso, el gladiador *Retiarius* de los juegos romanos —con un tridente y una red— imitaba con seguridad a Poseidón el rey de la Atlántida. Además es muy poco probable que esto lo hiciesen los romanos copiando los textos de Platón, ya que ellos no le deben nada al filósofo griego y era una noticia conocida en todas partes, de la que incluso se han encontrado restos arqueológicos que remontan a la Edad del Bronce (Fig. 89). Era una costumbre que permaneció viva entre las corridas de de toros de los tartessos; ya de por sí, el festejo atlante era una especie de lucha gladiatoria con un toro. Lo más curioso aquí es que incluso Platón nos cita las dos copas de oro con las que luego los dos emperadores gemelos, los Dos Monarcas, rociaban con sangre la *Columna de las Leyes*. Es decir, hacían sobre la columna una libación con la sangre del toro capturado, después de que lo sacrificaban sobre el altar (por eso tenían primero que capturarlo vivo, una idea ésta que jamás se le habría ocurrido por ficción a nadie, así como tampoco la desnudez de los *Retiarius*).

Uno de los Vasos de Vapheio y marfil tartesio (Fig. 89); el Tholos de Vapheio es una construcción de la Edad del Bronce (1600-1400 a. C.), la tumba de un rey, y los dos vasos de oro reflejan la ceremonia de los Dos Monarcas que contó Platón. En los Marfiles de Medellín, 650 a. C., vemos en España la misma ceremonia de la captura con red del toro.

> «Después de terminar el sacrificio conforme a sus leyes y consagrar todas las partes del toro, llenaban de sangre una crátera y se rociaban uno a uno unas gotas de ella. El resto lo ponían al fuego, después de purificar perfectamente la columna. A continuación, sacando alguna sangre de la crátera con copas de oro la derramaban en el fuego y juraban que su juicio estaría de acuerdo con las leyes escritas en la columna» (Kritías 120-a, según trad. de García y Bellido, 1967).

Debía ser emocionante ver a los Dos Monarcas jurando las leyes y vertiendo libaciones de sangre sobre el fuego al hacer cada juramento, un fuego sagrado que espumeaba humo. Aquél era un acto muy solemne. Pero fijémonos en que usaban «*copas de oro*», pues bien, se han encontrado muchos ejemplares de esas copas, tanto en España como en Grecia, a menudo decoradas con las espirales atlantes, pero en el caso de los *Vasos de Vapheio* tenemos una prueba más concreta (Fig. 89). Se trata de dos vasos de oro para libaciones como la que describe Platón, y proceden de un tholos al sur de la ciudad de Esparta, en Laconia, que se fecha entre el 1600 y 1400 a. C. Estas copas son de estilo minoico, lo mismo que el tholos, por lo tanto son cretenses, de los Curetes atlantes. Así que es lógico que siendo la tumba de un monarca guardase esas copas de oro tan especiales, símbolo de sus funciones regias como custodio de la ley. Demuestra este detalle que ellos eran conscientes de su valor en tanto que responsables de la ley. Estas dos copas son especiales porque además tienen relieves con escenas que ilustran la caza sagrada del toro con redes y lazos, la misma ceremonia que describe Platón al hablar de los Diez Reyes de la Atlántida.

De modo que nos coincide el tholos atlante, las dos copas de oro (tazas en realidad, para recoger cómodamente la sangre de la crátera sin mancharse la mano), y también las escenas con la captura del toro con redes. Igualmente coincide la datación en la Edad del Bronce, por lo que no queda duda al respecto, la ceremonia que describe Platón es verdadera, y exactamente eso es lo que hacían. Volvemos entonces a lo de siempre, es imposible que Platón se lo inventase, eran noticias ciertas de hacía muchos siglos.

También tenemos tauromaquias similares en España, por ejemplo en los *Marfiles de Medellín*, por lo que tampoco se puede dudar sobre la estrecha relación entre minoicos y tartessos. Incluso en España hay saltadores de toros como los que aparecen en los murales cretenses, y el nombre de *Curetes* aparece en ambos sitios, la igualdad es segura.

Atlantis → captura con red → Minoicos y España

Todo ello en su conjunto demuestra la existencia del imperio por el Mediterráneo, es cierto que navegaban de un lado al otro, y que Creta era una colonia atlante. Los romanos no necesitaron el relato de Platón para conocer la existencia de estas ceremonias, incluso en el pasado ellos mismos eran atlantes y debían conocerlas. Es imposible que no las conociesen. Pero volvamos entonces a los gladiadores, acabamos de ver que los *Samnitas* eran del sur de Italia, en el Oriente los *Tracius* eran de Tracia, los *Mirmillones* de Tesalia, y los *Homoplachus* del Peloponeso, mientras que en el Occidente los *Essedari* son de Bretaña, los *Secutor* de Scotia (Scytia), y los *Dimachaerus* eran ibéricos (levante de Hispania). Todos ellos son pueblos reales que sabemos que existieron, y nadie niega que los gladiadores los representan. ¿De dónde eran los *Retiarius* con el tridente y la red? Pues de Eritheia, el Occidente extremo, y representan al rey de Atlantis con la red con la cual cazaban los toros en las fiestas. Pero el reino que se refleja con ese famoso tridente —notémoslo— es la Turdetania (Tartessos).

Es una prueba evidente de dónde estaba la Atlántida, no tenemos que buscar en otro sitio que no sea Tartessos, y además en la costa de Eritheia (Rota). Es incluso fácil de ver que la palabra latina *Rete -is* («red») procede de Rota, los eríteos eran pescadores, y con pescadores se suele igualar y comparar al *Retiarius*. En caso contrario, ¿vamos a pensar que todos los pueblos que representaban los gladiadores eran verdaderos e históricos menos precisamente el que representaba a la Atlántida? Mucha casualidad va a ser que solo los *Retiarius* fuesen falsos, con tantos detalles coincidentes a la región Gadírica. Tengamos en cuenta que en la Antigüedad no había cine, no había películas, y los gladiadores eran los encargados muchas veces de representar las batallas históricas; las naumaquias eran siempre representaciones, y en ellas no solían pelear de verdad sino que actuaban como actores, tenían que ganar los buenos y perder los malos, la gente quería verlo, hacerse una idea. Con los *Retiarius* y los demás gladiadores ocurría lo mismo.

De modo que este matiz representativo no se puede eliminar de las luchas gladiatorias, tenían una función social importante, en un mundo —el de la Antigüedad—, que nunca descansaba de guerras constantes. También los hispanos celebraban muchos festejos con gladiadores, por ejemplo en los funerales de Viriato. El Distintivo Caudal, el *Caudas*, una especie de coleta o moño que llevaban estos luchadores, refleja la vieja tradición atlante de amarrarse el pelo largo. Como el pelo se ofrecía en sacrificio, y era importante hacerlo, los gladiadores (y los toreros actuales) conservaban por eso el *Caudas*. Significa que la tradición de los gladiadores remonta en realidad a tiempos de la Atlántida, aunque por supuesto sin el grado de espectáculo laico romano; con los atlantes, eran fiestas religiosas. Por último, si *Eritheia* era un nombre que se usaba para reflejar a todo el Reino de Tartessos, induce a creer que Oretania (*Oreithania*) es un nombre asentado de muy antiguo en la zona de Ciudad Real, porque era el extremo del reino. Y las fronteras suelen conservar los nombres de los reinos, es muy típico.

Gnaeus Cornelius Scipio al mando de cuatro legiones (Fig. 90); fue el primer ejército romano en llegar a España, corría el año 218 aC. El desembarco fue en Ampurias, luego marchó hacia la ciudad de Tarraco.

Regresemos con Aníbal en el 218 a. C., es verdad que venció a los romanos en Italia, pero incluso antes de eso Roma ya ha enviado cuatro legiones a Hispania —20.000 hombres, la mitad de ellos romanos— para alterar el orden e impedir que reciba refuerzos. Al mando está Cneo Escipión, héroe en la guerra contra Viridómaros, y acude como legado de su hermano Publio (que será derrotado en Italia). El desembarco fue en Ampurias, donde dejó la flota —60 barcos—, entonces, tras pactar alianza con los indigetes, arrasó Barcino y siguió por la costa hasta Tarraco (Cesse). Todo ello cogió por sorpresa a los cartagineses, que al norte del Ebro eran comandados por un tal Hannón; allí los venció en la Batalla de Cissa, cerca de Tarraco. Entre los presos estaba Indíbil, jefe ilergete. Cuando llegó Asdrúbal desde Cartagena con un ejército, ya estaba perdida la lealtad de muchos pueblos íberos al norte del Ebro, que por el odio de la reciente conquista de Aníbal se pasaron al enemigo. El resultado fue entonces el contrario de lo que pretendía Aníbal cuando los conquistó, y la comunicación hacia Italia desde España quedó cortada para los cartagineses. Fue un pleno éxito romano.

Asdrúbal, al mando de Hispania, era hermano de Aníbal, y era un estratega eficaz pero no magistral, acosó al enemigo sin conseguir resolver esta situación. Incluso ciudades al sur del Ebro, de los cosetanos e ilevarcones, se pasaron a los romanos. Por su parte, Cneo no se aventuró y se dedicó a fortificar Tarraco y hacerse fuerte en la zona. Hizo lo correcto, seguía las órdenes de su hermano Publio (el cónsul) pero él lo hizo bien, y de este modo, desde Ampurias a Tarraco ya era territorio romano; de hecho, hay monumentos romanos en España antes incluso de que regiones como Liguria, los Alpes, o el Véneto, pasasen a Italia. Casi toda la 2º Guerra Púnica se va a librar en el Occidente, va a ser una guerra de suministros, en tanto que a Aníbal dejaron de presentarle batalla.

Siempre es difícil de explicar, pero Cartago perdió la guerra por no haber asimilado una lección de tiempo atrás; durante siglos fueron incapaces de conquistar Siracusa, la simple ciudad de Siracusa, y ahora atacaban otra vez a un enemigo fuerte sin estar preparados ni tener consolidadas sus posiciones ibéricas. Arriesgaban con enemigos que eran similares en fuerza a ellos. ¿Por qué motivo? Las ganas de revancha por un lado, pero Aníbal era joven —tan sólo 29 años— y deseaba la gloria militar al modo de Alejandro Magno; como se sabe, el rey macedonio empezó sus campañas contra Persia a los 22 años. Se puede considerar que, de por sí, inventó Aníbal el concepto de la *Guerra Relámpago*, al cruzar los Alpes sin dejarse encontrar o interceptar; algo que Julio César imitó después. No obstante, Aníbal perdió la guerra en cuanto dejaron de intentar vencerlo en batalla. De modo que el conflicto se iba a alargar escondido detrás de las murallas, y de esta forma fue derrotado este héroe, por despreciar la política, por no llegar a dominarla. Nunca controló las decisiones del senado cartaginés, por eso, en cuanto se le agotaron las tropas iniciales, al no recibir más refuerzos, quedó sin capacidad de movimiento.

Así fue, que la maniobra del desembarco en Ampurias y cortar el paso y el suministro ibérico de los Pirineos —idea del cónsul

Publio Escipión—, salvó a Roma. Su hermano Cneo se atrincheró en la costa hispana de Tarraco, y dominándola, él sí pudo recibir a partir de entonces suministros por mar (la flota romana controlaba las rutas navales en esta guerra). En el año 217 a. C. Cneo venció en batalla otra vez a Asdrúbal en las márgenes del Ebro (Tortosa), y seis meses después llegó por mar su hermano Publio con refuerzos. Así pudieron avanzar en dirección a Sagunto (216 a. C.). Pero los ilevarcones de la costa del Maestrazgo comprendieron que su actitud no era ya para cortar las comunicaciones cartaginesas, es decir, la defensa de Roma, sino que de una manera diferente actuaban como conquistadores: 1º habían tomado posesión de la costa catalana, 2º la fortificaban, 3º establecían cargos romanos en la zona. 4º estaban ya ampliando su dominio.

Aquello era nada más cambiar unos invasores por otros, de modo que ese avance en su territorio lo tomaron como invasión, y hubo una batalla. ¿Dónde fue? Lo más probable es que ocurriese en medio del camino, la llamada en aquella época Vía Heraclea (el camino de la costa que iba hasta las Columnas de Heracles). Quizás sea muy cerca de donde se levantó después el *Arco de Cabanes*, fechado en el siglo II d. C (más bien de tiempos de Augusto), porque los romanos solían conmemorar con arcos acontecimientos concretos, en especial triunfos, y de ahí su nombre: «*Arcos de Triunfo*». Es muy probable que el *Arco de Bará*, a las afueras de Tarraco y también de tiempos de Augusto, sea la conmemoración de la Batalla de Cissa, la 1º victoria romana en Hispania. De todas formas hubo otra batalla contra los íberos donde el *Arco de Cabanes*, y aquello detuvo su avance; los ilevarcones vencidos se replegaron al curso alto del río Millars, el antiguo Udiva (DV), que era el solar sagrado de sus dioses (DV). Barrancos profundos de difícil acceso, y los romanos tenían que perseguirles. ¿La razón? Pues porque no podían dejar en retaguardia unos enemigos que les pudieran cerrar la huida en caso de apuros.

Publio Escipión se debió quedar acampado en el paso del río junto a la costa, necesitaban abastecerse de madera y víveres, por lo que hicieron rapiña general; mientras, Cneo con su ejército remontó el río (215 a. C.) para acabar con los ilevarcones, y ésta es la leyenda del *Bosque Sagrado de Cirat*. Más allá de una aldea llamada Abaituri, actual pueblo de Cirat (Curete), había un barranco muy estrecho y tras él un bosque de tejos milenarios. La aldea Curete fue encontrada desierta por los romanos, la población había huido al bosque, último refugio de los ilevarcones. Al valle donde estaba se lo conocía como *Valle de Losa* porque LS siempre refiere a Helios, y las tejadas antiguas estaban plantadas siempre en línea con el recorrido del Sol. En cualquier caso debieron emboscar a los romanos y lanzarles piedras desde lo alto en aquél barranco de acceso, el *Barranco de los Taxos*, de tal manera que la montaña se llamó desde entonces Piedra Partida. El sacerdote mayor de los ilevarcones, un druida de luenga barba, que había estado en tierras de los cántabros, es quien dirigía la batalla.

De la palabra *Losa* referida a un «bloque de piedra» no se conoce su etimología, no se sabe de dónde procede, pero nació lo más seguro en esta ocasión, porque se aplastó a muchos romanos y desde entonces al rememorar aquella circunstancia decían ¡*Losa!*, que era el nombre del valle, pero pensaban en el bloque de piedra. El barranco también se conoce hoy día como *El de la Losa*, y expresiones del tipo «*cayó como una Losa*» parecen indicar que fue un bloque gigantesco el que les lanzaron, y que se partió al caer, por eso la montaña se llamó *Piedra Partida*, porque siempre decían: «*esta es la montaña de la piedra partida*».

Veinte difíciles días tardaron los romanos en atravesar aquél desfiladero, y cuando al fin lo consiguieron suponemos que hubo una matanza, pensemos por ejemplo que el bosque sagrado de tejos fue talado por completo. Sólo quedó un valle pelado con grabados primitivos en sus cuevas. Y también quedó un recuerdo de la idea de aplastar a los romanos con piedras, que es muy recurrente y aparece una y otra vez, por ejemplo en los cómics de *El Jabato* (1978), o más recientemente el de *Laro el Cántabro* (1999). Esto es una lección para los mitos, el suceso real sólo ocurrió una vez pero será reproducido luego cientos de veces fuera de su contexto originario. Porque se convertirá en un elemento narrativo de la épica contra los romanos, llegando hasta nosotros. Pero sólo será un recuerdo popular que circulará por la Península Ibérica, en tanto que las crónicas oficiales de Historia perderán la memoria del suceso real, porque proceden de las crónicas de Roma, las cuales enmudecen el suceso para no otorgarle gloria a los enemigos.

Y es que éste es precisamente nuestro problema aquí, lo que necesitamos saber es cómo van a tratar los romanos el recuerdo de la Atlántida. Los cartagineses órficos nunca negaron la historicidad de los reyes atlantes, tan sólo su divinidad; y al final, los Bárcidas, para la conquista de España asimilan las tradiciones españolas (*Devotio*, etc) y se hacen españoles: «*Somos Barca (ibéricos)*». Sin embargo, los romanos, no van a hacer eso en ningún momento, ellos van con el *Derecho Romano* por delante y literalmente arrasaron esas tradiciones, haciéndolas desaparecer.

Casa de Pastor del Maestrazgo y Muros de Tarraco (Fig. 91); la técnica a la piedra seca (sin cementación) así como las jambas inclinadas en la puerta y la falsa cúpula, son todo ello comunes al megalitismo del 2500 a. C., e iguales a los modelos cretenses y micénicos en Grecia. En cuanto a los muros ciclópeos de Tarraco —se aprecian los sillares romanos sobre ellos—, son semejantes a los de Tirinto y Micenas en Grecia.

Las crónicas romanas afirman que ellos fundaron Tarraco, por ejemplo el historiador Plinio el Viejo en el siglo I d. C nos lo dice así: *Tarraco Scipionum Opus* («Tarraco es obra de los Escipiones»). Y todavía se escribe en los libros actuales que esta ciudad se fundó sobre la base de un campamento militar romano. Pero los muros ciclópeos que asoman por debajo de las murallas romanas atestiguan la falsedad de todo eso, había una ciudad mucho antes y remontaba milenios atrás. El nombre de *Tarraco* (TRC) es claramente prerromano, y está en relación con el río *Ter* de Gerona (la de Gerión, rey atlante), el río *Turia* de Valencia (la de Palante, otro rey atlante), y la ciudad de *Teruel* en Aragón. Incluso con el río *Duero*. De modo que no importa lo que hayan dicho los romanos en sus libros de Historia, en este caso tenemos pruebas evidentes de que no es verdad. La ciudad de Tarraco existía antes de que ellos llegasen. Y lo que vamos a ver es que los romanos en sus libros de Historia no sólo enmudecieron sus derrotas como la del Valle de Losa en Cirat, y pusieron arcos de triunfo en sus victorias, sino que también dijeron ser ellos quienes civilizaron el mundo: *Roma llevó la ciudad —la civilización— a todas partes, sitios todos ellos donde aún vivían en cabañas de paja, vistiendo con pieles como salvajes.*

No había nada interesante antes de Roma, y esta propaganda en general de los *Salvajes* resultará ser algo igual de falso.

Es decir, Roma acabará en efecto dominando y liderando a las naciones más civilizadas del Occidente, pero no fue la creadora de esa cultura occidental, ni tampoco la primera. Sin embargo, ésta es la propaganda que formará parte de la Historia escrita por los romanos, y de la educación que se conocerá como *Romanización* de Europa. Si los griegos con Paléfato aprendieron en la escuela desde pequeños que todo era mentira (racionalización), pues ahora los occidentales aprenderán desde niños las ideas de la *Romanización*, porque eso será lo que se les enseñe, y eso configuró la legitimidad posterior de Roma para gobernarles.

De modo que por un lado ellos —los romanos— no se hispanizan tal como hicieron los cartagineses, adoptando costumbres hispanas, sino que al contrario ellos romanizan imponiendo sus costumbres propias; ellos no son hispanos, ellos como mucho te otorgan el *Derecho Romano* y te hacen romano a ti. La clave de esta diferencia es que los pueblos itálicos, al contrario que los fenicios, no eran de origen atlante (su origen real era la Corona Danubiana, estirpe de Saturno, sometidos posteriormente por los atlantes). Pero por el otro lado, la propaganda romana ha heredado el cinismo de los tiempos en que tanto los etruscos atlantes como los griegos atlantes negaban la historicidad de Atlantis; porque sus derechos al *imperium* iban por detrás de los tartessos y de los cartagineses, eran los últimos, de modo que la negación directa de esos derechos era su única vía.

Esta posición política —negación y el «no somos»— predominó sobre la corriente intelectual evemerista que estaba comenzando desde el 262 a. C. Se suavizó su corazón hacia la verdad pero sólo en los ambientes intelectuales, a la plebe no le importaba.

Lo que sí es cierto es que los cartagineses destruyeron Tarraco (y sus murallas ciclópeas) a favor de Barcino, y que luego los romanos hicieron lo opuesto, destruyeron Barcino y reconstruyen Tarraco, volviéndola a dotar de murallas. Evidente se nos muestra que lograron la amistad de los ilaraugates, pueblo cuya capital era Tarraco. Además se nos junta con muchos errores todo el relato, la palabra *Cesse* o *Cissa* con la que los romanos llamaron a Tarraco, es porque CST es el lexema de «costa», lo que ocurre es que con la T marbuta del final algunas lenguas hispanas pronunciaban sólo una /a/, y CST sonaba /Císa/. Por tanto la ciudad de Cesse es tan sólo la «ciudad de la costa», los romanos estaban preguntando por una ciudad grande y los lugareños señalaban la dirección y decían: ¡*Cesse, Cesse!* Pero sólo les estaban diciendo que siguieran por la costa. La *Batalla de Cissa* es la «batalla de la costa», y el *Arco de Bará* es posteriormente su recuerdo.

Otro error similar son las *Casas de Pastor* actuales, las del Maestrazgo (Fig. 91) y otros muchos sitios de España muestran arquitectura de la Edad del Bronce, y es completamente seguro que fueron construidas en la Edad del Bronce. Es la arquitectura de las casas en aquellos tiempos, algunas parecen del III milenio a. C., lo que ocurre es que luego, en las ciudades, estos edificios se van a derruir para construir casas más modernas, casas de dos pisos, rectangulares, etc. En las ciudades, incluso ya en la Edad Antigua, no va a quedar sitio libre para que sobreviva una construcción primitiva como estas *Casas de Pastor*, y sólo permanecieron en pie las que estaban en mitad del campo abandonadas. Al haber quedado abandonadas, al no haber nadie allí, los pastores las van a reaprovechar, porque allí pueden pasar las noches frías y estar a salvo de los lobos. Incluso las van a restaurar una y otra vez a lo largo de los siglos, llegando así hasta nosotros. Las conocemos como *Cabañas* o *Casas de Pastores*, y las datamos en el siglo XIX porque hay fotos de ellas, o en el siglo XVIII porque somos prudentes y les suponemos otro poco más de antigüedad, pero esto no es suficiente, ya que es evidente que los pastores de esos siglos modernos (XVIII y XIX) no iban a reinventar de manera espontánea las características de la arquitectura micénica y cretense en uso durante el 3º y 2º milenio a. C. Como eso no es posible, resulta que el camino curioso es el otro, son casas arcanas abandonadas, pero que estaban bien hechas, en piedra, y fueron conservadas por los pastores.

Cuando los romanos desembarcaron en España se tropezaron con un singular abanico de épocas. Pero al principio no estaban para fijarse en estas cosas, porque se encontraban en plena guerra, y someter a los ilevarcones de Cirat les llevó a los hermanos Escipión buena parte del año 215 a. C. Al final pudieron continuar hasta Sagunto, y tras otra dura batalla en sus murallas se adueñaron de la plaza fuerte. Resulta entonces que allí es donde se guardaba prisioneros a muchos príncipes, eran los rehenes de casi todas las tribus hostiles a los cartagineses. Al liberarles los romanos se granjearon la amistad de todas esas tribus y naciones, en especial de los celtas (vacceos, carpetanos, etc). Las tropas de estos pueblos se sumaron entonces a la causa romana, fue otro total éxito.

Mientras tanto, ¿qué estaba haciendo Asdrúbal? Pues estaba sofocando una nueva revuelta de los turdetanos (216—5 a. C.), parecida a la que ya tuviera su padre años atrás. Pero, el hecho en sí de dejar progresar de ese modo a los romanos era una irresponsabilidad. No ayudó a los ilevarcones, no protegió Sagunto y los rehenes, en conjunto una chapuza; no estuvo presente donde se lo necesitaba, y ahora tenía a más de media Hispania en contra de los cartagineses. La propia capital, Carthago Nova, empezaba a estar amenazada. Y fue este fracaso de su gestión el que impidió llevar refuerzos a Aníbal, para lo cual habían perdido hasta la ruta de acceso. Antes de acabar el 215 a. C. le llegan refuerzos con Himilcón, tenía Asdrúbal orden del senado de llevar esas tropas a Italia, pero los romanos retrocedieron a tiempo y lo derrotan por 2º vez en Tortosa. Así las cosas, cuando tras la Batalla de Cannas (216 a. C.), acudió Magón Barca, el hermano menor de Aníbal, a Cartago a solicitar refuerzos (215 a. C.), los rivales políticos de Aníbal pudieron convencer al senado de que eran más necesarios esos refuerzos en Hispania. Y para ser honestos, no estaban exentos de razón.

El senado cartaginés era muy patriota, no era una cosa manipulada y tonta como suele ser imaginado, pero se atenían a los hechos, la situación en España se había tornado alarmante, el paso estaba bloqueado y Aníbal aún no había capturado puertos desde los que poder acoger a una flota de refuerzo (lo consiguió a fines del 215 a. C. con Locria y Crotona, y de hecho recibió entonces —214 a. C.— algo de refuerzos por allí, una vez que se supo en Cartago la accesibilidad de esos puertos; pero la mayor parte del ejército ya había sido enviada a Hispania). No sabemos qué hubiera sucedido si Aníbal hubiese recibido los refuerzos necesarios, eso depende de la suerte que tuviese en las batallas, lo que sí sabemos es que al no recibirlos la situación quedó bloqueada en Italia, porque los romanos no se atrevían a atacarle más, pero él no podía atacar por su parte las fortalezas y atalayas donde se habían apostado aquéllos. Tampoco se podía marchar él de Italia, pues todos sus aliados, los galos de la Cisalpina (boios, insubros y senones), los samnios, campanios, daunios y griegos del sur, todos ellos se considerarían traicionados, además de que sufrirían la represalia romana. La ciudad del Lacio ya tenía *Casus Belli* incluso para Siracusa en Sicilia.

Intentó usar la estrategia romana de la guerrilla cortando los suministros, quemó los campos romanos, pero Roma se podía abastecer por mar desde las islas (Cerdeña, Sicilia, Córcega, Marsella), no fue eficaz. Optó entonces por esperar, pero poco a poco iba perdiendo ciudades mientras Roma se rehacía; él era el mejor general de Cartago y quedó bloqueado, en tanto que los romanos se enfrentaban en España a unos estrategas menos capaces, en su conjunto fue así: «*Aníbal sabe pelear, no nos enfrentaremos más a él. Asdrúbal en cambio no sabe, pues vamos a por Asdrúbal porque si Hispania cae, también cae Aníbal*».

Esta idea no se le ocurrió a los romanos pensándola con brillantez sino que fue a base de palos que acabaron asimilándola. Y además gracias a la iniciativa de los hermanos Escipión, la cual se estaba viendo que salía bien. Poco a poco empezaron a enviar sus mejores tropas de refresco a Hispania (igual que los cartagineses, la guerra ya se ha trasladado al Occidente en ese momento). Nosotros por nuestra parte podemos fácilmente culpar a Asdrúbal del fracaso cartaginés, y sería correcto, pero la verdadera culpa fue de Aníbal, él era el jefe principal y el responsable que atacó a Roma cuando la posesión de Iberia no estaba consolidada. Asdrúbal no era un genio como Aníbal pero era un hombre responsable, valiente, y sobretodo leal. Era perfecto para estar en retaguardia tal como lo dejó Aníbal (que se fue con los mejores lugartenientes a Italia), pero un simple imprevisto, y las circunstancias de la guerra llevaron a Asdrúbal a dirigir los combates importantes, y para eso no estaba capacitado. Él no sabía enfrentarse a los hermanos Escipión, se lo estaban comiendo. De todas formas, el imprevisto es de Aníbal.

La llegada de Magón y Giscón a Hispania en el 215 a. C. fue la que detuvo el avance de los Escipiones y equilibró la situación. Eran generales eficaces, en especial Magón; esta guerra, entre los hermanos Barca y los hermanos Escipión, duró hasta el 211 a. C. en que consiguieron acabar con una revuelta de Sifax en África (lo hizo Asdrúbal) y con los dos romanos. Primero murió Publio en la Batalla de Cástulo (211 a. C.), la capital oretana de Mucro que iba a ser atacada por los romanos; acudieron Magón, Indíbil y Masinisa, y lo vencieron totalmente. A continuación se unieron a las fuerzas de Asdrúbal y marcharon a por Cneo, que 23 días después fue derrotado —Batalla de Ilurci—; se cuenta que se refugió el romano con sus oficiales en una torre, estaban en el nacimiento del río *Baetis*, en el *Mons Argentarius* (las minas de plata eran el otro objetivo de los romanos), y como no conseguían sacarlos de allí, le prendieron fuego a la torre y los quemaron vivos. Plinio el Viejo llamaba por ese motivo al *Mons Argentarius* como la «*Pira de Escipión*», y como sabemos, se trata del actual Pico Cabañas.

Importante es que notemos que la llegada de Magón junto con Giscón, el eficaz bloqueo realizado en esos años, supuso que los aliados celtíberos de los romanos les abandonasen casi en plena batalla. Eso es lo que sentenció a muerte a los romanos, los pueblos ibéricos recuperaron la confianza en los cartagineses (al tiempo que en Roma se cuestionó muchísimo la campaña en Hispania). Fue una brillante acción militar, y el último momento en el que pudieron haber ayudado a Aníbal y enviarle el ejército, pero se demoraron; quizás desearon antes pacificar de nuevo la Península.

Como sea, de inmediato Roma envió a Hispania al hijo de Publio Escipión, del mismo nombre (asunto éste importante por el tema de la *Devotio*, las lealtades juradas al padre podían pasar al hijo), que será conocido después como el Africano. Llegó en el año 210 a. C. junto con sus lugartenientes Silanus y Cayo Laelio, ambos muy capaces, de modo que no se perdieron las posiciones romanas en Cataluña ni los aliados íberos más cercanos. Tenía órdenes de aguantar allí las posiciones y mantener el bloqueo, pero las desobedeció. En el 209 a. C. avanzó desde Tarraco por la costa con su flota navegando en paralelo con las provisiones, la capitaneaba Cayo Laelio. Así llegaron a Sagunto, los cartagineses, dispersos por la Península, acudieron para salirle al paso, esperando que les presentara batalla, pero él imitó lo que Aníbal había hecho en los Alpes al no dejarse interceptar, eludió la batalla y a los enemigos, y en una «*Guerra Relámpago*» se lanzó hacia el sur a toda velocidad sin darles tiempo a reaccionar, y conquistó Cathago Nova, la capital.

Esta fue una de las maniobras más brillantes de toda la Antigüedad, que alcanzó resonancias legendarias; iban a la carrera, se dice que de Tarraco a Carthago Nova tardaron sólo una semana (80 km/día) aunque es más probable que esos siete días sólo fuesen desde Sagunto (46 km/día) al entrar en territorio enemigo. Como sea, iban veloces como el viento y no le dio tiempo a Magón a interceptarlos, los romanos alcanzaron Carthago Nova por sorpresa y desprotegida. Como llevaban también la flota cerraron la boca del puerto y no pudo huir nadie por mar mientras asaltaban las murallas, por ello capturaron a todo el mundo. El gobernador de la ciudad, llamado también Magón, se tuvo que rendir cuando la ciudad ya estaba prácticamente en llamas, y los romanos matando a la gente por las calles. Entonces Escipión se mostró magnánimo y ordenó detener el saqueo y respetar sus vidas.

Los historiadores están de acuerdo en que el episodio casi mítico de la toma de Cathago Nova (209 a. C.) fue el punto de inflexión de toda la 2º Guerra Púnica. Porque no sólo era la capital sino también la principal base naval cartaginesa, y allí se almacenaban las armas, los víveres, casi todas las reservas de plata (18.300 libras, acuñada y en bruto), e incluso los prisioneros y rehenes con los que mantenían la lealtad de muchas tribus. Por lo tanto, fue lo peor que les podía pasar a los cartagineses; cuando tres días después llegó hasta allí Magón Barca con su ejército, se tropezó con una ciudad imposible de tomar, porque todo el ejército de Escipión la protegía a lo largo de varias líneas defensivas. El cartaginés tuvo que retirarse, pues no tenía medios de mantener allí un asedio, ni de atacar.

La continencia de Escipión, por Sebastiano Ricci (Fig. 92); este óleo del año 1709 muestra un tema que se volvió clásico en la pintura europea, la clemencia o continencia del general romano. Se basa en la leyenda narrada por Polibio y engrandecida por Tito Livio con ánimo de ocultar lo que seguramente fue el asesinato de Himilce y su hijo Aspar.

Pero la batalla tuvo mayores consecuencias de las previstas, y además en relación con la Atlántida. Allí en Carthago Nova era donde se encontraba Himilce (la «reina» en fenicio, pero pronunciada la palabra con vocal prefija y sufijo femenino de la lengua ibérica), que si recordamos era la esposa de Aníbal. La capital cartaginesa era su residencia, allí vivía junto con su hijo el pequeño príncipe Aspar de 9 años, llamado a ser por su linaje el siguiente rey de Hesperia. Curiosamente se cuenta que Himilce le había pedido a su marido que la dejase acompañarle en su expedición a Italia, ¿dónde estaré mejor protegida que junto a mi esposo y su ejército? Pero Aníbal sabía que iban a pasar jornadas durísimas, y no quería arriesgar sus vidas. Tenía razón, él dormía junto a sus soldados como uno más pasando frío por las noches, y muchos de sus hombres simplemente murieron de agotamiento en los Alpes. Aníbal al inicio de la guerra pensaba que en Carthago Nova (en fenicio *Cart Hadasht*) estaría tranquila y segura, así que la persuadió para que allí permaneciese.

Ahora va a caer prisionera junto a su hijo del audaz romano. ¿Qué podía hacer con ellos? Dejarlos vivos era una temeridad, los íberos les debían lealtad (*Devotio*), y ese niño siempre sería enemigo de Roma. Dejarlo crecer era dejar crecer a un temible enemigo. De modo que fueron muertos por orden de Escipión, con lo que además le quitaba a Aníbal su título de rey ibérico. También de paso se vengaba por la muerte de su padre y su tío. Lo que se sabe es que la bella Himilce murió en Carthago Nova, pero nunca se dice cómo, se deja caer que cuando la epidemia. Y bueno, es lógico que los muertos sin enterrar en las calles propagasen una epidemia, pero es un asunto independiente.

Fijémonos en lo que ocurrió nada más conocerse la noticia; Indíbil el rey ilergete, capitán de todos los íberos, hasta entonces se había mostrado leal a los cartagineses, pero era por la *Devotio* jurada. En cuanto conoció la noticia abandonó el bando cartaginés para siempre. Mandonio rey de los ausetanos se fue con él. Lo mismo le ocurre a Mucro, rey de los oretanos y capitán de todos los turdetanos del este, abandonó el bando cartaginés. Los turdetanos de la parte occidental (cinetes, tirsenos, túrdulos, etc), van a empezar también entonces una nueva revuelta, su jefe se llama nada menos que Atlenes, es decir, un rey que pretendía ser ahora el más legítimo heredero de Atlante. Todo dependía del linaje, y no quedó ninguna zona en la Hispania ibérica sin alzar sus armas contra Cartago.

Pero nos choca mucho que el propio padre de Himilce, que era el rey Mucro, abandone el bando cartaginés y se alíe precisamente con los romanos que han matado a su hija. ¿Cómo explicar eso? Pues es muy sencillo, Escipión no sólo capturó a Himilce sino a sus demás hijas que estaban en Cathago Nova con ella (la reina era su hermana), de modo que usó a las demás como chantaje. El viejo Mucro no quería quedarse sin descendencia, eso era muy grave en aquel tiempo, los linajes muertos implicaban pena y desgracia para toda la eternidad; si les preocupaba la *Devotio* por las almas esto otro era similar; y aquí es donde arranca el relato sobre la «*clemencia de Escipión*». Entre los 300 rehenes capturados en Carthago Nova, estaban como decimos las hijas de Mucro, pero también dos princesas muy importantes: una era la prometida de Alucio, un príncipe celtíbero, que acudió en persona a rogarle al romano por ella y pagarle un rescate. El romano se apiadó del evidente amor que ambos se tenían, y les entregó el rescate como regalo de nupcias. A cambio el celtíbero puso su ejército a su disposición (1400 jinetes).

La otra princesa perdonada fue Massiva, la sobrina del rey Masinisa de Numidia —libios atlantes de Argel—, un rey enemigo a Roma que en ese momento también abandona la causa cartaginesa y regresa a Cirta (Curete), su capital en el Magreb —en el futuro renombrada como Constantina—. A partir de ahí incluso ayudará a los romanos, por ejemplo en la Batalla de Zama. Y como en estos casos mencionados, hubo bastantes más rehenes liberados o perdonados. Es decir, aquello rompió todas las alianzas de Cartago, y prácticamente toda la Península Ibérica, e incluso más allá llegando al Magreb, se rebelaron contra la ciudad africana. Fue la mayor victoria política de Roma, un éxito, pero matar a Himilce y el niño era un detalle muy feo de cara al pueblo, que sólo por eso le tomaban asco a los romanos. ¿No es ése el que mató a nuestra reina?

Entonces, como la única Historia que va a sobrevivir en libros sea la que escribieron los romanos, hemos de percatarnos que si nos ha quedado el insistente relato acerca de la «*clemencia de Escipión*» es porque en su tiempo existió otro relato opuesto sobre la «*crueldad de Escipión*», lo que ocurre es que este último sólo se difundía de forma oral, circulaba en los contubernios.

Ganar esta batalla de propaganda implicaba poder llegar gobernar a los hispanos, del mismo modo que borrar el recuerdo de la Atlántida. Porque si los occidentales rememoraban demasiado a su antiguo *imperium* sagrado no se someterían al de Roma. Fijémonos que ya Atlenes estaba volviendo a reclamar la herencia de Atlante, para unificar a los hispanos bajo su égida. El que mayor esfuerzo hizo para difundir la «*clemencia de Escipión*» fue Tito Livio, en su obra *Ab Urbe condita libri* (siglo I a. C.). Ampliando el texto inicial de Polibio, nos cuenta que unos soldados romanos presentaron a Escipión como botín de guerra a una joven de insólita belleza, la muchacha era una princesa nativa (se trata de Himilce, aunque Tito Livio la identifica aquí a la prometida de Alucio). El padre de la princesa —Mucro— acude portando un rescate para su liberación, Escipión, joven y mujeriego, está tentado a quedarse con la joven para sí, no obstante da orden de devolverla a su padre. Se aclamaba así al héroe como modelo de virtud que domina el deseo, aunque la versión original hablaba de clemencia más que de esto otro (continencia). Por otro lado, su tentación por quedársela es política, Escipión no estaba casado, y si se desposaba con ella podía obtener quizá la *Devotio* de muchos pueblos. Pero al final prefirió acabar con la *Devotio* inicial matándola a ella y al niño, porque entre otras cosas... ella y el niño amaban a Aníbal.

Sobre la crueldad de este acto corrían rumores y para acallarlos los romanos escribieron siempre resaltando la clemencia que mostró con los (—otros—) rehenes. Al final Himilce muere sin saberse cómo, durante la epidemia, y Escipión ante todo se muestra clemente. Pero si el episodio de Carthago Nova se volvió mítico es porque se trataba de la esposa de Aníbal, y en el fondo los romanos sabían que en ese momento es cuando ganaron la guerra. Fue un desenlace sorprendente que nadie se esperaba.

Nos llama la atención el hecho de que Aspar fuese el heredero de toda la Hispania ibérica (la no-celta), y en ello, se debe a su madre Himilce su herencia de la Turdetania; pero entonces de Aníbal heredaba Iberia y Libia. Lo de Libia es fácil, pues los libiofenicios eran cartagineses. Pero, ¿y lo de Iberia? Su padre Amílcar Barca había casado con una princesa española, debía ser la heredera de Iberia (¿oriunda de Contrebia Belaisca?), por eso Aníbal tenía legitimidad y *Devotio* jurada por parte de Indíbil y los íberos en general, cuando se rindieron a su padre en el 237 a. C. Los ilergetes y sedetanos de Indíbil son los de Contrebia Belaisca. Por esta circunstancia, ese niño —Aspar (Hesperio)— heredaba todo, y los pueblos hispanos veían en él la esperanza de una reunificación respetándose sus tradiciones por parte de los cartagineses de la familia Barca. Lucharon del lado de Cartago sólo con esa idea, pero no se sentían vasallos del senado cartaginés, y cuando los Barca enviaban sus riquezas a la ciudad africana se amotinaban (eso le costó la vida a Amílcar y Asdrúbal el Bello). Ahora, después de este desastre en Carthago Nova y la muerte de Himilce, se consideraron todos liberados de la *Devotio*, porque aunque Aníbal seguía siendo el rey de Iberia legalmente, no estaba en su país, se había ido lejos, y no luchaba por ellos.

Se descohesionó el Imperio Cartaginés en todo el Occidente, lo mismo que antaño se descohesionó el Imperio Atlante con el Cataclismo, porque dependían de la *Devotio*. Por el otro lado, tantas batallas perdidas por culpa de la torpeza de Asdrúbal hace que los que son leales acaben hartándose, si los dioses no le tienen ningún aprecio a ese cartaginés inútil yo no debo tenérselo tampoco. Y la pérdida final de la capital dejó claro que los cartagineses eran débiles, ¿ahora nos toca a nosotros sostener su guerra y morir por ellos? Es normal que considerasen finalizado el asunto. Por lo tanto, en ese mismo año de la toma de Cathago Nova (209 a. C.), el rey íbero Indíbil abandona el campo de Asdrúbal y pacta con Escipión para enfrentarse precisamente a Asdrúbal con el apoyo del rey Edecón de los edetanos (los de Sagunto). A cambio recupera los rehenes de su familia que había en la ciudad.

El resto de ese año lo pasó Escipión a la conquista de la zona minera de Almería, limpiando la retaguardia antes de avanzar hacia el valle del *Baetis*. Al año siguiente, la Batalla de Baécula (208 a. C.), supuso ya la huida de Asdrúbal de España. Se ha creído siempre que su nombre refería a Bailén, pero pudo ser en el pueblo de Santo Tomé, a las faldas de Cazorla. Allí se han encontrado restos de batalla y del *oppidum*, con 1500 objetos de los dos ejércitos. Como se encuentra a 30 o 25 km del *Mons Argentarius*, nos permite adivinar que Asdrúbal estaba allí protegiendo las minas de plata, y sacando de ellas todo lo posible (ojo aquí, también podrían ser restos de la Batalla de Ilurci). Habían perdido las reservas de Carthago Nova, y necesitaban otras nuevas para pagar a sus ejércitos de mercenarios. Escipión lo vence sin demasiada dificultad, entre otras cosas porque los turdetanos de Atlenes se han juntado con él (lo mismo que Indíbil y Edecón) y Asdrúbal, anticipándose como siempre a la derrota salió huyendo, aunque perdiendo un tercio de su ejército (18.000 hombres entre muertos y prisioneros). Decidió entonces, por fin, llevar el ejército a Aníbal, aunque lo que le quedaba era muy poco.

Para esquivar el bloqueo romano, atravesó los Pirineos por la zona de Navarra, Irún o Roncesvalles, luego pasó sin problema los Alpes por la misma ruta que ya había abierto Aníbal, y en Italia recorrió todo el curso del río Po de sus aliados galos. Pero en cuanto puso el pie en territorio enemigo los romanos lo cazaron y aniquilaron. Resulta que no se le había ocurrido mejor acción que enviar cartas escritas a su hermano Aníbal detallándole la ruta que iba a seguir. Esos correos fueron interceptados.

Realmente era un patoso, sin conocer el territorio enemigo no se envían correos así; por desgracia, con él desapareció el ejército cartaginés. Los romanos enviaron su cabeza a Aníbal como escarmiento. Mientras tanto, Magón, que tenía mucha más carisma y era más apreciado, se había dedicado a contratar soldados, y a intentar recuperar las alianzas en Hispania. Pero no había manera, ya no tenían capacidad para forzarlas, y... ¿quién se quiere aliar con los perdedores? Aún así, tras la Batalla de Baécula (208 a. C.) los hispanos tienen diferencias con Escipión, no aceptan el vasallaje que les exige: «¡*tú no eres nuestro rey!*». Por eso en el 207 a. C. Indíbil, Mandonio, Edecón, Mucro y Atlenes se alzan contra Roma, una sublevación general a la cual sumó sus fuerzas Magón. Es posible que en todo esto la labor diplomática del cartaginés tuviese algún fruto. La batalla ocurrió en Oretania e Iberia, seguramente para echar a los romanos de la minas de plata que se habían apropiado, y de Tarraco, pero Escipión los derrotó.

Cuando acabó esta gran revuelta, Escipión se dedicó a castigar las poblaciones «rebeldes», para detener esos castigos al pueblo el rey turdetano Atlenes se entregó, en el 206 a. C., a los romanos (Liv. 28, 15), y es casi seguro que fue crucificado. Lo presumible por su apodo es que fuese el principal responsable, ya que tras la reina Himilce era el siguiente en derechos a la Corona Azul; se puede apreciar aquí la unidad de los hispanos, porque han abandonado en bloque el bando cartaginés y también en bloque van ahora contra Roma. Ésta fue la última vez en que se volvieron a unir bajo la égida de la Atlántida, pues han vuelto al luchar unidos en su propio nombre, con sus títulos, liberados del orden cartaginés.

Pero los acontecimientos iban más rápidos que la cohesión de alianzas. Magón y Giscón retrocedieron a Cádiz, hostigaron con su caballería a los romanos, sin mucho éxito. Y su nuevo ejército de mercenarios no estaba aún preparado cuando Escipión les forzó a presentar batalla en Ilipa (206 a. C.), actual Alcalá del Río en la provincia de Sevilla; allí los aplastó por su inexperiencia. Giscón entonces abandonó Hispania y marchó a Numidia, para organizar las defensas allí. Por su parte, Magón intentó varias cosas más, incluso recuperar Cartagena, pero al final ni las gentes de Cádiz le abrían las puertas, y tuvo que abandonar la Península. Fue el último cartaginés que pisó suelo hispano. Pero este general tenía iniciativa, sin cesar en su empeño navegó a las Baleares (205 a. C.), reclutó más soldados y creó una flota —el puerto de Mahón aún lleva hoy día su nombre—. Mientras, una 3º sublevación general de Indíbil tampoco tuvo éxito, y él murió en la batalla (205 a. C.), a Mandonio los romanos lo crucificaron, el Reino de Iberia quedó sometido a Roma.

Cuando Magón hizo todo lo que pudo desde su base en Menorca, con sus 30 quinquerremes conquistó Génova y sometió Liguria.

Rehízo un ejército con los lígures, recibió en el 204 a. C. de Cartago un apoyo de 6000 soldados, que junto a sus 15.000 y los lígures (¿20.000?), formaba ya algo peligroso capaz de darle la vuelta a la situación. Por fin tenía un ejército en Italia para dárselo a su hermano Aníbal. Pero el tiempo jugaba en su contra, tras varias batallas en la región de Numidia Escipión amenazaba Cartago, Aníbal tuvo que abandonar Italia para ir a defenderla. Todo se había perdido. Entonces, a Magón tuvieron también que llamarle. En el año 202 a. C. zarpó con su gran ejército improvisado, y esa ayuda le hubiera dado la vuelta a la Batalla de Zama, pero Poseidón el rey de los mares hundió toda su flota bajo las aguas (41.000 hombres), en una tormenta funesta perecieron todos.

Roma ganó la guerra, nadie quedó con capacidad para oponérsele, y en las oscilaciones de los hispanos con sus alianzas podemos apreciar la incertidumbre que en esos años vivió un pueblo que deseaba mantener su identidad pero que se vio arrollado por la guerra. Los romanos habían sido atacados, casi perecen, pero sobrevivieron y ahora ganaban, su moral estaba por las nubes, y su rabia. En tanto que los pueblos hispanos habían luchado muy bien por la causa de Cartago al principio, pero luego todo se torció y perdieron la razón de su lucha. Se encontraron batallando por su independencia de Cartago y al mismo tiempo invadidos por los romanos, no pudieron defenderse porque estaban sin cohesión, no había un mando superior, tenían los enemigos por todas partes, etc.

A partir de aquí vamos a tener *Romanización,* junto con más *Romanización,* y todavía más *Romanización.* La fundación de Itálica en el 206 a. C., sobre las ruinas de la antigua Tartessos, es el mejor ejemplo de ello. Los romanos le cambiarán el nombre a muchas otras ciudades. Porque cualquier recuerdo sobre la Atlántida podría generar una sublevación como la de Atlenes, sencillamente no debe ser recordada. Turdetania pasará a llamarse la Bética, e Iberia será llamada Tarraconense. El ejemplo vivo de esta política dura y agresiva fue Marco Porcio Catón, 234-149 a. C., más conocido como Catón el Viejo, o el Censor. Nacido en la clase baja, plebeyo, alcanzó los máximos honores gracias a su inteligencia, representando así el nuevo ideal de la República Romana donde todo era posible para cualquiera. Pero Catón nunca olvidó sus orígenes campesinos, a los que consideraba la fuerza de Roma. Se enfrentó con toda su energía a los helenizadores de aquellos años, como la familia de los Apio Claudio, o los Escipiones, que escribían todo en griego y componían en griego (era la lengua internacional de cultura, si mantenían conversaciones por ejemplo con cartagineses era en griego).

Gracias al impacto de sus obras se cree que la lengua literaria en Roma siguió siendo el latín, pues estuvieron en peligro de helenizarse. Y este detalle es importante con respecto a la *Romanización* de Hispania, porque como se puede apreciar, es algo que pudieron concebir perfectamente como tal: «*nosotros no debemos ser helenizados, pero los hispanos sí deben ser romanizados*». La guerra cultural en su pleno esplendor; Catón pensaba que los aires helenísticos minarían los cimientos de Roma, de modo que, de igual modo, pudo y debió pensar que la *Romanización* minaría los cimientos de cualquier sublevación contra Roma. Y tenía toda la razón, así funcionaba. Se puede decir que si Escipión fue quien ganó la guerra militar, será Catón quien venza en la batalla cultural. En el año 197 a. C. se forman las provincias romanas de la Hispania Citerior y Ulterior, gobernadas por pretores, es decir, se supone que ya están pacificadas. Pero como no era así, ni mucho menos, en el año 194 a. C. enviaron a Catón a España como procónsul. Durante su gestión se comportó como un auténtico estoico, pero dirigió una de las más terribles guerras de castigo jamás vistas, que historiadores posteriores como Tito Livio y Plutarco cuentan con horror. Eliminó a los íberos insurgentes pero también masacró a la población inocente en general, los trató sin respeto alguno, sembró la cizaña entre ellos, les mintió, traicionó y esclavizó.

Su odio a todo lo griego era en realidad un odio a todo lo que no fuese romano; luego en Roma se mostró liberal, bondadoso y generoso repartiendo al «*pueblo romano*» las riquezas expoliadas en Hispania. Su trabajo literario de los *Orígenes* (h. 190 a. C.), en siete libros, narraba la 1º historia de Italia desde sus inicios, con la ciudad de Roma entre otras ciudades italianas. Sólo se conservan fragmentos, pero ya es una Historia que engrandece la identidad italiana omitiendo las huellas de la Atlántida. En este sentido sigue la tendencia de Quinto Flavio Píctor, 254—190 a. C., historiador que escribió la 1º *Historia de Roma desde sus orígenes* (hacia 220 a. C.) y que ya es un relato amañado omitiendo cualquier mención, incluso griega, en tanto que Roma es la nación civilizadora del mundo.

En aquellos momentos distaba mucho todavía de ser así, pero la legitimidad de un imperio se ganaba con la propaganda. Y no podemos olvidar tampoco la famosa frase:

Ceterum censeo Carthaginem esse delendam

Lo cual viene a ser: «*Por lo demás, opino que Cartago debe ser destruida*». Catón afirmaba esto al final de todos sus discursos, *¡Carthago delenda est!*, cosa que le hizo famoso. ¿Por qué razón insistía tanto? Su miedo podía ser militar pero era también cultural, las bibliotecas de Cartago eran un problema para la *Romanización* del mundo que tenía planeada. La idea de que había que destruir Cartago, y en especial todas sus bibliotecas sin dejar un sólo papiro, es de Catón el Viejo; y felizmente para él pudo ver el inicio de la 3º Guerra Púnica, provocada por Masinisa a instancias de Roma. Ardió pues, la ciudadela fortificada de Birsa con el Templo de Eshmun, ardieron del todo las bibliotecas de Cartago.

En esos momentos del siglo II a. C. (año 146 a. C.), se guardaba allí la última documentación que hubiera salvado la historia de la Atlántida. La *Romanización* estaba en marcha, con sus acueductos y sus calzadas, pero también con esto. Si hemos tenido ocasión de notar la xenofobia de los griegos en Época Clásica, en estos tiempos no se había reducido, aunque los romanos se van a sumar a ella:

> «*A su debido tiempo Marco, hijo mío, te explicaré lo que encontré en Atenas sobre el mundo griego y demostrar qué ventajas pueden residir en sus escritos (aunque no debemos tomarlos demasiado en serio). Son un pueblo rebelde y sin valor. Toma esto como una profecía: cuando los griegos nos cedan sus obras nuestro mundo se corromperá [...]. Los griegos por supuesto nos consideran bárbaros además de sucios oscos*» (Praecepta ad Filium).

Como se aprecia, Catón le pagaba el desprecio a los griegos con más desprecio, eso es todo. Por desgracia esta situación era la gangrena de la Antigüedad, todos los pueblos se despreciaban mutuamente, se ignoraban, y su competición cultural era destructiva. No nos pensemos ni remotamente que la Atlántida se iba a librar. La progresiva *Helenización* del Oriente significó el crecimiento paralelo de estos sentimientos xenófobos y de superioridad, mientras que en el Occidente la *Romanización* fue muy parecida. Con Catón ya está organizada, y el senado concienciado sobre su necesidad. Por eso, en fin, siguiendo con lo que dijimos antes, tras el extravío de los racionalistas griegos, que no acertaron nada con los mitos, y tras la destrucción de la cultura cartaginesa e ibérica, tan sólo nos iba a quedar una posibilidad de salvar el recuerdo de Atlantis, con Roma; porque los romanos habían formado parte del Imperio Occidental y conocían su existencia. Pero aquí vemos cómo la tendencia, la decisión de los romanos, fue la contraria, sepultar a la Atlántida en el olvido. Motivado porque era necesario si querían pacificar Hispania.

Entonces, nos quedan marcadas las directrices que se van a seguir de este modo, el cual fue un proceso lento pero inexorable. Sólo los escritores de linaje atlante intentarán recordar a sus antepasados, pero ni siquiera las obras de autores como Dionisio Escitobraquión (250-170 a. C.) van a poder hacer nada, y la censura romana hizo desaparecer esta clase de escritos. En general no era una censura que persiguiese las obras —salvo enemigos políticos declarados—, sino que más bien se trataba de no copiar o de extraviar cualquier obra *non grata*. Se hacía como sin querer, según se las tropezaban en los centros de estudio y bibliotecas estatales. Los encargados de esas instituciones, bajo los dictados de su propio y personal patriotismo, las apartaban de la vista para que finalmente, relegadas al olvido, pudieran desaparecer sin notarlo nadie.

En otras ocasiones, sin embargo, hay que aceptar que la censura actuaba con mayor resolución, y por ejemplo los romanos buscaron todas las copias de las *Memorias* de Aníbal para destruirlas, no quedó ninguna.

Pero entre los acontecimientos relativos a Atlantis que sucedieron en los siguientes años, cabe resaltar la llegada de los romanos a «sitios históricos» dentro de la mitología. Por este lado también existen pruebas, muchas de las cuales no llegaron a ser borradas por la censura. Por ejemplo Catón mismo habló de Laro el Cántabro luchando con Ségures, en su pacificación de Iberia (195 a. C.); y no tardaron mucho los romanos en querer conocer Cantabria. Suetonio nos cuenta que durante la campaña del general Galba por este reino del norte, 151-149 a. C., cayó un rayo sobre un lago y los cántabros arrojaron 12 ségures en sus aguas. Tomaron el presagio como signo de Justicia (el rayo es atributo de Zeus), aunque luego Galba traicionó esa confianza. Lo que importa es que las Ségures (azconas), las hachas de doble filo, son signo de Aker (Poseidón como titán) y por eso las arrojan al agua. Es la misma mitología que en Creta con el Labrys y las Serpientes —*Suge*—, no puede ser casualidad, y las estelas cántabras muestran el Olimpo de Atlantis (los tres Anillos Concéntricos). Todo apunta a que desde Iberia parte del linaje sagrado pasó a Cantabria cuando la dominación romana. Allí se refugian, en el *Mons Vindius*, hasta que finalmente fueron vencidos; pero notemos el recorrido, huyendo sucesivamente de los cartagineses y luego de los romanos: Tartessos > Oretania > Alicante > Botorrita (Zaragoza) > Cantabria.

En las leyendas locales recogidas por escrito durante la Edad Media, tres localidades dicen albergar la tumba del rey Gerión, el nieto de Medusa, y son: Barbate, Chipiona, y Cádiz. Mientras que La Coruña alberga la cabeza. Pues bien, el cónsul romano Servilio Cepión visitó para venerar religiosamente el *Arx Gerontis* de Chipiona, un faro del siglo XIV a. C. en realidad, y lo restauró, hasta el punto de que la nueva torre levantada, entre el 140 y 139 a. C., dio nombre a la localidad: *Torre de Cepión* (Chipión). Pero lo importante es que tenemos testimonio de un romano rezando a un dios occidental en pleno siglo II a. C., no muy diferente de los que usaban el Oráculo del Heracleion (todos los romanos en Hispania visitaban ese prestigioso oráculo). Pero es que no tiene sentido que rindan ese culto y veneración a un rey como Gerión si es que de verdad no existió. Y tampoco que se peleen las leyendas locales por su tumba.

> *Gerontis arx este eminus, namque*
> *ex ea Geryona quondam nuncu*
> *patum accepimus*

Estas palabras dicen: «*El promontorio de Gerión en este tramo, que por la preeminencia en Gerión fue una vez así llamado*» (Ora Marítima, de Avieno, h. 350 d. C). Y el tema de la preeminencia se refiere más bien a la altura moral del rey, algo así como: «*que por la nobleza en Gerión fue una vez así llamado*». El faro tenía utilidad para los barcos, pero al mismo tiempo era un altar perenne dedicado a un rey que murió noblemente frente a Heracles según todos los mitos que lo mencionan (ya desde los tiempos de Stesichorus y Hesíodo). Avieno es tardío del siglo IV d. C, pero la situación con Cepión nada más llegar a España en el año 140 a. C. es similar, el legendario rey Gerión recibe culto lo mismo que Heracles en santuarios como el Heracleion de Cádiz. Bien, ¿por qué razón los romanos restauran y veneran estos santuarios? ¿A qué viene que los pueblos locales se peleen por su tumba?

Todo esto implica para nosotros que asimilemos de una vez por todas que tuvo que existir un rey llamado Gerión, porque lo completamente improbable —o imposible— es que no existiese. Y si existió Gerión también existió su linaje, y eso sitúa a Medusa en España. Ahora bien, hemos de recordar siempre sin perderlo de vista que este linaje se identifica con el de los dioses —*daemon*— infernales, lo vimos en las *Argonáuticas Órficas* que tradujo Evémero en su viaje a España: «*ilustrísimos soberanos que poseen el control de las simas infernales*». Mencionado esto al hablar de las Hamadríades, y en general con la «*embocadura del Tarteso*», y «*los sagrados promontorios del soberano Dioniso*». La propia tradición medieval, por ejemplo la *Divina Comedia* de Dante (1265-1321 d. C) situaba a Gerión viviendo en los Infiernos, en concreto el río Cocito. Por lo tanto, mejor aún lo podremos comprobar todo esto atacando directamente la leyenda de los *Cinco Ríos del Infierno* (Fig. 93); en el año 135 a. C., tras a muerte de Viriato, el general romano Décimo Junio Bruto está explorando con sus legiones la región de Gallaecia. Su intención era llegar al valle del río Miño (Minos), que según los mitos era el 5º río del Infierno en el Tártaro, llamado *Lethaeus* (Λήθη *Léthe* «olvido»). Pero cuando llegaron al río Limia (Lemur), a la altura de la localidad de Xinzo, lo confundieron con el que buscaban, por eso pensaron que el Limia era el *Río del Olvido*.

Por la escatología, como se encuentra donde el Sol muere y desciende bajo el mar en el Occidente extremo, pues por ello Finisterre era la entrada del Inframundo. A su vez, eso causaba el olvido a las almas condenadas a pasar allí la Eternidad, ya que olvidar la vida terrena era el primer paso de la muerte, de la pérdida de voluntad (los espectros eran entendidos como espíritus sin Ba). Notemos en esto que no es una cuestión de fábulas, no es el invento de ningún poeta ocioso, sino que forzosamente por escatología el Occidente extremo se relacionaba al Infierno.

Los soldados de las legiones comandadas por Décimo Junio Bruto estaban temerosos de perder la memoria si atravesaban aquel legendario río *Minius*. Era una cuestión religiosa muy seria que venía de tiempos arcanos (los dioses Manes infernales), pero notemos cómo el populacho romano, los simples legionarios, lo conocen. Y se negaban a cruzarlo, porque según ellos quizás todavía aquellas aguas podían albergar la capacidad de causar el olvido. ¿Quién quiere olvidarse de su esposa o de sus hijos? Nadie quería. El general romano tuvo entonces que cruzarlo en solitario, y desde la otra orilla se puso a gritar los nombres de sus legionarios uno a uno, demostrándoles de esa manera que no era peligroso atravesar aquel río, y que no se perdía la memoria por hacerlo. Los soldados estaban asombrados, pero se atrevieron a cruzarlo, y desde entonces el río perdió su fama de peligroso. Todo esto ocurrió de verdad.

A continuación hubo otra guerra con los pueblos ubicados al norte de esa frontera, los galaicos, como nos dice Ovidio: «*por aquel tiempo Bruto tomó su sobrenombre del enemigo galaico y tiñó de sangre la tierra hispana*». El sobrenombre de este general fue precisamente *Gallaicus*, y el premio para estos aventureros romanos, temerosos del *Lethaeus*, fueron las Médulas, pues ése lugar era el Dorado en aquél entonces, y su objetivo de conquista. La última ciudad en caer se llamaba Talobriga (Tl de Thule). El mito de las Médulas remonta al *Mons Medulius* como hogar de la diosa Medulia, la cual es citada por Tito Livio como una deidad que ya era antiquísima en los tiempos de Eneas, esto es, muy anterior al 1183 a. C. Lo mismo que Murcia, otra diosa romana. Se trata de divinidades atlantes cuyo solar apreciamos que estaba en España, una en Murcia, y la otra en el Bierzo, y pasa igual como los Indigetes de Gerona, y las Lamias del propio río Limia. Demasiadas coincidencias, y que todo esto pase a Roma, que la capital del Lacio tuviese en tiempos de Anco Marcio (650-600 a. C.) templos a estas divinidades, o que Medulia ya fuese la diosa tutelar de Alba Longa en el siglo XII a. C., sólo puede ser por los primitivos atlantes; pues en tiempos de Anco Marcio los etrusco-romanos son ya enemigos declarados de Tartessos, y no aceptarían entonces a sus dioses.

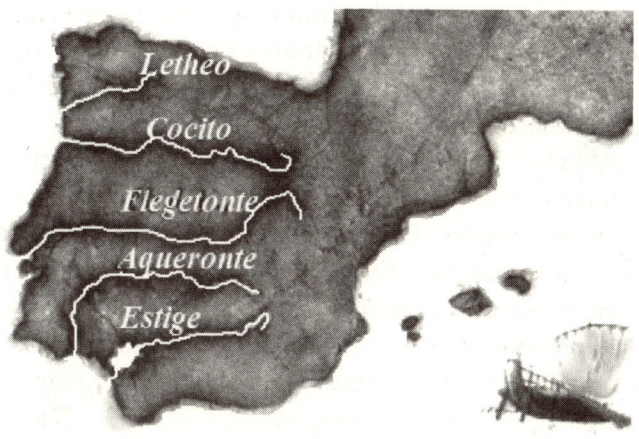

Los Cinco Ríos del Infierno en Hesperia (Fig. 93); *según los mitos, discurrían en paralelo desembocando en el Océano, y uno de ellos, el Estigio, albergaba la Laguna Estigia en su trayecto. Se trata de la Laguna Ligustina en tiempos romanos, por lo tanto, el río Estigio tenía que ser el Guadalquivir, y el resto eran el Aqueronte, Flegetón, Cocito y Letheo. No hay otro lugar del mundo que coincida con el mito tan exactamente.*

Como todos estos númenes romanos tienen su solar primitivo en España, no debemos cerrar los ojos y no verlo. Este episodio romano del *Lethaeus* es estupendo porque nos sitúa el Letheo en Galicia, y sabiendo por la Laguna Estigia que el río Estigio ha de ser el Guadalquivir (Fig. 93), nos permite conocer el resto, ya que van en orden. Los *Cinco Ríos del Infierno* eran las cinco cuencas hidrográficas del Atlántico en la Península Ibérica. Notemos nosotros que el llamado color *Minio* es el azul de Minos y los dioses Manes, aunque como se oponían estos dioses (occidentales) a los Lares (dioses orientales), también la palabra *Minio* sirvió para indicar el color bermellón. No olvidemos que los atlantes eran rojos y azules. Por eso también *Índigo* de los indigetes pasa a significar «azul», aunque ese pueblo formara parte de la Corona Roja.

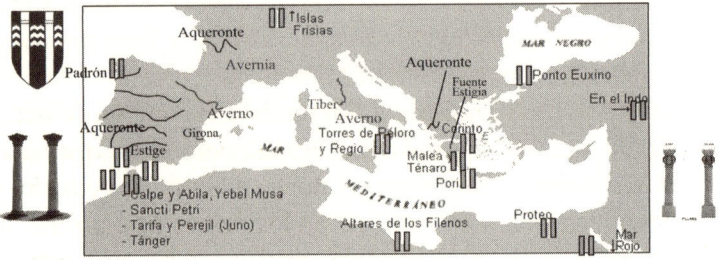

Los Aqueronte, Averno, y Columnas (Fig. 94); la tradición helena sitúa en Grecia un río Aqueronte y una Fuente Estigia, pero no se trata de algo solamente griego sino general del Mediterráneo arcano. Lo mismo ocurre con la ubicación del Averno, o con las Columnas, las hallamos en el Heracleion de Cádiz, Reikiavik (tronos vikingos), Jerusalén, etc.

Aquí lo que debemos entender es que esto no encaja con lo que dijeron los griegos a partir de la Época Clásica, acerca de todos estos mitos; porque una vez que se inició la competición cultural, con Roma, Egipto, Fenicia, y otros lugares, pues ellos los griegos situaron todo en Grecia. Los «*mitos griegos*» pasarán a ser griegos en un sentido absoluto, aunque ya hemos notado que el *Monte Olimpo* de Grecia era tan sólo uno de tantos, y su etimología ni siquiera es griega. Lo mismo nos ocurrirá con los *Ríos del Infierno*, es verdad que hay un río *Aqueronte* en Grecia (Αχέροντας), en el Epiro según contamos antes al hablar del santuario de Dodona, pero es que había otro río *Aqueronte* en España, el Guadiana, que además era el original —según los mitos, entra y sale de la tierra, y eso es lo que hace el Guadiana—, y otro más en Francia, el actual *Charente*, al norte del *Dordogne* (Tirtano, Dardano) y el *Garona* (de Gerión). Sabiendo que los Scotos originales llegados a Irlanda procedían del Duero, no hay duda de que se trataba este río del Cocito. La toponimia mitológica con los cinco ríos es muy clara.

La leyenda del Aqueronte, con tramos subterráneos, hace que del Guadiana se pudiera enlazar con el río Girona del *Barranco del Infierno* en Alicante, y a su vez con el propio Aqueronte de Grecia, los tres tienen tramos bajo tierra y vuelven a salir. Por eso se identificaban, y decían que era el río más grande después de Océano. Pero el original de todos estos es el Guadiana con total seguridad. Y lo mismo ocurre con las *Dos Columnas* referidas a un estrecho, el inicio de esta idea fueron las *Columnas Ciáneas* del Estrecho de Gibraltar, pero luego los atlantes, allá donde encontraban otro estrecho, lo identificaban con el mismo nombre. Y es que eso también lo hemos visto con los oráculos: *Dídýme* (Gadeira), *Dídyma* (Mileto) y *Dídymo* (Delfos), *Dodona* (Épiro), etc. Se distribuye por todo el Mediterráneo, y es anterior a la cultura griega.

Pongamos por caso la *Fuente Estigia* del Peloponeso, se sitúa en el Monte Quelmo (*Óros Quelmós*, 2355 m), pero el río que nace de ella —el Mavronéri— fluye hacia el norte al Golfo de Lepanto, y es un río muy pequeño —25 km— como los demás de esa zona, ¿qué tendría de especial? El paraje es bello en efecto, y hay una cueva con lagos dentro, cuyas aguas pudieron asociarse a las aguas subterráneas de la Estigia, eso debió ser; pero aún así, nada de eso encaja con el gran río Estigio fluyendo hacia el poniente, al Océano, paralelo a los otros cuatro grandes ríos, y con su gran Laguna Estigia, ¿dónde apareció eso? Pues fue en España según estamos viendo, tuvo que ser un río importante para poder darle identidad a un país, ya que en los mitos se habla del *Reino de los Infiernos*; así dice Homero:

> «Y cuando haya cruzado tu nave el Océano todo pronto, un cabo y los bosques verás de la diosa Perséfona con sus álamos grandes y esbeltos, y estériles sauces; allí proa tu nave tocando los vórtices hondos del Océano y vete a la oscura morada del Hades hasta el sitio en que vierte sus aguas el Aqueronte, el Cocito, un afluente de la Estigia, y el Piriflejetón» (Odisea, X, ed. de José Alsina).

Como se puede apreciar, estos cinco ríos del Infierno vierten sus aguas en el Océano, y se está hablando del reino de Perséfone (Hades), la esposa de Plutón el que tenía caballos de «*azuladas crines*»; los *Cinco Ríos* están juntos en ese lugar del Occidente, vierten sus aguas en el mismo sitio. Y Plutón es un rey del linaje de Océano, el azul, el Ciáneo. Así que los ríos del Infierno tienen que ser estos cinco de Hesperia (Fig. 93), y ese Infierno no era algo tan desagradable como se imaginó después, ya que se sitúa a la vera del Océano, y tiene «*álamos grandes y esbeltos*». Lo más seguro es que el cabo del que habla Homero en este pasaje sea el *Arx Gerontis* por el cual se entraba en la Laguna Estigia, se corresponde a la actual *Punta del Perro*, en Chipiona, y eso del *Perro* se puede referir al Cancerbero; o bien, Ortro, el perro de Gerión (Fig. 22). Incluso sabemos que la costa atlántica de Hispania era llamada así, quedando topónimos como la *Boca do Inferno* en el estuario del Tajo. Pocas dudas hay en esto; comparémoslo con los dos ríos griegos asociados a este mito, uno fluye al oeste correctamente pero desemboca en el Epiro, no en el Infierno ni tampoco en el Océano. Y el otro, el Mavronéri, fluye hacia el norte a un golfo cerrado, datos incorrectos, existiendo además muchos otros ríos pequeños en esa zona haciendo exactamente lo mismo (más de diez).

¿Por qué razón serían esos dos seleccionados para un mito? Por unas lagunas subterráneas hay unas *Fuentes Estigias* en Grecia, y por un cauce que entra y sale hay un *Aqueronte*, son asimilaciones, pero el mito original y los ríos originales —que eran cauces importantes— no proceden de esa topografía de Grecia, es ridículo, ya que no tendrían nada de especial esos dos ríos. Además, no encajan con el mito, el cual habla de *Cinco Ríos* fluyendo en paralelo al mismo sitio, el Océano; por tanto, no olvidemos que esos nombres también estaban en otros lugares (Fig. 94).

Una de las cosas que a menudo no sabemos es que Platón no solamente habla de la Atlántida en los diálogos titulados *Tímaios* y *Kritías*, habló primero unos 20 años antes en uno de sus mejores trabajos, el *Fedón* (*Phaidon*), porque al hablar de los últimos momentos de Sócrates, y la inmortalidad del alma, empieza a narrarnos la escatología del Infierno, que ya en su época era un Infierno tenebroso. Pero de todos modos, contiene noticias arcanas del Infierno cuando aún era la Corona Azul atlante, y lo asocia además todo ello con claridad al rey Atlante, veámoslo:

> «*En cambio, la facultad para que estas mismas cosas se hallen dispuestas del mejor modo y así estén ahora, ésa ni la investigan ni creen que tenga una fuerza divina, sino que piensan que van a hallar alguna vez un Atlante más poderoso y más inmortal que éste* [...]» (*Phaidon* 99c, Gredos).

El filósofo habla del rey Atlante como de una divinidad histórica, que existió, y que estableció con su poder cómo debían ser las cosas (en especial las relativas al Infierno), pero lo dice protestando contra los que opinan que el orden de cosas establecido es aleatorio, mientras que, según él, no es así sino ordenado de acuerdo al Bien. La naturaleza entera está ordenada.

Platón trabajaba a la búsqueda de las causas, del porqué las cosas del espíritu son como son. Lo importante para nosotros aquí es que menciona al rey Atlante de una manera histórica 20 años antes de que supuestamente se inventase la leyenda de la Atlántida para hablar de política. Resulta que mucho antes ya lo había mencionado para hablar de escatología y sobre el Infierno, el cual estaba curiosamente situado en Occidente como la Atlántida. Todo esto, descalifica por completo la idea —creada por Jacob Burkhardt en el siglo XIX— de que el filósofo se inventó la Atlántida para hablar de política. Eso ya de por sí, es falso.

En su descripción del Infierno, Platón nos cuenta muchas cosas, primero las almas son inmortales porque conllevan la idea de Vida, pero… ¿qué les ocurriría tras la muerte? Entonces nos dice: «*el alma se encamina al Hades, sin llevar consigo nada más que su educación y su crianza*» (*Phaidon* 107d). Luego nos añade: «*… está bien contar un mito ahora, vale la pena escuchar*» (*Phaidon* 110b, Gredos). Por lo que anuncia, va a echar mano de un mito, y en esencia es seguir describiendo el Infierno de Atlante con las famosas islas de los bienaventurados:

> «*y otros habitan en islas bañadas por el aire a corta distancia de la tierra firme […]. Por cierto que también tienen ellos bosques consagrados a los dioses y templos, en los que los dioses están de verdad, y tienen profecías, oráculos, apariciones de los dioses, y tratos personales y recíprocos*» (*Phaidon* 111b, Gredos).

Como se ve, no sólo se refiere a las Canarias, sino a la propia Atlantis. Pues en estos pasajes, aunque ya se ha llevado la descripción a términos escatológicos, se nos trasparentan noticias terrenales de la vieja Atlántida, donde vivían los *Hijos del Sol* que tenían trato con los dioses, y sangre divina. No en vano, el propio linaje de los dioses vivía allí en el Olimpo. Luego pasa a hablar del Tártaro entendido éste como la caverna subterránea, comenta sus cuatro ríos (a veces el río Letheo —*Minius*— se omite, por ser más pequeño), y como el *Cocito* lo toma por otro nombre del río Estigio, los cuatro que cita son: Océano, Aqueronte, Piriflegetonte y Estigio. Este detalle es importante, el rey Gerión no habitaba el Cocito (Duero) como dijo Dante, sino que hay una confusión de éste con el Estigio. Y este último es indudablemente el Guadalquivir:

> «... *en la parte más abajo del Tártaro. Éste es el río que denominan Piriflegetonte, cuyos torrentes de lava arrojan fragmentos [...]. Y a su vez, de enfrente de éste surge el cuarto río, que primero va por lugar terrible y salvaje, según se dice, y que tiene todo él un color como el del lapislázuli; es el que llaman Estigio, y Estigia llaman a la laguna que forma el río al desembocar*» (*Phaidon* 113b, Gredos).

La descripción del río Guadalquivir con la Laguna Ligustina, existente aún en tiempos romanos, es segura en este pasaje. Notemos que menciona el azul del lapislázuli, un azul profundo, y eso es el color del 2º tetramorfo de Tartessos, que además se generalizó a la Corona Azul. No olvidemos todas esas menciones al color azul que ya hemos visto antes, en contextos que se refieren al reino de Perséfone en el Occidente: «*a Tetis de azulado peplo, y también al gran Océano, juntamente con sus hijas; al grande y extraordinario Atlante*» (Himnos Órficos).

Por lo tanto, las noticias sobre el azul, la laguna, los cinco ríos, etc, se traspapelaron a la escatología del Infierno junto con el propio Tártaro (Tartessos); y de aquí procede, de la Atlántida, todas las geografías infernales y celestes de la tradición religiosa del Occidente. Por eso los demonios tienen cuernos (de toro) y tridentes, porque el Toro era el animal de Tartessos, y el Tridente el emblema del rey. Las tradiciones judía y cristiana heredaron también esto, e incluso la musulmana. Todas proceden de Atlantis.

Además, este tema de los *Ríos del Infierno*, sabiendo con seguridad que estaban en España, nos permite enlazar otros mitos como la Gigantomaquia. Así, en el diccionario de Grimal, en la voz de Aqueronte nos dicen: «*durante el combate entre los Olímpicos y los Gigantes, Aqueronte se había avenido a dar de beber a éstos, sedientos por el esfuerzo de la batalla*» (Dic. Mit. de Grimal, 1951). Y el historiador Justino del siglo II d. C nos dice: «*Las zonas boscosas de los tartesios en donde se cuenta que los titanes hicieron la guerra contra los dioses, las habitaron los curetes, cuyo antiquísimo rey Gárgoris descubrió la forma de recoger la miel*». Abejas y Curetes como en Creta, pero es que cita expresamente la 2º Titanomaquia en Tartessos, y Justino es un historiador serio. Está claro con esta clase de noticias, que en realidad debemos empezar a situar muchos acontecimientos míticos en el Occidente, donde ya sabemos, como mínimo, que vivieron los Olímpicos.

La Laguna Estigia llena de difuntos (Fig. 95); tras el Juicio de los dioses infernales, las almas buenas pasaban a las Islas Afortunadas, en tanto que las malvadas iban a parar a la Caverna del Tártaro.

El *Phaidon* de Platón acaba con el momento en el cual el anciano Sócrates bebe la cicuta y muere; es de suponer que un alma noble como la suya viajase sin problemas a las islas sagradas. Pero ahora sigamos con los romanos, porque en su conjunto todo esto es mucha información. Las referencias de Catón sobre los cántabros (195 a. C.), las de Galba con las Ségures (151 a. C.), el *Mons Vindius*, el *Arx Gerontis* de Servilio Cepión (140 a. C.), y el río *Lethaeus* de Décimo Bruto (135 a. C.); es lo mismo que antes los Escipión en el *Bosque de Cirat* (215 a. C.), o con la rendición de un rey llamado Atlenes (206 a. C.). ¿Cómo podríamos entender todo esto sin la historicidad de la Atlántida? ¿Se empeñaron los romanos en engañarnos con noticias míticas? Es que no se puede negar su historicidad. El propio nombre Curete (KRT de Creta) que aparece en los Curetes del Guadiana, de Cirat, y los Ceretes del Pirineo, refleja lo mismo que la palabra SPRT (Hesperia/Sparta) que era más abundante en Occidente que en Grecia. Los romanos de hecho, además de las Águilas imperiales imitaron las siglas de los lábaros, pero en vez de poner SPRT pusieron SPQR, acrónimo de: «*Senatus Populusque*

Romanus», aunque el uso de cuatro letras en vez de tres refleja la imitación del original, copiado así para que no quede más pequeño.

El origen de la frase SPQR (*el Senado y pueblo de Roma*) se desconoce, parece nacer del intento de conseguir un acrónimo semejante al anterior SPRT (Hesperia) pero con significado romano. Las primeras inscripciones donde se usa son de hacia el año 80 a. C., y esto es muy singular porque es cuando Roma empieza a pretender ser la heredera de Atlantis. Con Décimo Junio Bruto (135 a. C.) han conquistado Gallaecia, se consideraban ya los dueños de toda Hispania, pero ocurrió que en el 81 a. C. comenzaron las Guerras Sertorianas (81—72 a. C.) las cuales por muy poco no lograron independizar Hispania de Roma. Se sabe que Sertorio llegó incluso a fundar un senado en Osca (Huesca) con los opositores de Sila y los jefes hispanos, por eso es el momento perfecto para que inventasen ellos las siglas SPQR. Entonces, la imitación de SPRT (Hesperia) es porque muchos de los miembros en este senado eran hispanos, les gustaba esa especie de continuidad. De este modo, aunque Sertorio fue finalmente derrotado por Pompeyo, el invento gustó mucho y siguió usándose en Roma por los *Populares*, que eran los opositores de los *Optimates* (los de Sila).

Estas dos facciones, los conservadores *Optimates* y los progresistas *Populares*, reflejan el desencanto de las clases bajas, así como las ideologías sobre el deber social y fraternidad de derechos que las nuevas religiones al estilo del Hermetismo y Mistericismo inculcaban. La sociedad se estaba revolviendo, en las Guerras Sociales (91-88 a. C.) los pueblos de toda Italia exigen la ciudadanía romana, y la diferencia entre las dos facciones políticas crecerá; entre ellas, la facción popular SPQR será amiga de la Atlántida, y eso fue por Sertorio en España. Ya no era posible mantener la política dura de Catón, se considerará inmoral. Pero el senado no toma conciencia hasta después de las Guerras Sertorianas, por eso podemos entender que se permitiese la actuación de personajes como el cónsul Asiageno, hacia 138-78 a. C., quien destruyó las obras que mencionaban la Atlántida, porque favorecían a los *Populares* (si los italianos y otros europeos son todos ellos atlantes, entonces Roma debe reconocerles derechos iguales). Así, en su consulado (84 a. C.), Asiageno llegó a acudir al Capitolio y quemó los *Libri Sibylini* («libros sibilinos»), mas no contento con ello marchó también a Delfos a quemar los *Libri Sibylini* que se guardaban allí, y de paso destruir el santuario. Sus razones eran plenamente políticas, era optimate.

El partido *Optimate* no era exactamente conservador sino clasista, defendía la estructura de clases vieja e incluso la aumentaba con dictadores como Sila que dando un golpe de estado (82 a. C.) ya tenían vivos deseos de monarquía. De modo que, por su clasismo, estaban tirando abajo los cimientos republicanos en favor del *imperium*. Sólo eran conservadores en el sentido de aborrecer las nuevas corrientes de fraternidad social (Estoicismo, Epicureísmo, Hermetismo, etc), pero estaban tirando abajo la República con una idea imperial principesca. Por su parte, los *Populares* se convierten en los defensores del viejo sistema republicano pero con el nuevo objetivo de ayudar a las clases bajas. Es decir, en realidad la diferencia es que uno era el partido de los ricos (*Optimate*) y el otro el de los pobres (*Popular*).

Pero se sumaban otras tendencias, el *Optimate* adoptó el escepticismo griego en materia religiosa (ricos y cínicos), y el *Popular* defendía la religión (pobres y devotos). Por eso Sertorio, leal de los populares, fue amado en España, ya que los hispanos estaban hartos de la política dura estilo optimate de Catón. La *Romanización* catoniana todavía la vemos en la quema de los *Libri Sibylini* (84 a. C.), incluso se está extremando, pues eran libros sagrados de Roma. Aún así, el populismo aumentaba, en el año 72 a. C., al morir Sertorio, no hubo más remedio que conceder al mismo tiempo la ciudadanía romana a las poblaciones hispanas de la Bética, todas las que habían cooperado en la victoria ayudando a Roma; esa concesión era muy necesaria porque la metrópoli italiana se arriesgaba, en caso contrario, a otra guerra de independencia similar. De modo que se apresuraron en premiar a los hispanos leales. Es entonces cuando el senado tomó conciencia, y aquellos hispanos fieles van a ser los primeros ciudadanos romanos fuera de Italia. Pero es que estaban ya latinizados, y la Historia que se les enseña en las escuelas es la versión de la *Romanización*, donde no existió Atlantis; todos los santuarios por sincretismo eran identificados con dioses romanos, borrando el recuerdo original.

Sin embargo era dificilísimo eliminar los viejos santuarios, y el recuerdo de todos los antiguos *daemon* (encarnaciones humanas de dioses); aún había muchas noticias, estaban dispersas y sin anales pero aún los hispanos cultos, es decir, los que acudían a rendir culto a sus antiguos reyes, conocían su pasado.

De la mano de Julio César, 100-44 a. C., llegó el nuevo giro en la situación histórica; este político quiso llegar a ser un dios viviente como los reyes de la Atlántida. Por este lado superó las ambiciones de Sila y de todos los optimates, además su familia, la *Gens Julia*, eran patricios nobles. Sin embargo sus ideas sociales eran populares, era sobrino de Mario el gran líder de la facción *Popular*, y estaba casado con la hija de Cinna, otro destacado popular. Se puede decir que Julio César fusionó las ideologías de las dos facciones políticas, pero éste fue un proceso que se gestó poco a poco. Primero cuando era joven se marchó de Roma perseguido por Sila para darle muerte (81 a. C.), y a pesar de ser perdonado, optó por alejarse; pasó un tiempo en Bitinia, regresó nada más tras la muerte de Sila (78 a. C.). Por esas fechas en España estaban sucediendo las Guerras Sertorianas (81-72 a. C.). Ejerció entonces César de abogado, perdió un juicio importante, ganó otro, y decidió marchar otra vez a Oriente, a la isla de Rodas, para estudiar oratoria con Apolonio Molón, el mejor gramático de aquel momento. Pero ocurrió el episodio de los piratas cilicios (73 a. C.).

El César se tiñe la cara con sangre, y Carro de Neptuno (Fig. 96); este dictador romano de la facción popular inició la reconstrucción de la primitiva idea imperial atlante con monarcas divinizados.

Tras vengarse de los piratas regresó a Roma, siguió de abogado —su familia tenía poco dinero—, y en principio todo normal pero ya había gestado su proyecto de reinstaurar un imperio de dioses. A la muerte de su esposa Cornelia, y su tía la esposa de Mario, ambas en el año 69 a. C., César lo aprovechó para ofrecer unos funerales públicos y hablar al pueblo anunciándose como el *Hijo de Venus*, pues la *Gens Julia* descendía de Eneas el de Troya. Aquí podemos ver ya con claridad la relación con la Atlántida, pues sabemos que los troyanos son los tartessos, líderes del Imperio Atlante. El padre de Eneas fue el rey Anquises, a su vez hijo de Capis (Capistrano) el hijo de Asáraco, a quien ya lo hemos visto (Fig. 34), pues era un hijo de Tros y Calírroe. Por lo tanto, este linaje de la *Gens Julia* descendía directamente del legendario Rey Atlante. Por eso Julio César, en cuya época Roma ya ha conquistado Hispania, concibe la reconstrucción del imperio con sus viejos títulos, que de paso le servían a él en sus ambiciones personales de poder absoluto.

¿Por qué motivo se anunció como *Hijo de Venus*? Pues porque Venus había sido la esposa de Anquises, y por tanto madre de Eneas de quien arranca el linaje de esta *Gens Julia*. Podemos saber hoy día que esa mujer llamada Venus, quien fuese, por su título de *Venus* debió ser una princesa de Oestrymnia, a no ser que la llamasen así solamente por haber alcanzado junto a su marido el amor verdadero (y podría ser las dos cosas, suele serlo en los mitos).

Aún con todo, ese no era en realidad el título importante, sino el linaje de Anquises (los *Julios*) por ser los descendientes de Atlante, lo que ocurre es que Venus es la Loba Capitolina de Roma, y César resaltó eso para sostener políticamente su derecho a gobernar la ciudad. El futuro dictador se estaba basando en derechos divinos de la religión Tradicional, fuera de uso ya. Lo de las titulaturas era a veces complicado, por ejemplo, en realidad Asáraco no era hijo del rey Tros, tan sólo adoptado por él, pues su padre biológico había sido el difunto rey Manes, que fue el 1º esposo de la oceánide Calírroe; pero en fin, esta última sí era su madre biológica, y la descendiente directa de Atlante. Calírroe era bisabuela por tanto de Anquises. El nombre de los *Julios* procede de Yulo (*Iulo*), un sobrenombre de Ascanio el hijo de Eneas, pero eso es porque ya lo están usando en su familia. Parece venir de antes, Ilo (Ilión) era hermano de Asáraco (Fig. 34) y jefe principal de los troyanos en la zona de Grecia; por ser de su bando político Asáraco mismo ya era un Yulo.

Calírroe → Asáraco → Capis → Anquises → Eneas → Ascanio

Yulo (*Iulio*) sería entonces equivalente a decir «de Ilio», es decir, significaba «troyano». Y más o menos era así desde el 1320 a. C. en que este rey Ilión gobernó la Troya homérica. Pero recordemos a Sanchuniathon llamando con ese nombre, *Elioun*, al Cielo; al rey Ilio (Ilión) lo están nombrando pues con el apodo celeste del dios El (Poseidón o el Dragón, 3º tetramorfo, que era el cielo porque en cosmologías primitivas el mar daba la vuelta al orbe terrestre) y la palabra *Olimpo* deriva de aquí. Los troyanos son los *Julios*, pero es que son los olímpicos. Este linaje de Yulo (Ascanio) tenía además otros parentescos divinos, como por ejemplo Temiste, una *Julia* por línea directa pues era hija de Ilo (Ilión), que casó con su primo Capis. Anquises por tanto, además de casado con Venus, era un *Julio* por su madre Temiste, y con seguridad no hay porqué esperar entonces a su nieto Ascanio para el sobrenombre.

Participaron en la famosa Guerra de Troya (1193-1183 a. C.) y marcharon luego a Sicilia con Eneas, allí murió el viejo Anquises; ya hemos visto que la isla de Sicilia estaba habitada por españoles, nos lo contaba incluso Tucídides (el anti-atlante). Es lógico que estos troyanos —los tartessos— se resguarden entonces allí, porque son su gente. Desde Sicilia continuó Eneas hasta la costa Lavinia en Roma. Casará con la hija de Latino (Lavinia), pero de su primera esposa llamada Creúsa había tenido ya al príncipe Ascanio. El nombre de *Ascanio* con lexema SK es lo mismo que *Escania* y significa blanco, color del 1º tetramorfo (Venus), por lo que la titulatura de su abuela con *Venus* es algo seguro. Este príncipe quedará al mando en Alba Longa (*Alba* es «blanca»), en tanto que Silvio —el hijo de la nueva esposa— heredará Roma. Se cree que la pobre Creúsa, primera esposa de Eneas, murió en las matanzas de la destrucción de Troya, o que fue capturada; era hija de Príamo. Y se sabe que Eneas, asentado ya en el Lacio, visitó el Hades (España), lo más seguro que a informar a los emperadores, en aquellos momentos Alcinoo y Arete. Por último, *Creúsa* es nombre de princesas españolas, como la esposa de Mauregato, el rey asturiano medieval.

No hay motivos para dudar de toda esta historia, aunque el linaje de Julio César, el *Hijo de Venus*, no era el único con ascendientes divinos en Roma que remontasen directamente a los atlantes. En cualquier caso el futuro dictador se presentó de esa manera a la plebe, y se ganó su favor (el año 69 a. C.), porque desafió las prohibiciones senatoriales de mostrar en público a familiares de Mario. A partir de ese momento se convirtió en el líder de la facción *Popular*, y fue votado favorablemente en los comicios, obtuvo el cargo de cuestor, y el sorteo posterior le otorgó la provincia hispana llamada Ulterior (la Bética). De ese modo viajó por primera vez Cayo César hasta España, sobre lo cual nos conviene recordar unas palabras del historiador Juan Antonio Cebrián, sacadas de su libro sobre la aventura de los romanos: «*Julio César mantuvo una intensa relación con Hispania, que se prolongó más de treinta años. Diferentes cargos y la guerra contra Pompeyo posibilitaron su presencia en la Península durante largos periodos».*

Todo eso es correcto, pero esa presencia, esa intensa relación, tenía su base en los fundamentos del modelo imperial que el César estaba tratando de recuperar. Cebrián nos añade también: «*A nadie se le escapa la celeridad de Cayo Julio César; su innegable talento lo convirtió en el arquitecto indiscutible del Imperio Romano*». Bien, esto es así, pero lo que deseamos resaltar ahora es que no lo hizo desde la nada, no se lo inventó, ya que en ese caso le hubieran tachado de loco, menuda extravagancia, ¿te proclamas como un dios? En vez de eso debemos advertir que formaba parte de la religión Tradicional, el haber mayor o menor divinidad en las personas, y que el César se inspiró directamente en la Atlántida tratando de reinstaurar una monarquía sagrada con poderes supremos. Su legitimidad era la Historia, por eso era tan importante lo del *Hijo de Venus*, y la propia ascendencia troyana (atlante) de los romanos. De repente eso se convirtió en el eje de la política, y la plebe era devota de los dioses, la facción *Popular* estaba dispuesta a ello.

En su 1º estancia en Hispania (68 a. C.) la mayor parte del tiempo la pasó en Córdoba, capital por aquel entonces de la Bética, y su labor fue ante todo de documentación. Así, se sabe que llegó a escribir un tratado sobre la religión republicana romana, donde suponemos que defendió su proyecto político. El César había sido *Flamen Dialis* (sacerdote) ya en los tiempos de Cinna. En España trabó amistad con Balbo (Balboa), un gaditano rico e influyente, muy amigo anteriormente de Pompeyo. Ahora se convirtió en consejero de César y le acompañó en su visita al oráculo del Heracleion de Gadeira, la *Gades* romana. Fue entonces cuando lloró éste frente a un busto de Alejandro que había en ese santuario, por lo poco que había conseguido él hasta ese momento. Luego, compuso César sus *Alabanzas de Hércules*, si es que no las escribió antes (el Heracleion estaba dedicado a Hércules, y a otros *Hijos de Zeus*).

A su regreso a Roma, dejó la abogacía cuando lo eligieron edil (65 a. C.), un 2º cargo ya de la carrera política. Tenía la misión —entre otras— de organizar las fiestas de la ciudad, y César utilizó esto para hacerse famoso. Organizó juegos memorables con las mayores luchas de gladiadores jamás vistas, incluyendo fieras salvajes, naumaquias, y de todo. Impulsó así mucho sus posibilidades políticas, con popularidad, aunque se endeudó del todo. En el 63 a. C. fue elegido *Pontifex Maximus*, una gran dignidad que hasta le otorgaba la *Domus Publica* en el foro. Su autoridad religiosa debió permitirle terminar y publicar su tratado sobre la religión republicana romana. Luego se divorció de su 2º esposa, Pompeya Sila, con la que no estaba muy contento: *«La mujer de César no sólo debe ser honrada, además debe parecerlo»*. Ocurrió después la conjuración de Catilina, y también el romance de Servilia con César salió a la luz. Pretor urbano en el 62 a. C., en el 61 a. C. llegó de nuevo a España con el cargo de propretor.

Como propretor (gobernador) de la Bética, organizó una guerra contra los lusitanos «rebeldes», apoyado con la flota gaditana de Balbo. Primero se había informado de todas las costumbres de estos pueblos. El botín del saqueo de ciudades —hasta La Coruña— permitirá a Cesar saldar muchas deudas, y a Balbo ganarse la minas de Aliseda en Cáceres. El hispano acompañó a César hasta Roma en el 60 a. C., ya para siempre como su hombre de confianza; de hecho, fue Balbo en persona quien organizó el *Triunvirato* con Pompeyo y Craso. Los tres juntos eran más fuertes que los *Optimates* del senado, y podían lograr sacar las leyes por comicios. El historiador Teófanes de Militene será amigo de Balbo y lo protegerá. A su vez, Balbo financió las campañas de César —ya cónsul— desde entonces, y creó para él un servicio secreto de espionaje muy eficaz.

Como procónsul marchó César a gobernar en el sur de la Galia en el 58 a. C., su lugarteniente era Balbo con el cargo de *Praefectus Fabrum* (jefe de ingenieros), y tal vez les acompañaba un joven llamado Vitrubio. En cualquier caso debemos a Balbo la mayor parte de las proezas técnicas del ejército de César, tales como la doble muralla de Alesia, o el puente sobre el río Rhin. También fue el artífice del Convenio de Lucca (56 a. C.), el nuevo pacto entre los tres triunviros y que permitió a César proseguir en las Galias. Aunque poco después Balbo fue llamado a Roma para afrontar en el 55 a. C. una denuncia por sus espías, de la que fue el hispano absuelto gracias a Cicerón y su discurso *Pro Balbo*. Cuando acabó la Guerra de las Galias, y el César regresó a Italia atravesando el Rubicón (49 a. C.), Balbo se separó de él y se mantuvo neutral durante la Guerra Civil; lo más seguro que por su amistad con Pompeyo.

El César, para lograr sus objetivos y convertirse en el nuevo Atlante tuvo primero que convertirse en dictador, y luego, además, que ganar en la Guerra Civil (49-45 a. C.) contra los *Optimates*. Para éstos las pretensiones de César eran lo mismo que quitarles el poder de la República, la oligarquía senatorial quedaría bajo la autoridad del nuevo dios. Y para Pompeyo era muy parecido porque se vio ampliamente eclipsado por César (Craso había muerto). La rápida llegada de César a Roma, imitando la «*Guerra Relámpago*» de Aníbal, hizo huir de la ciudad a todos sus enemigos. De hecho, a quien de verdad imitó César fue a Escipión en Carthago Nova, marchando a gran velocidad para tomar directamente la capital con poca tropa. A eso lo llamaron *celeritas cesariana* («rapidez cesariana»). Los *Optimates* con Pompeyo huyeron hacia Grecia, y una vez metidos ya de este modo en la guerra, podía César perseguirles o atacar los mejores ejércitos pompeyanos, los cuales estaban en Hispania desde la guerra con Sertorio. ¿Qué hizo? Pues demostró en sus escritos que había tomado buen aprendizaje del fracaso de Aníbal: «*Primero combatiremos a un ejército sin general y luego combatiremos a un general sin ejército*». Se dirigió a Hispania, donde la ausencia de Pompeyo marcó el fracaso de su ejército.

Como es sabido, Julio César ganó la guerra, en el curso de la cual anexionó Egipto —provocando el 1º incendio de su Biblioteca—, y aún tuvo que acudir por 4º vez a Hispania (45 a. C.) para acabar con los hijos de Pompeyo en Munda (actual Montilla, cerca de Córdoba). Pero no pudo disfrutar demasiado su victoria porque lo asesinaron al año siguiente en el senado (44 a. C.). El heredero de su facción política fue Octavio Augusto, quien no va a dudar en continuar con su política atlante de monarcas divinizados. Eso se aprecia muy bien y sin problemas en toda la iconografía imperial que le rodeará siempre, pues se trata de una imagen apolínea idealizada (divinizada), o bien de seres marinos. Estas criaturas y dioses mitológicos del mar nunca fueron resaltados en la iconografía helena, pero sí en la romana (véanse Fig. 96 y 97), y lo hará cada vez más en los siguientes siglos, a partir precisamente de Octavio Augusto, que por tener un reinado largo pudo llegar a organizar este tema.

Veremos así mosaicos enteros dedicados a Neptuno, al gran Océano, rodeados con muchas Nereidas, Oceánides con sus cortejos, Delfines y Espirales minoicas como en Creta, Tridentes, Hipocampos, Tritones, etc. Todo ello es iconografía atlanteana sin ningún tipo de duda, y aparecerá asociada a menudo a algún signo de Venus, como Cupido o la Concha, indicándose así el linaje de los *Julios*. Hay mosaicos romanos que están cubiertos enteros sólo con delfines montados por pequeños cupidos, y todo esto, es nada más la nueva propaganda del culto imperial: los reyes atlantes eran dioses, y ésos son sus emblemas. Roma ha dejado de ser enemiga de la Atlántida, ya no destruye su recuerdo, y en su lugar ahora es su heredera.

El leal Balbo (Balboa), que había logrado con César la ciudadanía *plenus iure* para todos los gaditanos (incluso los vagabundos sin hacienda alguna), fue uno de los primeros en acudir al lado del joven Octavio, lo acompañó de Nápoles a Roma. Ya era pretor en esas fechas lo más seguro, luego fue propretor, y obtuvo el consulado el año 40 a. C., cuando logró un nuevo acuerdo entre Octavio y Marco Antonio. Fue este hispano la primera persona no italiana que llegó a ser cónsul de Roma, y nos interesa mucho este personaje; no sólo porque su trascendencia es igual de importante que la que pueda tener Marco Antonio, sino porque él es quien instruyó a César sobre las antiguas costumbres religiosas de los atlantes, y apoyó con decisión a los romanos en este sentido. Se puede decir que tuvo clarividencia, pues, viendo ya la imposibilidad de vencer, optó por seducir a Roma, atlanizarla.

Augusto de Prima Porta, y entablamento del Panteón (Fig. 97); el emperador va Descalzo como signo de deificación, a su vera hay un Delfín que es signo de la realeza imperial atlante, y un Cupido por el linaje de los Julios. A la derecha en el friso del Panteón hay Delfines y Tridentes, que son claros signos de la Atlántida, junto a Conchas, siendo estas últimas como el Cupido, un claro signo de Venus, y por ende de los Julios.

Cicerón tras la Batalla de Farsalia (48 a. C.) retomó su anterior correspondencia con Balbo, y le pidió que obtuviese para él el perdón del César, cosa que logró. De ese modo pudo devolverle al gran orador el favor que años atrás el buen Cicerón le prestase con su discurso *Pro Balbo*. Cuando murió César (44 a. C.) se reunió con este filósofo romano otra vez, para asegurarle que no estaba del bando de Marco Antonio. El gaditano además escribió un libro titulado *Ephemeris*, contando su vida —primera autobiografía conocida— junto a la de Julio César, ensalzando ya a éste como un dios. No se ha conservado esta obra por la censura cristiana.

Su pecado era la apelación a los viejos dioses de la Atlántida; por eso la vinculación de Balbo al templo del Heracleion es tan importante, pues indica que tenía relación con el Oráculo. El mismo Oráculo que le predijo a César en su 3º viaje a Hispania que dominaría el mundo (un claro apoyo político a su causa). La razón por la que Balbo está apoyando esta causa imperialista es porque beneficiaba a Hispania volver a convertir en relevante el recuerdo de Atlantis. Por eso obtuvo César el apoyo firme de este hombre, un hispano culto, amigo de historiadores como Teófanes de Militene e intelectuales como Marco Tulio Cicerón. Incluso la obra *Ephemeris* («Efemérides») parece estar en relación directa con el tratado sobre astronomía que escribió César, a la búsqueda ambos de signos celestes que anunciasen su llegada divina.

Y además, César actuó como un dios, sus incursiones en Britania o en Germania eran para demostrar que él podía hacer cualquier cosa. Pero las flotas de guerra con las que sometió a los lusos en el 61 a. C., y con la que invadió Britania en el 54 a. C., las había construido Balbo en los astilleros de Cádiz, no olvidemos que fue un ingeniero brillante. Y una vez ya en Britania, recordemos que el famoso jefe bretón Casivelaunos se negó a pagar tributo a César alegando algo que es muy importante:

«*la ascendencia troyana común de britanos y romanos*»

Esta anécdota era una leyenda local inglesa, y fue recogida en la *Historia Regum Britaniae* (1130 d. C). Además se dice en ese mismo libro que Bruto —el hijo de Ascanio— fue desterrado de Italia por un homicidio, y que con un grupo de los troyanos del Lacio marchó a la isla verde que será llamada *Britania* por él. Es la misma leyenda que se conservó en España con la historia de Breogán el hijo de Brath (Bruto), y asimismo se conserva también en el *Leabhar Gabhála* («Libro de las Invasiones») irlandés. Son tres fuentes distintas diciendo lo mismo, es un poco ridículo pensar que no escondan algo de verdad. Aquí es importante notar que nadie hubiera podido inventar algo así en el siglo XI del *Leabhar Gabhála,* o en el siglo XII de la *Historia Regum Britaniae*. Sería un grotesco absurdo empezar a decir de repente que los británicos eran troyanos y hermanos de los romanos, se reirían todos —si no fuese una leyenda verdadera—. Y lo que es más, si un particular se inventa eso en el siglo XI d. C, no sería jamás secundado por los demás historiadores. Lo más probable es que la propia cita de Casivelaunos sea verdadera, y si los jefes celtas decían eso tiene que ser por algo. Britania fue atlante, por eso tienen ascendencia común con los romanos, y para saberlo no hay más que mirar sus monumentos megalíticos.

Lo mismo nos ocurre con otras leyendas celtas coincidentes, como la *Leyenda de Ys la ciudad sumergida*, la cual tiene varias versiones procedentes de localidades distintas a lo largo de la fachada atlántica europea. Pero en su esencia todas responden a lo mismo: una ciudad maravillosa que se hunde repentinamente bajo el mar, llevándose con ella a sus habitantes. En la leyenda de la ciudad de *Ys* (nombre de Isis, es decir, Démeter, la diosa de Tartessos), o *Ker-Ys* (es claro que Ker alude a Aker, nombre de Poseidón en íbero), la ciudad es la capital de un poderoso imperio con una flota de guerra, ubicada en una isla dentro de una bahía, la cual, sólo tenía una entrada a través de una gigantesca puerta de bronce. Durante una noche se hundió, y una ola monstruosa la arrasó también, la culpa de la catástrofe se debió al pecado de una princesa llamada Dalhut (Tholia) que fue convertida en sirena.

Las coincidencias de todo esto con el relato de la Atlántida son tan evidentes, que no se puede negar que es la misma leyenda (una capital sobre una isla, con una gran flota, domina un imperio, está situada en una bahía de una sola entrada, hundimiento de la isla por la noche, posterior ola gigante, etc), incluso coinciden los títulos (TL, KR, YS). Se ha atestiguado además que estas leyendas celtas como mínimo existían en el siglo V d. C, pero su origen es muy anterior habida cuenta la extensión de sus diferentes versiones por muchos sitios. ¿Todo esto qué significa? Pues que naturalmente se recordaba en el oeste de Europa el suceso, igual que ya lo vimos mencionado en las leyendas árabes.

Al final resulta que fue muy famoso y todo el mundo recordaba el suceso: árabes, egipcios, fenicios, griegos, romanos, hispanos y celtas. Ya no se puede seguir diciendo —con esta evidencia tan clara— que no existió, y por eso, porque fue un acontecimiento real, los celtas lo que más temían eran dos cosas, a saber: o que les partiese un rayo, o que el suelo desapareciese bajo sus pies. La segunda de estas cosas alude a la Atlántida, porque para cualquiera era un claro ejemplo de la ira de los dioses. El hundimiento de Atlantis se tomó como modelo, lo mismo que aquellos que eran fulminados por el rayo; y toda persona devota debía temer la ira divina, por eso los celtas hablaban en esos términos.

Se puede sacar mucha información válida de estas leyendas celtas, por ejemplo que durante la fatídica noche del terremoto, los príncipes de la ciudad dominaron su pánico y trataron de salvarse en un barco, pero que luego llegó la ola gigante y los arrasó.

Lo más importante en este sentido es concebir que no lograría todo esto proceder de una mentira, o del invento de nadie; eso es imposible, jamás podrían coincidir tantas singularidades con las otras leyendas de otros lugares, tan distantes como *Bab al—Mandib* en la Eritrea oriental del Mar Rojo, y en detalles que además nunca fueron mencionados por Platón (TL, KR, YS, etc).

Pero a esta leyenda le va a ocurrir lo que le ocurrió a la *Leyenda del Bosque de Cirat*, hemos visto que la idea de aplastar a los romanos con piedras fue llevada a otros sitios y asimilada como propia en muchos lugares de España (pero no fueron ni el Jabato ni los cántabros quienes protagonizaron ese episodio). Así, como la ciudad hundida era una historia bonita, que se repetía una y otra vez en las noches de contar cuentos, al final acabarán situando el acontecimiento en un lugar próximo a los pueblos en donde se recordaba ese relato. Siempre la acababan localizando cerca, lo mismo que hicieron los griegos con los mitos mediterráneos, estemos avisados sobre este tema. Y no perdamos tampoco de vista que siempre hay un suceso real dando pie a todas esas leyendas que son más o menos similares pero alejadas entre sí en su localización final. Las buenas historias no eran el invento de nadie.

Otro detalle importante, incluso con Julio César, es que tras la victoria en España contra los pompeyanos, se celebraron en Roma muchos festejos, entre ellos unos niños divididos en dos bandos ejecutaron los juegos llamados *Troyanos*; pues bien, no pertenecían a la tradición homérica de Troya, celebraban la victoria en España, aludían a los tartessos (ya lo sabíamos, el verdadero nombre del Reino de Tartessos era Troya, no olvidemos localidades como *El Palmar de Troya*, en mitad de la provincia de Sevilla).

Organizó asimismo naumaquias con flotas enfrentadas en lagos cercanos a Roma, el anuncio de estos eventos atrajo multitudes de gente, incluso los forasteros deseaban verlo. Como no cabían en la ciudad dormían en tiendas de campaña. Todo el mundo estaba alegre por las victorias que podían ver, César era un héroe romántico para la plebe romana; y aunque lo asesinaron, sus victorias atestiguaban que era amado —secundado— por los dioses. Ésta es la piedra de toque, por mucho que los aristócratas del senado lo acusasen de dictador, ésas eran tan sólo razones aburridas de ideología política, para la plebe romana sus victorias ya dejaban claro que era bueno y tenía algo de divino. Además, todas sus medidas sociales ayudaron mucho a la plebe, por eso, tras el magnicidio secundaron su proyecto de reinstaurar la Atlántida y el linaje sagrado, Octavio Augusto se benefició de ello.

El problema aquí es cuántos recuerdos sobre la Atlántida pudieron reunir los emperadores romanos, pues el Imperio Atlante era muy antiguo y remontaba a los tiempos megalíticos (Fig. 98). La expansión del megalitismo es ya de por sí una prueba de este imperio, pues nunca en la Edad del Bronce un pueblo extranjero copiaba a otro sus monumentos (ajuares, culto, etc). Incluso en los tiempos romanos jamás vamos a ver a los pueblos bárbaros del otro lado del *Limes* (frontera) ponerse a copiar sus monumentos, aunque los monumentos romanos fuesen más bonitos o tuviesen otras ventajas. En absoluto, cada pueblo era celoso de sus tradiciones, de su cultura, lo cual era preciso incluso para ser aceptado entre tus antepasados al morir; por lo tanto, si el megalitismo se expandió desde España a partir del 5000 a. C. y llegó hasta Escandinavia, es porque se expandió un imperio con él, ya que sólo puede explicarse este hecho mediante la invasión y conquista.

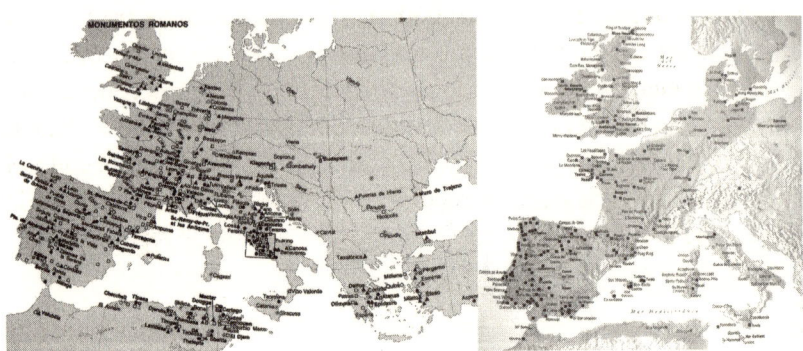

Monumentos del Imperio Romano y del Imperio Atlante (Fig. 98); si nos tuviéramos que acoger al registro arqueológico, los monumentos romanos sabemos con seguridad que sólo se ubican dentro de lo que llegó a ser el imperio, no hubo monumentos romanos fuera de Roma. El mismo patrón cabe aplicar a los monumentos atlantes (megalitismo) que vemos a la derecha, nos están indicando la extensión de un imperio, el cual, fue además muy parecido en su grandeza al romano.

Por eso podemos hallar típicas tumbas argáricas en mitad de Alemania, amuletos minoicos en túmulos de Dinamarca, o también los topónimos en TL (Fig. 76) expandiéndose en la misma dirección que los dólmenes; no se puede dudar sobre este imperio. Pero los romanos desconocían completamente esas épocas, se habían pasado ocho siglos borrando su recuerdo, ahora de repente son dueños de Hispania y han cambiado su política, pero el daño ya estaba hecho. Julio César recuperó algunas tradiciones como la de rociarse el rostro con sangre (Fig. 96), que es mencionada por Platón cuando hablaba de los Diez Reyes jurando las leyes.

> *«Después de terminar el sacrificio conforme a sus leyes y consagrar todas las partes del toro, llenaban de sangre una crátera y se rociaban uno a uno unas gotas de ella»* (Kritías 120-a, trad. García y Bellido).

Sabemos que César recupera esa ceremonia, ¿por qué razón si es un invento de Platón? Lo mismo ocurre con los *Retiarius*, es muy posible que estos gladiadores con la red y el tridente hiciesen su primera aparición en los nuevos juegos organizados por Julio César, que fueron lo nunca visto antes y llenos de fantasía, ajenos completamente a su primitivo carácter ritual, y convertidos en un espectáculo de propaganda. También por eso la plebe lo amaba, porque los divirtió. Pero la desnudez de los *Retiarius* no la menciona Platón, es poco probable que César se basara en sus escritos, y es más lógico en vez de eso que muchas más cosas las conociese a través de Balbo y sus visitas a España. Frente a esto podemos contrastar otras tradiciones romanas de la anterior República, que iban en dirección opuesta, como por ejemplo las ceremonias de Triunfo; en ellas, el general victorioso salía en una cuadriga seguido por sus tropas, y se dirigía al Capitolio a lo largo de la *Vía Sacra* del foro, pero durante todo el recorrido, un esclavo o un sacerdote le sostenía sobre la cabeza la corona de laureles de la victoria, y constantemente le repetía:

> *Respice post te, hominem te esse memento.*

Lo cual significa: «*Mira atrás, recuerda que sólo eres un hombre*». Por eso el cortejo finalizaba en el templo de Júpiter Optimus Maximus, y le entregaban al dios los laureles, pues la victoria sólo era por su causa. Constituía todo un sistema para impedir los endiosamientos, al igual que los consulados anuales. Pero el imperio del siglo I a. C. era ya tan grande que no era eficaz relevar los cargos tan rápido, los generales e incluso toda la tropa necesitaban profesionalizarse. Como sea, la política de divinización de César y sus triunfos con el rostro manchado de sangre, imitando la faz solar de los *Hijos del Sol*, eran lo contrario al «*recuerda que sólo eres un hombre*»; es poco probable por lo tanto que permitiese esa frase en su cuadriga. Al mismo tiempo, esa frase de tiempos de la República (509 a. C.) indica que de seguro los romanos recordaban otros tiempos anteriores con jefes y héroes divinizados.

La conquista de Hispania y la Galia (el Occidente), y la profesionalización del ejército, que fue acompañada de las guerras civiles, modificaron el panorama político. Por un lado la República estaba en manos de los generales, y las sucesivas guerras civiles causaron un agotamiento social que conllevó el regreso hacia la vieja y sencilla monarquía autocrática como única solución de parar aquello. Pero se vertebró a través del pasado atlante una vez que estaba conquistado el Occidente, porque el rey, el que fuese, podía otorgarse así mismo más gloria y autoridad si estaba identificado a un dios y a un linaje antiquísimo de dioses. El origen mismo del Olimpo. La idea fue de César pero Octavio Augusto lo supo lograr gracias a la permanencia al mismo tiempo de las instituciones republicanas, porque desde luego también había muchos romanos conservadores. En esto tampoco debemos ver un cinismo absoluto, es muy posible que el propio César se creyera agraciado por los dioses, y además era verdaderamente descendiente de Atlante. En cualquier caso fue hallada de esta manera una nueva legitimidad que solucionaba la situación de caos.

Además de con César, con Octavio ocurrieron casi todas las reformas en este sentido, de nuevo muchos templos, ceremonias y fiestas arcaicas fueron restaurados, todo bajo la ideología del «*regreso a la tradición*». Pero el auténtico sentido romano —rechazada la opción egipcia de Cleopatra— lo estaban remontando hasta los tiempos de la legendaria Atlántida. Esto queda demostrado al leer los versos de Virgilio en las *Bucólicas*, por ejemplo:

> «*Pan, dios de Arcadia, que los vimos todos,
> el rostro tinto en bermellón y yezgos
> de bayas sanguinosas: ¿Qué? —decíale*».

Estos versos —26, 27, 28— son de la Égloga X, la última, donde el pastor ha perdido su suerte (su amada). Aunque no lo parezca la lectura atenta de las *Bucólicas* relata los diez episodios más importantes de la vida de César, así como la profecía del nacimiento de Augusto. El propio nombre de las *Bucólicas* («Boyerías») hace mención a los Toros de Tartessos, ya que Baco (*Bacchus*) es el nombre romano de Dionisio. En estos tres versos citados, lo del rostro pintado de rojo con sangre es una imagen de César identificado al dios Pan en ese momento, es decir, se asociaba nada menos que al dios de la isla del Pánico (Atlantis), los *Hijos del Sol*. No olvidemos que Pan es el Peán, otro rey que encarnó a Apolo. Pero en esta Égloga X el César ya ha muerto, asesinado, por eso se inicia diciendo: «*Concédeme, Aretusa, esta faena postrera: unos versos, unos pocos, para mi Galo pido*».

Notemos que Aretusa es una diosa atlante, es una náyade hija del rey Nereo, una hespéride. Nereo es un rey con cola de pez y tridente. Y lo mismo ocurre con los demás personajes. En cuanto a César, lo llama *Galo* porque es el que conquistó la Galia. La lectura de estos poemas, es similar a los mitos, hay que saber leerlos o puedes ni siquiera enterarte de qué asunto tratan. Y lo que estamos diciendo es difícil, al día de hoy desconocido, ni un sólo comentarista de los que hemos leído se ha dado cuenta de que las *Bucólicas* (41-35 a. C.) narran la vida de César. De igual manera ocurre a continuación en las *Geórgicas* (29 a. C.), que están dedicadas al imperio de Augusto, y donde Virgilio nos dejó los mejores hexámetros latinos jamás compuestos. En ellos vemos cómo prosigue la misión de ensalzamiento y retoma igualmente el tema evemerista de la Isla de Pancaya, esto es, la isla del dios Pan:

> *Más que la tierra meda rica en selvas, que el*
> *Ganges bello, el Hermo turbio de oro,*
> *o la Bactra o la India, o la Pancaya*
> *con sus arenas que el incienso aroma,*
> *en glorias con Italia no compitan.*

Son los versos 136-140 del Libro II, y como se aprecia, Pancaya está situada en el Océano Índico, porque la asocia al incienso de Arabia; es decir, el *Mare Erythraeum* está confundido porque Evémero se refería al mar de Cádiz, el «*Mar de Eritrea*». Pero aún así, se aprecia hasta qué punto el Evemerismo hizo mella en los círculos intelectuales romanos, y Pancaya (*Panchaia*) es citada por Virgilio como algo complemente histórico junto con el Ganges, Bactra, o la India. De modo que la versión racionalista de los mitos que Evémero defendió es la que existía en Roma, y esto nos permite saber qué es lo que sabían los romanos.

Y si alguien desea dudar sobre la temática, podemos citar versos mucho más explícitos:

> *«con las Dríades canto vuestro favor. Y tú, Neptuno, por quien, al golpe del tridente, un día, brotó la tierra relinchante potro; tú señor de las selvas, que de Cea ves bullir el jaral con tu torada de trescientos novillos como nieve; y tú, dios de Tegea, Pan, custodio de rediles...»* (Libro I, 10-15).

Está hablándole a Octavio, es la primera página, pero lo nombra con sus títulos divinos, por eso lo llama Neptuno, el del tridente (emperador de Atlantis); pero es también el de 300 novillos blancos —notemos la asociación con los senadores, donde el color, el toro, y el número sagrado son de Atlantis—, lo llama Pan, el dios custodio de los rediles, etc. Y todo ello lo canta al lado de las Dríades (Dorias), es decir, la Hamadríades que son las ninfas del Occidente asociadas a las encinas (Fig. 84). La verdad es que, ¿podría estar más claro? ¿Más explícito?

Curiosa es la expresión «al golpe del tridente», porque aparece muy a menudo en los mitos, como si Poseidón lo hiciese siempre todo dando golpes con el tridente en el suelo. ¿Qué podría significar eso? Pues no queda otra opción que pensar en un hecho real, y si el rey supremo era Poseidón, y llevaba un tridente en la mano como símbolo, es lógico que si se enfadaba diera golpes con el tridente en el suelo. Por ejemplo en una reunión política donde acaban a gritos y tiene que hacer callar a los demás (lo mismo que actualmente el juez con el martillo); es decir, cuando estos reyes tomaban una resolución, o se cabreaban, pegaban golpes con el tridente, y de ahí pasó a los mitos. De tal manera que, sin exagerar, podemos atestiguar que el Imperio Atlante se forjó a golpes de tridente.

Unos pocos versos después Virgilio nos dice así:

> *«Y sobre todo tú, ven tú que un día en los consejos de los dioses, César, habrás de verte, ya por amparador de las ciudades y de las tierras, reverencie el orbe tu dominio en los climas y en las mieses, tras coronarte del materno mirto; ya, dios del mar inmenso, a ti tan sólo invoque el nauta, y cultos rinda Tule al extremo del mundo, y pague Tetis sus ondas todas por llamarte yerno»* (Geórgicas, Libro I, 25-30).

Fijémonos que, aclarado que está hablándole a César (Octavio), le augura su subida al Olimpo con los demás dioses, y lo está llamando «*dios del mar*», invocando a Thule el reino del extremo del mundo, el reino de Océano y Tetis. La asociación con la Atlántida (Thule) es explícita, no hay duda alguna, está mencionando Thule.

> ...*tibi seruiat ultima Thule teque sibi generum Tethys emat omnibus undis*, (ibídem).

Incluso la expresión «*ultima Thule*» ya la tenemos aquí, en referencia al extremo final del mundo. Esto significa que tal como suponíamos, la obra de Piteas de Massalia estaba asociada a la de Evémero, su viaje ocurrió poco después del de Evémero por ese motivo; y también por eso los romanos han heredado las dos tradiciones juntas, sin separarlas, lo cual se trasparenta en la obra de Virgilio donde lo estamos viendo. El tema ha quedado aclarado, así como que se augura a Octavio pasar a la corte del Olimpo, pero lo va a hacer como un «*dios del mar*», un rey de Thule (Occidente), y por eso los romanos llenaron de mosaicos marinos todo el imperio, porque era su propaganda atlántica. ¿Acaso hemos de creer que no tenían motivos para hacer eso? ¿Sólo era una especie de tontería marinera? Octavio, si es declarado «*yerno de Tetis*» es porque es su heredero, por lo que la corona imperial atlante es la que ahora están asumiendo los nuevos emperadores romanos.

Esto está tan claro como el agua de la Estigia, no se puede dudar de ello porque son muchos datos coincidentes desde numerosas fuentes distintas. Los poemas de Virgilio eran un asunto de propaganda de estado, no eran bromas, jamás él se pondría a decir tonterías. Además, los versos virgilianos siguientes mencionan a Erígone (Argane), el Tártaro, los Campos Elíseos, a Proserpina (Perséfone), el río Letheo, Misia, el Gárgaro, las Pléyades, el Olimpo, y siguen sin parar un montón de cosas. De todo ello, vamos a seleccionar nada más que lo siguiente:

> «que el toro blanco de los cuernos de oro abre el año, y el Can, del horizonte, ante el astro frontero desaparece. Pero si es sólo trigo y recia espelta lo que a tu campo pides, sólo espigas, da tiempo a que se oculten las Atlántidas al alba, y se hunda el astro refulgente de la *Gnosia Corona*». (Geórgicas, LI, 215-220).

Este párrafo es bueno porque aunque habla de una fecha del año, menciona a las Atlántidas —las Pléyades— y las relaciona a la *Corona Gnosia*, y ya sabemos, lo vimos con Epiménides, que

Gnosa era el nombre antiguo que se le daba a Knossos, la ciudad de Minos en Creta. El astro refulgente (*ardentis*) debe ser la estrella de Atlas, y las Atlántidas que se ocultan al mismo tiempo deben ser sus hijas las del cercano cúmulo de las Pléyades. Está claro que los romanos sabían que Creta había sido una colonia atlante, porque nos identifica Knossos con las Atlántidas, y en esa isla mediterránea se han encontrado esculturas de toros labrados con cuernos de oro. Además, la *Corona Gnosia* tal como la menciona parece algo muy importante, y como se trata de las Atlántidas, pues esa *Corona Gnosia* es la Corona Atlante, una mención directa de la existencia del imperio con independencia de Platón (el filósofo griego no menciona este detalle de Creta en ninguna parte).

El Conocimiento (en griego *Gnosis*) era el mayor tesoro de la Atlántida, y el verso de Virgilio lo recuerda:

> *ante tibi Eoae Atlantides abscondantur*
> *Gnosiaque ardentis decedat stella Coronae,* (ibídem).

Pero luego, más tarde, quizás en el Medievo, al no conocerse cuál era la *Corona Gnosia* (atlante), ello dio pie a que la identificasen a la constelación de la *Corona Borealis*, y por tanto su estrella *Alpha* debía ser el «astro refulgente», por lo que llamaron a esta estrella como *Gnosia*. Pero esto es un error porque se encuentra al lado opuesto en el cielo de las *Pleiades* de Tauro. Y estas Atlántidas (las Pléyades) se ocultan al alba solamente en noviembre, el momento de sembrar el trigo al que se está refiriendo Virgilio en este pasaje, y cuando también se está ocultando el «astro refulgente de la Gnosia Corona». Por lo tanto, este último tiene que ser la estrella de Atlas (o Aldebarán, cualquier estrella grande de esa zona de Tauro). En esos momentos *Alpha* de *Corona Borealis* es lo opuesto, y se oculta al alba en junio, que no es momento de sembrar el trigo.

Por este motivo, con seguridad, sabemos que el error es medieval, por confundir la *Corona Gnosia* (atlante) con la *Corona Borealis* del cielo. Y como esta última se oculta al alba en el mes de junio, el de Géminis, pues por eso a esa estrella *Alpha* también la llamaron *Gemma*. Esto último es correcto pero se parte de un pasaje de Virgilio malinterpretado. Y de ahí pasamos a otros errores nuevos, que ya son modernos y los podemos leer en la wikipedia, donde dicen que a la estrella *Alpha* de la *Corona Borealis* se la llamaba también *Stella Coronae* («estrella de la Corona»), leyendo todavía peor el pasaje de Virgilio. La acumulación de errores es algo común a todas las épocas, lo vimos también con los griegos, y es un peligro.

En cualquier caso, sigamos con el hecho de que los romanos sabían bien que desde España a Creta se había expandido aquel imperio. La nueva propaganda ayudada a que muchos pueblos del Mediterráneo se identificaran mejor a Roma, porque muchos eran de origen atlante. Pero todo este resurgir de la Atlántida, casi milagroso en tiempos de Roma, no pudo suceder únicamente porque Julio César quisiese. Se nos presenta como necesario que hubiese un proceso anterior apoyando esa ideología. Científicos de gran talento como Asclepíades de Mirlea, 145-70 a. C., estaban por esos años readmitiendo la historicidad de la Atlántida. Este autor viajó a España donde vivió bastante tiempo, y escribió una monografía sobre las Pléyades, que incluía astronomía pero también historia. De modo que admitía su historicidad. También describió sus tribus, y con todo eso pasó a Roma, donde el Evemerismo progresaba. Otro autor es Artemidoro de Éfeso, quien asimismo fue a España, y su obra *Geografoumene* influyó mucho en Poseidonio. En relación a César, es este último el que más nos interesa por el enorme prestigio del que gozó. Poseidonio, 135-51 a. C., fue el jefe de la Escuela de Rodas, y era considerado el mayor polímata —sabio universal— de su tiempo. Pues bien, resulta que él admitía igualmente la historicidad del Imperio Atlante, es que incluso lo defendía con ferocidad. Todo apunta a que estos científicos se estaban enfrentando al cinismo político que rodeaba estos temas en su tiempo. Y para nosotros, debe quedarnos claro que es el prestigio científico de estos personajes la base imprescindible sobre la que se apoyará la política de Julio César.

Es interesante el hecho de que este sabio con esas ideas viajase a Roma como embajador en el 87-86 a. C., antes de morir Mario, porque pudo influir ya en el joven César. Todo esto se incluye en la difusión del Evemerismo, del que ya dijimos cómo en los ambientes cultos suavizó la negatividad. Poseidonio escribió un comentario al *Tímaios* de Platón, y también viajó hasta España; en la ciudad de Gades estudió las mareas «gigantes», y escribió muchos tratados de Historia, todos perdidos por desgracia. Nos tememos que fueron destruidos por la censura cristiana.

Con la quema de los *Libros Sibilinos* (84-83 a. C.) por Asiageno, tanto en Roma como en Delfos, los optimates parecen estar reaccionando contra esa embajada, pero con ese acto y la dictadura de

Sila (82-80 a. C.) llegaron hasta donde podían llegar. La plebe no se lo va a perdonar, sólo les ven ya como opresores. Poseidonio abrió entonces una nueva escuela en Roma, año 78 a. C. (justo tras la muerte de Sila), a la que acudía Cicerón como discípulo, y le visitaba Pompeyo. Lógico es que también acudiese César, porque menciona datos de la obra de Poseidonio al hablar sobre los celtas, y usó el tema de la Atlántida para su provecho desde que se anunció como *Hijo de Venus* al pueblo (69 a. C.). Con ello desafió además las prohibiciones senatoriales; en verdad, había una pelea ideológica de gran calibre, y en su desarrollo siempre estaba la Atlántida, unida a la religión Tradicional. Cuando Poseidonio muere (51 a. C.) César está a punto de atravesar el Rubicón. El sucesor del sabio será el polígrafo romano Varrón, 116-27 a. C.; en su *Historia de la civilización romana* habla mucho de las *Familias Troyanas*, por lo que la tendencia ya ha cambiado.

Nereida con Delfín, y Cupidos con Delfines (Fig. 99); la Nereida se identifica con los cuernos de cangrejo, indica la realeza imperial atlante, los Cupidos en cambio el linaje de César. De hecho, los Cangrejos solares y las Serpientes del Infierno son también símbolos asociados. Desde Grecia, Oriente y norte de África hasta España, los romanos llenaron el imperio con esta clase de mosaicos, porque era propaganda política.

La negación total de la divinidad ocurrió desde el Cataclismo (1069 a. C.), el cinismo político de negar los linajes atlantes se había iniciado desde la misma proclamación de independencia por la Confederación Etrusca (850 a. C.), la destrucción de templos en el 800 a. C., empeorando mucho con las Guerras Sagradas (600-400 a. C.). Siempre fue una pendiente ascendente de destrucción, pero el momento de mayor cinismo en la *Romanización* —política del olvido— es el que empieza con Fabio Píctor, 254-190 a. C., pasa por Catón el Viejo en Hispania (195 a. C.) y llega hasta la muerte de Cátulo (54 a. C.), tal como nos dice éste último:

Nam castum esse decet pium poetam ipsum
uersiculos nihil necesse est (Carmina XVI).

Significa así: «*Pues ser honesto es deber del poeta, sus versos no lo necesitan*». Esto lo dijo cuando lo acusaron por las procacidades que escribía, pero a nivel de los libros de Historia el comportamiento era similar y había alcanzado un cinismo bochornoso que ya le daba asco a mucha gente. La tendencia va a empezar a cambiar por este motivo. La destrucción de los *Libros Sibilinos* (84-83 a. C.) por el optimate Asiageno es porque Poseidonio los usó para decir unas cuantas verdades en contra de la *Romanización*. Pero destruirlos fue eliminar sus propios libros sagrados, la plebe eso no lo toleró: la Historia no es lo que nos dé la gana de escribir, ya basta de cinismo, los dioses no nos lo van a perdonar.

Así fue como comenzó la *Atlanización* de Roma, porque se inició la alarma, la certera toma de conciencia ante la devaluación de la Historia. Notaron que estaba convertida ya en un fraude. Los sabios más capacitados dejaron por tanto de tolerar la negación fácil en que habían caído los griegos, ni el cinismo de los romanos creando mentiras, donde Tarraco aparece como ciudad nueva de creación romana, o cualquier otra cosa. Poseidonio luchaba por la verdad, su propio apodo, «*Poseidonio*», es porque defendía con ferocidad el recuerdo de la Atlántida, el reino de Poseidón. Y algunos otros, como por ejemplo Julio César, percibieron los beneficios del tema y lo supieron usar en su propio provecho.

¿Pero qué sabían realmente en esas fechas? Después de tantos siglos borrando los recuerdos de Atlantis en verdad que en Grecia y en Roma su Historia recogía tan sólo asuntos recientes de sus respectivos territorios. La memoria histórica no sobrepasaba el Cataclismo (1069 a. C.), esto es, las Invasiones Dorias (siglos XII-XI a. C.). Esa parece la fecha de inicio de todos los recuerdos «históricos»; los linajes y anales conservados en Corinto, Esparta, Tebas y otras ciudades, empiezan todos ellos entonces, y es porque lo anterior precisamente se borró; lo que queda de antes son sólo mitos transformados en literatura. Este borrado sin duda fue político, por su fecha (s. XI a. C.) no tiene que ver con la introducción del alfabeto —dos siglos después— o cualquier otro avance de escritura.

La *Romanización* funcionó por sí misma como otra goma de borrar, si miramos un mapa de Europa, los únicos sitios que han conservado una rica mitología fueron Escandinavia e Irlanda, porque son las dos únicas zonas a las que no llegaron los romanos. Todos los demás países perdieron su tradición, por eso la historia entre el siglo XI a. C. y el siglo I a. C. tampoco se conserva.

Primero la pierden los etruscos, luego los samnitas y el resto de pueblos de Italia. Luego Hispania, Cartago, la Galia, Helvecia, Britania, etc. Ese fue el alto precio que se pagó por la *Romanización*, pero los romanos también perdieron su tradición al incendiarse sus archivos en el 279 a. C. con los gálatas. Serán dependientes de Grecia a partir de ese momento, y... ¿qué podían llegar a reconstruir? Poca cosa, pues frente a la Atlántida y los mitos, siglos antes ya habían fracasado los eruditos griegos incluso con más documentación. Y el miedo a sublevaciones como la del rey Atlenes (entre 208-206 a. C.) generó además que siguieran extremando la destrucción voluntaria de los recuerdos atlanteanos. No se había acabado eso, continuaban en tendencia destructiva, que se convirtió en persecución cultural para poder pacificar Hispania. Así pues, la única Historia disponible no iba más allá de Rómulo y Remo (753 a. C.), e incluso ésta ya se hallaba en parte reconstruida.

Por eso se aprecia en Virgilio, 70-19 a. C., un poeta dedicado a la épica troyana, su dependencia directa de los textos «órficos» que tradujo Evémero en España. Sus citas y menciones sobre los dioses, en las *Bucólicas* y *Geórgicas*, encajan como un guante con los *Himnos Órficos*, pero es porque derivan de ellos. Se nota que de un modo general, el poeta latino no sabe más de lo que ya supo Evémero, de quién emana su conocimiento básico; y que asimismo, ya se han confundido asuntos como la ubicación de Pancaya. En este sentido, los romanos reunieron un conocimiento que no pasó de lo superficial, porque no tenían ni idea de cómo fue la Atlántida de verdad, dónde estaban sus ciudades y sus reinos, o simplemente cuáles reinos fueron esos. Desconocían los linajes con sus listas de reyes, eran incapaces de imaginarlo a lo largo de los varios milenios de duración que tuvo; ignoraban sus monumentos, la música, costumbres, o qué sucesos ocurrieron, sus guerras, etc. De todo eso sabían realmente muy poco.

Aún así, comparado con lo que saben los historiadores actuales, ellos sabían mucho más. Los eruditos y poetas alrededor de Octavio Augusto conocían al menos a Platón y a Evémero, junto con los textos de Orfeo que el siciliano había reunido (*Himnos, Argonáuticas*). Por eso conocían bastante bien la titulatura de los reyes arcanos, pues está en los *Himnos*. Y de la tradición religiosa conocían muy bien el simbolismo asociado (Cangrejos, Nereidas, etc). El *Periplo* de Piteas de Massalia también lo conocieron, incluso se sabe que hubo una expedición romana a la *Última Thule* al norte de Escocia, aunque en tiempos de Tácito (98 d. C) ya está confundida con la propia Thule (España). En general sabían sólo lo básico, pero su idea era correcta, la Atlántida había sido un imperio como el romano tiempo atrás, y ellos eran culturalmente sus herederos.

Cuando Mecenas y Octavio le hicieron el pedido a Virgilio de escribir un libro como la *Eneida*, hacia el año 29 a. C., no le quedó más remedio que ponerse a investigar. Mientras el emperador estaba luchando contra los fieros cántabros, del 29 al 19 a. C., Virgilio escribía la epopeya romana que tenía el objetivo de igualar a Homero. Octavio estaba ilusionado y le escribía muchas veces pidiéndole que le enviase los fragmentos que ya estuviesen escritos, a lo que el poeta contestaba lo siguiente:

> *«Sigo recibiendo numerosas cartas tuyas [...] En cuanto a mi Eneas, te juro que si ya tuviera algo digno de tus oídos, te lo enviaría gustosamente, pero tan ingente es la tarea emprendida que casi me parece haberme metido en proyecto tan grande por aberración mental, sobre todo porque, como sabes, tengo que concentrarme también en otros importantísimos estudios para esta obra»* (Carta de Virgilio a Octavio).

La aberración mental que menciona es la dificultad, la barrera casi infranqueable, de interpretar los mitos sin estar preparado, cosa con la que también Solón, Ferécides, Hecateo, y otros, se estrellaron. Quizás el mejor de ellos, Solón, lo hubiera podido hacer si hubiese dispuesto de más tiempo, pero es que realmente es dificilísimo. En la *Eneida* Virgilio no tenía solamente que aplicar los títulos de los *Himnos Órficos* al emperador, o inventarse él una particular nomenclatura de nombres poéticos (Alexis, Galo, etc), sino que por el contrario debía ajustarse a hechos históricos desconocidos y necesitaba él interpretar bien los mitos. Ahí es donde surgieron los problemas, en recomponer el pasado, pero tuvo la prudencia de no complicarlo más allá del linaje de Eneas:

Atlante → Electra → Dardano → Erictonio → Tros → Asáraco

Este linaje es el de la *Eneida*, y es correcto. Desde Atlante llegamos a Asáraco (el bisabuelo de Eneas, y tatarabuelo de Ascanio), es lo mismo que contamos antes de Calírroe pero a través su marido Tros, el cual era asimismo descendiente de Atlante pero por otra línea. Lo que ocurre es que Virgilio, aunque esto sea correcto, no sabe que por ejemplo Erictonio es el marido de Medusa, y junto a ella monarca de la Corona Roja, en tanto que Dardano sólo fue rey consorte de Lemuria —uno de los reinos dentro de la Corona Azul—, mientras que Electra y su padre fueron monarcas supremos de la Corona Azul. Es decir, Virgilio no entendía los reinos porque los desconocía, el linaje que reconstruye no pertenece a ninguno, y tan sólo sirve para indicar que los *Julios* son Atlántidas.

Eso era por supuesto lo más importante a nivel de propaganda. Por lo general Virgilio no comete errores, uno de los más escandalosos a pesar de ello es el de la reina Dido en Cartago, la hija de Mattán, porque es del 814 a. C., no vivía ella ni estaba la ciudad de Cartago en tiempos de Eneas, casi cuatrocientos años antes; pero como éste y los troyanos... pasaron por Túnez, pues Virgilio asocia las aventuras de Eneas a ellos, los primeros cartagineses. Quizás todo este episodio e incluso la llegada a Túnez por culpa de una tormenta —artificio literario— sean bajo la idea de otorgar al histórico odio entre romanos y cartagineses un origen mítico, pues hace que Eneas la rechace y provoque su suicidio.

Todo eso es falso porque las dos potencias fueron aliadas hasta que chocaron en Mesina (262 a. C.), pero se trataba en la epopeya de otorgar un Destino a cumplir. Siguiendo las tesis de Poseidonio, Roma había recibido la misión de dirigir a la Humanidad en aquél entonces, pero sólo con la idea de que ellos son los atlantes. Y eso lo abrazó el ideal imperial romano, o mejor dicho, eso es en sí el ideal imperial. La idea fue de Poseidonio. Por eso exclamará Virgilio *Neptunia Troia* («la Neptunia Troya») al inicio del Libro III, del *Res Asiae* («Reino de Asia»), esto es, los Ases de la ciudad de Ys. El Cataclismo se menciona en *Omnia uel medium fiat mare* (¡Abísmese en el ponto el mundo todo!, verso 58, Égloga VIII, Bucólicas), tras hablar de las Manzanas de Oro del Árbol, y se aprecia un ideal defendible que es ya la cultura universal.

Y realmente cambió el mundo, porque el imperio dejó de machacar a los pueblos sometidos; esa cultura universal se ha convertido en algo que heredamos y defendemos. Razón por la cual Poseidonio se preocupaba, al no aceptar la irresponsable destrucción de su época. Las

Guerras Sociales y las concesiones de ciudadanía se inician por esas fechas, quizás no sea aleatorio ni separado, pues su motor pudo haber sido esta ideología universal; la cual, aparece en Poseidonio antes que en los *Misterios de Isis*, donde ya evolucionó a un amor universal.

En su introducción a las *Obras Completas* de Virgilio, Pollux Hernúñez nos dice de esta manera: «*La influencia de Virgilio ha sido enorme y profunda porque su obra expresa la esencia de la civilización romana, una civilización a la que pertenecemos y que conlleva una manera de entender el mundo y una manera de representarlo que es la nuestra*». Pues bien, esto está bien dicho, pero este *summum* de la literatura romana, esta cumbre que los equiparó a los griegos, en el fondo no es otra cosa distinta que el hecho de superar el salvaje comportamiento frente a la Historia y frente a los otros pueblos que habían estado haciendo siempre, con menosprecio, xenofobia, a lo largo de toda la Antigüedad. La elevación de una cultura universal por encima de los nacionalismos y el reconocimiento de la herencia que supone, se realizó con la Atlántida.

Empezó con todos estos investigadores que estamos diciendo, quienes hartos del cinismo histórico defendieron la historicidad de una herencia la cual no se debía negar bajo ningún concepto. Y continuó con el apoyo decidido de hispanos como Balbo al nuevo imperio de su época, superando el chauvinismo. El ideal universal será una aportación del mundo romano que perdurará para siempre; pero, dejando aparte ese alcance filosófico y volviendo a la mera Historia, fue de este modo, en tiempos del Imperio Romano, que los pueblos europeos del Occidente estuvieron unidos, y orgullosos por última vez de su pasado atlante. Durante tres siglos, sobretodo durante la Dinastía Hispánica (desde Trajano hasta Cómodo, entre el año 98 d. C y el año 192 d. C), lo demostraron en todas partes, y ostentaron sus símbolos a todas horas, felices.

Trajano, 53-117 d. C, nos coincide ciertamente con el momento de mayor extensión y esplendor del imperio, vamos a ver que su nombre es muy interesante. En latín se llamaba *Marcus Ulpius Traianus*, donde el apodo final de *Traianus* significa «troyano». Pero resulta que este troyano había nacido en Sevilla, no lejos de *El Palmar de Troya*. Con esto deseamos indicar que en efecto Tartessos era el Reino de Troya. Y no sólo las primeras ciudadanías romanas se otorgaron en Hispania, y los primeros cónsules no italianos son hispanos, sino que también los primeros emperadores de provincias fueron españoles. Todo esto no es un suceso casual que se repite, es un patrón, se debe a la herencia que Roma está reconociendo de sus hermanos troyanos del Occidente extremo. Trajano estaba recalcando con su apodo sus derechos de linaje al trono imperial, más de mil años después del hundimiento de Atlantis.

En estos años la *Atlanización* de Roma fue profunda y sincera, los emperadores siguientes, todo el siglo II d. C, fueron también hispanos. Desde perspectiva histórica, todo el proceso puede considerarse como el triunfo de la verdad frente al cinismo anterior; la *Romanización* adquirió ahora los matices benignos con los que ha llegado hasta nosotros. Aunque francamente, los conocimientos iniciales sobre el tema eran escasos como hemos indicado.

Por eso, desde tiempos de Octavio recogían numerosas noticias en todos los sitios, en especial las atlánticas. Y mientras Virgilio escribía la *Eneida*, el siciliano Diodoro Sículo, 90-5 a. C., reunía más leyendas atlantes desde un punto de vista no literario; su *Biblioteca Histórica* es una obra fundamental, y en el prólogo nos dice así:

> *«No ignoro que quienes recopilan los relatos de antiguas mitologías están a menudo en desventaja en la redacción de sus obras. En efecto, la antigüedad de los hechos del relato, al hacer difícil su establecimiento, pone en gran dificultad a quienes escriben sobre estos acontecimientos; y además, su exposición cronológica, al no resistir una comprobación rigurosa, genera en los lectores un sentimiento de menosprecio por la historia»* (Biblioteca Histórica, Libro IV, inicio).

Poco hay que añadir sobre estas acertadas palabras, a las que justo después añade lo siguiente:

> *«... entre los historiadores que se han sucedido, los de mayor reputación han rehuido la antigua mitología debido a la dificultad»* (B. Hca, Libro IV, inicio).

Las razones las dice él mismo, una cronología desconocida, la complejidad de los linajes, y sobretodo las incoherencias entre los propios mitos. Lo que nos importa en cualquier caso, es que él inicia en la racionalización evemerista un método más prudente, cotejando de hecho las versiones distintas, y sus conclusiones se acercan por ello mucho más a los acontecimientos reales. Aún así se queda siempre lejos de lo que fue, pues no entendía todavía las titulaturas, y no disponía de una arqueología que le ayudase a imaginar la realidad material de los mitos.

Pero lo fundamental es que su versión de ellos y de la Atlántida era histórica, y bastante buena comparada con lo anterior, permitió por eso a los romanos superar la mera superficialidad que hemos mencionado, la cual a Octavio debía molestar, para tener finalmente un conocimiento histórico de los tiempos anteriores al Cataclismo (1069 a. C.). Por fin abandonan la política del olvido, y franquearon hacia atrás esa barrera del Cataclismo. El resultado deja que desear, es cierto, pero Diodoro habla claramente de los atlantes, los sitúa en el Occidente, en Hesperia, viviendo entre ellos los dioses del Olimpo; reunió una enorme cantidad de información válida. También habla a menudo de Evémero y sus versiones de los mitos.

Tras la muerte prematura de Virgilio en el 19 a. C., el español Cayo Julio Higino, 64 a. C-17 d. C, trabajando para Octavio, dirigió la Biblioteca Palatina, donde enseñaba filosofía. Él reunió las mejores listas de linajes atlantes conservadas, además de libros sobre las *Familias Troyanas*, religión, historia, astronomía, etc. Llegó a ser considerado como un oráculo, es un autor muy importante; gracias a su trabajo, el de Diodoro, el auvernio Trogo, y otros más, los romanos empezaron a tener un conocimiento más profundo de lo que fue la Atlántida. Estaban dando los pasos en la dirección adecuada, que era la acumulación de todas las noticias existentes, y algunos otros como Pomponio Mela, 10-70 d. C, empezaron a proponer localizaciones arqueológicas, por ejemplo Tartessos en Carteia.

Por desgracia, buena parte de estos estudios ardieron para siempre durante el Incendio de Roma (64 d. C) causado por el emperador Nerón. La mayor parte de la obra histórica de Gayo Asinio Polión, un gran autor afín a César, desapareció entonces, y el resto desapareció después. Por otro lado, la mediocridad de estos emperadores, Tiberio, Calígula, Nerón, o la tartamudez de Claudio, eliminaba la idea de su divinidad, y conllevó que el entusiasmo hacia la Atlántida se disipase. Una vez que los *Julios* fueron sustituidos por otros linajes, se quebraron los principios de un linaje divino. Todo peligró durante un tiempo, el propio Vespasiano, 69-79 d. C, cuando envejeció ironizaba diciendo así: «*Creo que ya me estoy convirtiendo en un dios*». Las persecuciones de cristianos y de otras sectas que no aceptaban este culto imperial se van a ir haciendo cada vez más frecuentes. Pero en tiempos de la Dinastía Hispánica la Atlántida recuperó su esplendor sin problemas.

Entre las noticias que se recogían de todas partes, podemos citar algunas a modo de ejemplo. Así, Diodoro Sículo nos cuenta que el

Pueblo del Ponto (el Océano) fue conducido por Belo a Babilonia, y Belo es hijo de Poseidón y Libia. ¿Esto qué es? Probablemente la llegada de los Cassitas a Babilonia, que ocurrió en tiempos de Belo, el propio hermano gemelo del Rey Atlante (Agenor). Es una mención directa de que los pueblos occidentales llegaron hasta Mesopotamia, algo que es lógico si habían llegado a Irán (Media) y a la zona del Cáucaso (Iberia), como vimos en Cólquide y el rey Eetes. No hay que olvidar que los atlantes dispusieron de los mejores ejércitos, acorazados y con armas de metal, era difícil que les parasen.

Por su lado, el romano Plinio, 23-79 d. C, nos cuenta que el pueblo de *Ether* (TR, Tartessos, Hathor es la Vaca), primero se llamó *Atlante*. Es decir, los Dorios (TR) habían sido antaño los atlantes. Ya lo sabíamos. Y esto coincide con las leyendas locales españolas recogidas por ejemplo por Alfonso X el Sabio en la *Estoria de España*, 1274 d. C, donde se menciona al Rey Atlante el Estrellero (astrónomo), el padre de las Pléyades, como un fundador primitivo de Sevilla, anterior a Hispán (Hispal). Esa leyenda también la recogió el hispanoárabe Ibn Jaldum, lo más seguro de su propia familia, que había abandonado Sevilla hacia los tiempos de la invasión cristiana (1248 d. C). Significa que era una leyenda local sevillana del siglo XII d. C, pero coincide con lo que ya decía Plinio en el siglo I d. C, y con la tradición que defendía Atlenes en el siglo III a. C. Coincide incluso con los Tritones de la Atlántida, pues ese nombre proviene de los Tirtanos (los turdetanos, 509 a. C.).

Es decir, no se trata de una invención medieval, y en efecto, hay varias tradiciones por varios sitios que nos están identificando a los atlantes en Andalucía, y no sólo en Marruecos como en el mapa de Herodoto; o en las propias leyendas marroquíes, las que igualmente afirman que su país fue de los atlantes. En fin, ya sabíamos que dominaban ambas orillas, y por lo tanto, también se los menciona en España, muchas veces. No hay que olvidar al respecto las leyendas con otros nombres propios, como la de Ocno Bianor (Océano Evenor), el abuelo de Atlante, fundador de Madrid. Y la abuela, Leucippe (Elasippo) que dio nombre a Lisboa (*Olisippo*). Toda esta tradición de leyendas es imposible que dependa de Platón, nadie lo había relacionado nunca, y se están mencionando ciudades o leyendas locales que el filósofo desconocía; pero incluso así, él dijo sus nombres correctamente, sin error. Y como las coincidencias son singulares, ¿qué haremos? ¿Seguiremos despreciando y cerrando los ojos a algo que es tan evidente?

Diógenes Laercio, hacia 170-250 d. C, en la primera página de su obra más famosa, *Vidas de los Filósofos más Ilustres*, nos menciona a Atlante, líbico, como uno de los sabios más antiguos. Por supuesto se refiere al Rey Atlante, y lo identifica como «líbico» porque los libios arcanos eran los españoles de la Corona Roja, es por tanto una noticia muy primitiva, recogida en tiempos arcanos, porque aún se está usando el epíteto *Líbico* aludiendo a España. Y como gran legislador que fue, Atlante, es lógico que los manuales dedicados a sabios lo incluyeran, y así llegó a Laercio. Lo que nos importa a nosotros es que eso indica que era español, y que además lo menciona como plenamente histórico, sin dudar sobre su existencia.

A su vez, por pura casualidad, nos cuenta Laercio en el apartado de Platón su parentesco con Solón; y resulta que una hija del legislador casó con Critias el hijo rubio de Drópida, así nació Calescros, luego Critias 2º, luego Glauco, luego una hija llamada Periccióna, que casada con un tal Aristón tuvieron a Platón. Por eso es tan lógico que Platón herede la documentación de Solón, pero no era descendiente suyo nada más sino también de Drópida y de los personajes llamados Critias que aparecen en los diálogos. Platón no lo mencionó para no meter a su familia en su propio trabajo.

Solón → hija → Calescros → Critias 2º → Glauco → Periccióna

Critias 2º era bisnieto de Solón y bisabuelo de Platón, al final todo quedó en familia. Le fue fácil ocultarlo ya que él hablaba a través de Sócrates en sus diálogos, pero en el diálogo *Kritías* es su bisabuelo el que nos describe Atlantis. Nadie se había dado cuenta hasta ahora de esto, y es un buen ejemplo de la falta de investigación que hay. Como sea, hemos citado un montón de leyendas que corrían de un lado a otro en tiempos romanos, a pesar de ello, hemos de suponer que hasta nosotros sólo han sobrevivido unas pocas, aquéllas que se llegaron a escribir en libros que el tiempo no destruyó. Debieron ser incluso mucho más abundantes las noticias que circulaban de forma oral, por eso los historiadores acudían a España cuando deseaban conocer asuntos de Atlantis, como hemos visto ya con Asclepíades, Artemidoro, y Poseidonio.

Muchos otros mitógrafos e historiadores hubo en estos años con noticias de la Atlántida; podríamos citarlos, es verdad, en un tomo gigantesco, pero, ¿es necesario? ¿A cuántos historiadores y leyendas hay que nombrar para que sean suficientes? Hagamos un cálculo,

¿cuál sería la cantidad precisa para que dejemos de considerarlo un invento de Platón? Porque la veracidad mitológica de la leyenda es muy anterior al filósofo, lo hemos comprobado, y al final todo el mundo recordaba a los atlantes: árabes, egipcios, fenicios, griegos, romanos, hispanos y celtas. Platón menciona lugares y cosas de los atlantes que luego resultan ser españoles, después Virgilio llama a Octavio con el título de «Neptuno», el español Trajano es «troyano», y la expresión *Neptunia Troia* («la Neptunia Troya») indica el origen atlante de los troyanos homéricos. Hay con todas estas cosas dos opciones: 1º la Atlántida existió, que es lo probable, o 2º, se volvieron todos locos, antes y después de Platón, y abarcando desde los árabes hasta los celtas, pero por casualidad todas sus invenciones coinciden perfectamente en un panorama histórico lógico, algo improbable.

El Imperio Romano se venció a sí mismo y admitió su pasado atlante, gracias a ello se engrandeció aún más, lo que de noble tuvo Roma fue precisamente por eso. Ahora nos toca a nosotros hacer lo mismo; y si tenemos que decidir libremente nuestra creencia sobre este tema, ciertamente lo probable es que la Atlántida existiese, y lo imposible es que Platón se la inventase. Seamos honestos, ¿qué tiene de malo admitir la historicidad de la Atlántida? Con todas estas noticias tan evidentes, ¿por qué razón negarla?

Antes de acabar este apartado, donde tan felizmente otra vez en Roma son todos atlantes, con los emperadores a su favor, hemos de avanzar en el tiempo, transcurrir los siglos, y comprender las causas que supusieron el fin definitivo del recuerdo de Atlantis. Como esta situación no perduró intentaremos saber precisamente porqué fue negada, y lo que tenía de malo.

En primer lugar, hemos de tener en cuenta que la destrucción de noticias orales corre pareja con el paso de los siglos, los recuerdos se van borrando, y si del Cataclismo hasta Octavio transcurrieron más de mil años, de igual manera desde el imperio de Octavio hasta nosotros han pasado más de dos mil. Por eso para la investigación actual las fuentes escritas son las únicas. Y entonces, hemos de estudiar cuáles de ellas van a sobrevivir en los siguientes siglos en que se cristianizó todo el orbe. Porque la supervivencia de los libros dependía de que se copiasen sucesivamente, y… ¿qué es lo que los monjes medievales van a considerar adecuado recordar?

Los cristianos asaltando la Biblioteca de Alejandría (Fig. 100); en los años posteriores del imperio, las nuevas religiones supusieron tirar abajo el culto imperial, en el año 415 dC los cristianos dirigidos por el obispo Cirilo destruyeron y quemaron toda la biblioteca.

Las religiones aparecidas en los años del imperio fueron muchas, en general los *Cultos Mistéricos* (Isis, Baco, Dionisio, Démeter, Eleusis, Cabiros, Mitra, Órficos, etc) se incluyen dentro del desarrollo del Culto Imperial, así como lo fue la incorporación de Cibeles («*Madre del Ida*») tras la invasión de España (204 a. C.). Porque el μυστήριον (*mystérion*) era lo «arcano», noticias antiquísimas de tiempos atlantes. Pero los *Cultos Gnósticos* van a ser por otro lado los que acaben desbancándolos, y señalan el final del Culto Imperial; fueron también muchos (peratas, ofitas, dositeanos, bautistianos, cristianos, simonianos, marcionitas, naasenos, arcónticos, etc), cada grupo tenía su peculiaridad, pero todos éstos, desde posiciones igualmente herméticas, aceptaron el Viejo Testamento y la figura de un Mesías como Revelación. Un Mesías vivo, o reciente.

Eso los hizo más dinámicos que los Mistéricos, porque a la plebe le gustaban los dioses más cercanos. En verdad que hubo bastantes Mesías por aquellos años, pero al final, el Cristianismo de Jesucristo fue la doctrina que triunfó; y protegiendo la castidad del Evangelio fueron enemigos de cualquier tipo de «idolatría». Los *daemon* (santos arcanos, las misteriosas encarnaciones de los dioses) pasaron a ser demonios, y con Tertuliano podemos leer:

> «*Os gustan los espectáculos, excepto el más grande de todos los espectáculos, el juicio final y definitivo del universo. Cómo admiraré, reiré, disfrutaré y exultaré cuando contemple a tantos monarcas orgullosos y dioses imaginarios gimiendo en los abismos más*

profundos de la oscuridad, a tantos magistrados que persiguieron el nombre del Señor derritiéndose en los fuegos más feroces de cuantos se encendieron contra los cristianos, a tantos sabios filósofos brillando en llamas al rojo vivo junto a sus engañados discípulos, a tantos poetas famosos temblando ante el tribunal, no de Minos sino de Cristo [...]» (Decadencia y Caída del Imperio Romano, E. Gibbon, Cap. 15, II-VI).

Esto lo escribió en torno al año 200 d. C, y es un ataque contra los valores de la cultura antigua: espectáculos, dioses imaginarios, el juez Minos, poetas famosos (como Virgilio), filósofos, etc. Tengamos en cuenta que incluso asistir al teatro a ver una obra, como hoy día a una película, estaba condenado desde el Cristianismo. Tertuliano se regodea en la destrucción de todo esto, que arderá en las llamas del Infierno; y en efecto, alude precisamente al Infierno (refiere a Atlantis y la vieja Corona Azul, el hogar de los demonios). El tridente y los cuernos del toro —alusión a Minos— serán atributos para representar el Maligno, el Mal, todos los dioses Manes de la Atlántida son demonios del Infierno, y su culto es idolatría. En base a esta idea los fieles cristianos se mostraban opuestos por completo al Culto Imperial, sin tolerarlo, pues Roma era la *Nueva Atlantis*, la nueva Babilonia, la Gran Ramera. Y este regodeo por su destrucción total se hizo realidad poco tiempo después cuando el Cristianismo crezca todavía más y acaben destruyendo todos los templos.

Cristianización de los daemones y dólmenes (Fig. 101); los reyes y dioses de Atlantis, simbolizados con sus tridentes y los cuernos del toro minoico (Dionisio de Tartessos), pasaron a ser demonios, y los lugares de culto fueron convertidos en santuarios cristianos. En el centro el Dolmen de Kermario en la Bretaña francesa, exorcizado con una cruz; a la derecha el de San Dinis (Dionisio) en Mora, Portugal, convertido en capilla.

Lo mismo que si ahora en la actualidad se nos cruzara un cable y destruyésemos todas las iglesias y catedrales medievales. Eso fue lo que hicieron con la cultura anterior.

Por fortuna, eran tan abundantes los monumentos y restos atlantes que incluso así han llegado muchos hasta la actualidad (por lo general lo que estuviese construido fuera de las ciudades); y cuando la población de una zona le tenía demasiado cariño a un *daemon*, se optaba también por cristianizar su identidad, como a Cronos con San Cornelio, Atlante con San Pantaleón, etc. A las reinas normalmente con Vírgenes, así, por ejemplo, en tiempos primitivos la Virgen del Rocío era un santuario dedicado a Calírroe. Los *Cultos Místéricos* muchas veces incluían una representación sobre la vida del *daemon* a quien estuvieran dedicados, por eso mientras perduró el llamado Paganismo (la religión Tradicional en los pueblos), perduraron los recuerdos populares, aunque todo esto acabó finalmente pereciendo. De modo que, si ésta era la situación, podemos comprender porqué Plutarco, defensor del Culto Imperial, atacó a Evémero en el siglo II d. C, quejándose de que: «*diseminó el descreimiento sobre la faz de toda la tierra*». Se debe a que el siciliano era órfico al estilo fenicio, y los antiguos reyes atlantes para él no eran dioses; el Cristianismo se había agarrado a eso para atacar el Culto Imperial de la *Nueva Atlantis*.

Al final se cumple lo que dijimos, hubo un momento anterior de éxito del Evemerismo (recuperó la historicidad de la Atlántida frente al cinismo antiguo), lo que ocurre es que la situación histórica dio un giro inesperado al usar su posición pre-imperial. Evémero fue defensor de la historicidad de la Atlántida y lo van a utilizar para negarla, no solamente la divinidad de los dioses, sino su existencia. Aún así, los textos órficos de Evémero se salvan únicamente por este motivo, y ocurrirá igual con todos aquellos autores que se puedan convertir en una herramienta útil para la Cristiandad.

La censura cristiana es fácil de percibir, por ejemplo, los tratados de César sobre augurios, la religión tradicional, astronomía, las *Alabanzas de Hércules*, etc, todo eso desapareció, porque contenía nociones e ideas de religión inoportunas. En cambio la *Guerra de las Galias* o la *Guerra Civil*, textos militares e históricos, pudieron sobrevivir. Ocurrió lo mismo con el resto de autores.

Así, las *Ephemeris* de Balbo, a favor de la divinización de los emperadores, desaparecieron, mientras que una obra de Cicerón, titulada *De natura deorum* («Sobre la Naturaleza de los Dioses»), del 44 a. C., sobrevivió; la razón nos la indica Ángel Escobar en su introducción a este libro: «*El tratado se difundió ampliamente a partir del siglo III, entre los padres de la apologética cristiana (Tertuliano, Minucio Félix, Arnobio, S. Ambrosio, S. Agustín, S. Jerónimo, etc), quienes creyeron ver en Cicerón —cuyas ideas parecen encontrarse muy próximas, en ocasiones, a la concepción estoica de la divinidad— a un vigoroso detractor del politeísmo pagano*» (Gredos, 1999). No se sabe en realidad en qué postura estaba Cicerón, pues en el 44 a. C., todavía depende del perdón de César —que muere ese año—, y no podía estar escribiendo algo en contra. Lo que hace es contraponer las opiniones estoica, académica, epicúrea y peripatética en un diálogo entre los defensores de esas ideas. Así se cubría las espaldas, pero la verdadera posición de Cicerón parece ser el escepticismo de la Academia griega, y por eso San Agustín no lo veía como Lactancio afín al Cristianismo, sino ateo. Eso parece, además, porque el Libro III está mutilado, y es donde habla el defensor de la posición académica, llamado Cota. Una pista está en el Libro I, cuando es Cota quién critica la posición epicúrea, y dice:

> «*¿Qué diremos acerca de los sacrílegos?, ¿qué acerca de los impíos y de los perjuros? Si alguna vez Lucio Túbulo, Lupo, Carbón o el hijo de Neptuno —como afirma Lucilio— hubieran pensado que los dioses existen, ¿habrían sido tan perjuros y deshonestos?*» (De natura deorum, Libro I, 63).

Túbulo, Lupo, y Carbón fueron tres cónsules quienes, hallados en vergüenza por crímenes, se suicidaron. Es poco probable que el «*hijo de Neptuno*» sea una alusión al Cíclope de la Odisea como se ha supuesto, sino que refiere a Julio César —otro cónsul—, lo mismo que el joven Octavio fue llamado después «*Neptuno*» por Virgilio. Quizás Cicerón añadió esa cita del dictador sólamente tras su muerte en ese mismo año (44 a. C.). Como sea, en estas páginas está criticando las ínfulas de divinidad que estaba dándose Julio César, y como se puede observar, a través de Atlantis («*hijo de Neptuno*»). Ya lo sabíamos, lo que apreciamos ahora es que Cicerón se oponía a toda esta política, por lo tanto es normal el hecho de que su libro se salvase de la censura cristiana.

> «*tú no querrías ser como se pinta a aquel marítimo Tritón, que se desplaza apoyándose sobre las bestias nadadoras que se hallan unidas a su cuerpo de hombre*» (nat. deorum, L I, 78).

También habla de Evémero, por supuesto, aunque en especial se va a centrar en asuntos de teología ajenos a Atlantis. En fin, lo que vemos con estos libros de religión, donde los escritos por César y Balbo desaparecen, mientras que se salva el de Cicerón (el opositor), lo veremos con todos los demás. El *Tratado de las Pléyades* de Asclepíades está a favor de Atlantis, por lo tanto va a desaparecer, la *Geografoumene* de Artemidoro desparece también, todos los libros de historia de Poseidonio, y en especial el *Comentario al Timeo*, desaparecen. La *Descripción Atlántica* del autor hispano Dionisio Escitobraquión, desaparece. Y así sucesivamente, en una labor de censura que fue implacable y más radical que nunca. La cual además duró cerca de 1800 años. Se salvó sin embargo Virgilio, seguramente por el prestigio literario que le otorgó a Roma, y al que no podían renunciar. Por otro lado, la lectura del significado en las *Bucólicas* y las *Geórgicas* es tan sutil a través de los nombres poéticos que usa, que fácilmente podía hacerse olvidar.

Eso fue lo que ocurrió; y en cuanto a la profecía de Octavio en la Égloga IV, anunciando el nacimiento de un nuevo salvador, un niño que traerá la Paz al mundo, los cristianos no pensaron en la *Pax Romana* de Augusto, sino que vieron en esos versos una profecía sobre Cristo, y por ese motivo consideraron a Virgilio profeta y santo. Al final, llegará incluso a ser canonizado: San Virgilio.

Esto no es ninguna broma, así fue como se salvó este poeta; mientras por el otro lado, será *De natura deorum* el único tratado en su género que perviva hasta hoy. En general, los cristianos destruyeron por su fe todo lo que no era afín a ellos, y cuando no podían por algún motivo, lo interpretaban como les daba la gana. No han sobrevivido debido a esto los textos sagrados de ninguna de todas las anteriores religiones y cultos que se han mencionado. Y sin excepción todas ellas tenían textos sagrados.

La peor etapa de destrucción de bibliotecas antiguas fue cuando el poder adquirido por los cristianos llega a su apogeo, en torno al año 400 d. C; de tal manera, en el 380 d. C el Cristianismo se adopta como religión del estado romano, no dudarán en tratar de erradicar cualquier otra religión; la destrucción del Serapeion en el 391 d. C causó la muerte de Teón de Alejandría; ante ello, en el 394 d. C se promulga el cierre de todos los templos antiguos, y al no ser suficiente el año 399 d. C prohibieron los cultos «paganos». En contrapartida, en el año 410 d. C la ciudad de Roma es destruida y saqueada por los godos cristianos, que no le tenían ningún respeto a sus monumentos, y menos aún a sus bibliotecas; el gran incendio y destrucción de toda la Biblioteca de Alejandría (Fig. 100) fue durante el mandato de Hipatia, hija de Teón, en el 415 d. C.

Sin detenerse este proceso, Roma será saqueada y destruida hasta en otras tres ocasiones a lo largo del siglo V, luego en el VI Justiniano se encargará de cerrar también todas las academias, y de depurar el cierre de los templos, llegando sus órdenes hasta Filae al sur de Egipto. Ya nadie podrá leer en adelante los jeroglíficos, el Egipto faraónico se convierte en un mundo olvidado, y lo mismo ocurre con Atlantis. Los antiguos mosaicos romanos con imágenes de Neptuno, Tritones, Medusas, y otros emblemas atlantes, serán destruidos o tapados; se han hallado muchos de ellos maltratados a golpes en las villas romanas de la meseta española, algo similar a los destrozos en los relieves de los templos egipcios.

Algo más tarde, se sumarán a este proceso las destrucciones de los musulmanes; en general, no queremos dar una imagen negativa de los cristianos, las intenciones de esta religión eran buenas, supo adaptar las mejores ideas del momento e hizo avanzar a la sociedad. No hubo un retroceso cultural en la Alta Edad Media, eso es falso. Pero cualquier grupo social, siempre, mientras más poder obtenga más bestialidad acabará mostrando. Porque si hablamos de grupos sociales, nunca faltará la mediocridad entre sus filas, y esa mediocridad usará el poder indebidamente. En efecto, fueron los cristianos, pero hubiera sido cualquier otra religión en su situación, porque es un problema del ser humano en general. Pensemos que las Guerras Sagradas de la Época Clásica (600-400 a. C.) fueron iguales de destructivas, no quedó ningún santuario a salvo, y hubo también persecución de los «*dioses falsos*» entendidos como criminales. ¿Qué diferencia hay respecto de los cristianos? Ninguna en absoluto, hicieron simplemente lo mismo, para salir victoriosos.

Lo único singular de todo esto, es que Roma —que al principio era igual de destructiva— rehiciese el Imperio Atlante, y que por ello se pudiese considerar su heredera, eso fue lo extraordinario. Porque ocurrió después de mil años del Cataclismo.

Epílogo
RECONSTRUCCIÓN DEL MUNDO DE LA ATLÁNTIDA

8. PRUEBAS ARQUEOLÓGICAS SOBRE ESTA CULTURA

Se ha de tener presente sobre la cuestión inherente de las pruebas el hecho de que incluso las físicas siempre dependerán de nuestra interpretación. No basta con presentar un objeto —aunque sea atlante— y decir: «*he aquí la prueba de la Atlántida*». Porque solamente es prueba en tanto que podamos interpretar la Atlántida con ella. De este modo, hemos estado viendo la historia de los griegos y los cartagineses sin dejar de ver pruebas sobre la Atlántida, aunque sean los mismos acontecimientos que previamente nadie había relacionado. Las pruebas podemos verlas, leerlas, escucharlas, y no entenderlas. Eso ocurre de manera similar con los objetos arqueológicos. Además, según estamos viéndolo desde otra perspectiva, el tema de la destrucción con el olvido que implica, es un problema permanente del paso de los siglos, al que se suma la acumulación de errores en la concepción de la Historia. Es esa acumulación la que no permite entender las pruebas, mientras el olvido nos aleja poco a poco de ellas.

El ejemplo más sencillo, es que, Europa puede estar llena de dólmenes, abarrotada, y tú seguir diciendo que no hay restos atlantes. Se puede opinar que «*no hay evidencias de la Atlántida*» cuando el problema real es que no sabes identificar ninguna de ellas. Para paliar todo esto, vamos a intentar buscar algún ejemplo de prueba material física que nos coincida exactamente con los argumentos expuestos hasta ahora. Además, vamos a mostrar dónde se encontraba la ciudad de Atlantis, y cómo puede ser posible que una isla se hunda bajo el mar; porque con los *Retiarius*, las *Copas de Vapheio*, y demás elementos, hemos visto que con Platón todo era verdadero, ya sólo nos falta encontrar la ciudad para contrastar que absolutamente todo el relato era cierto. Pues bien, ¿dónde pudo estar exactamente Atlantis? ¿Dónde hay que excavar? Desde luego, no habría mejor prueba arqueológica en estos polémicos temas que hallar la mítica capital, la que según los antiguos fue fundada por el mismísimo dios Urano. Pero antes de seguir, se hace conveniente anotar un tercer problema; consiste en que para toda investigación polémica la Prolepsis es la opción preferible, lo que ocurre es que no siempre se pueden anticipar todas las dudas que a cada lector le asalten. Y si no se aclaran molestan.

Por ejemplo, dijimos anteriormente que Málaga debe su nombre al dios fenicio Moloch, pero que a su vez este dios había sido un rey oriundo de la zona de Lemuria en tiempos atlantes, porque su nombre lleva nominativo K y el rey está asociado al Toro. Los fenicios heredarán este dios porque ellos se separan con la Corona Roja. Bien, pero si miramos el diccionario *Iberos de la A a la Z*, de José Pellón, nos dirá que la colonia de *Malaka* fue fundada por los fenicios (error en el sentido de que tuviese lugar para ello una llegada de gentes extrañas desde Oriente), y que su nombre: «*nombre compuesto por un prefijo preindoeuropeo, mal—, que significaba «sobresalir» o «destacar», y un sufijo derivativo típicamente indoeuropeo, -ka*». Esa explicación es sin considerar la Atlántida, es una de las muchas que puede haber; pero, la nuestra es otra, nos tocará entonces decidir con cuál de las dos nos quedamos. La idea de que ML significaba «sobresalir» es correcta porque viene de «rey», pero carece de sentido que los fenicios del 1º milenio a. C., que hablan una lengua semita parecida al hebreo, se pongan a titular a la nueva ciudad con una palabra ajena a ellos, preindoeuropea, junto a un sufijo indoeuropeo que ellos tampoco hablan ni usan. Es decir, el nombre tendría que ser fenicio (semita) si se lo ponen los fenicios, y no una mezcla de dos idiomas distintos ajenos a los fenicios. Eso es improcedente.

En cualquier caso, sea cual sea la versión buena, lo importante es que siempre van a existir otras explicaciones, y no debemos pensar que algo está mal porque conocemos previamente alguna. Sería difícil que no existiesen de todo, lo fundamental es comprender cuál es mejor. Pero el problema de la Prolepsis es que no hay posibilidad de ir anticipando todas las dudas de este tipo que asaltan a quien ya tiene ideas establecidas. La única solución es tener paciencia, y esperar a que se vayan aclarando. Otro ejemplo sería lo que dijimos de *Monarca*, que no viene del griego *Monarkhes* «*soberano que gobierna un país*»; en lugar de eso era una palabra atlante con otro significado. Sin Prolepsis podemos, al leer, precipitarnos y pensar que está mal, porque es verdad que luego hubo Diarcas, parejas de reyes, o incluso la Oligarquía, del griego Ὀλιγαρχία (*Oligarkhía*) que se traduce «*gobierno de unos pocos*» (Ὀλιγο «poco», Ἀρχ «dominar»); por lo tanto, ¿lo dicho estaba mal? En absoluto, la palabra es atlante, lo que ocurre es que el idioma griego la hereda con el significado de soberano que gobierna un país, o de soberano único, y a partir de ahí este idioma griego generará otras palabras semejantes, como la Diarquía y Oligarquía.

Plano de la ciudad de Atlantis, y el Rey Atlante (Fig. 102); vemos al monarca con uno de aquellos famosos cascos silkianos, además, parece que la idea de afeitar la barba empezó con él. La imagen de cómo sería la Atlántida en sus tiempos de esplendor es muy evocadora; en el centro de una bahía —la Laguna Ligustina— había unas islas, en la mayor de ellas, a su vez, había una ciudad con forma de Anillos Concéntricos. Hasta esa ciudad podían llegar los barcos por medio del Gran Canal (a la derecha), y salían también desde ella canales radiales de agua dulce para el regadío. En el centro de la urbe, estaba el Templo de Poseidón.

El problema de las etimologías indoeuropeas falsas es el mismo, ya que se han inventado raíces para todo pero esas explicaciones suelen fallar. No hay problema en demostrar su falsedad, lo que ocurre es que se trata de una labor tediosa y pesada, donde, si para ejercer la Prolepsis y eliminar toda duda detienes la narración demasiado, al final pierdes la propia narración. Explicar todos los problemas que implica situar el idioma protogriego en Occidente, las soluciones que tiene, y las pruebas de ello, llevaría mucho espacio. De modo que apuntemos las tres dificultades: 1º olvido o destrucción de las pruebas positivas, 2º acumulación de errores (no las entendemos), 3º imposibilidad de ejecutar la Prolepsis a todas horas para corregir los baches.

Vista aérea de tres poblaciones atlantes (Fig. 103); a la izquierda es un Broch de las islas Shetland, estos fuertes suelen tener como éste tres anillos donde el central es la torre circular; en el centro Marroquíes Bajos, en Jaén, España, una verdadera ciudad como la Atlántida, con fosos de agua alternos a los anillos de tierra; y a la derecha Rujm al-Hiri, Israel, una ciudadela de tamaño mediano. Todas son de la Edad del Bronce.

Esos baches son obstáculos teóricos, el resultado es que no se puede allanar el camino siempre, aún así, nuestro deber es seguir, a trompicones. Porque en un tema como éste, lo importante es que el nuevo contexto general sea correcto. De hecho, sigamos ahora, ¿es verdad que hubo una ciudad de Anillos Concéntricos con Canales? ¿Una fabulosa capital de un imperio enorme donde el saber y el poder convivían juntos? ¿Más próspera, más avanzada a nivel social, y más antigua que la misma Menfis? Todo esto suena increíble por supuesto, pero es que la propia Menfis era fabulosa según las leyendas y no queda ni una piedra de ella, porque está encima la moderna ciudad del Cairo. Podría sucederle a Atlantis algo parecido y que no quedase nada, más aún teniendo en cuenta el Cataclismo. La idea de una ciudad geométrica con Anillos es uno de los elementos que tradicionalmente se han considerado como más fantasiosos. De acuerdo a la descripción de Platón tenía unos 4 km de diámetro en el Anillo Mayor, lo que la convierte en una ciudad muy grande para los tiempos arcanos de la Edad del Bronce.

Aún así, resulta que se han encontrado en España y otras áreas ciudades con esas mismas características, esto ya es un hecho.

No hubo por lo tanto una, sino muchas, y todas estas construcciones son siempre atlantes, sin importar si los anillos están mejor o peor hechos, eso depende del cuidado que tomasen en la obra (Fig. 103). El yacimiento de Marroquíes Bajos se ha encontrado bajo los edificios de la ciudad moderna de Jaén, remonta al 3400 a. C. como mínimo, es calcolítico. Los Broch (fuertes) del norte suelen ser hacia el 2200 a. C., y Rujm al-Hiri en los Altos del Golán es fechado en el 3000 a. C. Se trata pues de construcciones muy antiguas, muchas de ellas con una precisa orientación astronómica. Esta cultura occidental por lo tanto, además de muy antigua, se expande como vemos desde las islas Shetland al norte de Europa, hasta Inglaterra (Stonehenge), Alemania donde también hay anillos de este tipo (Goseck, del 5000 a. C.), Francia, España, y se expandió por todo el Mediterráneo, lo suficiente como para instalarse en Israel (Rujm al-Hiri). De modo que esto, por sí mismo, nos demuestra las tres cosas: 1º el imperio, 2º una antigüedad mucho mayor que la civilización egipcia, y 3º que eran auténticos maestros en astronomía, que usaban estas construcciones a modo de Diales de observación, además de ser a la vez centros del Culto Imperial.

Coronas con el Disco Solar, y Corona con Cuernos (Fig. 104); a la izquierda es la que ya vimos en Almoloya, de plata, resulta que es idéntica a las coronas que lucen los exvotos de Creta, foto 2, que son esculturas funerarias de reinas y reyes, luciendo sus coronas. Llevan también pájaros porque son espíritus de difuntos. En la foto 3 en vez del Disco Solar lleva los Cuernos de Tartessos, y a la derecha del todo es otra corona con disco pero de oro, procede del saqueo de los tholos en Micenas.

Atlantis sería uno más, el más grande y mejor hecho de los Olimpos destinados a los dioses celestes. Platón como vemos no se inventó nada de su relato. Tenemos confirmado mediante prueba material que existieron las ciudades de Anillos Concéntricos, con Canales, de un imperio enorme, donde el saber y poder conviven juntos, y son más antiguas que la misma Menfis.

Sigamos viendo otra confirmación del imperio, ahora con la existencia de las Dos Coronas. En las estatuillas funerarias de Creta, como los llamados ídolos de Carpi, 1400-1200 a. C., se luce la Corona del Disco Solar (Corona Roja) exactamente igual que las coronas halladas en las tumbas argáricas de España. Por otro lado, en otras estatuillas está la Corona con Cuernos (Corona Azul tartesia), igual asimismo que en otros altares también hallados en España, por ejemplo en el *Cerro de la Encantada* que domina el Campo de Calatrava (región tartésica). Y aunque no todas las estatuillas halladas en Creta tienen estas coronas, eso se debe a que no todos los exvotos eran de reyes y reinas. Pero es lo común, que tengan una de estas dos, cuyo simbolismo es muy fácil: el Disco es el Sol, la Corona Roja es la corona solar del levante, mientras que los Cuernos son la Luna Creciente, y la Corona Azul es la corona lunar del poniente. Como las capitales de estas dos coronas son los reinos de Libia y de Tartessos ubicados en España, es obvia la conexión. ¿O acaso creemos que van a inventar las mismas coronas con las mismas formas exactas en Creta y España? ¿Va a ser todo similar y no va a tener relación alguna? Es imposible.

Como además las tumbas de los reyes y reinas (emperadores) no estaban en Creta, al menos normalmente, lo que hacían era esta clase de estatuillas a modo de exvotos, las cuales les permitían rezar a esos personajes cuando estaban tan lejos. Porque los reyes de Atlantis tenían que ir muchas veces a Oriente a dirigir las guerras, y habitaban en Creta. De hecho, a menudo era el Monarca Rojo el encargado, por lo que son más abundantes las estatuillas con Coronas de Discos, en especial las de Carpi (Fig. 104) junto al Palacio de Malia (*Mallia*, ML es «rey»), pues ese palacio del gemelo era el de la Corona Roja. Por el contrario en el cercano Knossos son menos abundantes las de Discos, porque ese palacio era de la Corona Azul (Tartessos). Todo el resto de la isla se repartió con los palacios de los otros reyes.

Queda este asunto muy claro si atendemos a otras muchas informaciones de la toponimia, como las *Montañas Blancas* de Jania (1º tetramorfo, el Palacio de Jania seria del Reino de Oestrymnia); Creta era por tanto la colonia donde residían los emperadores y otros reyes cuando tenían que viajar a Oriente. Por eso había tantos palacios allí concentrados, a 30 km unos de otros; y queda de paso este hecho singular explicado, ya que no es lógico ni normal tantos palacios juntos. No se trata como a menudo se ha dicho de una «*cultura palacial*», porque una isla pequeña como Creta no tendría tantos recursos y riqueza, es que eran los Diez Reyes de la Atlántida, monarcas poderosos que se llevaron allí todos sus lujos.

Unos palacios —minoicos— que además, también se han encontrado en España (Almoloya, Valencina), lo mismo que las coronas. Otra variante en esto son las coronas de oro halladas en Micenas, en las tumbas helenas del Círculo A, pero que son objetos saqueados de los tholos cercanos a la ciudad (anteriores a la invasión). Muestran lo mismo que las argáricas el Disco, aunque con un anillo. Y como falta el resto de la prenda al que iban cosidas, no está claro si son coronas o gorjales. En cualquier caso muestran en el extremo el Disco Solar de la misma manera. Son piezas atlantes. Muchas coronas argáricas en España también eran de oro (Fig. 11), pero se han encontrado siempre vueltas hacia abajo en los cráneos, con el disco en medio del rostro; eso era un gesto funerario, como vemos en las estatuillas de Carpi (Fig. 104) la posición normal era hacia arriba, con el disco por encima de la cabeza.

Otra prueba importante es la genética (Fig. 105), los análisis indican que, tras el ADN neolítico de los primeros pobladores —los del 6000 a. C.—, que eran danubianos, el siguiente ADN que predomina es el de Western Europe («Europa Occidental»). ¿Cómo explicar eso? Pues para dejar ese rastro genético tuvieron que ir gentes desde España hasta Creta, en gran cantidad, y eso no ha ocurrido nunca que sepamos, salvo con la Atlántida (lo acabamos de ver con las Dos Coronas). Además los estudios son con esqueletos minoicos de las tumbas, tiene que ser por tanto una llegada de españoles en gran cantidad pero durante la Edad Arcana (3400-1200 a. C.). Biólogos como George Stamatoyannopoulos, que participan en el proyecto Genoma desarrollado por la universidad de Whashington, son quienes lo afirman, con estas palabras: «*ahora sabemos que los fundadores de la primera civilización europea avanzada eran europeos*». Y eso lo dice sin estar pensando en la Atlántida, aunque el resultado que le ha salido, fijémonos, es Europa Occidental.

Los tres picos más altos de parentesco en la población minoica son los danubianos, los españoles, y en tercer lugar europeos del norte. Y apenas tienen relación con los anatolios, sirios, egipcios, africanos, etc. Tampoco tienen relación con las gentes balcánicas eslavas (indoeuropeos). Las pruebas genéticas nos están avalando así lo que ya se puede apreciar por los restos arqueológicos, y confirma que las culturas primitivas no se copiaban unas a otras; si los megalitos se expanden, o hay coronas argáricas en Creta, es por una invasión atlántica, con total seguridad.

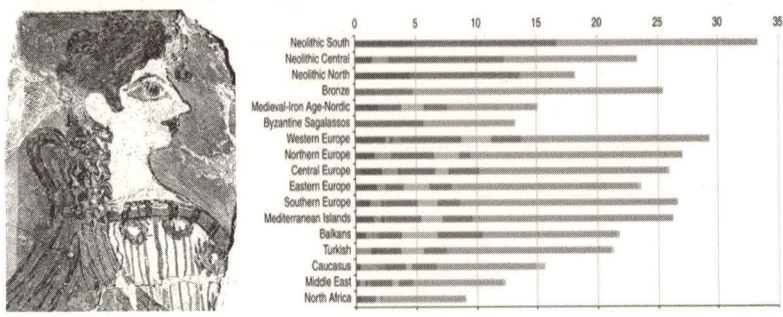

Fresco de «La Parisina» y genética de los minoicos (Fig. 105); a la izquierda vemos una mujer europea con piel blanca, que además se maquilla de rojo los labios a la manera europea. A la derecha los análisis de ADN en los esqueletos de las tumbas han mostrado que los cretenses arcanos eran de Europa occidental, es decir, de España.

El sustrato vasco en el ADN de las Islas Británicas, detectado en los estudios del genetista inglés Stephen Oppenheimer, establecido en su libro *The Origins of the British* («El origen de los británicos»), es de un 88% en Irlanda, un 80% en Gales, un 70% en Escocia, y otro 70% en Inglaterra. De modo que, sin mentir, los habitantes de las Islas Británicas son hispanos, fundamentalmente su origen es español y debieron ser estas gentes dolménicas llegadas en los tiempos atlantes. El mismo panorama ocurriría si investigáramos Francia, Etruria, y otros países; de hecho, los estudios genéticos de Arnáiz-Villena indican que la mayor parte de los genes celtas (de los celtas del Occidente) son ibéricos. Es decir son de los preceltas, no podemos olvidar que los auvernios, pictones, y muchas más tribus francesas eran directamente íberos, de una invasión atlántica de los primeros milenios.

Otra prueba importante del ADN es la que aparece en estudios del Wellcome Trust Sanger Institute (Tyler-Smith y Yali Xue), así como David Poznik de la Universidad de Stanford, demostrando que: «*la mitad de los hombres europeos occidentales son descendientes de un rey de la Edad del Bronce que engendró una dinastía de nobles de élite que se extendieron por toda Europa*». Según ellos, este monarca reinó hacia el 2000 a. C., dominó «*toda Europa*» y barrió el Neolítico igualitario anterior. Aunque no se sabe quién era, ni dónde vivía, los científicos dicen que debe de haber existido debido a las variaciones de ADN actuales en la población.

Bien, esto es correcto en esencia, pero desde luego el Neolítico anterior no era igualitario, eso es improcedente, y tampoco se trató de un solo rey, sino de un linaje. Es decir, aunque ese gran monarca desconocido tuviese 200 hijos como Ramsés II, eso no es suficiente para dejar esa impronta genética en todo el continente, porque tras varias generaciones se han disuelto los genes. Para que se difundan tan enormemente sus genes tiene que mantenerse la emisión de los genes de este rey, ha de ser un linaje imperial. Y lo de imperial es porque en caso contrario no llegaría a todos sitios (la emisión llegará hasta donde haya reinos de ese imperio). Es este linaje el que va poniendo a sus príncipes en todas partes, y esos príncipes a su vez son los que más hijos tienen en cada zona.

De este modo, para tener un resultado genético como el que ha sido detectado, hace falta un imperio que se mantenga durante muchos siglos, como el Atlante. Tiene que ser la dinastía imperial que dominó Europa Occidental, y no queda otra opción. Por lo tanto ya sabemos quién era este misterioso rey, era el linaje de Océano y Tetis, que vivieron en Atlantis durante toda la Edad del Bronce. Es algo tan claro, diríamos, como el agua de la Estigia.

No se trata de una «*explosión en el número de machos*» ni de un «*control de la reproducción*», ni ninguna de tantas improcedencias mencionadas en los artículos, sino que es algo tan sencillo como un imperio y una dinastía imperial. Y los avances técnicos que permitieron este imperio no se limitan a «*ruedas de transporte, trabajo de metales y la guerra organizada*», sino que abarcaron todos los aspectos de la cultura humana; los atlantes fueron en efecto la sociedad más avanzada de su tiempo a nivel social.

Por lo demás, todos estos genetistas son científicos muy serios, y sus estudios avalan la existencia de Thule (la Atlántida), están hablando de ella —un imperio occidental— sin decir su nombre. ¿Qué haremos a continuación? No se les puede acusar de locos, ni a ellos ni a todos aquellos historiadores antiguos que nos hablaron de Atlantis. Más bien, si hay algún loco, algún chistoso, será el que siga diciendo que no existió. Pensémoslo por un momento, la mitad de la población de Europa Occidental, esto es, las regiones de Inglaterra, Francia, España, Italia, Alemania y Escandinavia, tienen genes de este linaje. No solamente son todos genéticamente hispanos, o tienen genes hispanos, sino que la mitad tienen genes del linaje imperial. Se puede por tanto afirmar que corre sangre divina por sus venas, son descendientes de los dioses del Olimpo.

Busquemos ahora una prueba material más fácil de apreciar, algo que podamos ver por nosotros mismos, y que deje constancia no sólo de las Dos Coronas, sino de los reinos que las componían. Hemos leído en los textos mitológicos que la isla «*arbolada*» de Homero, Atlantis, estaba cubierta de pinos: «*una isla cubierta de pinos y el espacioso palacio de la soberana Démeter*» (Arg. Or. 1190). Como Démeter es la esposa de Dionisio, tiene mucho sentido que el Tirso (*Thyrsus*) sea el cetro de Dionisio. Este cetro se distinguía con una Piña en lo alto, y era la insignia de Tartessos. Pero también otros árboles distinguían los otros reinos, el Madroño era del Reino de Lemuria, y en Oestrymnia usaban como distintivo el *Quercus* (Roble o Encina). Las Hamadríades, aunque fueran relacionadas más a las ás encinas —por ser el árbol más extendido en la Península Ibérica—, son sobretodo hijas de Océano, podían referir a cualquiera de estos árboles, recordemos el himno: «*Ninfas, hijas del magnánimo Océano que habitáis en los recónditos cursos de agua de la tierra, de secretos pasos, nodrizas de Baco, infernales...*» (Himno a las Ninfas, LI 1). Por tanto, la Bellota es un signo de Oestrymnia, el Madroño es un signo de Lemuria, y la Piña de Tartessos.

Tirso, Piña, Bellotas de roble, y frutos del Madroño (Fig. 106); a la izquierda el cetro del Thyrsus es el signo que portaba el rey de Tartessos, era un palo con una piña en lo alto. Observemos bien la forma de estos frutos, la piña cerrada, las bellotas sin cúpula, y a la derecha los frutos del madroño, pequeñas esferas cubiertas como con pinchos.

Si ahora observamos el Collar de Aliseda (Fig. 107), el de tamaño intermedio, nos costará muy poco identificar estos frutos; a los dos lados podemos ver una Bellota, un Madroño y una Piña, colocándose en orden los tres reinos azules: Oestrymnia, Lemuria y Tartessos. Luego repite el Madroño, quizás sólo por estética ayudando al diseño. Luego hay dos grandes Bellotas, enormes, que por su tamaño, parecen los dos Pilares del Mundo, el Occidental y el Oriental, representados con Bellotas porque el Naranjo de Bulnes en Oestrymnia era uno de ellos. Este «árbol», la Montaña de Bulnes (Naranjo), era uno de los dos Pilares que sujetaban el cielo, el Aker, y por eso deriva la palabra latina *Quercus* de él. La propia palabra *Bellota* (BL-T) es un femenino de Bulnes (BL), y *Roble* (R-BL) deriva también de él. La palabra *Encina* proviene por su parte de *Can* (CN), pues *Cano* es «blanco», aludiendo al *Mons Vindius*, el dios Jano del Umbral —1º tetra, color blanco—; es como el latín *Ilicina* («encina»), que no es el origen sino otro derivado.

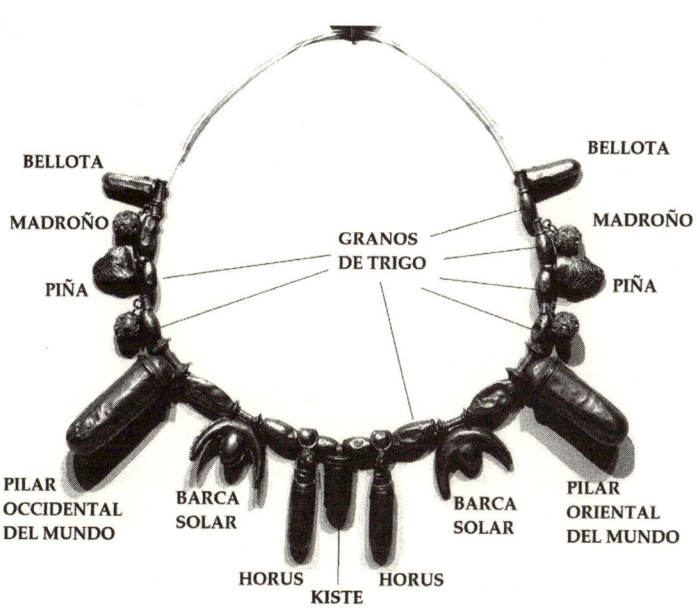

Collar intermedio del Tesoro de Aliseda (Fig. 107); sin duda se trata del collar de una reina, se pueden apreciar los símbolos de los reinos que integraban la Corona Azul: Bellota de Oestrymnia, Madroño de Lemuria, y la Piña de Tartessos. Una vez más, los mitos son verdaderos.

Todo este vocabulario hispanolatino proviene de concepciones atlantes, de los dioses, es asombroso todo el sustrato que tenemos en nuestros idiomas. A continuación el Collar de Aliseda muestra dos Barcas Solares, que naturalmente hacen el camino que va de un pilar al otro. Y como esos Pilares estaban en los extremos del mundo, pues ese mundo es la Tierra, por eso el anillo del collar se compone con Granos de Trigo, signo de la diosa Gea. Se puede ver también este signo de los granos de Trigo en el *Omphalos* de Delfos, dedicado a la diosa Gea que tenía allí sus emanaciones. Delfos era el centro del mundo según concepciones muy primitivas. En el Collar de Aliseda las Barcas Solares hacen el recorrido desde un Pilar al otro de la Tierra. Y en medio, un mensaje político, hay dos Horus, en referencia a las Dos Coronas, ambas de los *Hijos del Sol* (Apolos) y un Kiste central, en referencia a la Atlántida, pues el Kiste es el signo de Démeter. Nunca olvidemos los títulos: «*una isla cubierta de pinos y el espacioso palacio de la soberana Démeter*» (Arg. Or. 1190).

La forma más sencilla de hacer un Kiste (cesta) era una especie de sombrero de copa, o cilindro cortado. Como sea, lo de Horus (Apolo) es su linaje sagrado, y lo de Démeter una alusión al *imperium*. Además, destaca que se podían abrir como un estuche para colocar fórmulas propiciatorias en su interior, o en su caso, veneno. Los otros collares del Tesoro de Aliseda tienen diámetros de distinto tamaño, y sus piezas también forman parte de este lenguaje de ideogramas que estamos viendo (Fig. 107); podemos leerlos también, por ello sabemos que entre todos señalan un mensaje teológico y cósmico, donde el collar mayor externo es un Torques y representa el Aker, y el interior al Cielo como centro —y el intermedio la Tierra—. Lo mismo que la Dama de Elche lleva varios collares a la vez (Fig. 83), todos estos de Aliseda se vestían a la vez, y son de una reina, eso es completamente seguro.

Ahora bien, desde luego no son celtas, nada del Tesoro de Aliseda es celta, pero se fecha en el siglo VII a. C. ¿Eso puede ser así? Para empezar, la localidad de Aliseda se encuentra 28 km al oeste de Cáceres, en plena región de los vettones que en estos tiempos del siglo VII a. C. forman parte del reino celta de Lusitania. Eso ya de por sí es una datación errónea porque el tesoro tiene que ser anterior a la llegada de los celtas, esto es, anterior al siglo X a. C. Por eso fue encontrado en un túmulo —se dice—, que es típico de los pueblos occidentales. Pero es que, además, las Bellotas, Madroños y Piñas muestran una simbología de los tres reinos de la Corona Azul atlante, significa que el tesoro ha de datarse forzosamente en unos tiempos en los cuales aún existiesen esos reinos. Es decir, tiene que remontar a la época mitológica de Jasón y los Argonautas.

Todo eso como mínimo, pero es más, como son joyas imperiales de una oceánide (Démeter), es muy raro que se encuentren en esa zona. ¿Qué oceánide se enterraría allí entre las reinas mitológicas? Pues seguramente se trate de Mirina, hacia 1410-1380 a. C., la que invadió Atlantis en una guerra civil y que dio nombre a Sierra Morena y al río *Baetis*. Esta reina era apodada *Battea* («vettona»), porque era de los vettones, y es lógico que se enterrase en su país. Además fue una gran guerrera, con sus ejércitos estuvo en muchos sitios, incluso Egipto, lo cual coincide muy bien con las joyas egipcias del tesoro, que pueden ser trofeos o regalos. Para saberlo leamos su mito: «*después de haber conquistado la mayor parte de Libia, pasó a Egipto, en la época en que reinaba en él Horo, hijo de Isis. Estipuló con él un tratado de amistad, y en seguida una expedición contra los árabes*» (Dic. Mit. de Pierre Grimal).

Así que Mirina era una guerrera feroz que reconquistó todo el norte de África —Libia—, y pactó con Horo (Horus), el príncipe heredero egipcio, que le saldría al paso a su llegada. Por las fechas, hacia el año 1389 a. C., se trataba de Amenofis III cuando aún es príncipe. Si eso sucedió así es porque ella, la reina Mirina, era amazona de Lemuria, era una atlante pero no del Reino de Libia, por eso tiene que someter a este reino bajo su autoridad, y por la guerra civil que abrió contra Atlantis (Tartessos) hace un pacto con Egipto su tradicional enemigo. Se explican así con facilidad las muchas joyas egipcias de Aliseda.

La inscripción en jeroglífico de la jarra vítrea de Aliseda dice así: «*Dyetnesyt. Sentencia de Isis, rey del Alto y Bajo Egipto*». Está claro que Dyetnesyt ha de ser un faraón, y si Amenofis III es aún un príncipe, tiene que ser su padre Tutmoses IV, 1397-1388 a. C., cuyo nombre de Nebty, uno de sus títulos, era precisamente DD-NS-T. Por lo general se escribía con dos pilares Dyed, una Planta (SW), y un Ocaso (T), como vemos en la Figura 108, pero en los cartuchos de la jarra de Aliseda lo escribieron de otra manera alternativa usando la Cobra y el Cañizo (este último en posición final suena T). En cualquier caso está claro, ocurrió el suceso en tiempos de Tutmosis IV, y la tumba del Tesoro de Aliseda tuvo que ser la de Mirina. Los mitos nos dicen que Mirina estableció con los egipcios un tratado de amistad, el cual aparece reflejado en los propios anillos (ideograma del «amigo» que alza la mano «respetar»). Por eso en definitiva, por esta dicha alianza, el Tesoro de Aliseda contiene tantos objetos egipcios, que se diferencian muy bien de los que son de estilo atlante como el collar que hemos visto (Fig. 107) a pesar incluso de haberle metido dos Horus. Se nota en casi todas las piezas influencia egipcia, la diadema tiene turquesas engastadas, por lo que las joyas de Mirina se fabricaron con ocasión de su estancia en Egipto.

En cuanto a las piezas propiamente egipcias, los escarabeos, la jarra de vidrio, etc, esas joyas son sólo egipcias, con inscripciones en jeroglíficos, no tienen nada de fenicio. Dejemos por tanto de atribuirlo a los fenicios, porque sobran por completo en este caso, y no hay nada suyo. El anillo con el ideograma del «amigo» (también «noble», «dignatario»), no se trata del dios fenicio Baal, es un sello de embajador o de un rey aliado; lleva no obstante el gorro cónico (*Tiara*, TR), lo cual indica la naturaleza sagrada —Olímpica— del personaje. También lo lleva en el otro anillo el Barquero, y entre ambos aparece la Flor de Lis, recalcando la realeza.

Objetos egipcios del Tesoro de Aliseda (Fig. 108); la jarra para las libaciones es de pasta vítrea, una técnica únicamente egipcia en aquellas fechas, lleva una inscripción en jeroglífico con el nombre de Dyetnesyt en los cartuchos (arriba). En los anillos podemos apreciar la iconografía egipcia, uno con el ideograma de "amigo" y la mano alzada "respetar", el otro con la Barca Solar en el Inframundo (nótese la garza azul). De hecho, parece el mismo personaje con el Barquero Aqueronte.

Mirina fue una de las más importantes reinas de la historia de la Atlántida, fue la esposa de Dardano, el nieto de Atlante, y también fue suegra de Medusa. Lo singular de su vida, es que ejerció de oceánide sin serlo, lo cual permite entender su tumba alejada de Atlantis, pero portando las joyas imperiales que vistió en vida. No hay mejor candidata para el Tesoro de Aliseda, el cual, ya de paso, diremos que contiene las piezas necesarias para las libaciones sagradas que describía Platón, con una jarra egipcia de vidrio para verter el líquido, y un brasero para el fuego espumeante sobre el que se libaba (ya fuera aceite o sangre).

Es decir, esto son joyas y piezas que la reina usaba en vida durante las celebraciones sagradas, y como son las suyas, pues cuando murió la enterraron con ellas. Forman parte de sus objetos personales. De tal modo que felizmente se superan las palabras de Alonso Rodríguez, catedrático, cuando decía en un programa: *«Lamentablemente nada sabemos, y poco, podremos saber, de cómo se dispusieron esas joyas, si responden a un enterramiento, a varios, si proceden de un ocultamiento como a veces se ha dicho, si proceden de un contexto religioso, si proceden de un contexto habitacional; son preguntas que han quedado congeladas en el tiempo, desde entonces (1920) hasta hoy».* La respuesta de las incógnitas, como casi siempre, es la más sencilla; son joyas y objetos personales de una reina, que los usaba en las ceremonias sagradas —actos políticos y religiosos a la vez—, y que luego fue enterrada con ellos. Por eso se encuentran estas piezas de oceánide en Vettania, porque son personales de una reina, *Battea* («vettona»), que era de allí.

Sólo dudaremos de esta conclusión si nos aferramos a los errores de datación actuales, siglo VII a. C., que no tienen sentido por ningún lado. ¿Por qué razón se iba a enterrar en el territorio celta un ajuar tartésico con emblemas de los reinos atlantes arcanos —que ya no existen— y piezas del faraón Tutmoses IV del siglo XIV a. C.? ¿Por qué motivo los fenicios iban a fabricar piezas así en el siglo VII a. C.? ¿Por qué causa escribirían ellos en jeroglífico en vez de usar su propio idioma y su escritura alfabética? Quizá no sea fenicio. Ya va siendo hora de que superemos la idea de que los fenicios fueron los primeros en llegar al Occidente, o a García y Bellido cuando titulaba: «*Kolaios de Samos, el «Colón» griego que descubrió España*». Porque este navegante Kolaios es del 650 a. C., y los pueblos del Mediterráneo —atlantes— navegaban de un lado al otro de ese mar desde por lo menos el 3000 a. C., como acabamos de ver hace un momento en la ciudadela de Rujm al-Hiri (Fig. 103). Por eso es tan importante aprender a desmontar toda la acumulación de errores que llevamos a cuestas y que impiden entender los yacimientos.

El Tesoro de Aliseda no puede ser fenicio, ni del siglo VII a. C., y más allá de los jeroglíficos, lo que tenemos en sus joyas es también un lenguaje escrito de ideogramas que se puede leer; configura de por sí una inscripción, que además nos corrobora la existencia de los reinos que los mitos describen: Oestrymnia, Lemuria y Tartessos.

La leyenda de la reina Mirina incluso permite corroborar que la ciudad de Tartessos es Valencina de la Concepción (9 km al noroeste de Sevilla). Eso es algo que ya sabemos por la importancia propia del yacimiento, con más de 2000 megalitos, los cuales avanzan en sus estilos y llegan a la transición del estilo palacial minoico de las últimas épocas (en el barrio alto del Carambolo), lo que indica dos cosas básicas: 1º autoctonía de esta cultura, pues remonta al 5500 a. C., y no comienza con la llegada de los fenicios. Para ser correctos, más bien los fenicios acabaron con ella. En 2º lugar, indica una concentración de poder durante mucho tiempo. Para todo eso hace falta una capital famosa como Tartessos, la que según los mitos remontaba al 6000 a. C. (Estrabón); encaja por lo tanto como un guante, su importancia, su cronología y su ubicación. No puede ser otra, y por lo tanto no hay que dudarlo.

Pero además tenemos la leyenda de Mirina, que nos permite concretarlo más y estar seguros. Ella era la reina amazona del país vecino (Lemuria), su esposo Dardano era el hermano de Yasión (Océano en Tartessos). El rey legítimo del Reino de Libia se llamaba Halmo y no había estado nunca en España, se encontraba deteniendo en Grecia a los helenos. Por eso Dardano ocupó Libia en España, la capital de la Corona Roja, para poder proclamarse él como el Monarca Rojo. Pero Yasión no estuvo de acuerdo, no quería traicionar a Halmo que era el mejor valedor del imperio en Grecia, y no podía tolerar tampoco el desacato de su hermano a sus órdenes de abandonar Libia.

Así comenzó la 1º Guerra de Lemuria, donde Mirina, la reina de los lémures, fue la más fuerte. Las leyendas nos lo cuentan de la siguiente manera:

> «*Según una tradición bastante distinta (a la de Platón), referida por Diodoro de Sicilia, los Atlantes eran vecinos de los Libios y fueron atacados por las Amazonas*» (Dic. Mit. Grimal, 1951, ref. Atlántida).

En esta versión el nombre de *Atlantes* se reduce a una correspondencia con los tartessos, debido a que la ciudad de Atlantis se hallaba en su territorio; las *Amazonas* son el reino vecino de Lemuria (cuencas del Tajo y Duero), y los *Libios* son los de la zona argárica. Se nombran a la vez los tres componentes —atlantes, libios y amazonas— por algún motivo, es decir, las amazonas atacan a los atlantes pero fue por causa de Libia. Y todo esto se ajusta a la geografía española, porque en ningún otro lugar del mundo los libios eran vecinos de los atlantes. La reina de esas Amazonas fue según los mitos Mirina (Μύϱινα), la cual tomó la iniciativa en ese ataque, fue ella quien empezó la guerra civil.

La 1º Guerra de Lemuria dirigida por Mirina (Fig. 109); durante la confrontación entre las amazonas y atlantes, resulta que los atlantes eran vecinos de los libios, y allí mismo cercanas estaban también las amazonas, que tienen que ser de Lemuria, pues el apodo de Battea de la reina Mirina es por ser de Vettania, donde fue hallado el Tesoro de Aliseda. Si bien con Libia no era así, el país de los atlantes miraba al Océano, y no queda otra opción que identificarlo con Tartessos. Todo encaja muy bien.

Grimal nos lo cuenta así: «*Mirina es una Amazona que, a la cabeza de esta nación, obtuvo grandes victorias. Declaró la guerra a los Atlantes, que habitaban un país situado al borde del Océano, donde según se decía, los dioses habían nacido*» (Dic. Mit. Grimal, ref. Mirina). Como se aprecia en estas palabras, los dioses habían nacido —dioses humanos—, al borde del Océano, en Atlantis. Como ese Océano es el Atlántico, es muy clara la localización en España, que además coincide con Platón cuando hablaba de la Gadírica. El Golfo Gaditano es la costa atlántica andaluza, la que mira al Océano, y los atlantes «*habitaban un país*» en esa zona, explícitamente se nos indica que no se trataba sólo de una ciudad.

La guerra se saldó con la victoria de Mirina, y desde entonces, la frontera entre Tartessos y Lemuria se trasladó más al sur, en lugar de estar a la altura de los Montes de Toledo pasó a situarse en el río Guadiana (Aqueronte), donde se va a mantener hasta tiempos romanos. Por eso, Aliseda, no sólo está en la frontera, sino en pleno territorio vettón para cuando la reina muere. Esta reina es quien da nombre a *Sierra Morena*, y su apodo *Battea* o *Batiea* al río *Baetis*, que dejó así de ser llamado Estigio. Aquí lo más importante es que apreciemos cómo los mitos, esos relatos que son supuestamente falsos y «griegos», están hablando de localizaciones españolas con personajes hispanos, cuyos restos, sus tumbas, sus ajuares, los estamos encontrando en España. Demasiadas cosas para ser falso.

> «*Al frente de un ejército de tres mil amazonas que combatían a pie y veinte mil a caballo, conquistó primero el territorio de una ciudad atlante llamada Cerne. Después tomó la capital, pasó a cuchillo a todos sus hombres válidos y se llevó cautivos a las mujeres y niños, arrasando luego la ciudad. Los demás Atlantes, atemorizados, capitularon en seguida*» (ibídem, Pierre Grimal, 1951).

En este caso sabemos que Cerne era Guernica, en el extremo oriental de Oestrymnia (Estiria), una zona que había sido invadida por los íberos de la reina Irene (esposa de Yasión), y que los oestrymnios no podían defender por estar en otra guerra en Hyperbórea. Realmente estaban combatiendo en todas partes a la vez. En cualquier caso, en aquel tiempo los reinos de Oestrymnia y Lemuria eran los últimos que hablaban lenguas vascuences y se ayudaban entre sí mucho por esa hermandad; Mirina recuperó la zona norte, y atacó acto seguido en el sur a Tartessos, con sus 20.000 jinetes. Cuando dice «*después tomó la capital*» se refiere ya a Tartessos, la capital del Reino de Troya (la Troya Occidental), el hogar de Dionisio y Déméter.

Si desde Cerne en el norte regresó por Vettania para aprovisionarse y dejar sus heridos, desde allí hacia sur recorrió casi seguro la *Vía de la Plata* que terminaba en Tartessos. Eso se sabe por el nombre, Platea era la diosa del 2º tetramorfo (Déméter). Ahora prestemos atención al hecho de que arrasó la ciudad y la destruyó, pero aún no habían tomado más al sur la isla de Atlantis: «*Los demás Atlantes, atemorizados, capitularon*». Esto indica que el emperador Yasión todavía resistía en Atlantis, pero viendo perdida la guerra se rindió (hacia el año 1391 a. C.). ¿Cómo podemos saber esto?

En primer lugar, Mirina no podía bajar más al sur sin dejar libre el camino de retirada, por eso, antes de atacar Atlantis, que con sus anillos era casi inexpugnable a su caballería, debía eliminar Tartessos. Esto es obvio, es imposible asediar Atlantis si te cortan la vía de suministros, y además muy peligroso. Así pues, debió haber un asedio en Tartessos (1392 a. C.) y aún más, una batalla campal anterior en el veloz regreso de Cerne (1393 a. C.). Quizás esa batalla tuvo lugar en *Sierra Morena*, y eso explicaría el nombre que le quedó. Todo indica que la guerra llevaba ya varios años, y obviamente primero toman Tartessos. La propia situación se encarga de decírnoslo, y como la siguiente víctima iba a ser Atlantis el emperador Yasión optó por rendirse (1391 a. C.). Según el mito, Mirina actuó entonces con generosidad:

> «*Mirina los trató con generosidad (a los atlantes), concertó con ellos una alianza, edificó una ciudad, a la que dio su nombre, en lugar de la que había destruido, y la entregó a los prisioneros y a cuantos quisieran establecerse en ella. Entonces los atlantes pidieron a Mirina que les ayudase a luchar contra las Gorgonas. En el curso de una primera batalla, que fue muy dura, Mirina obtuvo la victoria, pero muchas Gorgonas lograron escapar…*» (ibídem, Grimal, 1951).

Por ello, si es Tartessos —Valencina de la Concepción— lo que han arrasado, la nueva ciudad fundada en su lugar tiene que estar cerca pero no en el mismo sitio, y podría ser la cercana Mairena del Aljarafe. En este sentido, Mairena es Mirina: «*edificó una ciudad, a la que dio su nombre, en lugar de la que había destruido*». Mairena se encuentra a 8 km al sur de Valencina, también en los alrededores de la actual Sevilla. Se contrasta igualmente en esta parte del mito su veracidad histórica, pues ahí está… la ciudad de su nombre, justo al lado de la anterior que ha destruido.

En consecuencia a todo esto, se puede comprobar en la toponimia española que en efecto una reina Mirina de las amazonas, llamada también *Battea* por ser de Vettania, invadió el país vecino de los atlantes (Reino de Tartessos), el cual miraba al Océano y era asimismo vecino de los libios. Y en ese país invadido fundó una ciudad con su nombre, ubicada cerca de la antigua capital.

Se contrasta todo como verdadero, y queda con ello demostrado que Tartessos es Valencina de la Concepción. La mayor parte del yacimiento sigue por desgracia debajo de la población moderna de Valencina, la cual debería ser evacuada. Como sea, la igualdad de tantos nombres con Mirina (*Mairena*, *Sierra Morena*, el río *Baetis*, *Vettania*), así como la igualdad en las descripciones geográficas (los libios vecinos a los atlantes, ellos de cara al Océano, al otro lado las amazonas, etc), forma un conjunto tan grande de coincidencias que es imposible el azar. Esto significa que los mitos son históricos, tal como la propia tradición pretendía, y lo que es más importante, que los mitos sobre los atlantes son históricos. Por lo tanto no eran una fábula, asimilémoslo, lo que está coincidiendo con la toponimia son mitos de los atlantes.

Tenemos incluso las llamadas «amazonas» de Alcalá del Río, en el yacimiento de Angorrilla, apenas a 9 km de Valencina (Tartessos); se trata de tumbas de mujeres guerreras armadas con arcos, que salieron a la luz en el 2015. Han sido fechadas en el siglo VII a. C. como mínimo, pero por la cercanía a Valencina (Tartessos) podrían ser de tiempos de la Guerra de Lemuria, porque estuvieron sitiando la capital, y Alcalá es una buena zona de retaguardia. En cualquier caso, más allá de esas tumbas de «amazonas», el conjunto de topónimos (*Mairena*, *Morena*, *Baetis*, etc) no deja duda.

El problema de identificar Tartessos, mediante los mitos de la reina Mirina queda demostrado, ya no es una cuestión de opinión. Se ubican además esos atlantes en España, ya lo sabíamos pero vuelve a quedar fuera de duda. En cualquier caso, aunque Yasión se rindiese, lo lógico es que su esposa Irene acudiese en su ayuda desde el Reino de Iberia, por eso tenemos esa alusión a las Gorgonas: «*Entonces los atlantes pidieron a Mirina que les ayudase a luchar contra las Gorgonas*». El ataque fue rechazado y la paz firmada finalmente (1390 a. C.). ¿Y por qué motivo se habla ahora de unas Gorgonas? Si recordamos el mapa de las Dos Coronas (Fig. 48), la Gorgona era la criatura emblemática de la Corona Roja (Iberia y Libia), por lo que si la reina Irene de Iberia así como los libios descontentos atacan a Mirina, los mitos los van a llamar Gorgonas. Es así de fácil, y tiene mucho sentido que atacasen en ese momento; las cosas en aquél entonces iban despacio, en cuanto llegó la noticia de la rendición hicieron un último esfuerzo.

Pero Mirina venció, y arregló su ciudad (1390 a. C.), por lo que inició su campaña para someter a los libios del norte de África al año siguiente, hacia 1389 a. C., que es cuando llega a Egipto. El hecho de encontrar en el tesoro de su tumba (Aliseda) tantos artefactos egipcios garantiza que también esta parte de su leyenda es verdadera. Y las negociaciones las hizo con el príncipe heredero

(Horus) porque Tutmoses IV está ya viejo y sólo le queda un año de vida. Pero todavía estaba vivo, por eso sale su título en la jarra de vidrio con la que Mirina fue obsequiada.

Si por casualidad esto le extrañase a alguien, hemos de recordar que no es el único faraón mencionado en tesoros hallados en España, hay alabastrones con el sello de Menkheperre, título de Tumoses III, 1479-1428 a. C., también de Apopis, 1590-1549 a. C., o más tarde en tiempos posteriores de Osorcón II (875 a. C.) y otros faraones más. Cada uno tiene su historia y su relación con España, muchas de estas relaciones ya las tenemos comprendidas. De modo que esto es fácil, siempre hubo contacto con Egipto, y también con Grecia, a lo largo de toda la Edad del Bronce. No tiene de especial nada el hecho de que Mirina estuviese en Egipto (1389 a. C.) porque los atlantes se paseaban todo el Mediterráneo a su gusto. Ya lo vimos, incluso con el mercado del bronce en Sidón. Así pues, el único error aquí es pensar que los fenicios del siglo IX a. C. fueron los primeros en recorrer el Mediterráneo, y datar cualquier cosa con posterioridad a ese siglo.

Los alabastrones egipcios firmados por faraones bien datados, las cerámicas micénicas, anillos, y demás objetos hallados en España, son piezas fabricadas en la Edad del Bronce, cuya fabricación y uso ya no existía en la posterior Edad Antigua; los fenicios jamás fabricaron esa clase de piezas extranjeras, y los fenicios del siglo IX o VII a. C. jamás habrían podido traficar con esas mercancías. Aclarado bien este problema, ahora sigamos con la ubicación desconocida de Atlantis, porque está claro que había otra capital además de Tartessos, la cual se rindió después de que la reina Mirina asediase y arrasase Tartessos.

> «ella (refiere a la ciudad de Gadir) *fue llamada con anterioridad Tartessos, grande y opulenta ciudad en época antigua, en ocasiones pobre, en otras pequeña, ya abandonada, ya convertida en un campo de ruinas [...]*» (Ora marítima, 267, Avieno)

La ruina y desgracia de Tartessos comienza con esta guerra de Mirina, la ciudad quedó arrasada, y finalmente acabará destruida por completo por los cartagineses en la invasión del 509 a. C. Pero el poeta Avieno, hacia 320-380 d. C, que recoge estas noticias legendarias sobre su opulencia, comete el error de creer que la antigua Tartessos era Cádiz, ya que Cádiz era el gran emporio de la zona en su época. Pero esto es erróneo, se debe a que en la época romana, a causa del Culto Imperial, es cuando el afán de reconstruir el pasado atlante empezó a ubicar las ciudades legendarias de los mitos. Y las ubicaciones que proponían eran un poco descabelladas, ya vimos antes a Pomponio Mela, 10-70 d. C, proponer Carteia en la Bahía de Algeciras como localización de Tartessos, en vez de Cádiz como ahora observamos con Avieno.

La verdadera Tartessos, hemos visto, estaba enterrada en la zona de Valencina de la Concepción (cerca de Sevilla), pero ellos desconocían esto. El mismo problema nos va a ocurrir con Atlantis y con Tharsis, otras dos antiguas capitales del reino; ninguna de estas dos ciudades era la mítica Tartessos, fueron distintas. La segunda de ellas, Tharsis, es la *Tarshisch* bíblica, la de Salomón:

> «*En efecto, el rey Salomón tenía naves de Tarschisch en el mar junto a las naves de Hiram. Las naves de Tarschisch venían una vez cada tres años y traían oro, plata, marfil, monos y pavos reales*» (Libro I de los Reyes, 10-22).

Este comercio de metales preciosos, con abundancia de plata, alude a España con seguridad —las principales minas estaban en la Península—, ya que Hiram de Tiro, hacia 980-945 a. C., es también el rey fenicio que construyó con el rey tartesso Habis el Heracleion en Cádiz. Las naves de Hiram iban hasta España, y viceversa. Parece que en tiempos del Linaje de los Hábidas, desde el rey Alisque (1069 a. C.) hasta Abdastartus (939 a. C.), la capital estuvo en Tharsis, y no en Tartessos, lo cual vino a coincidir con las citas bíblicas redactadas en tiempos de Salomón —s. X a. C.—, contemporáneo de Hiram. Por eso se cita a España con *Tarshisch*; ahora bien, ¿dónde estaba?

Las peores invasiones celtas ocurrieron precisamente en esas fechas del siglo X a. C., conquistaron la Península; tengamos en cuenta que eso pudo provocar cambios. La *Tarshisch* bíblica tiene que ser Tharsis, la capital del País de Tirsenia (Thyrsenia), ubicada en Huelva. Hay todavía en la provincia de Huelva un pueblo que se llama exactamente así, y debe ser ése. Se halla en la cuenca del río Tinto (el arcano río Θάνατος, *Thánatos* «río de la muerte», uno de los ríos pequeños del Infierno), y por tanto cerca de las famosas minas —las *Minas del rey Salomón*—. Es un lugar estratégico por esa extracción de metales, el pueblo mismo de Tharsis tiene minas en su término, pero está situado al oeste de las principales (las famosas Minas de Riotinto); ello puede deberse a que era la antigua capital tirsena, y ya está, eso basta, pero también venía muy bien porque había que defender esos territorios de los celtas, los cuales habían invadido en el siglo X a. C. la fachada atlántica de la Península Ibérica hasta la región del Algarbe portugués, y la nueva frontera de los *Celtici* quedó en el río Guadiana (Anax); de hecho, permanecerá como tal para el Reino de Lusitania y la Bética.

En tiempos de la invasión había que proteger la zona y no dejarles pasar, por lo tanto, es lógico que los reyes tartessos se situasen allí en Tharsis con el ejército, por lo que en los textos bíblicos de Salomón citaban a los españoles y al reino a través de esa capital: *Tarshisch*. La ciudad de Tharsis estaba entonces en el pueblo de ese mismo nombre, unos 54 km al norte de Huelva capital.

Queda aclarado este problema, es todo muy lógico, y como *Tartessos* es Valencina, *Gadeira* es Cádiz, y la ciudad de *Hasta Regia* ha sido hallada en las cercanías de Jerez, lo cierto es que sólo nos queda por ubicar *Atlantis*. Volvamos entonces a las citas de los antiguos historiadores, esas noticias trasnochadas y mal entendidas en la mayoría de los casos, las cuales nos dicen así:

> «*Dicen que el Betis es un río de Iberia que tiene dos desembocaduras, en medio de las cuales, como en una isla, se encuentra la referida Tartessos*» (Estacio a Dionisio).

Publio Papinio Estacio, 45-96 d. C, fue un poeta latino cortesano oriundo de Nápoles. Como se nota, los romanos no saben dónde estaba Tartessos, y la están confundiendo con Atlantis; es esta última —Atlantis— la capital imperial que sí estaba en una isla. Pero las dos ciudades habían desaparecido ya en tiempos de los romanos, y nadie se acordaba de que habían sido dos distintas. De hecho, como tampoco sabían dónde estuvo, pues la intentan situar en Gadeira o Carteia como hemos visto. Y mientras Pomponio Mela, 10-70 d. C, que es contemporáneo, la está ubicando en Carteia, el poeta Estacio está diciendo otra ubicación.

De entre los dos el más correcto es el poeta, pues al menos la isla fluvial sí que fue una gran capital. Este es un problema que ya tenían los griegos, tampoco ellos sabían dónde estuvo Tartessos, y la confunden. Unos años antes, Estrabón, 63-19 a. C., tras hablarnos —en términos completamente históricos— del rey Gerión, escribió:

> «*Siendo dos las desembocaduras del río, se dice que antiguamente, en el espacio entre ambas, se levantaba una ciudad*» (Geografía C148).

Estrabón parece ser la fuente que usa Estacio, por el parecido de las frases, y a su vez, se basó en Poseidonio al hablar sobre Iberia. Como sea, no dice que la ciudad de la isla fluvial fuese Tartessos, eso es ya una confusión añadida por Estacio. Y es lógico, si se está hablando de la capital, esa capital... era Tartessos. Ésa es la propuesta de Estacio, Pomponio Mela al mismo tiempo piensa en Carteia (la confunde con Cartare, otro supuesto nombre de la isla fluvial), y luego Avieno pensará en Cádiz.

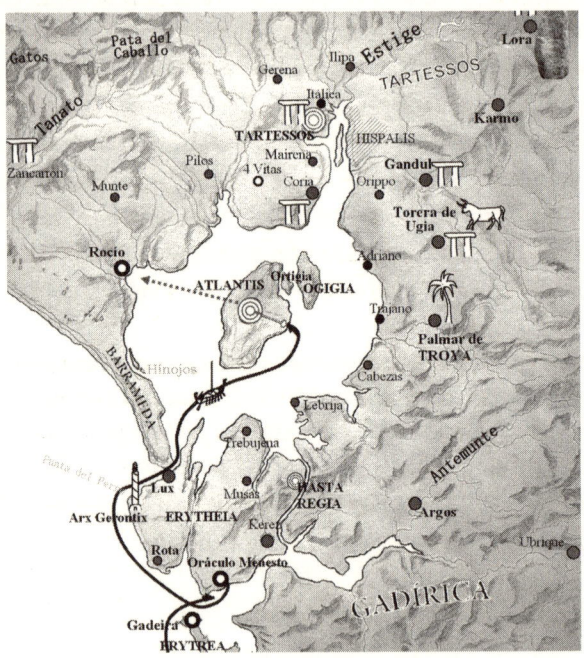

La Laguna Estigia con la Isla de Atlantis (Fig. 110); en los tiempos arcanos había tres centros de poder en la región Gadírica, uno la ciudad de Tartessos, capital tirtana, otro es Hasta Regia capital de los cilbicenos, y entre ambas la laguna, con la isla y la ciudad imperial. Marcamos la ruta que siguió la flota de Perseo cuando atacó a Medusa, la entrada en la Bahía sólo era por Lux (Templo de la Luz, actual Sanlúcar) y en su interior había tres islas principales: Atlantis, Ogigia y Ortigia.

En definitiva, no tenían ni idea, al menos los latinos tardíos (s. I d. C), los anteriores decían las cosas mejor. Por su lado, Poseidonio, habló sólo de una gran ciudad, no de Tartessos, en la isla. Luego, los emperadores hispanos, como Trajano y Adriano, fundaron villas alrededor del *Lacus Ligustinus* (Fig. 9), en la orilla misma, y eso parece rememorar a sus antepasados de Atlantis. Llamaron a esas villas con sus propios nombres, y en la actualidad el pueblo de

Trajano y el de *Adriano* siguen existiendo allí cerca. Ambos emperadores habían nacido en Itálica (la primitiva Tartessos), así que por su familia —principesca— debían conocer algo mejor el tema. Pero parece que los romanos en general, desde la fundación de Itálica ya no lo sabían, y es muy posible que el nombre se hubiese perdido desde la destrucción cartaginesa del 509 a. C., y que la hubiesen llamado Cartare (alusión a Cartago). Ahora bien, ¿qué capital era esa otra que había en la isla fluvial en medio de los dos brazos del río Guadalquivir? Como Tartessos era Valencina, en la meseta del Aljarafe, y las otras capitales históricas tampoco estaban en esa isla, no queda más remedio que se tratase de Atlantis, lo cual encaja perfectamente con el mito.

Para apreciarlo mejor, regresemos a Platón, quien en su descripción de la Atlántida también nos explica muchas cosas de la zona donde estaba la ciudad. Se trata sin duda de historia verdadera, porque la arqueología de toda la región lo está corroborando. Tenemos que encontrar dos cosas además, primero la isla, y luego la ciudad:

> «... *había una isla delante de la desembocadura que vosotros, así decís, llamáis columnas de Heracles. Esta isla era mayor que Libia y Asia juntas y de ella los de entonces podían pasar a las otras islas y de las islas a toda la tierra firme que se encontraba frente a ellas y rodeaba el océano auténtico, puesto que lo que quedaba dentro de la desembocadura que mencionamos parecía una bahía con un ingreso estrecho. En realidad, era mar y la región que lo rodeaba totalmente podría ser llamada con absoluta corrección tierra firme*» (Tímaios 25 a).

Aunque afirma primero que había una isla «*delante*» de las Columnas de Heracles, eso es una manera de hablar porque en dicha frase está acotando su ubicación en el Mediterráneo. Luego añade el apotegma atlante de «*mayor que Libia y Asia juntas*», que era en origen una referencia política y no geográfica. ¿Cómo va a ser la isla mayor que dos continentes, y luego encima rodeada de tierra firme? Por ello, continúa concretando mucho mejor su situación, desde la isla se puede pasar a las «*otras islas*» y a «*tierra firme*» con facilidad. Entiéndase que la «*tierra firme*» es mucho más extensa que la tierra emergida de las islas. La descripción, hasta este punto podrían ser las Islas Eritreas en Cádiz, incluso por la desembocadura si consideramos el río Guadalete (Antemunte), pero es que menciona con claridad una Bahía, la cual, es grande porque contiene las islas, y su ingreso estrecho: «*dentro de la desembocadura que mencionamos parecía una bahía con un ingreso estrecho*». Eso ya no puede ser Cádiz, está hablando de la Laguna Ligustina (Fig. 9), porque además es agua salada: «*En realidad, era mar*», no se trata sólo del río.

Si la isla está dentro de esa bahía, no puede ser ya el Guadalete ni las Islas Eritreas. Ahora prestemos atención porque nos lo dice: «*y la región que lo rodeaba totalmente podría ser llamada con absoluta corrección tierra firme*». Para que la región situada alrededor, que totalmente la rodea, sea tierra firme, tenemos que pensar sin excusa en la Laguna Ligustina que era la única bahía cerrada de la región Gadírica. De este tema no se debe dudar.

Platón está hablando de ese lugar concreto, y no se ha podido inventar nada, coincide demasiado bien. Se trataba de un paraje impresionante (Fig. 110), la Laguna Estigia era la desembocadura del río Estigio, y según el relato tenía islas en su interior, entre ellas Atlantis.

> «*El río Tartessos, que fluye del lago ligustino por abiertos campos, ciñe la isla por todas partes con su corriente*» (Avieno, Ora marítima 267).

Como podemos apreciar aquí, esta isla legendaria es aludida también en los textos de los demás escritores (Avieno, Estrabón, Estacio, etc), y a pesar de que Avieno situaba primero la ciudad de Tartessos en Cádiz, no por ello deja de distinguir la otra ciudad de la isla del río Tartesso. Quizás por eso llevó la «posterior Tartessos» a Cádiz, por conocer precisamente la ubicación correcta de Atlantis. No era mala idea si tenemos en cuenta que desconocía el yacimiento megalítico de Valencina. En cualquier caso, si el río mencionado es siempre el de Tartessos —el Estigio—, ¿qué duda queda? Lo que ocurre aquí es que la Laguna Estigia tenía islas, y luego la Laguna Ligustina de tiempos romanos no tenía. Pero esto último, ¿acaso no es una confirmación del hundimiento?

En primer lugar, hay que pensar que si surgió una isla o varias islas en medio de esa bahía marina es por la acumulación de los sedimentos del río Guadalquivir, lo cual significa que no tenían una base rocosa sujetándolas. Se pudo hundir Atlantis en una sola noche a causa de un terremoto porque estaban sobre un bancal de limo que se deshizo cuando la tierra empezó a temblar. Platón nunca menciona volcanes ni erupciones, nada de eso, sólo un terremoto, y después una ola gigante. En segundo lugar, hay que confirmar su tamaño. Platón nos indica que el Gran Canal que recorría la ciudad medía 50 estadios desde el centro de la isla hasta el borde. Significa que la isla de Atlantis en sí misma no era grande, porque desde su centro al borde son 50 estadios (8900 metros). Los barcos desde el mar podían entrar en la ciudad —en el centro de la isla— por ese canal excavado en limos que no llega a 9 km, de modo que era una isla sedimentaria que medía unos cuantos kilómetros, y eso sí entra en las posibilidades de una catástrofe.

Desde luego la confederación grande y maravillosa de Atlantis no hay que meterla dentro de la propia isla, porque se expandieron por el norte de África y por Europa hasta Tirrenia (véase Fig. 15); en consecuencia a ello, el imperio dividido en diez partes no estaba en la isla como aparece en muchos libros de fantasía, sólo era la capital.

El Terremoto de Lisboa del año 1755 (Fig. 111); si imaginamos la catástrofe de un gran terremoto, el que destruyó la capital portuguesa por completo en 1755 mató a 150.000 personas, sólo en Lisboa a 90.000.

La imagen apocalíptica visible en los viejos grabados que ilustraron el Terremoto de Lisboa es un buen ejemplo; se dice que los edificios se volcaron unos sobre otros y que olas gigantes formaron maremotos que golpearon las costas desde Inglaterra a Marruecos. Hay noticia de que esas mareas incluso llegaron a las costas del Caribe, al otro lado del Atlántico. Lisboa no se hundió porque se ubica sobre corteza continental rocosa, tan sólo quedó destrozada. Pero la isla de Atlantis, aunque también tiene por debajo corteza continental, en la zona de la Laguna Estigia el nivel del mar es más alto, y sólo los sedimentos asomaban. Si fue un terremoto terrible como el de Lisboa, una isla formada por sedimentos puede deshacerse en sus cimientos. Porque el limo que la compone está apelmazado pero si meneas la isla pierde el apelmazamiento, y se deshace la isla por su propio peso. Es como cuando hacemos una colina de arena sobre una hoja de papel, y luego meneamos la hoja.

Por eso se nos cuenta que la isla se hundió hacia abajo, recta hacia abajo; Atlantis se hundió verticalmente y se sumergió bajo el mar, durante la noche.

La presión de los sedimentos produce que los otros sedimentos de más abajo se dispersen hacia los lados donde hay agua. De esta manera, la Laguna Estigia quedó con muy poca profundidad, porque como dice el relato, la Arcilla que produjo la isla lo tapaba todo, pero sin llegar a asomar más arriba de la superficie del mar. Platón lo cuenta así: «*Posteriormente, tras un violento terremoto y un diluvio extraordinario, en un día y una noche terribles, la clase guerrera vuestra se hundió toda a la vez bajo la tierra y la isla de Atlántida desapareció de la misma manera, hundiéndose en el mar. Por ello, aún ahora el océano es allí intransitable e inescrutable, porque lo impide la arcilla que produjo la isla asentada en ese lugar y que se encuentra a muy poca profundidad*» (*Tímaios* 25d, Gredos).

El Hundimiento vertical de Atlantis (Fig. 112); para que la presión del peso de la propia isla la hundiese, es necesario que el limo de las capas inferiores saliese despedido hacia los laterales por la presión. De esa forma se explica que colmatase zonas anteriormente navegables.

Es evidente que una isla que se deshace en Arcilla tal como nos dice Platón ha de ser una isla sedimentaria, una isla fluvial según estamos indicando. Y además, esa zona misma de la isla siguió estando habitada, porque la región donde se situaba —la Gadírica— no desapareció: «*aún ahora el océano es allí intransitable e inescrutable, porque lo impide la arcilla*». Hemos oído bien, «*aún ahora*», de modo que es un territorio todavía conocido y habitado; dejemos de pensar en algo profundamente hundido en mitad del Océano, porque Platón no podría afirmar «*aún ahora*» si fuesen territorios lejanos, muertos, deshabitados, sumergidos, y desconocidos. En absoluto, tiene que ser algo cercano al Mediterráneo, para que «*aún ahora*» las gentes hablen de la Arcilla que dejó la isla al hundirse, la cual ha quedado a poca altura de la superficie.

No era por lo tanto, una isla volcánica en mitad del Océano Atlántico, no estaba en las Canarias, ni las islas de Madeira o Azores, ni nada de ese estilo (islas volcánicas formadas por roca basáltica). Pero el «*diluvio extraordinario*» que menciona, es la ola gigante del tsunami, el maremoto que acompaña a los terremotos cuyo epicentro se ubica en el mar.

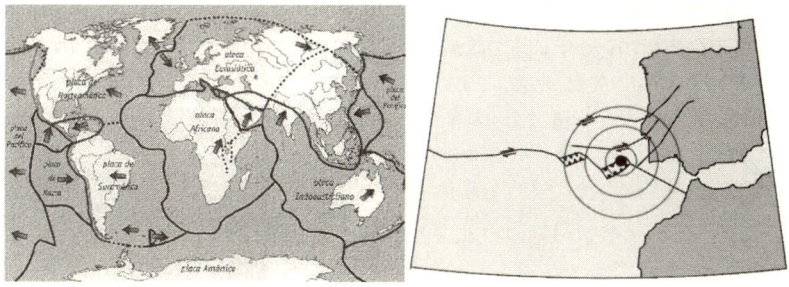

Plataformas continentales y epicentro de 1755 (Fig. 113); la placa africana choca con la euroasiática en la zona de Gibraltar. A la derecha vemos la línea de fractura en esa región, y el epicentro del Terremoto de Lisboa sobre ella, ubicado al oeste de la Punta de Sagres.

En la actualidad el Terremoto de Lisboa se calcula que fue de magnitud 9º en la escala Richter, se sintió en toda España, Francia y Marruecos. En este último país mató a más de 10.000 personas. Se sabe que los derrumbes generaron frecuentes incendios, también Lisboa sucumbió a las llamas. Lo más probable es que, en el 1069 a. C., con muchas casas de madera y tejados de paja, los incendios fuesen asimismo devastadores. Hay que imaginar cielos rojos mientras la Atlántida se hunde. En cualquier caso, un terremoto de magnitud 9º es algo que acontece cada cierto tiempo en la zona, porque la recorre la línea de fractura entre las placas continentales —africana y euroasiática—. Los epicentros se suelen situar sobre esa línea (Fig. 113), el del terremoto del año 1069 a. C. pudo ser justo al sur de Huelva, y por tanto afectó directamente a Atlantis.

Las placas continentales chocan de frente en Japón, allí son muy abundantes estos terremotos gigantes; pero, aunque sean más esporádicos en Occidente porque las placas no chocan de frente, ocurren de vez en cuando, sobre esa línea de fractura. Una falla continental provoca terremotos espantosos. Como eso es inevitable, encaja muy bien con el relato de la Atlántida, situada allí.

Una prueba material de que este terremoto sucedió así ya está disponible, casi por casualidad. Todo empezó con el error de la Marisma de Hinojos (al suroeste del antiguo *Lacus Ligustinus*), sitio predilecto en las pesquisas de muchos investigadores modernos. Se debe a la inocente presunción de creer que la Atlántida tiene que seguir en la actualidad bajo el agua, y esa marisma es uno de los lugares más húmedos de Doñana. Para quien no lo sepa, el Coto de Doñana es lo que queda en la actualidad del antiguo Lago Ligustino; y a su vez, ese Lago Ligustino era lo que quedaba en tiempos antiguos —romanos— del primitivo Lago Estigio. Debemos distinguirlos porque son lagos con fisonomías distintas y de edades distintas (Edad Arcana, Edad Antigua y Edad Media).

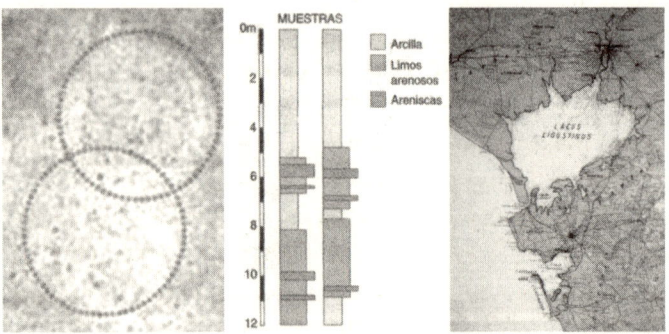

Círculos de Hinojos, Muestras, y Lacus Ligustinus (Fig. 114); en la actualidad ya hay pruebas sobre la existencia real de varios terremotos de gran magnitud en la zona de Doñana, fechados en tiempos antiguos.

Como sea, la idea comenzó con un erudito llamado Díaz-Montexano, quien creyó detectar allí en la Marisma de Hinojos unas estructuras circulares artificiales mirando fotos por satélite (Fig. 114). Al mirar esas fotos, no es nada evidente lo que él dijo, y más bien se trata de puro deseo psicológico. Pero aún así, esa información Montexano se la pasó al alemán Rainer Kühne durante un foro, y éste con un colega llamado Wickbolt acudió a la zona, publicando el tema como propio en los años 2003 y 2004. Entonces, arqueólogos españoles del CSIC se incorporan; S. Celestino con Villarías hicieron prospecciones allí, sin mencionar nunca nadie a Montexano. Hallaron edificios antiguos en el interior de los supuestos círculos. No se sabe aún de qué época son, podrían ser cabañas medievales, o edificios arcanos que, ubicados en primitivas islitas, se hundieron por el terremoto como Atlantis. Los arqueólogos deberán determinarlo, aunque esto no es lo más importante.

Lo importante es que a raíz de aquello, investigadores de la Universidad de Huelva, J. A. Morales y C. Lozano, han estudiado las capas de sedimentos, y según su trabajo (entre 2006 y 2009) en la zona hubo dos tsunamis. Se concluye porque entre las capas normales de sedimentos hay dos capas de areniscas —de origen seco, colocadas allí bruscamente—. A ellos se unió en el 2008 Richard Freund de EEUU, que aportó la idea correcta de que las estelas tartésicas muestran los Anillos Concéntricos de Atlantis. Con él los de National Geographic rodaron un documental que es cuando todo este tema pasó al gran público.

En las muestras halladas de sedimentos (Fig. 114), hay dos zonas de areniscas entre las arcillas, una reciente a 6 m de profundidad, y otra más antigua a 10 y 12 m. Corresponden a dos tsunamis, Morales y Lozano las han fechado hacia el 150 a. C. y el 1500 a. C. Según de aprecia, se han visto influidos en su datación por la expectativa de una Atlántida que sea coetánea a la cultura minoica, y los 2º palacios de Creta —del 1500 a. C.—. En fin, ignorando que el Cataclismo es posterior, lo han fechado en tiempos del propio Rey Atlante, 1480-1440 a. C., pero el punto crucial de todo esto es que nos DEMUESTRA que en tiempos de la Atlántida existió ese tsunami extraordinario arrastrando enormes capas de arenas, y por lo tanto un seísmo de gran magnitud.

Lo más seguro es que esas arenas sean las dunas de la Barrameda (Fig. 110) que cerraba la Laguna Estigia, y que es una zona que la ola del maremoto pasó por encima. Lo lógico por lo tanto, es que realizando la misma prospección en zonas al norte de la Laguna Ligustina las capas de areniscas sean mucho más finas que en Hinojos. La fecha real de todo esto fue cuatro siglos después de la que estos investigadores han propuesto, en el 1069 a. C., pero sabemos ya con certeza —gracias a ellos— que en esa zona hubo un cataclismo, tal y como las leyendas dicen. Es un gran hallazgo, y entonces, volvamos al filósofo que nos contó todo esto hace mucho: ¿se lo pudo inventar Platón? Claro que no, lo que ocurre es que en Hinojos nunca ha dejado de haber agua, y se encuentra lejos de donde estuvo realmente la isla de Atlantis, y su ciudad.

Vamos a ver esto último, pensemos que la Marisma de Hinojos es muy pequeña, ni siquiera cabría allí una isla con las proporciones que describe Platón. Para empezar, la ciudad estaba en el centro de la isla, y el Gran Canal que salía desde ese centro hasta el borde medía 8900 metros. Ya de por sí el Gran Canal era más largo que la Marisma de Hinojos, allí no pudo estar una isla que, según eso, medía el doble de ancho, unos 18 km. Para saber dónde estaba exactamente, regresemos a los autores antiguos:

> «*Siendo dos las desembocaduras del río, se dice que antiguamente, en el espacio entre ambas, se levantaba una ciudad*» (Geografía C148).

Estrabón y los demás nos hablan claramente de que la capital estaba entre los dos brazos del Guadalquivir, lo cual descarta enteramente la Marisma de Hinojos porque se halla en un borde del Lago Ligustino; esos bordes son sitios improbables para una isla de sedimentos, las cuales suelen estar justo en medio de la corriente del río, dividiéndolo en dos brazos tal y como dicen los mitos. Todos estos detalles son tan realistas que es inverosímil lo de la invención. Causa dolor pensar en fantasías cuando todo es realista, en unos tiempos en los que las fantasías de las historias eran verdaderas alucinaciones (monstruos, minotauros, dragones, etc). No existía en aquel tiempo la fantasía literaria realista, y además, Estrabón y el resto, son historiadores serios.

El Guadalquivir (río Estigio) se abre en dos brazos tal como dicen esos mitos, el Brazo de la Torre es el ramal derecho, y el ramal izquierdo es el cauce principal. El Caño del Guadiamar procede de otros ríos locales. Toda la región (Fig. 115) está hoy en día colmatada de sedimentos, ya no hay agua salvo en las marismas y lucios.

El mar en algunos puntos todavía entra, pero las marismas actuales son más bien fluviales y aumentan con las lluvias. La isla de Atlantis no debía emerger de las aguas donde todavía en la actualidad las aguas lo cubren todo (Marisma de Hinojos) sino donde los sedimentos estaban más secos y colmatados. Esto es, justo por donde pasaba la corriente depositando el limo, que por eso la isla surge en medio de la laguna abriendo al propio río en dos brazos. Para la ubicación exacta la toponimia nos brinda una pista importante, en la actualidad, todavía esa zona entre los dos brazos se llama *Isla Mayor*, luego tenemos una *Isla Menor* por fuera, y entre ambas islas aparece el pequeño nombre de *Isla Mínima*.

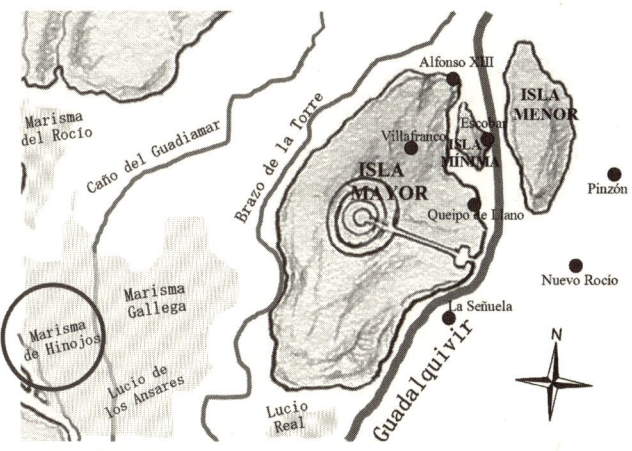

Zona central y occidental de la Laguna Estigia (Fig. 115); a la izquierda vemos las marismas y lucios que todavía en la actualidad se cubren de agua, porque la desecación no ha terminado. Pero los dos brazos del Guadalquivir no pasan por allí, Atlantis estaba entre ambos y por lo tanto justo en el centro de toda la Estigia. Actualmente los nombres de Isla Mayor, Isla Menor e Isla Mínima aún perduran allí.

Esto lo podemos ver (Fig. 115) en cualquier mapa de la zona, como por ejemplo la guía Michelín de carreteras. Nos parece una referencia directa a las islas mitológicas de Atlantis, Ogigia y Ortigia, que son las que había en ese lugar en tiempos de los atlantes, y que desaparecieron hundiéndose con el terremoto. De aquí surge un pequeño problema, pues sabemos que en tiempos de los romanos en el *Lacus Ligustinus* esas islas no existían, ¿cómo es posible que se conserven tales nombres hasta hoy? ¿Cómo van a recordar *Isla Mayor*, *Isla Menor* e *Isla Mínima* si no existen? La respuesta es fácil, porque Platón en sus diálogos dice muy claramente que quedaron a muy poca profundidad, el lago no era navegable en esas zonas:

> «... aún ahora el océano es allí intransitable e inescrutable, porque lo impide la arcilla que produjo la isla asentada en ese lugar y que se encuentra a muy poca profundidad» (Tímaios 25d).

Por eso, como los marineros locales y los mercantes se lo tenían que saber para no encallar, pues no se perdió la referencia de las tres islas. Pero, desde nuestra perspectiva actual, lo cierto es que estos topónimos indicando tres islas, y su ubicación en mitad de la antigua Laguna Estigia, forman una coincidencia con los mitos casi escandalosa. Sería muy difícil que no tengan que ver entre sí. Lo que sucedió con el tiempo —ya en la Edad Media— es que la colmatación del río las hizo emerger de nuevo, junto con las salinas y la desecación artificial se acabó cubriendo el lago. En la actualidad, salvo las marismas señaladas, lo demás es tierra seca, y no hay absolutamente nada salvo dunas, salinas y campos de cultivos. No hay pueblos tampoco, salvo los siete que señalamos en el mapa (Fig. 115), que son: Alfonso XIII, Escobar, Villafranco, Queipo de Llano, Pinzón, Nuevo Rocío y La Señuela. La fundación es reciente en todos ellos, de tiempos del rey Alfonso XIII, 1886-1941 d. C, y del general Queipo de Llano, 1875-1951 d. C.

En fin, esta zona sigue siendo un despoblado. La *Isla Mayor* de los mapas, cubre la parte que se extiende desde el pueblo de Alfonso XIII al norte hasta bastante más al sur de los pueblos Villafranco y Queipo de Llano. Concretarlo un poco más nos vuelve a la descripción de Platón:

> «A Poseidón correspondióle la isla de Atlantis y en cierto paraje de ella estableció a los hijos que había engendrado de una mujer mortal. Cerca del mar, tendida hasta la parte central de la isla, había una llanura que, según cuentan, era la más fértil y más hermosa de todas las llanuras. Próximo a ella, a una distancia de cincuenta estadios aproximadamente a partir del centro, se alzaba una montaña no muy alta» (del diálogo Kritías, 113-C).

Esta traducción aparece en las *25 Estampas* de García y Bellido, es la más evocadora, pero quizá sea más clara la traducción de la editorial Gredos:

> «*El centro de la isla estaba ocupado por una llanura en dirección al mar, de la que se dice que era la más bella de todas, y de buena calidad, y en cuyo centro, a su vez, había una montaña baja por todas partes, que distaba a unos cincuenta estadios del mar*» (diálogo del Kritías, 113-C).

Como sabemos que la isla era pequeña, sugiere todo esto que la llanura bella de la que habla es la gran vega fértil del Guadalquivir, porque está en efecto en dirección al mar tal como dice: «*una llanura en dirección al mar*». La Isla de Atlantis era demasiado pequeña como para que esa llanura tan ensalzada esté en su interior, es un error de noticias confundidas, no obstante, como era una isla de sedimentos, debía ser llana también. El relato añade que en su centro la isla tenía una montaña: «*en cuyo centro, a su vez, había una montaña baja*». Esta pequeña colina central es donde se ubicó el Templo de Poseidón, a partir del cual se organizaron los famosos Anillos. Entonces, la propia ciudad de Atlantis tenía su isla central con ese templo en la colina (acrópolis), y los anillos de agua y tierra la rodeaban. Ese lugar estaba escogido por su prominente altura, y por estar en el centro de la isla sagrada.

Los canales de los Anillos se excavaron a partir de él, y también el Gran Canal. No fue difícil porque si la isla era de sedimento no tuvieron que perforar en roca viva, por eso pudieron hacer esas gigantescas instalaciones (cubiertas luego de piedra). Como se ha dicho, el Gran Canal, desde el centro de la isla —la montaña baja— hasta su borde medía 50 estadios (8.900 m), y según Platón en el extremo exterior habían construido un Puerto. Si la ciudad estaba en el centro de la isla, debemos imaginar otra distancia parecida hacia el otro lado. El Gran Canal miraba al este (el levante) por motivos religiosos, pero hacia el poniente debía haber otro pedazo de isla con otros 8.900 metros, o quizá algo menos. Porque en caso contrario la colina ya no estaría en su centro.

Además, el Gran Canal debió ser excavado siguiendo el ancho de la isla, y no el largo (para ahorrar esfuerzo), las dimensiones de norte a sur serían un poco más grandes por la corriente del río, una isla de sedimentos no podía estar cruzada a la corriente. En definitiva, sus proporciones debían ser muy parecidas al espacio que hay entre los dos brazos actuales del Guadalquivir, tal y como se ve en la Figura 115. Aceptando esa forma, que nos viene dada por la topografía, un Gran Canal de 50 estadios (8.900 m) es lo que mide exactamente desde el centro hasta el borde de la isla, en el brazo izquierdo del Guadalquivir.

Esta conclusión es bastante segura, podían desde luego haber trazado el Gran Canal hacia el norte o hacia el sur, pero lo lógico es que escogieran hacia el levante por ser un lado con distancia más corta (supone excavar menos, ahorrar trabajo) y además por motivos religiosos (el levante del Sol indica la entrada de la vida, el poniente en cambio la muerte, jamás el Gran Canal miraría a ese lado). El acceso desde el levante es además más cómodo para los barcos que entran en la Laguna Estigia desde el Océano, por Sanlúcar. Casi todas las poblaciones, recordemos la Figura 110, se situaban en la orilla oriental de la Laguna Estigia, mientras al lado occidental sólo había bosques. Eso es por teología también.

Todo tiene así mucho sentido, la isla de Atlantis mediría entonces unos 23 kilómetros de largo, por unos 14 kilómetros de ancho, de los cuales 8,9 kilómetros eran desde el centro de la ciudad —Templo de Poseidón— al puerto mercantil que estaba en el otro extremo del Gran Canal. Así nos lo indican los brazos actuales del río, alrededor de *Isla mayor*.

El Gran Canal cruzaba la llanura de la isla, que podía ser ciertamente muy bella como afirman las leyendas, y arbolada de pinos, pero es seguro que la llanura legendaria que miraba al Océano es la vega entera del Guadalquivir (fértil y grande). La ubicación exacta de Atlantis, de su centro donde se alzaba el Templo de Poseidón en la colina, distaba unos 6 o 7 km al sur del pueblo actual de Villafranco, y llegados a ese sitio, un kilómetro o dos más al oeste. Si excavamos en ese punto deberíamos encontrar la ciudad. Al menos teóricamente, pero aún así es difícil, porque todo esto es aproximado, y un simple kilómetro de error es mucha distancia a la hora de encontrar algo excavando agujeros.

Lo mejor es buscar el centro de la ciudad porque es la zona que tendría más edificios palaciales construidos en piedra, de los cuales podemos hallar restos. La mayor parte de las casas humildes en los Anillos podrían haber sido de madera, adobe, barro y paja, de eso no queda luego resto alguno. Al excavar no veríamos nada. Por tanto, es sobre la isla central (6 km al sur de Villafranco, y 2 al oeste) donde con más posibilidad las prospecciones tendrían éxito; una opción es hacer catas radialmente, de unos veinte metros de profundidad. Por fortuna para nosotros la ciudad de Atlantis era grande, su Anillo Mayor tenía un diámetro de unos 4 kilómetros, pero sólo en la acrópolis palacial y los templos hay seguridad de encontrar edificios en piedra. La ciudad, con el Cataclismo y la inmersión bajo agua debe estar realmente destrozada, pero el hecho de encontrarla sería un hito histórico de la mayor importancia.

En esto, hay una parte buena y otra mala; por un lado es difícil que encontremos calles, casas y palacios, debe estar todo revuelto. Pero por otro lado podría albergar fácilmente tesoros sin saquear, porque cuando las ciudades desaparecen súbitamente en desastres naturales, como Pompeya con el Vesubio, los saqueadores no tienen ocasión ni oportunidad de robarlas. Tampoco es probable que la población posterior la arrasara robando piedras si estaba bajo el agua, y por eso, esta clase de yacimientos son de gran valor. Debe estar llena de objetos: joyas, estatuillas, cerámicas, armas de bronce, las planchas metálicas que cubrían las murallas, etc. Pero, con un poco de suerte, si el hundimiento vertical no la hubiese destruido por completo, podríamos tener incluso el trazado de las calles y las casas, esto es, podríamos conocer la ciudad. Al menos, eso es así con el perímetro de sillares en las murallas.

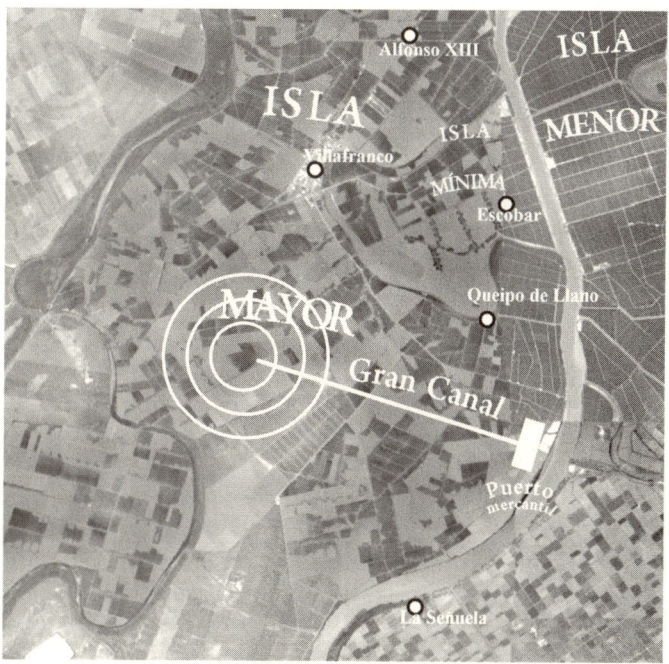

Foto aérea de la región donde estuvo Atlantis (Fig. 116); en la actualidad son campos de cultivo en una llanura, y nadie la ha buscado jamás en este lugar, pero es donde hay más posibilidades.

También pudieron quedar áreas mejor conservadas que otras, aunque en fin, esto naturalmente sólo se sabrá cuando sea excavada. De entre los pueblos mencionados alrededor del enclave (Fig. 116), sólo el de Villafranco y Alfonso XIII tienen calles con un cierto vecindario, el resto de ellos son granjas de apenas cuatro casas. Las llamadas *Isla Menor* e *Isla Mínima* estaban fuera de la isla de Atlantis (*Isla Mayor*), de esta última, el pueblo de Alfonso XIII se encontraba en lo que sería la punta norte de la isla, porque la región de Isla Mayor llega hasta ese pueblo. Por el sur alcanza la altura de La Señuela, pero la isla primitiva debió llegar algo más allá, hasta el actual *Lucio Real* (Fig. 115), pues en caso contrario la ciudad no quedaría en el centro de la isla. Según dijimos, entre los dos brazos del río su forma era alargada y midió unos 23 kilómetros. Si dejamos espacio para Isla Mínima, la granja de Queipo de Llano se encontraría también, como Alfonso XIII, justo en el borde de la Isla Mayor, que por ese lado se ensancharía. El Gran Canal tendría que estar en esa zona más ancha, porque tal y como lo ponemos (Fig. 116), mide 8900 metros desde el centro de la ciudad de Atlantis al puerto mercantil. Si subimos más al norte su ubicación, nos tropezaríamos con Isla Mínima, y ya el Gran Canal no cabe. Al estrecharse de nuevo la isla por el sur, de nuevo el Gran Canal no cabría, por lo que la latitud más correcta es la que marcamos, de acuerdo a cómo doblan los brazos del río.

La perfección con la que coincide esta topografía con las descripciones míticas es notable: las tres islas, la longitud del Gran Canal, la forma de la isla entre los dos brazos del río, su ubicación en el centro de la Laguna Estigia, etc. Es muy difícil es que no estuviese la ciudad ahí, y que no siga ahí abajo, sólo hay que excavar. Coincide además con la latitud del santuario de El Rocío, el sitio adonde huyó Calírroe la noche del asalto de Perseo.

Pero claro, naturalmente todo esto es aproximado, uno o dos kilómetros arriba o abajo el Gran Canal también podría caber, y los 50 estadios nos parecen una cifra redondeada, podrían ser 49, 48 o 47 estadios. Y aunque los anillos puedan ser grandes en la foto aérea (Fig. 116), casi toda la ciudad arqueológicamente debe haber desaparecido tal como hemos indicado. Al final se puede tornar difícil la tarea de encontrarla, pero desde luego, el que no busca no encontrará nunca nada. Les toca a las autoridades políticas hacerse cargo de esta situación, su labor administrativa es organizarlo, por ejemplo con una agencia encargándose de toda la zona de la

Laguna Estigia, para neutralizar a los buscadores furtivos de tesoros, y al mismo tiempo para hacer las prospecciones. Se encargaría también de la explotación turística del entorno, y de un museo. Todo esto debería gestionarse ya, porque la región entera está llena de yacimientos, cada vez que hacen un agujero encuentran algo, el problema es que está todo sin investigar.

La situación en realidad es al revés de lo que usualmente suele pensarse, hay demasiados yacimientos. ¿Y por qué razón no los investigan? Pues porque no hay ninguna cátedra dedicada a la Atlántida, no hay ningún encargado de ocuparse y llevarlo adelante, el peor crimen en todo esto es el abandono institucional.

Otra localización errónea propuesta para Atlantis, además de la Marisma de Hinojos, son las ruinas halladas en la zona de la Algaida, entre Trebujena y Lux (Sanlúcar). Se trata de unas ruinas descubiertas ya hace tiempo en los años 60 del siglo XX, y que incomprensiblemente nadie las investigó. Así hasta la actualidad, en que un vecino llamado Manuel Cuevas ha afirmado que son la Atlántida. Estamos seguros de que no son Atlantis porque se hallan muy alejadas de la ubicación que describen los mitos, 32 km más al sur y en propia la entrada a la Laguna Estigia. Esa zona de Erytheia no fue nunca isla y tiene base rocosa. Jamás pudo estar ahí. Sin embargo, sus construcciones enterradas pueden tener origen tartésico y que sean de la Edad del Bronce, lo cual, unido a las halladas en la Marisma de Hinojos, nos indica que en efecto, la zona está llena de yacimientos.

Toda la orilla oriental de la Laguna Estigia tenía pueblos y construcciones en tiempos Atlantes, lo lógico es que queden muchos restos, tal como están apareciendo. Sería bueno hacer prospecciones en toda la antigua orilla, porque encontraríamos más. Pero no hay investigación, las universidades europeas se gastan todo el dinero en Egipto y ni siquiera la ciudad de Hasta Regia, localizada ya, está excavada. En su tozudez por olvidar la Atlántida los europeos cometen un despropósito, porque es en Occidente y no en Egipto donde se hallan las bases de la cultura occidental. Pruebas de ello ya hemos visto suficientes, los griegos heredaron casi todo de los atlantes, y hay muchas más evidencias que no hemos descrito aquí. En cualquier caso, fijémonos que las ruinas de la Algaida están 32 km más al sur de la localización correcta, mientras que las de la Marisma de Hinojos están 22 km al suroeste. Nadie ha imaginado nunca una ubicación tan al norte como la que decimos porque en la actualidad es tierra firme.

Perfiles de la Laguna Estigia y el Lago Ligustino (Fig. 117); en una sola noche del año 1069 a. C. desaparecieron las islas del centro de la Laguna, incluida Atlantis. Al amanecer del día siguiente, las arcillas a poca distancia de la superficie ocupaban su lugar, y todos los fondos habían perdido gran parte de su profundidad. Ese es ya otro lago.

La Estigia también era conocida como *Lago Tritonis*; el perfil de su corte tenía aguas profundas y una gran isla en el centro. Resulta realista en la leyenda que el Cataclismo tenga cierta duración durante un día y una noche, pues empezaría con varios avisos y luego tendría réplicas. Si el seísmo tuvo su epicentro en el mar como en el de Lisboa, y produjo como aquél olas de hasta 25 metros, esa marea rebasó la Barrameda de Sanlúcar (Lux), golpeando de lleno contra Atlantis. Ese día fatídico había comenzado con terribles temblores que derrumbaron los edificios y tiraban a la gente por el suelo. Quizás causaron ya algún incendio, y muchas muertes, porque destruyeron buena parte de la ciudad, fue horrible. Pero al anochecer parecía que había acabado y la gente se quedó en la ciudad cuidando a los heridos. Entonces, en algún momento de la noche, cuando el silencio envuelve todas las cosas... vino lo peor. Nuevos temblores aún más terribles, los cuales no solo destruyeron todos los edificios, sino que el suelo cedió, y la isla se hundió (eso es propiamente el Cataclismo). Toda la ciudad sufrió un ataque de pánico, y además pereció ahogada, no se salvó nadie. Porque de inmediato, si alguien o algo de la isla todavía asomaban sobre la superficie del agua, tal vez en barco como hicieron algunos príncipes, fue barrido acto seguido por el maremoto que llegó a la zona pocos minutos después, devastando toda la costa española y de la Laguna Estigia. Si en el terremoto de Lisboa murieron 150.000 personas, con 90.000 sólo en la ciudad, en el de Atlantis murieron absolutamente todos sus ciudadanos.

Sin embargo, hemos de suponer que algunos pocos de ellos no llegaron a morir, casi de milagro, y ellos fueron los que contaron después lo ocurrido. Imaginémoslo, cuando se hundió la ciudad, llevándose atrapados en sus ruinas a la mayoría, el sitio donde durante milenios antaño se había alzado Atlantis albergaba ahora a miles de desgraciadas almas flotando sobre las aguas estigias. Famélicos y cansados, agotados por todo ese terrible día, tiritaban en el agua en mitad de la noche. Si se orientaban bien, la orilla más cercana estaba a 25 km, pero aún así, entonces llegó el diluvio y los barrió. Nadie hubiera podido interpretar eso en aquellas épocas de otra manera: los dioses los habían condenado, era un castigo divino. ¿Pero por qué motivo? ¿Qué habían hecho para enfadar así a los dioses? Hemos explicado antes al hablar de los Linajes Troyanos que el Cataclismo descabezó el Imperio Atlante, eliminando la familia imperial, aquel linaje de Océano que dejó sus genes en media Europa. Platón nos lo dice también:

> «tras un violento terremoto y un diluvio extraordinario, en un día y una noche terribles, la clase guerrera vuestra se hundió toda a la vez bajo la tierra y la isla de Atlántida desapareció de la misma manera, hundiéndose en el mar» (*Tímaios* 25d).

Como se aprecia, el detalle del linaje imperial ahogado es importante y no olvida mencionarlo: *«la clase guerrera vuestra se hundió toda»*. Lo sabíamos por coherencia con las guerras civiles posteriores, eso tuvo que ser así, en caso contrario la Corona Roja (de los fenicios) no se hubiera independizado ni hubiera generado el Orfismo basado en la catástrofe, para deslegitimar políticamente a los tartessos. Y el que habla en esta cita es Sonjes de Sais, por eso le dice a Solón *«la clase guerrera vuestra»*, porque Solón era un Nélida de linaje atlante azul. Está claro también que la desaparición física de la ciudad creó una situación difícil para la continuidad de los «atlantes», porque todos van a recordar a los «atlantes» como los que vivían en Atlantis, y nadie va a poder posteriormente considerarse así. La desaparición de la ciudad rompe sin duda la continuidad en la identidad, y marca un cambio de era en sus mentes, porque los «tiempos de Atlantis» son del pasado.

Si la ciudad hubiese seguido existiendo, siempre podrían continuar naciendo en ella nuevos «atlantes». Pero esa identidad quedó abortada. Al mismo tiempo, el cinismo político de griegos, etruscos y romanos, negando incluso la historicidad de los linajes imperiales, puede compararse a comportamientos actuales similares; por ejemplo, cuando se niega en algunos países musulmanes la historicidad del Holocausto Judío. Ocurre eso nada más por conveniencia política, mientras que los judíos hacen lo contrario y nos lo recuerdan con insistencia a todas horas sin dejarlo nunca, también por conveniencia. Hemos confirmado que eso es exactamente lo que ocurrió con la Atlántida, y como los tartessos perdieron la guerra, el Cataclismo y su existencia fueron negados; pero, es similar esto a como si ahora el Holocausto fuese borrado de la Historia y lo convirtiéramos en una fábula ficticia literaria. Los enemigos de los judíos es eso lo que hacen, y es admisible que antaño lo hiciesen los enemigos de los tartessos.

La ola gigante barrió a los supervivientes (Fig. 118); por la noche el terremoto acabó de derrumbar los edificios, atrapando en las ruinas a mucha gente; a continuación la ciudad se hundió, y todos esos ciudadanos debieron morir sin poder salir de sus casas. Cuando llegó el diluvio arrasó a todos los que habían conseguido ponerse a salvo nadando o subiéndose a un barco. Los dioses en el cielo los habían condenado.

Por eso hallamos entre los historiadores antiguos a algunos que con claridad hablan de los atlantes, y otros que, por el contrario, con la misma claridad los eluden. Es este hecho particular ya en sí confirmativo, tuvo que existir una disputa política; sin que olvidemos tampoco que las historias muy originales, las increíbles pero con realismo, no suelen ser inventadas. El problema estaba de todas maneras muy mezclado con la religión. Por cuestiones de ontología el politeísmo entró en crisis. El descrédito a los dioses cosmológicos implicaba directamente descrédito a los dioses humanos, sus encarnaciones. Pues, es evidente que si los primeros no existen, ¿entonces cómo va nadie a encarnarlos? Toda la política que dependiese de linajes sagrados se vino abajo, y eso ya ocurrió desde el 1200 a. C. Es decir, el Cataclismo en el 1069 a. C. fue la gota que colmó el vaso, la prueba irrefutable de que no eran dioses, y por tanto el Orfismo fue defendido desde entonces, así como los arcontes en Grecia en vez de reyes. Ya estaba pasada de rosca la idea, y su «falsedad divina» fue la explicación del castigo. La evolución de la teología permitió eso.

Estos problemas siguieron a lo largo de la Edad Antigua; como se ha visto, los helenos les difamaron y los convirtieron en monstruos ya en los propios mitos. Eso siempre perjudicó la seriedad del relato histórico, porque estaba lleno de fantasías que nadie podía creer. Luego los aedas antiguos —los teatreros— llenaron sus obras de payasadas que jamás ocurrieron, y convirtieron a los atlantes en alegorías de tal o cual cosa. Autores como Aristóteles creían ya que todo era inventado. El golpe final para el recuerdo de la Atlántida vino de los cristianos, porque para ellos y durante la Edad Media el pecado depende ya de los pensamientos, el hecho mismo de recordar los demonios atlantes (daemones) era pecado, porque era pensar en idolatría, o en el Diablo. A partir del año 600 a. C. con las Guerras Sagradas ya era pecado adorar a esos «*dioses falsos*», pero es que en la Edad Media era pecado simplemente el hecho de conocerlos. Porque toda la religión se basaba ya en los sentimientos, cualquier cariño hacia esos personajes —demonios— constituía pecado, el pensamiento en sí era pecaminoso, no sólo los actos. Por tanto, la eliminación de libros se radicalizó.

Así se ha llegado hasta la Edad Moderna, que parte del total escepticismo como base de criterio, es decir, se parte de la postura errónea medieval —a nivel histórico— y de ello ha derivado el abandono institucional. Y más que abandono, es que nunca ha tenido Atlantis en tiempos modernos ninguna ayuda. Nos creemos muy a menudo avanzados y sofisticados por ser escépticos, cuando ésa es la postura medieval de la negación absoluta. La Teoría Orientalista romántica de los siglos XVIII y XIX tampoco ayudó, se basa en el puro exotismo, y en la incomprensión de porqué no quedan ruinas colosales en Europa. No se dieron cuenta de que los desiertos son los únicos lugares que pueden conservar monumentos de gran porte; incluso las columnas de Karnak se conservaron por estar cubiertas de arena. Pensemos que —salvo Pompeya— todas las ciudades romanas recuperadas están en los desiertos de África, ninguna se conserva en Europa, ¿eso es porque no había? Claro que había, pero si un lugar sigue estando habitado no suelen quedar restos, no se salvan porque la propia población es el peor enemigo. Y del mismo modo ocurrió con los atlantes, sus ciudades son las nuestras.

Aún así hemos visto mapas de monumentos (Fig. 98), que no dejan lugar a dudas. Para acabar, consideremos la leyenda de Atlantis en sí, nos habla de la ciudad que se hunde, habla de un terremoto terrible con una ola gigante, y todo eso ha quedado bien explicado. Ahora entendemos lo de la isla que se hunde hacia abajo vertical, tenemos incluso evidencia material de que ese terremoto existió (Fig. 114). Así pues, ¿qué razones hay para seguir negándola? Las pruebas de su historicidad están por todas partes, rezuman en todos los vestigios; reparemos así en otra corroboración curiosa, por ejemplo las palabras históricas. El vocablo *Cataclismo* (en inglés *Cataclysm*) aludiendo a un desastre de grandes proporciones y producido en parte por un fenómeno natural, proviene precisamente de este singular suceso de la Atlántida. En principio ya existía en el latín, *Cataclysmos* «diluvio», y relacionado también al agua. Pero a su vez la expresión latina procede del griego Κατακλυσμός (*Kataklysmós* «diluvio»), que es la que usa Platón al hablar de Atlantis. Deriva de Κατακλύζο (*Kataklýzo* «inundo»), y éste a su vez de Κλύζο (*Klýzo* «yo baño, hundo»). Si tenemos en cuenta que la preposición Κατά (*Katá*) significa «abajo» o «hacia abajo», la palabra entera *Kataklysmós* significaba «sumergimiento», o mejor, «hundimiento hacia abajo» en un líquido. Eso es lo que ocurrió, referido a algo enorme, únicamente con la Atlántida, porque un Cataclismo es de proporciones colosales. Nace la palabra de esta manera porque se utilizó con este hecho histórico. Y si eso es así, entonces, esto por sí mismo demuestra que existió el hecho histórico del que derivó su significado.

Podría, la palabra *Kataklysmós*, significar el concepto de sumergir o inmersión ya con anterioridad, pero pasó a significar una destrucción colosal debido a la Atlántida; y más allá de eso, es que la palabra *Klýzo* ya tiene de por sí ese significado de bañar y sumergir, por eso, el añadirle *Katá* para indicar que fue recto hacia abajo es solamente por Atlantis.

Otra palabra asociada es *Catástrofe*, del griego Καταστροφή (*Katastrophé* «destrucción»), la cual de nuevo se forma con el prefijo *Katá* «hacia abajo» y ahora con Τρόπος (*Trópos* «vuelta, giro»).

Por sí misma la palabra significa «giro hacia abajo», o «movimiento hacia abajo», y la pregunta naturalmente es el motivo de su significado final, ¿porqué un «movimiento hacia abajo» es una destrucción devastadora? ¿Porqué moverse hacia abajo es una catástrofe? Podría relacionarse a Subyugar, pues Καταστρέφω *(Katastrépho* «destruyo») es también «arar», «abatir», y ya tenemos ahí el bajar hacia abajo, pero esto último parece más bien un derivado de lo primero, y que de la destrucción devastadora se pasó a un verbo que significa destruir, y luego subyugar. El verbo derivó del nombre.

Es más, incluso el origen de la preposición griega Κατά *(Katá)* que significa «abajo», «hacia abajo», o bien «desde arriba», parece relacionado a la diosa atlante Gata, la felina esposa del Aker y por tanto indicativa de la bóveda celeste en su relación con el agua. La Gata (diosa Bastet) es la emperatriz del mar, titánide del mar. También la isla de Gadeira, recordemos, se llamaba *Kotinoussa*. Así pudo formarse una palabra como *Kataklysmós* («hundimiento en el mar») donde *Kata* indica al «mar» por la diosa. Pero eso pudo dar lugar en el idioma griego posterior a la preposición *Katá*. Porque todo el mundo al hablar del Cataclismo (Cata) recordaba que era recto hacia abajo, tal que *Katá* pasó a ser eso.

No es algo seguro, quizás una tablilla micénica nos desmienta esto, pero como vemos, pudiera ser la palabra *Kataklysmós* «diluvio» anterior a la preposición *Katá* «hacia abajo». En cualquier caso, esa preposición procede atrás en el tiempo de la diosa atlante, y el vocablo *Kataklysmós* procede del hundimiento de Atlantis, remonta a las propias fechas del 1069 a. C., y demuestra que existió el hecho histórico del que derivó su significado.

Las palabras históricas son un elemento importante que nadie ha podido falsificar. No necesitamos encontrar las ruinas de la ciudad de Atlantis para saber que se hundió, o que el Imperio Atlante existió, y ya sabemos con seguridad por muchos más motivos que ese imperio es real, tenemos de él miles de yacimientos. Cuesta encontrar en realidad otro pueblo del que se hayan conservado tantos yacimientos de la Edad del Bronce y del que se hayan escrito tantas cosas como de los atlantes; ni de los hititas, ni de los asirios, ni de nadie se habla tanto en todas partes del Mediterráneo. De la ciudad de Atlantis tenemos la descripción de Platón, pero tenemos otra en Homero, otra en los Libros Sibilinos, etc. No hay nada parecido con ninguna otra capital de la Edad Arcana, es la única que tiene descripciones físicas tan detalladas, de su trazado en anillos, de sus calles, puertos, los arsenales, sus puentes, templos, los palacios cubiertos de metal, y estatuas; hay al menos tres de estas descripciones detalladas.

La pregunta es... ¿qué más queremos? Hay más mitos de los atlantes que de nadie, más descripciones que de nadie, más evidencias de su existencia que de nadie (ataques a Egipto y a la Hélade, comercio metales, toponimia, los tholos y palacios minoicos en España, ciudades con forma de anillos, etc). Lo único que no hay son registros históricos más modernos, al estilo de los que sí hay en Grecia, Egipto, o Asiria, pero es que la Atlántida había desaparecido mucho antes de que tales maneras de escribir Historia se desarrollasen. Y los anales en sí fueron destruidos. Sólo nos queda por resolver poco a poco los problemas sueltos en las informaciones disponibles, como por ejemplo los 9000 años antes de Solón, asunto éste que tiene varias explicaciones: por un lado tiene una datación larga en años solares que alude a la 1º Atlántida, primitiva, y por otro una datación corta de años lunares que alude a la 2º Atlántida, y en concreto al asalto de la ciudad por Perseo y Heracles. Porque el diálogo de Platón está hablando del momento culminante en la guerra de los helenos contra los atlantes.

El legislador Solón se veía relacionado astralmente con ambos acontecimientos, a través del Destino, y calculó en Heliópolis una cuadratura matemática, a las que eran tan aficionados los antiguos. De ahí salen los 9000 años, y para entenderlo habría que explicar los linajes, las épocas de la Atlántida, asunto éste que no hemos abordado aquí. Porque nos hemos centrado en las razones que llevaron al olvido de su existencia, y a la ecpirosis final de todas las bibliotecas antiguas que conservaban sus anales.

Si no hubiese sucedido un Cataclismo, y se hubiera conservado la ciudad, lo más seguro es que el recuerdo hubiese permanecido, en el modo en que Egipto —gracias a las Pirámides de Giza— conservó la memoria de un remoto esplendor. Bien es cierto que era una noción muy difusa, a inicios del siglo XVIII no se sabía nada del Egipto faraónico, pero por lo menos no se negaba su existencia. Quienes se ocupaban de investigar a esa enigmática civilización egipcia eran todavía sospechosos de herejía, pertenecían todos ellos a sectas masónicas, rosacruces, y otras por el estilo. En tanto que las universidades aún estaban llenas de cátedras de teología, hoy día inexistentes. La situación que vivimos actualmente con la Atlántida es parecida, porque para abordarla hay que cambiar las ideas, y siempre hay un enfrentamiento en esa lucha.

Para el académico promedio de la actualidad, a inicios del siglo XXI, la Atlántida nunca existió, se la inventó Platón porque deseaba hablar de política, creen que solo él escribió sobre ella, y que no se necesita acudir a los atlantes para ninguna cosa en Historia. Los que piensan así desconocen por completo lo que hemos ido viendo en este libro, son los defensores del dogma. A esos defensores no les interesa por lo común la investigación, hay muchos académicos que sólo buscan un sueldo. También por fortuna hay muchos otros con más inquietudes. Pero para avanzar, hemos de aprender en primer lugar a interpretar de otra forma los yacimientos, como hemos mostrado aquí. Platón no pudo inventarse la leyenda, eso es falso. De este modo, volveremos por última vez a nuestra pregunta: ¿Qué razones existían para negar la Atlántida? Cuando se negaba la historicidad de Atlantis se esgrimían sólo dos argumentos: 1º no hay monumentos atlantes, no hay restos ni pruebas. 2º la interpretación antropológica —alegórica— de sus mitos.

Ambas ideas están equivocadas, y de entre las dos, la inicial en tiempos de Rodrigo Caro fueron los monumentos; porque la moderna arqueología comenzó con las ruinas romanas, desplazándose después hacia Grecia, Egipto y Oriente. Durante mucho tiempo, se creyó que no había nada en Occidente, pueblos bárbaros como decían los italianos —para los que Roma era la civilizadora—, y se utilizó la vieja interpretación alegórica del mundo para justificar esa existencia de los mitos. En vez de observar las leyendas acerca de imperios, reyes y linajes como la evidencia clara de haber existido algo, lo que ocurrió es que siguió imponiéndose el fracaso en su comprensión iniciado ya por los griegos antiguos hace más de 2500 años. Se volvió a decir —por no haber monumentos— que son relatos morales inventados, pero las afirmaciones efectuadas por Vico, Kant y otros ilustrados en este sentido no superan un análisis riguroso; en cambio, como hemos visto con la reina Mirina y el Tesoro de Aliseda, su historicidad es real y no se debe dudar de eso. Además, los arqueólogos a lo largo de todo el siglo XX empezaron a encontrar muchos restos en Europa de civilizaciones aún más antiguas que las orientales, un hecho que le da la vuelta a la situación.

Podemos ser los últimos en darnos cuenta, o por el contrario empezar a tomar conciencia.

Οἳ δὲ θεοὶ πὰρ Ζηνὶ καθήμενοι ἠγορόωντο

BIBLIOGRAFÍA BÁSICA

Adrados, Francisco Rodríguez. *Líricos Griegos, elegiacos y yambógrafos arcaicos*, ed. por el CSIC, 1990.

Aristóteles. *Tratado de Poética*. Traducción trilingüe de Valentín García Yebra. Biblioteca Románica Hispánica, Gredos, 1992.

Blanco Guardado, Mónica. *Tartessos, imperio para una ciudad perdida*, Ediciones Tantín, 2012.

Burkhardt, Jacob. *Historia de la Cultura Griega* (1898-1902), publicado por la editorial RBA en 2005.

Cebrián, Juan Antonio. *La aventura de los romanos en Hispania*, editorial La esfera de los libros, 2004.

Cicerón, Marco Tulio. *Sobre la naturaleza de los dioses*, en la Biblioteca Clásica Gredos, Madrid, 2008.

Collado, Miguel Cobaleda. *Esquemas de historia de la filosofía*. Instituto de C. Educación, Salamanca, 1985.

Diodoro de Sicilia. *Biblioteca Histórica, Libros IV-VIII*, en la Biblioteca Clásica Gredos, 2004.

Eiroa, Jorge Juan. *La prehistoria. Edad de los metales*. Publicado en la editorial Akal, año 1996.

Estrabón. *Geografía, libros III-IV*, publicado en la Biblioteca Clásica Gredos, Madrid, 1992.

Farnoux, Alexandre. *Knossos unearthing a legend*, editorial Thames and Hudson, 1996.

Fernández Flores y Rodríguez Azogue. *Tartessos Desvelado*, editorial Almuzara, 2007.

García y Bellido, Antonio. *Veinticinco estampas de la España antigua*, editorial Espasa-Calpe, Madrid, 1977.

Gomis, Alberto. *Las civilizaciones fluviales*. Egipto y Mesopotamia, publicado en editorial Akal, 1992.

Gracia Alonso, Francisco (coord). *De Iberia a Hispania*. Manual de prehistoria, editorial Ariel, 2008.

Grimal, Pierre. *Diccionario de Mitología Griega y Romana*, editorial Paidós, Barcelona, 1981.

Herodoto. *Historia, Libros III-IV*, versión de Carlos Schrader, editorial Gredos, Madrid, 2006.

Homero. *Ilíada*, edición bilingüe de F. Javier Pérez, publicada por Adaba Editorores, Madrid, 2012.

Homero. *Ilíada, Odisea*, edición de José Alsina y Fernando Gutiérrez, editorial Planeta, Barcelona, 1968.

Kant, Emmanuel. *Crítica del Juicio*, 1790. Traducido por Manuel García Morente. Colección Austral, 1999.

Laercio, Diógenes. *Vidas de los filósofos más ilustres*, editorial Aguilar, Madrid, 1959. Versión de J.Ortiz y Sanz.

Linaje, Antonio y González, Antonio. *El occidente cristiano medieval*, de la editorial Akal, año 1992.

Maluquer de Motes, Juan. *Tartessos, la ciudad sin historia*, Ediciones Destino, Barcelona, 1970.

Milicua, José (coord). *Historia universal del arte*, enciclopedia en once tomos, 1995, editorial Planeta.

Moreno, Rosa. Grecia. *Del periodo micénico a la época clásica*, publicado en la editorial Akal, año 1995.

Platón. *Diálogos VI, Filebo, Timeo, Critias*, publicado en la Biblioteca Clásica Gredos, 1997.

Platón. *Diálogos III, Fedón, Banquete, Fedro*, publicado en la Biblioteca Clásica Gredos, en 1997.

Porfirio. *Vida de Pitágoras, Argonáuticas Órficas, Himnos Órficos*, Biblioteca Clásica Gredos, 2002.

Plutarco. *Vidas Paralelas*, publicado en la Biblioteca Clásica Gredos, Madrid, 2008.

Sainero, Ramón. *Sagas celtas primitivas*, Biblioteca Literaria de la editorial Akal, Madrid, 1993.

Schulten, Adolf. *Tartessos, contribución a la historia más antigua de Occidente* (1922), ed. Almuzara, 2006.

Schulz, Regine y Seidel, Matthias. *Egipto, el mundo de los faraones*, editorial Könemann, 1997.

Tito Livio. *Los orígenes de Roma*, edición de Maurilio Pérez González, editorial Akal, Madrid, 2000.

Torres Guerra, José. *Mitógrafos Griegos*, en la Biblioteca Clásica, Gredos, Madrid, 2009.

Villar, Francisco. *Los indoeuropeos y los orígenes de Europa*, editorial Gredos, Madrid, 1996.

Virgilio. *Obras Completas*, edición bilingüe de Aurelio Espinosa y Pollux Hernúñez, ed. Cátedra, 2003.

Créditos de Ilustraciones

Deseamos expresar nuestro agradecimiento a todas las personas e instituciones que editando en dominio público sus imágenes han hecho posible este libro.

Aethelman ©, para este libro, 2016, Fig. 7, Fig. 11a (corona), Fig. 13, Fig. 15, Fig. 17 (basada en Jean-Claude Golvin), Fig. 25b, Fig. 28, Fig. 29, Fig. 36, Fig. 39, Fig. 57, Fig. 58a (tablillas), Fig. 59a, Fig. 60, Fig. 61b, Fig. 72, Fig. 76, Fig. 77, Fig. 82, Fig. 88c (Águila Azul), Fig. 93, Fig. 94 (sobre otro publicado en *De Gibraltar a la Atlántida* por Paulino Zamarro Sanz), Fig. 98b, Fig. 102; Akergori ©, *Atlántida los Orígenes de la Civilización*, 2013-2015, Fig. 34, Fig. 48, Fig. 107 (texto), Fig. 109, Fig. 110, Fig. 112, Fig. 115, Fig. 116, Fig. 117; y sin copyright Fig. 59b, Fig. 103, Fig. 105, Fig. 111, Fig. 113, Fig. 114; Alfredo Jimeno y José Ignacio de la Torre, *Numancia* (documental), 2009, Fig. 90; Anne Pearson, *Grecia Antigua*, 2004, Fig. 81 (disco); Antoniadi, *Templo de Afrodita en Pafos*, 1939, Fig. 25a; Apuntessantanderlasalle, Fig. 5; Archivo Biblioteca BBAA Salamanca, Fig. 85 (modificada); Barbie du Bocage, *Plano de las defensas de Atenas*, 1785, Fig. 38, *Mer Egee*, Fig. 24; Bruno Heller, *Roma*, 2005, Fig. 46, Fig. 96a; Candela Vizcaíno, *La antigua biblioteca de Alejandría, una historia desde su fundación hasta su destrucción y quema*, 2014, Fig. 100; Carlos Zeballlos, *El ágora de Atenas vs. el foro romano*, 2011, Fig. 56; Celtiberia.net, Fig. 16; Dan Barry, nº 29 de *Flash Gordon*, 1953, Fig. 20; Classical Numismatic Group (cngcoins.com), en wikimedia Commons, *Monedas de Turios*, Fig. 75; CNN español, *¿Llegaron los fenicios antes a América que Colón?*, 2013, Fig. 65; David y Neus, 2013, Fig. 33a; Dominique Sérafini, *Le Mystère de l'Atlantide*, 1988, Fig. 19; El País-Aguilar (Guías Visuales), *Grecia, Atenas y la Península*, 2004, Fig. 99a; Entropy, *Entropy is my god*, 2016, Fig. 50; Fátima Prieto, *La historia de Grecia en imágenes I*, 2010, Fig. 89 (vaso); Fernando Sánchez, *Atenas Turismo*, 2013, Fig. 21; Georgeos Díaz-Montexano, *¿Tauromaquia atlante en un marfil de Tartessos?*, 2000, Fig. 89b; Grisel Gonzalez y Jeff Prosise, *www.grisel. net/images/greece/Knossos.28_15*, Fig. 44b; Guías Acento, *Túnez*, 1995, Fig. 96b, Fig. 99b; Gustav Doré, *La Barca de Caronte*, hacia 1875, Fig. 94; Iberia Mágica, *El Anta-Capela de São Dinis*, 2013, Fig. 101c; International School of Information Science (ISIS), de la Biblioteca Alejandrina, Fig. 3; Isaac Moreno Gallo, *Ingeniería romana: Cartago y sus acueductos*, 2013, Fig. 52; Iván Negueruela, *El «magnífico palacio» de Asdrúbal en Cartagena*, 2015,

Fig. 87b; Izuran (en izuran.blogspot.com), *La escritura líbica en Canarias* (foto de Julio Cuenca), 2016, Fig. 86b; Jean Dufaux y Philippe Delaby, capítulo 7º de *Murena*, 1997-2014, Fig. 49; John Psycharis, *Daskalopetra*, 2008, Fig. 32; John Surena, *Después no hay nada*, despuesnohaynada.blogspot.com, 2016, Fig. 71; Jordi Ojeda y Francesc Solé, *Cómics a Puerto*, 2009, Fig. 23; José Manuel Pastor Eixarch, *Un nuevo tipo de casco celtibérico*, 2012, Fig. 88b; José María del Amo, *Ivance*, 2012, Fig. 62c; José Milicua, *Historia Universal del Arte*, 1995, Fig. 33b, Fig. 98a; José Pijoan y Cossío, *Summa Artis*, 1934, Fig. 97b, Fig. 101b; José R. Pellón, *Íberos de la A a la Z*, 2006, Fig. 51; Josiah Bnzai (www.flickr.com), *Maremoto*, Fig. 118; Kirai (Kirainet.com), *Orejas grandes, suerte y dinero*, 2008, Fig. 62d; Larive y Fleury, *Retiarius*, 1895, Fig. 88a; Laura Milena Ibáñez, *Literatura del Neoclasicismo*, 2015, Fig. 1; Lucía Santibáñez, *Chipre y el Culto a Afrodita*, 2011, Fig. 26; Magnum Caelum, *Ahura Mazda. El dios de Zoroastro*, 2013, Fig. 54; Manfred Bietak (www. youtube.com), *El exodo, los hicsos, Israel, la biblia y Egipto*, 2010, Fig. 74a; Mapas Online Blog, 2015, Fig. 41; Michael Halbert (en STL-Ilustrators), *At the end of the day*, 2009, Fig. 101a (demonio); Modesto Vázquez, *Orión el Atlante*, 1971, Fig. 10; Museo Arqueológico Nacional, *Pioneros de la arqueología en España*, 2004, Fig. 2, Fig. 108bdc (fotogramas del video *El Tesoro de Aliseda y Tartessos en el Museo Arqueológico Nacional*, por gruposdocs, 2014, Licencia You Tube estándar); *Iberia Graeca (www.man.es)*, Fig. 43a; *Historia del Arte 315*, Fig. 43c; Nueva Enciclopedia Larousse, *Platón*, 1981, Fig. 58c; Museo Arqueológico de Cáceres, Fig. 11b (estelas); Museo Arqueológico de Heraclion, Fig. 37a, Fig. 104b y 104c; Museo Arqueológico de Atenas, Fig. 104d; National Geografic España, *la escritura de los íberos*, 2015, Fig. 78a; Neal Pozner y G. Hamilton, nº 2 de *Aquaman*, 1986, Fig. 42; Nueva Tartessos, *Muros de Tarraco*, 2016, Fig. 91; Omicrono (en omicrono. elespanol.com), *Conoce la leyenda de las Pléyades*, 2016, Fig. 73; Paul Bitternut, *La Guerra de Troya* (art. Musadas), 2011, Fig. 37b; Pedro Grabriel, *pirámide de Güimar*, 2005, Fig. 86a; Pinterest, *1000+ images about Etruscan Art*, 2016, Fig. 63b y 64 (Fig. 51 y 16); Playbuzz (www.playbuzz.com), *¿Puedes unir la escultura con el artista?*, Fig. 66; Proyecto la Bastida, 2009, Fig. 8, Fig 44a, Fig. 104a; Puemac cartografía, Fig. 31; Rafael Fabregat, *El Último Condill*, 2014, Fig. 12; Ramón García, *Historia de la Filosofía*, 2016, Fig. 53; Rosa Mariño, 2010, *Vuela una Lechuza*, Fig. 68a (actores); Región de Murcia, www.la-bastida. com, 2010, Fig. 8, Fig. 62; Salvador Rovira Llorens, *La Dama de Elche*, 2006, Fig. 83b; Taringa (post), *El equipamiento militar espartano con rangos*, 2016, Fig. 45b; Taringa (post), *Las siete maravillas del mundo antiguo*, 2014, Fig. 69; Tartessos y lo invisible en el arte, 2012, Fig. 79; Todocoleccion, catálogo, Fig. 6; The Fausto Rocks, 2013, Fig. 27; Uladh, *La historia para todos*, 2012, Fig. 74b; Víctor Manuel Dávila Vega, *Stasiotika*, 2016, Fig. 43b; Wikimedia Commons, *Monolithen in Toraja*, 1935, Fig. 61a; Wikipedia, 2016-17, Fig. 4, Fig. 14, Fig. 18, Fig. 22, Fig. 30, Fig. 40, Fig. 45a, Fig. 47, Fig. 55, Fig. 67, Fig. 68b, Fig. 70 (autor Sailko, 2005, Archivo: Villa la pietra), Fig. 78b (bronce de cortono); Fig. 80b (Lineal B), Fig. 84, Fig. 92, Fig. 97 (Augusto), Fig. 106, Fig. 107, Fig. 108a (jarra); Wooden Gate Design Pictures, 2015, Fig. 35.